Dieses Buch gehört:

Vorname

Name

Peter Meyer Verlag

PFALZ MIT KINDERN

PFALZ
MIT KINDERN

*Über 700 Ausflüge, Aktivitäten und
Adressen für Ferien und Freizeit*

VON EBERHARD SCHMITT-BURK

pmv

1. Auflage Frankfurt am Main 2003
PETER MEYER VERLAG

VORWORT

Über den Autor
Eberhard Schmitt-Burk
hat Volkswirtschaft,
Philosophie und Sozial-
wissenschaften stu-
diert. Er ist seit 1979
als Publizist und Buch-
autor tätig. Bis Anfang
der 90er Jahre verfass-
te er eine Reihe von
Sach- und Reisebüchern
über den Mittleren
Osten und Indien. Da-
nach hat er sich wieder
Deutschland und Euro-
pa zugewandt und – sei-
nen alten Hobbys ent-
sprechend – mittlerwei-
le ein halbes Dutzend
Radel- und Wanderfüh-
rer veröffentlicht.

Als ich vor einiger Zeit schon einmal für den Peter Meyer Verlag in der Pfalz unterwegs war, war das Teil meiner Recherche für den Band »Rheinland-Pfalz mit Kindern«. In der Pfalz konnte ich damals so viele spannende Sachen entdecken, dass ich damit mehr als das halbe Buch hätte füllen können. Aber die anderen Regionen dieses großen Bundeslandes mussten ja ebenfalls angemessen Platz finden. Schön, dass der Verlag mir nun Gelegenheit gibt, einen eigenständigen Band »Pfalz mit Kindern« zusammenzustellen. Jetzt erfahrt ihr all die interessanten Aktivitäten, die damals aus Platzmangel unveröffentlicht blieben – und noch viel, viel mehr. Um alle Informationen zusammenzutragen und auszuprobieren, bin ich erneut vier Monate in dieser schönen Region zwischen Rhein und Saarland, Nahe und Elsass unterwegs gewesen: 4000 km zu Fuß, per Rad, per Eisenbahn und Schiff, was mir wieder einen Riesenspaß bereitet hat.

In der Pfalz, einer Region mit einer großen Ebene, einer ausgedehnten waldreichen Mittelgebirgslandschaft, einem gewaltigen Fluss und mit zahlreichen Flüsschen, Bächen und idyllischen Seen, könnt ihr sehr viel draußen unternehmen. Ein Anflug von Reisefieber packte mich bei meinen Schiffstouren auf dem breiten Rheinstrom, spannend sind auch immer wieder die Flussüberquerungen mit der Fähre. Nicht minder faszinierend fand ich es, in den wildwüchsigen Altrheinarmen und in den zu Naturrefugien gewordenen Baggerseen der Rheinebene zu baden. Manch lauschiges Plätzchen bietet sich da für einen Grillausflug mit Freunden oder ein Campingabenteuer mit der Familie an.

Sehr vielfältig sind natürlich die Wander- und Radelmöglichkeiten, nicht nur durch den Pfälzerwald. Vielerorts können die Touren durch schön gelegene Ausflugslokale mit naturnahen

Spielplätzen abgerundet werden. Nur wenige Regionen in Deutschland besitzen ein derart dichtes Netz von bewirtschafteten Wanderhütten und Ausflugslokalen wie der Pfälzerwald! Der *Pfälzerwald Verein*, die *Naturfreunde*, die Umweltverbände, -initiativen und -infozentren bieten euch viele spannende Aktivitäten zu umweltfreundlichen Entdeckungen in der Natur an.

Auch kulturell gibt es in der Pfalz reichlich Stoff für neugierige Kids, z.B. die zahlreichen Burgen und Museen. Schön, wenn es gelingt, die Großeltern zu der ein oder anderen Exkursion zu überreden, denn die können euch so manche spannende Geschichte zu den Burgen und Schlössern erzählen oder viele Sachen in den alten Werkstätten und Bauernwohnungen in den Heimatmuseen aus eigener Erfahrung erklären. Richtig abenteuerlich wird's dann wieder unter Tage: Mehrere Besucherbergwerke ermöglichen einen Blick in das geheimnisvolle Innere der Erde. Aufgefallen ist mir, dass es im Vergleich zu anderen Regionen nur in wenigen Orten Kindertheater und -kino gibt. Das ist schade, doch ist es ja nicht ausgeschlossen, dass ihr bei einem der bunten Ferienangebote der Städte selbst so viel Kreativität entwickelt, euch eigene Theaterstücke auszudenken.

Ich wünsche euch jedenfalls viel Spaß bei euren Touren und Freizeitaktivitäten in Ludwigshafen und der Pfälzer Rheinebene, an der Weinstraße, im Pfälzerwald, in der Südwestpfalz, rund um Kaiserslautern, um den Donnersberg und im Kuseler Land!

Eberhard Schmitt-Burk
im Frühjahr 2003

Zur Gliederung dieses Buches

Euer Buch »Pfalz mit Kindern« ist in **acht geografische Griffmarken** gegliedert: *Ludwigshafen, Rheinebene, Weinstraße, Pfälzerwald, Kaiserslautern, Südwestpfalz, Donnersberg* und *Kuseler Land.* Sie sind immer nach dem gleichen Schema aufgebaut:

Tipps für Wasserratten sind Infos zu Seen und Flüssen, zu Schwimmbädern sowie zu Kanu-, Boots- und Schifffahrten.

Raus in die Natur nennt Radtouren, Wanderungen, Lehrpfade, Tierparks, Kutschfahrten und Abenteuerspielplätze, immer möglichst naturnah. Hier findet ihr manch gute Mitmach-Idee der Umweltschutzvereine.

Handwerk & Geschichte führt euch zu Orten der Technik und Arbeit: historische Bahnen, Schaubergwerke, Burgen und Museen. Ihr werdet überrascht sein, wie viel es auch bei schlechtem Wetter zu entdecken gibt!

Bei **Theater, Musik & Aktionen** werden Kinderkino und -theater, Feste, Ferienprogramme und andere Kreativangebote vorgestellt, die euch regelmäßig bschäftigen können. Hier werden euch unter der Überschrift **Winterfreuden** zusätzlich sportive Tipps für die kalte Jahreszeit und Hinweise zu den schönsten Weihnachtsmärkten der Pfalz gegeben.

Die Griffmarke **Info- & Ferienadressen** versorgt euch mit Informationsstellen, Verkehrshinweisen, Unterkünften, Campingplätzen und Grillplätzen – so könnt ihr Wandertage, Klassenfahrten und Familienurlaube bequem planen und organisieren.

Die **Farbkarten** schließlich geben euch für eure Ausflüge die nötige Orientierung. Es ist also an alles gedacht – nur losziehen müsst ihr selbst!

Hinweis in eigener Sache

Das Ermitteln all dieser Adressen, Preise und Informationen hat viel Zeit und Mühe erfordert. Doch trotz aller Sorgfalt können sich Fehler einschleichen. Noch weniger sind wir dagegen gefeit, dass sich Daten noch während des Niederschreibens ändern. Auf jeden Fall freuen wir – der Verlag und ich – uns, wenn ihr uns auf Fehler und Veränderungen aufmerksam macht. Auch Lob und zusätzliche Tipps sind jederzeit willkommen!

Peter Meyer Verlag
– PfmK 2003 –
Schopenhauerstraße 11
D-60316 Frankfurt a.M.
www.PeterMeyerVerlag.de
info@PeterMeyerVerlag.de

LUDWIGSHAFEN

Ludwigshafen am Rhein ist im Gegensatz zur Schwesterstadt Mannheim eine sehr junge Stadt. Noch vor 150 Jahren zählte sie nicht mehr als 1200 Einwohner. Diese Situation änderte sich im Jahre 1864 durch die Gründung der Badischen Anilin- und Sodafabrik (BASF), die in wenigen Jahrzehnten zu einem riesigen Chemiekonzern aufsteigen sollte. Das führte dazu, dass zur gleichen Zeit auch das Provinzdorf Ludwigshafen im Eiltempo wuchs.

Ludwigshafen ist heute eine moderne Industrie-Großstadt mit breiten Straßen und einem großzügigen Geschäftszentrum. Aber natürlich bringen die riesigen Fabrikanlagen des Chemiekonzerns BASF auch eine erhebliche Luftverschmutzung mit sich.

Die 171.000 Einwohner zählende Stadt ist vergleichsweise wohlhabend und kann sich ein ziemlich umfangreiches Kulturprogramm leisten, auch für Kinder. Es wird viel Energie in Ferienprogramme gesteckt. Die Spielplätze sind zum Teil recht originell. Relativ bescheiden ist dagegen das Angebot an Museen. Da hat aber glücklicherweise die Nachbarstadt Mannheim viel zu bieten.

Dank des gut funktionierenden Nahverkehrssystems, ✐ Info- & Ferienadressen, und des dichten Radwegenetzes können Familien in der Umgebung der Stadt sehr viel unternehmen.

CHEMIE-STADT MIT GRÜNEN NISCHEN

Über die Freizeitmöglichkeiten in der Nachbarstadt Mannheim sowie im Raum Mannheim-Heidelberg findet ihr viele Informationen und Tipps in **Odenwald mit Kindern** von Alice Selinger, 336 Seiten, Peter Meyer Verlag, 12,95 €.

Unentbehrlich für die Orientierung in der Stadt: **Stadtplan** Ludwigshafen-Mannheim, VSK Verlagsgesellschaft Stadtplan und Kreiskarte mbH.

TIPPS FÜR WASSERRATTEN

Schwimm- & Freizeitbäder

Hallenbad Ludwigshafen Süd

Erich-Reimann-Straße 5, 67061 Ludwigshafen-Mundenheim. ℰ 0621/504-2900, Fax 504-2900. www.ludwigshafen.de. **Anfahrt:** Straßenbahnlinien 8, 12 bis Haltestelle Stifterstraße. **Zeiten:** Mo 8 – 20, 12 – 15 Uhr Babyschwimmen, Di 7 – 20, Mi 8 – 18, 15 – 17 Spiel und Spaß, Fr Warmbadetag 7 – 20.45, Sa 7 – 21, So 8 – 20. **Preise:** Tageskarte 2,60, Zehnerkarte 23, Jahreskarte 153 €; Kinder und Jugendliche 6 – 18 Jahre Tageskarte 1,60, Zehnerkarte 13,80, Jahreskarte 76 €; Ermäßigung für Studenten, Schüler, Azubis, Schwerbehinderte, Zivil- und Wehrdienstleistende.

▶ Schwimmerbecken von 25 x 16 m mit 1- und 3-m-Sprungbrett. Das Nichtschwimmerbecken misst 16 x 8 m und ist 90 – 125 cm tief. Babywickelraum, Sonnenbänke, Tischtennisplatten im Freien, Liegewiese, Cafeteria mit Zugang zur Schwimmhalle, Terrasse, Behindertenparkplatz.

Freibad am Willersinnweiher Friesenheim

Strandweg 23a, 67063 Ludwigshafen-Friesenheim. ℰ 0621/504-2902. Am Willersinnweiher. **Zeiten:** Mai – September Mo – Fr 9 – 20, Sa, So, Fei 8 – 20 Uhr, ab 1.9. nur bis 19 Uhr. **Preise:** Tageskarte 2,60 €, Abendkarte (Mo – Fr ab 17 Uhr) 1,60, Zehnerkarte 23, Saisonkarte 76 €; Kinder 1,25 €, Zehnerkarte 10,50, Saisonkarte 30, Jahreskarte 70 €.

▶ Das Strandbad Willersinn ist ein wunderbares beheiztes Freibad. Es liegt ein Stückchen vom großen Willersinnweiher abgesetzt. Im Weiher selbst darf nicht gebadet werden. Dafür ist die Aussicht darauf umso schöner. Schwimmerbecken 50 x 21 m, kombiniertes Lehr- und Nichtschwimmerbecken, Planschbereich mit Sand- und Matschspielplatz, 90 m lange Riesenrutsche, Elefantenrutsche, Beachvolleyball,

Spartipp: In Verbindung mit der Freibad-Saisonkarte eines Elternteils gibt es eine preiswerte Kinderkarte. Lohnend ist ferner die Kombikarte für Hallen- und Freibäder, die Jahreskarte für 76 (Kinder) bzw. 153 €. Zumindest ein Hallenbad ist immer geöffnet.

Freiluftschach und -Mühle, Tischtennis und Babywickelraum. Zwei Kioske bieten kleine Gerichte, einer überdacht, einer im Freien. Größere Mahlzeiten gibt's im Lokal am gegenüberliegenden Seeufer.

Strandbad Melm in Oggersheim

Am Brückelgraben 70, 67071 Ludwigshafen-Oggersheim. ✆ 0621/504-2904. **Preise:** Eintritt frei.

▶ Von einem Wäldchen umgeben, liegt am Nordrand des Ludwigshafener Vorortes Oggersheim ein kleiner, bis zu 12 m tiefer Baggersee. Er ist als Naturschwimmbad mit 1-m-Sprungbrettern, Planschbecken mit Rutsche, Kinderspielplatz, Liegefläche und sanitären Anlagen hergerichtet. An heißen Sommertagen ist er stark besucht.

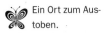 Ein Ort zum Austoben.

Hallenbad Oggersheim

Hermann-Hesse-Straße 11, 67071 Ludwigshafen-Oggersheim. ✆ 0621/504-2901, www.ludwigshafen.de. **Zeiten:** Di 14 – 18, Do 17 – 22, Sa 8 – 15, So 9 – 13 Uhr, in der Freibadsaison geschlossen. **Preise:** wie Hallenbad Ludwigshafen Süd.

▶ Das Schwimmerbecken ist 25 x 8,50 m groß und 1,80 m tief, das Nichtschwimmerbecken misst 16 x 8 m und ist 90 – 125 cm tief.

Strandbad Blies in Ludwigshafen-Süd

Bliesstraße, 67059 Ludwigshafen. ✆ 0621/504-2903, www.ludwigshafen.de. **Anfahrt:** Busse 152, 156, 158, 168 bis Haltestelle Blies. Bus 156 auch zur Haltestelle Bayreuther Straße, näher zum Strandbad. **Zeiten:** Badesaison Mai – September. **Preise:** Eintritt frei.

▶ Große Blies heißt der bis zu 12 m tiefe Baggersee zwischen Woll- und Bruchwiesenstraße. Er ist von Schatten spendenden Laubbäumen umgeben und am Nordrand befindet sich ein

Hunger & Durst
Petri Heil, ✆ 0621/574938, mit Biergarten, Di – So 11 – 15 und 17 – 23 Uhr, am gegenüberliegenden Südrand des Sees.

Strandbad mit Spielplatz, Planschbecken, Umkleidekabinen, Kiosk und Lokal.

Um den See herum führt ein Weg, der sich gut zum Wandern und Radeln eignet. Achtung: in der Nähe des Strandbads auf der Ostseite des Sees gibt es einen kurzen Abschnitt, der bei nassem Wetter manchmal mehr als 10 cm tief unter Wasser steht.

Wassersport in Ludwigshafen

Der Rhein-Neckarraum ist ein Traditionsgebiet des Wassersports. Rudern und Paddeln wird in zahlreichen Vereinen gepflegt. Hier können sich auch Kinder und Jugendliche betätigen. Zentren dieser **Wassersportvereine** sind die in Flussnähe gelegenen Bootshäuser.

In Ludwigshafen sind die beiden Clubs **Ludwigshafener Kanu Club**, ✆ 06326/980950, und **Ludwigshafener Ruderverein von 1878,** ✆0621/680531, aktiv.

Rundfahrt durch den Mannheim-Ludwigshafener Hafen

Kurpfalz Personenschiffahrt, Rheinufer 20, 67061 Ludwigshafen. ✆ 0621/7992640, Fax 7992642. www.kurpfalz-personenschiffahrt.de. kurpfalz.schiff@online-home.de. **Zeiten:** April 3 x, Mai – Juli 5 x, August und September 4 x, Oktober 2 x, Dezember 1 x, Abfahrt Ludwigshafen 10 Uhr (an 12.15), Kurpfalzbrücke/Mannheim 10.30 Uhr (an 12.45). **Preise:** Erwachsene 7 €, Kinder 4 €.

▶ Nicht nur Kinder verfolgen mit viel Spaß und neugierigen Fragen die Tour auf Rhein, Neckar und Hafenbecken durch den riesigen Mannheim-Ludwigshafener Hafen mit seinen langen Kais, den riesigen Containerbergen und hohen Kränen. Auf der gut zweistündigen Rundfahrt gibt es keine Minute Langeweile!

Hunger & Durst

In den **Bootshäusern** befinden sich oft Lokale mit Biergärten. Auch Nichtmitglieder können dort einkehren und den Blick auf den Fluss genießen.

Gaststätte des Ludwigshafener Rudervereins, nahe der Konrad-Adenauer-Brücke, Mo – Fr 11.30 – 14.30, 17 – 24 Uhr, Sa, So, Fei durchgehend.

Mit dem Schiff auf Rhein und Neckar

Kurpfalz Personenschiffahrt, Rheinuferstraße 20, 67061 Ludwigshafen. ✆ 0621/799-2640, Fax -2642. kurpfalz-schiff@onlinehome.de. **Anfahrt:** Anlegestellen in Ludwigshafen an der Rheinpromenade zwischen Walzmühlencenter und LZB, in Mannheim an der Kurpfalzbrücke, in Höhe des OEG Bahnhofs am Kurpfalzkreisel und in Mannheim-Feudenheim, Lauffener Straße sowie an der Maulbeerinsel. **Preise:** Ermäßigung für Gruppen ab 15 Personen.

▶ Von Anfang März bis Silvester sind zahlreiche Fahrten auf Rhein und Neckar im Angebot, dabei wird fast immer auch an der Mannheimer Kurpfalzbrücke am Neckar angelegt.

Rundfahrten: Hafenrundfahrt $2^1/4$ Std., Mondscheinfahrt $3^1/2$ Std., Altrheinfahrt nach Lampertheim 4 Std., Altrheinfahrt nach Otterstadt 3 Std.

Neckar- und Rheintouren mit Aufenthalt: Heidelberg, Neckarsteinach, Hirschhorn, Speyer, Rüdesheim, St. Goar.

Feuerwerksfahrten: Schlossbeleuchtung Heidelberg, Vierburgenbeleuchtung Neckarsteinach, Rhein in Flammen St. Goar.

Im Herbst und Winter: Nikolausfahrt, Weihnachtsmarkt Speyer, Silvester.

@ Ein Fahrplan steht auf der Webseite der Kurpfalz Personenschiffahrt, www.kurpfalz-personen-schiffahrt.de

LUDWIGSHAFEN

Radeln & Skaten am Rheinufer entlang

Ein Ballungsraum wie Ludwigshafen-Mannheim kann auf Grund des starken Autoverkehrs radelnden Kindern nur wenige Möglichkeiten bieten. Geeignet sind der Neckarradweg ab Kurpfalzbrücke, das Gebiet zwischen dem Mannheimer Schlosspark und dem Strandbad Mannheim, das Rheinufer der Friesenheimer Insel, der Stadtpark Ludwigshafen und der Maudacher Bruch. Ansonsten müssen sich Ludwigs-

RAUS IN DIE NATUR

ADFC-Regional-karte Region Rhein/Neckar, 1:75.000, BVA, 6,80 €. **Radwander- und Frei-zeitkarte** Rhein-Neckar Pfalz, 1:50.000, Pietruska Verlag, Rülzheim.

Nahe dem Brückchen gibt es einen Bolzplatz; recht weit im Süden einen schattigen Spielplatz mit Hangelseilbahn, Hütte und Rutsche.

hafener und Mannheimer Kinder in die Rheine-bene nördlich und südlich des Ballungsraumes begeben, ✐ Griffmarke Rheinebene.

Radtour am Rhein entlang und durch den Ludwigshafener Stadtpark

Länge: 7 km hin und zurück; leichte, ganz flache Tour.
▶ Im Zentrum von Ludwigshafen geht es von der Ecke Kaiser-Wilhelm-Straße/Berliner Straße geradeaus zum Rheinufer und dort auf einem Radweg flussaufwärts. Nach 300 m wird die moderne Konrad-Adenauer-Brücke passiert. Kurz darauf radelt ihr am Bootshaus des Ludwigshafener Rudervereins mit seinem Restaurant vorbei. Wenig später überquert ihr auf einem *Brückchen* den Luitpoldhafen und landet auf der Parkinsel, auf der sich der Ludwigshafener Stadtpark befindet. Er ist aber eher ein »wildes« Wäldchen. Direkt hinter der Brücke lädt mit dem *Restaurant Inselbastei* ein weiteres Lokal zur gemütlichen Rast. Von der Terrasse aus könnt ihr dem Treiben auf dem Rhein zuschauen. Auf dem geteerten Uferweg fahrt ihr dann an Bäumen und Wiesen vorbei und erreicht nach 3,5 km die Südspitze der Insel. Nach Osten fällt der Blick stets auf das Mannheimer Ufer: zuerst Wiesen, dann Auwald. Am Westrand der Parkinsel führt ein schottriger Weg im schattigen Parkwald zum Brückchen zurück und via Bootshaus und Kaiser-Wilhelm-Straße fahrt ihr auf bekannter Route wieder ins Stadtzentrum.

Radtour von Ludwigshafen zu den Seen von Bobenheim-Roxheim

Ludwigshafen. **Länge:** 18 km, flach, meist am Rhein entlang, Profil leicht, wegen der Länge aber erst für Kinder ab 10 Jahre; zurück mit der RB von Bobenheim-Roxheim nach Ludwigshafen.

▶ Wenn ihr die nach Abgasen stinkenden und lärmreichen Straßen von Ludwigshafen und Frankenthal meiden wollt, solltet ihr zuerst von der Mannheimer Kurpfalzbrücke (Straßenbahn aus Ludwigshafen) via Friesenheimer Insel und Altrheinfähre bis zur Autobahnbrücke auf der badischen Rheinseite radeln. Erst danach seid ihr aus dem Ludwigshafener Industrieraum raus und könnt nun auch auf der Pfälzer Seite die unverbaute Rheinaue genießen. 3 km nördlich von der Brücke passiert der Rheinradweg den Reiterhof Petersau. Hier könnt ihr einkehren. Danach bleibt ihr bis zum Biotop Oberer Busch weitere 3 km in der Rheinaue. Hier zweigt der Radweg zum circa 3,5 km südwestlich gelegenen Roxheim ab und verläuft gegen Ende ein Stückchen am Roxheimer Altrhein entlang.

Skaten in Ludwigshafen
▶ Halfpipe und Snake-Run im *Friedenspark*. Touren bieten sich an auf dem Rheinradweg abwärts bis Worms und flussaufwärts bis Wörth.

Wandern, Spazieren & Picknicken
Selbst ein so stark industrialisierter Ballungsraum wie Ludwigshafen-Mannheim besteht nicht ausschließlich aus Fabriken, Häusern und Asphaltbändern. Auch hier gibt es noch grüne Flächen: Abschnitte am Ufer von Rhein und Neckar, Altrheinarme, Baggerseen, Parks und Waldgebiete. Man kann leicht ein Dutzend kinderfreundlicher Kurzwanderungen und Spaziergänge unternehmen.

Kreuz und quer auf der Parkinsel
Anfahrt: Haltestelle Luitpoldhafen, Straßenbahn 11, Bürgermeister-Krafft-Platz, Busse 150, 154.

Weitere Radtouren:
· Ludwigshafen – Worms
· Konrad-Adenauer-Brücke – Strandbad Mannheim
· Rheingönheimer Bahnhof – Wildpark
· Ludwigshafen – Blaue Adria bei Altrip

Interessante Radtouren in Rheinhessen und im Ried stehen in **Rheingau & Rheinhessen mit Kindern** von Eberhard Schmitt-Burk, ebenfalls im Peter Meyer Verlag, Frankfurt, 12,95 €.

🐛 Stadtverwaltung Ludwigshafen (Hg.): **Grün in Ludwigshafen**, 1998, 69 Seiten. Naturkundliches Hintergrundwissen für Wanderungen und Spaziergänge.

Thomas Breunig, Siegfried Demuth: **Naturführer Mannheim – Entdeckungen im Quadrat**, 2000, verlag für regionalkultur, mit 10 ausgewählten Wanderungen, naturkundlicher Beschreibung und Karten.

🦋 Am Südrand des Maudacher Bruchs gibt es einen großen Abenteuerspielplatz.

▶ Schöne Spaziergänge mit Kinderwagen können im Stadtpark am Rhein unternommen werden. Zum Beispiel kann man von der kleinen Bogenbrücke über den Luitpoldhafen ein Teilstück oder sogar bis ganz an die Südspitze der Parkinsel am Flussufer aufwärts wandern. Oder man umrundet die Insel in einem richtigen großen Streifzug. Kinder können auf dem Bolzplatz, dem Spielplatz oder verschiedenen Wiesen herumtollen. Am Nordende der Parkinsel warten zwei Lokale auf Ausflügler.

Wandern im Maudacher Bruch

Anfahrt: Buslinien 150, 152, 158.

▶ Das Maudacher Bruch ist eines der Hauptnaherholungsgebiete von Ludwigshafen. Das 360 ha große Waldgebiet auf dem Gelände eines verlandeten Rheinarmes liegt am Nordrand des südwestlichen Stadtteils *Maudach*. Die urwüchsige Landschaft besteht aus Auwald, Wiesen, Moor, Sumpf, Baggerseen und Trockenrasen. Durch das Gelände führen zahlreiche Wege, die von Radlern, Wanderern, Spaziergängern und Joggern genutzt werden. Das Bruch wird überragt von der renaturierten Müllkippe *Michaelsberg*, die an den wenigen Schneetagen von Scharen von Ludwigshafener Kindern mit Schlitten und Skiern angesteuert wird.

Maudacher Bruch Nr. 1: Durch den Kreuzgraben zum Holz'schen Weiher

Länge: 6 km, flach, ganz leicht, gemütliche Wanderung für Kinder ab 6 Jahre.

▶ Von der Ecke Maudacher Straße und Meckenheimer Straße wandert ihr auf einem Weg – zwischen Wassergaben und Wäldchen – in nördlicher Richtung stets am Kreuzgraben entlang zum Holz'schen Weiher. Die Route verläuft dann am Nord- und Ostufer dieses kleinen beschaulichen Sees entlang. Anschließend kehrt ihr durch die Flur per Feldweg immer geradeaus gen Süden via Jägerweiher zum Ausgangspunkt zurück.

Maudacher Bruch Nr. 2: Rund um den Jägerweiher

Länge: 3 km, ganz leicht.

▶ Vom Parkplatz an der Ecke Maudacher Straße und Meckenheimer Straße geht ihr in nördlicher Richtung am Kreuzgaben entlang und biegt nach 500 m links ab. Kurz darauf seid ihr am Jägerweiher, den ihr anschließend umrunden könnt. Schließlich kommt ihr über den Kreuzgraben – nun in südlicher Richtung – zum Parkplatz Ecke Maudacher und Meckenheimer Straße zurück. Die gesamte Route verläuft durch ein schattiges Wäldchen.

Maudacher Bruch Nr. 3: Durch den Wald des östlichen Bruches

Länge: 4,5 km ganz flach, leicht, für Kinder ab 6 Jahre.

▶ Ihr startet diese faszinierende Wanderung durch den urwaldähnlichen Teil des Bruches am Parkplatz Riedstraße. Es geht zunächst am Waldrand 400 m nach Nordwesten. Dann biegt ihr links in den Wald ein und geht zum Mittleren Teichgraben hinüber, wo der Streifzug durch den Sumpfwald beginnt. Ihr folgt diesem Wassergraben nun ungefähr 1 km in nordwestliche Richtung. Anschließend quert ihr links zum Erlengraben hinüber, an dem dann unsere Wanderroute in südöstlicher Richtung bis zum Start und Ziel Parkplatz Riedstraße verläuft.

Für alle Wanderungen im Maudacher Bruch genügt der Stadtplan Ludwigshafen der VSK Verlagsgesellschaft

Lehrpfade & Umwelt-Informationen

Denk mal!
Umweltprobleme können nicht von einem allein gelöst werden, aber wenn wir alle ein bisschen was tun, dann könnte unsere Umwelt wieder etwas sauberer und bewohnbarer werden. Überlegt also einmal, was ihr z.B. in eurem Schulranzen an nicht umweltfreundlichen Dingen habt: Das Mäppchen ist aus Plastik? In Plastik steckt kostbares Öl, um das sogar Kriege geführt werden! Ihr benutzt Kulis aus Kunststoff? Der Ranzen selbst ist auch aus keinem natürlichen Material? Alternativen können sein: Mäppchen aus Stoff, Ranzen aus Leder, Stifte aus Holz und wieder auffüllbare Füller. Überlegt selbst, wo ihr Müll vermeiden und nicht erneuerbare Ressourcen schonen könnt!

Lernort Müllheizkraftwerk

Industriestraße 1, 67059 Ludwigshafen. ℅ 0621/505-4996.

▶ Erlebnisorientiertes Lernen rund um den Müll wird bei der Führung durch das Müllheizkraftwerk in der Industriestraße praktiziert. Ausschließlich für Schulklassen, Kindertagesstätten und Kindergärten. Für die Vorbereitung kann man eine »Müllexpertenkiste« ausleihen.

Umweltdienstleistungszentrum der Stadt Ludwigshafen

Umwelt- und Abfallberatung, Bismarckstraße 29, 67059 Ludwigshafen. ℅ 0621/504-2986 (Umweltberatung), 504-3455 (Abfallberatung).

▶ Die Umwelt- und Abfallberatung der Stadt verleiht an Schulklassen Unterrichtsmaterial (»Müllexpertenkiste«) zur Expertenausbildung mit den Schwerpunkten Kompostierung, Stoffkreislauf, organische Abfälle und Schadstoffproblematik, Müllvermeidung und Recyclingmöglichkeiten von Werkstoffen. Dies kann zum Unterricht oder zur Vorbereitung für den außerschulischen Lernort Müllheizkraftwerk genutzt werden.

Speziell für Kindergärten gibt es sogar eine Kindergartenkiste, eine Zusammenstellung von Sach-, Bilder- und Lesebüchern, Spielen, Musikkassetten und Videos zu den Themen Natur und Abfall. Die Kiste wird zwar kostenlos verliehen, muss aber von den Kindergärten selbst abgeholt und zurück gebracht werden.

Schulgarten Ludwigshafen

Wollstraße 51, 67065 Ludwigshafen. ℰ 0621/504-3374. **Zeiten:** Mo – Do 8 – 15, Fr 9 – 12, Sa 9 – 12 Uhr; andere Zeiten nach Absprache.

▶ Hier könnt ihr Kräuter kennen lernen, einiges über Kompost erfahren, auf Entdeckungstour durch ein Pflanzenschauhaus gehen, Papyrus herstellen und noch vieles andere mehr unternehmen. Mehr verrate ich jedoch nicht, denn selbst entdecken ist am schönsten!

Tipp: Ausstattung des 3 ha großen Geländes: Permakulturgarten, Kräuterspirale, Wildbienenwand, Bauerngarten, Steppenlandschaft, Teichanlagen, Gebirgsvegetation, tropische Pflanzen, Fleisch fressende Pflanzen.

Tier- & Erlebnisparks, Abenteuerspielplätze

Kombitour: Zum Wildpark und durchs Rehbachtal zur Waldmühle

Neuhöfer Straße, 67065 Ludwigshafen-Rheingönheim. Am Nordrand von Neuhofen. **Anfahrt:** Bus 572, 581 bis Wildpark. **Wildpark Ludwigshafen-Rheingönheim:** Januar, Februar, November und Dezember 10 – 17, März und Oktober 10 – 18, April, Mai und September 10 – 19, Juni – August 9 – 19 Uhr. **Preise:** Tageskarte 2,10 €, Jahreskarte 14,30 €; Kinder 6 – 14 Jahre 0,60 €, Jugendliche 1,30 €; Familienkarte 3,30 €, Familienjahreskarte 35 €.

▶ In dem ausgedehnten **Wildpark** mit seinem abwechslungsreichen Gemisch aus Wald, Wiesen, Teichen und Gehegen gefällt es den ganz kleinen Kids besonders im Streichelzoo am Eingang und am dicht bevölkerten Ententeich am Ende des Parks nahe der B 44. Am besten biegt man kurz hinter dem Eingang nach rechts ab und folgt dann dem Naturlehrpfad, entlang dem ihr die Bäume identifizieren und viel über die ökologischen Probleme des Waldes erfahren könnt. Besonders interessante Informationstafeln befinden sich in der **Waldschule**, einem

Hunger & Durst

Das **Wildparkstübchen** am Eingang hat eine Terrasse, große und kleine Gerichte, Di – So 10 – 20 Uhr durchgehend warme Küche. Direkt daneben liegt ein schöner Spielplatz mit einem originellen Hügel, durch den eine große Kriechtunnelröhre führt.

Gasthaus Waldmühle: Neuhofen, ✆ 06236/1808. Bus 170 Haltestelle Waldmühle. Mo – Mi 17 – 24, Do – Sa 12 – 24, So und Fei 12 – 24 Uhr.

Platz mit Tischen und Bänken. Vom Ententeich kehrt ihr durch den zentralen Bereich des Wildparks an Tarpan (Nachzüchtung des ausgestorbenen Waldpferdes), Bison, Wisent, Auerochs, Wildschwein, Luchs, Sika- und Damwild vorbei zum Eingang zurück.

Zum nordöstlich vom Tierpark gelegenen Gasthaus Waldmühle geht es nun bequeme 1,5 km am **Rehbach** entlang. Den Lauf des Rehbachs säumen Röhricht, Hartholz-Auwald und Wiesen. Allerdings sind außer den natürlichen Stil-Eichen und Silberweiden mittlerweile auch die standortfremden Gehölze Pappel, Robinie und Ahorn vertreten. Im Rehbachtal wurden 248 Pflanzenarten festgestellt, 11 davon gelten in Rheinland-Pfalz als gefährdet. Sperber, Tauben, Falken, Spechte, Meisen und Rohrsänger haben hier ein gutes Nahrungs- und Brutgebiet.

Das bei Radlern und Wanderern beliebte **Restaurant Waldmühle** liegt mitten im Auwäldchen des Rehbachs. Die ehemalige Mühle hat einen wunderbaren Hofgarten unter mächtigen Bäumen, in dem es genug Platz zum Spielen gibt. Währenddessen genießen gesetztere Menschen die örtlichen Spezialitäten: Flammkuchen und Grillgerichte. Es werden auch Kinderteller angeboten.

Vogelpark Ludwigshafen-Ruchheim

Am Kreuzgraben, 67071 Ludwigshafen-Ruchheim.
Zeiten: Mo – Fr 14 – 24, So 10 – 24 Uhr. **Preise:** freier Eintritt.

▶ Ein kleiner Park, in dem Wasservögel die Szene bestimmen: viele Enten und Gänse, aber auch exotischere Vogelarten. Wenn ihr genug gesehen habt, könnt ihr noch auf dem Spielgelände rutschen, schaukeln und wippen.

Kinderparadies Friedenspark

Gustav-Heinemann-Allee, 67059 Ludwigshafen.
℡ 0621/5042788. **Zeiten:** Di – Fr 10 – 18, Sa 13 – 18, So 10 – 18 Uhr, geschlossene Anlage, Zugang von der Gustav-Heinemann-Allee.

▶ Ein ausgesprochen origineller Spielplatz, der wegen seiner Lage im Stadtkern gut besucht ist. In der Spielmulde, an der Jung und Alt ihren Spaß haben, sind Wipptiere und Breitrutschen, Kletternetze, ein Rutschturm und eine Tunnelrutsche aufgebaut. Für die kleinen Wasserratten bietet ein Sprühfeld ein Planschbecken und eine Matsch-Anlage mit Wasserrinnen, Wasserrädern und Kran. Und schließlich ist da auch noch eine Skateboardanlage mit einer langen Snake-Run und einer Half-Pipe.

Hunger & Durst
Wenn Hunger und Durst aufkommen, ist die Cafeteria auf dem Spielplatz eine gute Idee. Dort kann auch gegrillt werden.

Ebertpark Ludwigshafen

Sternstraße/Erzbergerstraße, 67059 Ludwigshafen-Friesenheim. ℡ 0621/512035, Haupteingang Erzbergerstraße. **Anfahrt:** Straßenbahn 10 bis Ebertpark.

▶ Der Ebertpark, ein klassischer Stadtpark aus den 1920er Jahren ist Ludwigshafens viel besuchte »grüne Lunge«. In diesem ausgedehnten Gelände mit weiten Rasenflächen und einem Rosengarten befinden sich zwei Spielplätze, eine Minigolfanlage und ein kleiner Tierpark mit allerlei exotischen Vögeln. Man kann hier also den Spielplatzbesuch mit einem ausgedehnten Spaziergang auf kinderwagentauglichen Parkwegen verbinden.

Naturfreundejugend Rheinland-Pfalz

Hohenzollernstraße 14, 67063 Ludwigshafen.
℡ 0621/624647, Fax 524634. www.naturfreundejugend-rlp.de. mail@naturfreundejugend-rlp.de.

▶ Bei der Naturfreundejugend ist das Naturerleben Teil einer umweltfreundlichen Freizeit-

@ Eine Adressenliste der Ortsgruppen findet ihr unter www.naturfreunde-rlp.de.

Aufgeweckte Kids von 9 bis 13 Jahren sind als Entdecker und Forscher in der Natur unterwegs – **Naturdetektive**. Es wird beobachtet, gemessen, analysiert. Die erarbeiteten Erlebnisbögen können euch als Anleitung dienen, z.B. zu den Themen Wald, Luft, Wasser, Stadt, als Umweltdetektiv-Handbuch Bach, Broschüre Stadt, Natur im Spiel etc. Auf der Internetseite www.umweltspiele.de findet ihr Aktionen der Naturdetektive und viele tolle Spiele in der Natur.

Praxis, die nicht bei der bloßen Beobachtung stehen bleibt, sondern gegen Naturzerstörung politisch Stellung bezieht. Aber auch Kulturaktivitäten genießen einen hohen Stellenwert. Der Landesverband bietet eine Reihe spannender Freizeiten, Zeltlager und naturkundlicher Exkursionen. Diese sind auch Nichtmitgliedern zugänglich. Es lohnt sich also, mal auf die Webseite der Naturfreundejugend Rheinland-Pfalz zu schauen! In manchen Ortsvereinen bieten Kinder- und Freizeitgruppen (Junge Familien) spannende Kinderaktionen an.

Spielmobil Rolli

Europaplatz 1, ℂ 0621/5042864.

▶ Das Spielmobil fährt zu bestimmten Terminen die einzelnen Stadtteile an. Es ist mit einer Menge Spielsachen beladen. An den Treffpunkten wird gespielt, gehopst, balanciert … außerdem können Spiele und Spielsachen ausgeliehen werden.

Indianerspielplatz Robinson Maudach

Am Nordrand beim Parkplatz Riedstraße. **Anfahrt:** Bus 150, 152, 158 bis Gemeindehaus Maudach.

▶ Dieser tolle Spielplatz am Südrand des Maudacher Bruchs hat allerlei zu bieten: Indianerzelte und einen Bachlauf z.B. – und viele Spielgeräte. Auf dem Maudacher Festplatz direkt daneben werden von Mai bis Mitte September zahlreiche Feste gefeiert. Am Spielplatz führt der große Rundweg durch das Maudacher Bruch entlang.

@ Beginn der **Bruchfeste**, Sa 14, So und Fei 10 Uhr, Termine unter www.bruchfeste.de.

Abenteuerspielplatz Oggersheim

Speyerer Straße 30, 67069 Ludwigshafen-Oggersheim. ℂ 0621/5042852. **Zeiten:** Sommer Mo – Fr 14 – 18, Winter Mo – Fr 13 – 17 Uhr.

▶ Ein von Pädagogen betreuter Abenteuerspielplatz für Kinder bis 14 Jahre, auf dem richtig was los ist. Es wird gebaut, gewerkelt und gebolzt. Auch eine Minirampe für Skateboards gehört dazu.

Jugendfarm Pfingstweide

Verlängerte Athener Straße, Ludwigshafen-Pfingstweide. ✆ 0621/504-2855, www.jufalu.de. jugendfarm@jufalu.de. **Zeiten:** Mi 15 – 19, Do, Fr 14 – 19, Sa 13 – 18. **Infos:** Geschäftsstelle, Westendstraße 17, 67059 Ludwigshafen, ✆ 0621/504-2867, Fax 3559.

▶ Die Jugendfarm am Nordrand der Stadt lässt sich am ehesten als Synthese aus Jugendzentrum, Spielplatz, Spielhaus, Reiterhof, Sportplatz und Bauernhof bezeichnen.

Auf dem Bauspielplatz werden in Gruppen richtige Holzhäuser geplant und gebaut. Im Garten wird gesät, gegossen, gehackt, gejätet, geerntet und danach mit eigenen Kräutern Joghurt gemacht. Auf der Farm leben 11 Ponys und 4 Großpferde, Kinder lernen den Umgang mit ihnen und reiten. Es werden sogar Ausritte unternommen. Außerdem gibt es Hasen, Meerschweinchen, Schweine, Schafe, Ziegen, Hühner, Enten und Gänse. Mit allen können die Kinder Bekanntschaft machen.

Und dann gibt es schließlich noch den großen Spielsaal mit Billard, Kicker, Tischtennis etc. In diesem geräumigen Gebäude wird gebastelt, Seidenmalerei betrieben und Geburtstag gefeiert. Einmal in der Woche können sich die Kinder in der Küche kulinarisch austoben. Töpferscheibe und Brennofen runden das Aktivitäten- und Kreativitäts-Angebot ab.

Schon gewusst warum Meerschweinchen eigentlich Meerschweinchen heißen? Die putzigen kleinen Nager, die so ulkig quieken, stammen ursprünglich aus Südamerika, von wo sie im 17. Jahrhundert von den Seeleuten mit nach Europa gebracht wurden. Alles klar? Was quiekt ist ein Schwein, und wenn es übers Meer kommt, muss es wohl ein Meerschwein sein!

HANDWERK UND GESCHICHTE

@ Auf der von der BASF betriebenen Homepage www.rheinneckarweb.de gibt es unter anderem interaktive Chemieexperimente und Online-Spiele für Kids und Schüler.

Betriebsbesichtigungen

BASF Ludwigshafen

☎ 0621/6071640, www.basf.de, www.rheinneckarweb.de. **Zeiten:** 1. Samstag im Monat ab Tor 2 um 9, 10 und 11 Uhr, Dauer 1 Stunde, Anmeldung nicht erforderlich.

▶ An den Rundfahrten durch das Werksgelände der BASF am Ludwigshafener Rheinufer dürfen auch Kinder in Begleitung von Erwachsenen teilnehmen. Für Kinder von 6 bis 12 Jahre werden in Laboren einfache Experimente mit Beziehung zum Alltag durchgeführt. In den Xplore-Chemie- und Biotech-Laboren knüpfen Experimente für 13- bis 15-Jährige an den Schulstoff an und führen darüber hinaus.

In der Pfalz ist die BASF auf Grund der vielen Arbeitsplätze, die sie bietet, und ihres beträchtlichen Mäzenatentums im kulturellen und sozialen Bereich so etwas wie eine heilige Kuh. Gerade deshalb sollte man Fragen stellen wie: Wem gehört eigentlich die BASF? Was hat der Konzern im Nazi-Reich gemacht? Wie steht der Chemiegigant zur Umweltbelastung für die Region? Wie sieht der Konzern den Konflikt zwischen Artenvielfalt und Pflanzenschutz?

Feuerwehr Ludwigshafen

Kaiserwörthdamm 1, 67065 Ludwigshafen. ☎ 0621/5046110. **Zeiten:** für Kindergärten und Schulklassen nach Vereinbarung, Themen und Länge je nach Alter $1\frac{1}{2} - 2\frac{1}{2}$ Std. **Preise:** gratis.

▶ Für viele Jungs sind Feuerwehrmänner Helden. Beim Berufswunsch stehen sie weit oben. Hier könnt ihr alles mal ganz aus der Nähe sehen: Atemschutzmasken, Leitern und Schläuche. Und ihr dürft sogar den Schutzhelm überstülpen und ins Feuerwehrauto einsteigen!

Museen & Medien

Hack-Museum für Moderne Kunst

Berliner Straße 23, 67059 Ludwigshafen. ℰ 0621/
5043411, Fax 5043780. www.wilhelm-hack-
museum.de. **Anfahrt:** Vom Hauptbahnhof 3 Minuten
mit Straßenbahn 4 bis Pfalzbau/Wilhelm-Hack-Muse-
um. **Zeiten:** Di 12 – 18, Mi, Do, Sa und So 10 – 18, Fr
10 – 20 Uhr. **Preise:** 2 €, Jahreskarte 13 €, öffentliche Führungen 2 €; Kinder 1 €, Jahreskarte 8 €.

▶ Schon die Außenfassade ist Kunst: eine 55 m
breite und 10 m hohe farbenprächtige Keramik-
wand, die der bekannte katalanische Künstler
Joan Miró geschaffen hat. Das Museum ist größtenteils ein Geschenk des Kölner Kaufmanns
Wilhelm Hack. Den Schwerpunkt bildet die
Entstehung der nicht gegenständlichen Kunst
zu Anfang des 20. Jahrhunderts. Es besitzt aber
auch gewichtige Sammlungen zu Kunst und
Handwerk der Römer und des Mittelalters. Zu
beachten sind ferner die wechselnden Sonderausstellungen.

Das Museum unternimmt große Anstrengungen, Kindern ab 3 Jahre Kunst vertraut zu machen und ihre künstlerischen Fähigkeit zu för-
dern. Jeden Sa von 14 bis 16 Uhr findet die **Offene Werkstatt** für 6- bis 12-Jährige statt. Nach
einem gemeinsamen Museumsbesuch wird das
Gesehene – Gemälde und Skulpturen – im Mu-
seumsatelier in eigene kreative Arbeit umge-
setzt.

Tipp: Die 3- bis 5-Jähri-
gen erhalten in dem
Kurs »Minimalen« Gele-
genheit nach Lust und
Laune Material zu tes-
ten. Es gibt noch ver-
schiedene andere
Kurse. Ihr findet das
alles auf der Internet-
seite des Wilhelm-Hack-
Museums sowie in den
vierteljährlich erschei-
nenden Programmhef-
ten.

Stadtbibliothek Ludwigshafen

Jugendbibliothek, Bismarckstraße 44 – 48, 67059
Ludwigshafen. ℰ 0621/504-2601. **Anfahrt:** Haltestelle Berliner Platz, Straßenbahnen 3, 4, 10, 11, Busse
150, 152, 154; Haltestelle Kaiser-Wilhelm-Straße,
Straßenbahnen 4, 6, 10, 11, RHB. **Zeiten:** Zentral-

und Erwachsenenbibliothek sowie Abt. Musik und Medien mit Internet-Point Di – Fr 10 – 19, Sa 10 – 13 Uhr, Jugendbibliothek Di – Fr 13 – 18, Sa 10 – 13 Uhr.

▶ Die Jugendbibliothek hat eine Riesenauswahl an interessanten Büchern für Kinder und Jugendliche. Außerdem gibt es hier jede Menge Lieder- und Hörspielkassetten, Schallplatten, Comics, Spiele und CD-ROM-Lernprogramme. Ziemlich häufig werden Ausstellungen, Lesungen, Vorlesewettbewerbe, Bücherflohmärkte und Kindertheater veranstaltet. Den Höhepunkt aller Kinderaktivitäten bildet das **AbenteuerLeseFest** im Oktober, bei dem ihr euer Können unter Beweis stellen könnt.

BÜHNE, LEINWAND & AKTIONEN

Karten: Theater im Pfalzbau, Berliner Straße 30, Eingang Theaterplatz, ✆ 0621/ 5042558.

Kikos Kinderkonzert

Staatsphilharmonie Rheinland-Pfalz, Heinigstraße 40, 67059 Ludwigshafen. ✆ 0621/5990999, www.staatsphilharmonie.de. **Anfahrt:** Straßenbahnen 4, 6, 10, RHB bis Pfalzbau; Bus 152. **Zeiten:** Tageszeitlich 9.30, 11 Uhr. **Preise:** Erwachsene 8,20 €; Kinder 4,10 €; Kikos Sonntags-Card für 1 Erwachsenen und bis zu 4 Kinder oder 2 Erwachsene und bis zu 3 Kinder.

▶ Während der gesamten Theatersaison monatlich mehrere Aufführungen für »Musikfans ab Vier«, Programm im Internet. Mitfinanziert wird diese Kinderkonzertreihe von dem honorigen Verein Freunde und Förderer der Staatsphilharmonie Rheinland-Pfalz, der hier das zukünftige Publikum der Philharmoniker aufbaut.

Stadtranderholung Ludwigshafen

Stadtverwaltung Ludwigshafen, Fachbereich Kinder, Jugend und Familie (Stadtjugendamt), Westendstraße 17, 67059 Ludwigshafen. ✆ 0621/504-2873, -2537. **Preise:** Mit Verpflegung 1. Kind 67,50 €, 2. Kind 45 €,

3. Kind 22,50 €, alle übrigen frei. Ermäßigungen für
Kinder von Sozialhilfeberechtigten.

▶ Die Stadt Ludwigshafen bietet 6- bis 10-jähri-
gen Kindern in den Sommerferien ein Aktivprogramm namens Stadtranderholung, das auf dem
Freizeitgelände an der Großen Blies durchgeführt wird. In der ersten Hälfte des Programms
kommen Kinder aus den Stadtteilen West, Gar-
tenstadt, Maudach, Mundenheim, Mitte, Süd
und Rheingönheim dran, in der zweiten Hälfte
dann Kinder aus den Stadtteilen Edigheim,
Pfingstweide, Oggersheim, Friesenheim, Oppau, Ruchheim und Nord. Die Teilnehmer werden täglich mit dem Bus abgeholt. Es wird Sport
getrieben, gespielt, gebastelt und gewerkelt,
werden Filme gezeigt und Theaterstücke aufgeführt.

Kit'z, das mobile Kinder- & Jugendtheater

Brucknerstraße 13, 67061 Ludwigshafen. ℗ 0621/
5668052, www.KiTZ-LU.de. **Infos:** Für jede Spielzeit
gibt es ein bunt illustriertes Programm.

▶ Ein mobiles Kinder- und Jugendtheater, das
in vielen Orten im Rhein-Neckar-Pfalz-Raum
spielt. Recht häufig ist es im Ludwigshafener
Bürgermeister-Reichert-Haus zu sehen. Es wird
von professionellen Schauspielern, Regisseuren
und Autoren gestaltet. Um die Vor- und Nach-
bereitung der Stücke zu erleichtern, wird Be-
gleitmaterial angeboten. Auch Aufbereitungen
in Form von Workshops und Mitspielangeboten
für Kinder und Jugendliche sind möglich.

Kinderbüro Ludwigshafen

Westendstraße 17, 67061 Ludwigshafen. ℗ 0621/
5042877, Fax 5043989. www.ludwigshafen.de/spar-
ten/kinderbuero/politik.htm. Kinderbuero@ludwigsha-
fen.de. **Zeiten:** Mo – Do 9 – 17, Fr 9 – 13.

Freie Fahrt für Zorro,
den Rächer der Biker
und Skater!

▶ Das Kinderbüro im Stadthaus im Westend ist eine Institution, in der Kinder ihre Wünsche und Kritik zu Verkehrsmitteln, Straßenverkehr, Schulhöfen, Jugendzentren, Schwimmbädern, Spielplätzen etc. vorbringen können. Einmal im Jahr findet in Ludwigshafen sogar eine Kinderkonferenz statt, bei der Kinder mit Politikern und Verwaltungsleuten diskutieren. Da könnt ihr das ein oder andere Problem vortragen – diplomatisch meckern –, und vielleicht sogar ein bisschen Einfluss nehmen. Über das, was ihr vorgebracht habt, entscheiden dann allerdings die Politiker. Und dabei kommt es darauf an, welche Parteien gerade besonders stark sind.

FESTE & MÄRKTE

Die Termine der Feste findet ihr in der Lokalpresse, in der zweimonatlich erscheinenden Broschüre **Gastliches Ludwigshafen**, erhältlich bei der Tourist-Information, sowie im Internet unter www.gaeste-fuehrer-online.de.

Mai:	1. Wochenende und 2. So, Maudacher Bruch: **Bruchfest**
	3. Wochenende und Mo, Maudacher Bruch: **Bruchfest**
	4. Wochenende, Königsbacher Straße: **Gartenstädter Maimarkt**
	4. Wochenende; Sternstraße: **Sternstraßenfest**
	4. Wochenende: Maudacher Bruch: **Bruchfest**
Juni:	1. Wochenende, Europaplatz: **Hemshoffest**
	Alle Wochenende, Maudacher Bruch: **Bruchfest**
	2. Fr bis 3. So, Ebertpark: **Parkfest**
	4. Wochenende ab Fr, Innenstadt: **Stadtfest**
September:	Letztes Wochenende ab Fr, **Oktoberfest**
Oktober:	1. Wochenende Mi – So, **Oktoberfest**

Kreismusikschule Ludwigshafen

Europaplatz 5, 67063 Ludwigshafen. ℰ 0621/5909-244, Fax 5909-660.

▸ Eine der größten Musikschulen in Rheinland-Pfalz, ca. 50 Lehrkräfte und 1500 Schüler und Schülerinnen. Sehr breites Angebot, das vom Gruppenkurs für die kleinsten »Musik-Mäuse« bis zum Einzelunterricht an zahlreichen Instrumenten reicht.

JuKiLu – Jugend- und Kindertheater Ludwigshafen

Prinzregententheater, Prinzregentenstraße 45, 67063 Ludwigshafen. ℰ 0621/525240 (Karten), Fax 624684. prinzregenten-theater.de. **Zeiten:** Oktober – Mai, meist 2 Aufführungen pro Woche, Vorstellungen um 11 und 15 Uhr. **Preise:** 6,50 €; Kinder 5 €; Gruppenermäßigung ab 20 Personen. **Infos:** Spielplan anfordern.

▸ Kinder- und Jugendtheater im Prinzregententheater mit professionellen Schauspielern und einem festen Spielplan. Themen sind Hunde- und Gespenstergeschichten, Schnick-Schnack und klassische Märchen. Für größere Gruppen, Schulklassen und Kindergärten werden auch Extratermine vereinbart.

Kinos in Ludwigshafen

Corso Filmtheater, Ludwigshafen, ℰ 0621/6690738
Village Cinemas, Ludwigshafen, ℰ 0621/5616422 (Kartenreservierung), 5616422 (Programminfo), www.villagekinos.de
LUX, Frankenthal, ℰ 06233/27110

 Spielt doch auch einmal Theater: entweder nach einem Märchen oder einer selbst ausgedachten Geschichte. Alle müssen die Story gut kennen, jeder bekommt eine Rolle oder Aufgabe, denn beim Theater gibt es noch mehr Berufe als nur Schauspieler: Kulissenbauer, Kostümschneider und natürlich jemand, der Regie führt, also immer sagt wie es weitergehen soll. Der Theaterdirektor muss für »volles Haus« sorgen, also für genügend Publikum. Kulissen könnt ihr aus beklebten und bemalten großen Pappkartons bauen, zum Verkleiden genügen oft schon ein paar alte Gardinen oder Hemden.

Winterfreuden

Weihnachtsmarkt Ludwigshafen

Berliner Platz, 67063 Ludwigshafen. **Zeiten:** Vier Wochen bis zum 22.12. täglich 11 – 21 Uhr.

▶ Völlig unromantisch stehen zwischen zweckrationalen Hochbauten circa 60 Holzhäuschen. Dennoch ist ein Besuch für Kids durchaus schön, gibt es doch Kinderkarussell, Eisenbahn und Kinderbackstube. Auch im Rahmenprogramm finden sich allerlei Aktivitäten, die Kinderherzen höher schlagen lassen, wie Krippenspiel, Lichtertanz, Posaunenchor oder Zauberschau. Hier sind auch Kindertagesstätten aktiv beteiligt. Der Weihnachtsmarkt endet mit einem Feuerwerk.

Eissporthalle Ludwigshafen

Saarlandstraße 70, 67061 Ludwigshafen-Mundenheim. ✆ 0621/563997. **Zeiten:** Mo – Fr 10 – 12, 15 – 17 und 20 – 22 Uhr, Sa 10 – 12, 14.30 – 16.30, 17.30 – 19.30 und 20 – 22 Uhr, So 9.30 – 11.30, 14 – 17, 17.30 – 19.30 und 20 – 22 Uhr. **Preise:** 3,50 €, Schlittschuhe 3 €; Kinder und Jugendliche 2,25 €; Schlittschuhe alle Größen 3,50 €.

Waltraud Witte: **Tipps fürs Eislaufen,** Aachen 2000, 112 Seiten, Meyer & Meyer.

▶ Zwei Eisflächen von 60 x 30 m und 45 x 26 m, Umkleideräume, Schlittschuhverleih und Erfrischungsraum. Für Kids aus Ludwigshafen bieten Abstecher in das Mannheimer Eislaufzentrum Herzogenried zusätzlichen Eislaufspaß. Dort kann man an bestimmten Tagen spannende Spiele der Eishockey-Bundesliga sehen.

RHEINEBENE

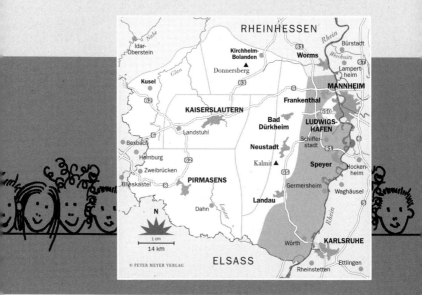

Im Osten grenzt die Pfalz an den Rhein. Bis ins 19. Jahrhundert hinein änderte der kurvenreiche Fluss fast mit jedem Hochwasser seinen Lauf. Ab 1817 wurde der mächtige Strom begradigt, kanalisiert und von einem ausgedehnten System von Schutzdämmen und Schöpfwerken umgeben. Das erleichterte zwar die Schifffahrt, erhöhte aber andererseits die Überschwemmungsgefahr.

VIEL WASSER UND GEMÜSE

Viele ehemalige Fluss-Schleifen leben fort als Altrheinarme. Die alten Auen sind zum Teil erhalten geblieben. Diese Naturparadiese – die stellenweise urwaldhaftes Aussehen haben – sind heute Lieblingsziele von Wassersportlern und Naturschützern der gesamten Region. Zusätzlichen Reiz verleihen der Landschaft seit jüngerer Zeit zahlreiche für die Freizeit erschlossene ehemalige Baggerseen.

Am etwa 100 km langen Pfälzer Rheinufer liegen die Hafen- und Industriestädte Luwigshafen (171.000 Einwohner), die bereits behandelt wurde, Frankenthal (50.000) und Wörth (20.000) sowie die Traditionsorte Speyer (40.000) und Germersheim (10.000 Einwohner). Die größeren Städte und Häfen Mannheim und Karlsruhe befinden sich allerdings auf der badischen Seite. Über den breiten Strom führen zahlreiche Brücken und Fähren, so dass beide Ufer wirtschaftlich und kulturell eng verflochten sind.

Nach Westen erstreckt sich eine durchschnittlich 20 km breite, sehr fruchtbare und recht dicht bevölkerte Ebene, die an den Hängen der Weinstraße endet. Gemüseanbau und Sonderkulturen wie Tabak bestimmen das Landschaftsbild. Manche Dorf- und Kleinstadtzentren weisen noch ländliche Charakterzüge auf.

Infos: Touristik- und Verkehrsverein Landkreis Germersheim, Luitpoldplatz 1, 76726 Germersheim, ✆ 07274/53232, Fax 53229, www.kreis-germersheim.de
Referat für Naherholung und Fremdenverkehr Landkreis Ludwigshafen, Europaplatz 5, ✆ 0621/ 5909412, Fax 5909638, www.kreis-ludwigshafen.de

Naturschutzgebiete im Landkreis Ludwigshafen, herausgegeben vom Landkreis Ludwigshafen, 2. Auflage 1994, 72 Seiten.

RHEINEBENE

TIPPS FÜR WASSERRATTEN

Schwimm- & Freizeitbäder

Kreisbad Schifferstadt

Am Sportzentrum 2, 67105 Schifferstadt. ✆ 06235/
3565, Fax 929617. **Zeiten:** Winterhalbjahr nur
Schwimmhalle Mo 14 – 18 (nur Erwachsene), Di – Do
14 – 21, Fr 14 – 19.30, Sa 10 – 17, So 8 – 12 Uhr; im
Sommer das ganze Bad, in den Ferien früher geöffnet.
Preise: Tageskarte 3 €; Kinder ab 6 Jahre Tageskarte
2 €; preiswerte Familienkarte.

▶ Hallenbad mit Sportbecken 12,5 x 25 m und
Lehrschwimmbecken 8 x 12,5 m. Im Freien
Nichtschwimmerbecken mit Wasserrutsche,
Liegewiese, Wasserspielplatz. Babyschwimmen
für Kinder von 3 bis 14 Monate.

Kreisbad Aquabella Mutterstadt-Limburgerhof

Waldstraße 61, 67112 Mutterstadt. 94530, www.mutterstadt.de. Zwischen Mutterstadt und Limburgerhof.
Zeiten: Im Winter Mo 10 – 18, Di 9.30 – 19, Mi 7 –
21.30, Do, Fr 9.30 – 21.30, Sa 10 – 18, So 9 – 18;
im Sommer Mo 10 – 20, Di 9.30 – 20, Mi 7 – 21.30,
Do, Fr 9.30 – 21.30, Sa 10 – 20, So 9 – 19 Uhr.
Preise: Tageskarte 4 €, Zehnerkarte 36, Vierteljahr
60, Jahreskarte 180 €; Kinder ab 6 Jahre Tageskarte
3, Zehnerkarte 27, Vierteljahr 33, Jahreskarte 100 €;
Familientageskarte bis 2 Erwachsene und 3 Kinder
9 €, Jahreskarte 280 €.

▶ Im August 2002 nach 14 Monaten Modernisierung wieder eröffnetes Hallen- und Freibad,
74 m lange Wasserrutsche, Liegewiese.

Kreisbad Maxdorf-Lambsheim

Heideweg, 67133 Maxdorf. ✆ 06237/7372, Fax
979480. **Zeiten:** Mo 14 – 18 nur Erwachsene, Di, Do
und Fr 14 – 21, Mi 10 – 21, Sa 10 – 17, So 8 – 12
Uhr, in den Ferien früher geöffnet. **Preise:** Tageskarte

3 €; Kinder ab 7 Jahre Tageskarte 2 €; preiswerte Familienkarte.

▶ Schwimmhalle mit Sportbecken 12,5 x 25 m und Lehrschwimmbecken 8 x 12,50 m, Liegewiese für den Sommer. Babyschwimmen für Kinder von 3 bis 14 Monate, Mutter-Kind-Schwimmen für Kinder bis 3 Jahre.

Strandbad Frankenthal

Meergartenweg, 67227 Frankenthal (Pfalz). ✆ 06233/ 64027, 89-440, www.frankenthal.de. **Anfahrt:** Bus 462, Haltestelle Am Strandbad. **Zeiten:** Mai – Sept. Mo, Mi, Fr – So und Fei 9 – 19, Di und Do 7 – 19 Uhr.

▶ Das Strandbd liegt dicht neben dem Südwestufer eines 3,6 ha großen, durchschnittlich 4 – 9 m, höchstens 12 m tiefen und von schattigen Bäumen umgebenen Sees. Es besitzt von Mauern eingefasste Sport-, Nichtschwimmer- und Lehrschwimmbecken und ein Mutter-Kind-Becken. Dazu gehören ferner ausgedehnte Liege- und Spielwiesen, Rosenrabatten, ein Kinderspielplatz sowie ein Kiosk mit Sitzgelegenheit. Für Kinder ist das ein ganz tolles Bad, an sonnigen Sommertagen herrscht deshalb ein Riesenandrang. Das Kindergeschrei und -rufen konkurriert dann in der Lautstärke mit dem Lärm der stark befahrenen B9.

Außerhalb der Saison könnt ihr von 8 Uhr bis Eintritt der Dunkelheit, spätestens jedoch 17 Uhr auf einem 2 km langen **Rundweg** um den See spazieren gehen.

Ostparkbad Frankental

Am Kanal, 67227 Frankenthal (Pfalz). ✆ 06233/602-292, www.frankenthal.de. **Anfahrt:** Bus 460 oder 461 bis Hallenbad. **Zeiten:** September – Juni Mo 13 – 20, Di, Do 6.30 – 18, Mi, Fr 8 – 22, Sa 8 – 17.30. So 8 – 13 Uhr, November – März So 8 – 16 Uhr.

▶ Hallenbad mit Sport- und Lehrschwimmbecken.

RHEINEBENE

Freibad Speyer

Stadtwerke, Geibstraße 4, 67346 Speyer. ✆ 06232/
625-0 (Stadtwerke) und 625-132. Am Rhein neben der
Jugendherberge. **Anfahrt:** Shuttle-Bus von Speyer Hbf.
Zeiten: Mai – September täglich 9 – 19 Uhr, bei kühler
Witterung kürzer, an heißen Tagen länger. **Preise:**
Tageskarte 2,60 €, Zehnerkarte 23, Saisonkarte
43,50, Jahreskarte auch fürs Hallenbad 102 €; Kinder
4 – 16 Jahre 1,50 €, Zehnerkarte 13, Saisonkarte
17,90, Jahreskarte 51 €; Ermäßigungen durch Famili-
enzusatzkarten, Mo – Fr ab 17 Uhr günstiger Abendta-
rif für Erwachsene.

▶ Nach der langen Zeit der Modernisierung hat
seit Sommer 2002 das heiß ersehnte Freibad
endlich wieder seine Tore geöffnet. Und was es
da nun alles gibt! Ein Sportbecken mit 50 x 20
m, ein Lehr- und ein Nichtschwimmerbecken
sowie ein Mutter-Kind-Becken, dazu ein 5-m-
Sprungturm, eine 70-m-Riesenrutsche, ein Wasserfall und ein Wasserspielplatz. Die riesengroße
Liegewiese bietet viele Spielmöglichkeiten, wie
Tischtennis, Beachvolley- und Basketball.
Dank der Grillanlage und eines Terrassencafés
wird keiner verhungern oder verdursten.

Hallenbad Speyer

Stadtwerke, Butenschönstraße 8, 67346 Speyer.
✆ 06232/625-0 (Stadtwerke), 625-1500. **Zeiten:** Oktober – Mai Mo 15 – 16 Uhr für Frauen, Schwangere
und Mütter mit Kleinkindern, Di (Warmbadetag), Mi 8 –
21, Do 8 – 20, Fr 14 – 21, Sa 8 – 15, So 8 – 13 Uhr.
Preise: Tageskarte 2,60 €, Zehnerkarte 23, Saisonkarte 87, Jahreskarte auch fürs Freibad 102 €; Kinder 4 –
16 Jahre Tageskarte 1,50 €, Zehnerkarte 13, Saisonkarte 38, Jahreskarte 51 €.

▶ Es gibt ein 25-m-Sportbecken mit 1- und 3-
m-Brett, ein Nichtschwimmer- und ein Kinderbecken mit Sprudler.

Kreisbad Römerberg

Viehtriftstraße, 67354 Römerberg-Heiligenstein.
℗ 06232/83243. **Anfahrt:** Buslinie 578/579 Speyer –
Mechtersheim bis Haltestelle Hallenbad.
Zeiten: Mo 14 – 18 nur für Erwachsene, Di, Mi 14 –
21, Do 7 – 10, 14 – 21, Fr 7 – 10, 14 – 21, 14 – 17
Spielnachmittag, Sa 12 – 17, So 8 – 12 Uhr, in den Fe-
rien früher geöffnet. **Preise:** Tageskarte 3 €; Kinder ab
7 Jahre Tageskarte 2 €; preiswerte Familienkarte.
▶ Hallenbad mit Sportbecken von 25 x 12,5 m,
Liegewiese und Cafeteria. Babyschwimmen für
Kinder von 3 bis 14 Monate.

Badepark Haßloch

Lachener Weg 175, 67454 Haßloch. ℗ 06324/
5994760, www.badepark.de. **Zeiten:** Mo 12 – 21
(Ferien und Fei ab 10), Di – Sa 9 – 21, So 9 – 19 Uhr;
Mitte September – Mitte Mai Fr 9 – 22 Uhr. **Preise:** Im
Sommer Tageskarte 4 €, Zehnerkarte 37, Saisonkarte
80 €. Im Winter 5,90/Tag, letzte 2 Stunden 3,60 €,
Zehnerkarte 54, 3-Monatskarte 106 €; Kinder 6 – 16
Jahre Tageskarte Sommer 2,30 €, Winter 3,40 €
(Spätbader 2,20), Zehnerkarte Sommer 21, Winter 31,
Dreimonats-Winterkarte 61, Sommer-Saisonkarte
46 €; Familienkarte 11/15,50 €, Dreimonats-Winter-
karte 190, Sommer-Saisonkarte 176 €.
▶ In dem Allwetterbad kommen Kinder auf jeden Fall auf ihre Kosten, dafür sorgen schon Eltern-Kind-Bereich, Riesenrutsche, Strömungskanal, Wasserkanonen, Wasserpilz und Riesen-
whirlpool. Im Sommer erweitert sich das
Hallenbad um mehrere Außenbecken samt Liegewiese und einen großen Spielbereich mit
Tischtennis und Volleyball. In der Cafeteria
werden kleine Gerichte für Kinder angeboten.

Orientierungstipp

In großen und überfüll-
ten **Freibädern** können
sich Kinder, etwa im
Alter von 1 bis 5 Jahren,
sehr leicht verlaufen.
Zwar gibt es Kinder mit
einem angeborenen
guten Orientierungs-
sinn, aber bei den meis-
ten muss dieser erst
trainiert werden. Des-
halb sollten Erwachse-
ne und ältere Geschwis-
ter den Kleinen **Orien-
tierungshilfen** anbieten
und diese viele Male ab-
fragen. Orientierungshil-
fen können sein: eine
besonders farbige
Decke, der Sonnen-
schirm oder ein mitge-
brachtes Fähnchen, in
unmittelbarer Nähe zur
Uhr, zu einem einzeln
stehenden Baum oder
Busch, zum Spielplatz
und so weiter.

RHEINEBENE

Tipp: Das Bad ist behindertengerecht eingerich-
tet.

**Gesundheitstipps
für Sonnenanbeter**
· Bewegt euch generell
  viel an der frischen
  Luft.
· Geht erst ins Freibad,
  wenn ihr schon etwas
  Farbe bekommen
  habt.
· Tragt beim Schnor-
  cheln oder Luftma-
  tratzentoben ein
  T-Shirt, weil das Was-
  ser die Sonnenstrah-
  len reflektiert.
· Wieder zu Hause, soll-
  tet ihr euch gründlich
  mit einer Fettcreme
  einschmieren, denn
  die Sonnenstrahlen
  wirken noch zwei bis
  drei Stunden auf
  eurer Haut nach!

Badepark Wörth

Mozartstraße 2, 76744 Wörth (Pfalz). ✆ 07271/6373.
Zeiten: Mai – Mitte September, Mo – Do 9 – 20, Fr 7 –
20, Sa, So und Fei 9 – 19 Uhr, Kassenschluss 1 Stunde vor Schließung. **Preise:** Tageskarte 5 €, ab 17 Uhr
2,50, Saisonkarte 55 €; Kinder 6 – 17 Jahre Tageskarte 3 €, ab 17 Uhr 1,50 €, Saisonkarte 27,50 €.
▶ Das Freibad verdient den Namen Badepark
wirklich: 10 Becken mit vielfältigen Funktionen
erwarten euch! Es gibt sogar eine Wasserburg
und eine Pirateninsel, Wellenbecken, eine 67-m-
Doppelrutsche und ein Wasserfahrrad für Touren am Wasserpilz entlang. Und auf Abenteuerspielplatz, Volleyballfeld und Bolzplatz kann
man sich wieder trocken toben. Auch verhungern wird hier niemand, denn es gibt ein Restaurant.

Badepark Bellheim

Bellheim. ✆ 07272/4769. Am Westrand des Städtchens. **Zeiten:** Mitte Mai – Mitte September täglich 9 –
20 Uhr. **Preise:** Tageskarte 2,30 €, Saisonkarte 38 €,
im Mai und September ab 17 Uhr Abendkarte 1,70 €;
Kinder 6 – 16 Jahre 1,70, Saisonkarte 26 €; preiswerte Familien-Saisonkarten.
▶ Das 1998 vollständig renovierte Freibad hat
drei Becken, Riesenrutsche, Liegewiesen, Kinderspielplatz, Tischtennisplatten – und eine Cafeteria.

Freizeit- und Spaßbad Moby Dick Rülzheim

Am See 2, 76761 Rülzheim. ✆ 07272/928420,
www.gemeindewerke-ruelzheim.de. **Zeiten:** Mo 13 –
21.30, Di – Fr 9 – 21.30, Sa, So und Fei 9 – 18.30
Uhr, in den Sommerferien Mo ab 9 Uhr. **Preise:** Hallensaison 90 Minuten 3,50 €, ganzer Tag 5, Zehnerkarte
für 11 Eintritte 50 €. Sommersaison Juni – August 90

Minuten 2, ganzer Tag 3,50 €; Kinder 6 – 15 Jahre Hallensaison ganzer Tag 3,50, Zehnerkarte für 11 Eintritte 35 €, Sommersaison 2 €; preiswerte Sommerkarten, Dauerkarte für 6 Monate.

▶ Das Bad besitzt seit seiner gründlichen Erneuerung 2001 eine große supermoderne Halle mit einem lichtdurchfluteten Dach. Sie beherbergt eine variantenreiche Badelandschaft mit einem 50-m-Schwimmerbecken, ein Lehrschwimmbecken und ein Spaßbecken mit Massagedüsen, Wasserpilz, Bodensprudler, Schwallbrausen, Wasserkanonen und Strömungskanal, Spiel- und Abenteuerlandschaft für Kinder mit Felsen, Grotte mit Wasserfall, Stauwehr und Bodenbrodler sowie einer 60-m-Riesenrutsche mit separatem Landebecken. Vom Spaßbecken führt ein Ausschwimmbecken ins Freie, wo eine 26 m lange Rutsche mündet. Hier gibt es eine ausgedehnte Liegefläche und ein Beachvolleyballfeld und natürlich eine Cafeteria.

Das Rülzheimer Freizeit- und Spaßbad gehört zu den am besten ausgestatteten Bädern der Pfalz.

Freibad Billigheim-Ingenheim

Klingener Straße, 76831 Billigheim-Ingenheim.
℡ 06349/6145. **Zeiten:** Ende Mai – Anfang September Mo – Fr 9 – 20, Sa, So, Fei 9 – 19, Vor- und Nachsaison erst ab 10 Uhr, letzter Einlass halbe Stunde vor Feierabend. **Preise:** Tageskarte 2 €, 12er-Karte 10, Dauerkarte 35 €; Kinder und Jugendliche 6 – 18 Jahre 1 €, 12er-Karte 10, Dauerkarte 17 €; Dauerkarte für Familien mit Kindern 6 – 18 Jahre 45 €.

▶ Inmitten von Wiesengelände im Freizeitgelände am Klingbach. Schwimmerbecken, Erlebnis- und Freizeitbecken, Rutsche, Planschbecken für Kinder und ausgedehnte Liegewiese zum Herumtollen, Kiosk. In der Nachbarschaft Sportplatz und Campingplatz.

Herxheimer Waldfreibad

St.-Christophorus-Straße, 76863 Herxheim.
✆ 07276/8274. **Anfahrt:** Bus 553, 554, 555 bis Haltestelle Freibad. **Zeiten:** Mitte Mai – Mitte September Mo – Fr 9 – 20 Uhr (Juni – August Di und Fr ab 6.30), Sa, So und Fei 8 – 19 Uhr. **Preise:** Tageskarte 2,50 €, Sechserkarte 12,50, Saisonkarte 38 €; Kinder 6 – 17 Jahre Tageskarte 1,70 €, Sechserkarte 8,50, Saisonkarte 25 €; Familienkarte 60 €.

▶ Das Freibad liegt am Waldrand. Das auf 25 Grad geheizte Schwimmerbecken hat mit seinen 50-m-Bahnen olympische Maße und eine Sprunganlage mit 1- und 3-m-Brett. Das Nichtschwimmerbecken ist mit einer 48 m langen Riesenwasserrutsche, Planschbecken mit Wasserpilz, Kleinkinderwasserrutsche und Spiel-Nashorn super ausgestattet. Auf dem Spielplatz stehen u.a. ein Spielturm mit Rutsche, eine Wippe, Schaukeltiere und eine Reifenschaukel. Eine Hälfte der ausgedehnten Liegewiese wird von hohen Bäumen beschattet, in einem Teil gibt es Spielfelder für Fußball, Volleyball und Badminton sowie Tischtennistische und einen Kiosk mit Sitzgelegenheiten.

Erlebnisbad Kandel

Badeallee, 76870 Kandel. ✆ 07275/618691, Fax 618692. Am Nordrand des Bienwaldes südlich von Kandel am Otterbach. **Zeiten:** Mitte Mai – Mitte September täglich 9 – 20 Uhr, Mi Frühbadetag 7 Uhr, Kassenschluss 19 Uhr. **Preise:** Tageskarte 2,50 €, Zehnerkarte 20, Saisonkarte 43 €; Kinder 6 – 18 Jahre Tageskarte 1,50 €, Zehnerkarte 13, Saisonkarte 23 €; preiswerte Familientarife.

▶ Das Waldschwimmbad im Landschaftsschutzgebiet Bienwald umfasst Multifunktionsbecken mit Springerbucht, 40-m-Rutsche, Strömungskanal mit Brodelbucht, Wasserpilz und

---

Ein herrliches Bade- und Freizeitgelände für Kinder aller Altersstufen!

Hunger & Durst

Wer genug vom Wasser hat, den zieht es vielleicht anschließend ins Natur-Mileu: Die **Wagner-Ranch** ist ein Bauernhof mit echten Pferden, Ponys, Kamerunschafen, Hühnern etc. Das Lokal bietet auch Tische im Freien unter Bäumen. Anbei Grillhütte und Abenteuerspielplatz. Kutschfahrten. Wagner-Ranch, Im Schambachtal.
✆ 07276/5888, Fax 6417. Einzelhof 1 km nordwestlich von Herxheim Richtung Rohrbach am Schambach. Di – Sa 15 – 20, So 9 – 20 Uhr, im Sommer länger; durchgehend warme Küche.

Massageduschen sowie einen Kleinkind-Badebereich. Die große Liegewiese mit ihren vielen Bäumen bietet einen Spielplatz, Tischtennisplatten, Fußball-, Beachvolleyball- und Basketballfeld und einen Kiosk.

Freibad Queichtal in Offenbach

Konrad-Lerch-Ring 7, 76877 Offenbach an der Queich. ✆ 06348/986-167, www.offenbach-queich.de. **Zeiten:** Mai – September Mo, Mi, Sa 9 – 20, Di, Do 6.30 – 20, Fr 9 – 21, Sa 9 – 20, So 9 – 19 Uhr. **Preise:** Tageskarte 2 €, 12er-Karte 20, Saisonkarte 32,50 €; Kinder 6 – 18 Jahre Tageskarte 1,25 €, 12er-Karte 12,50, Saisonkarte 17,50 €; günstige Familien-Saisonkarte, besonderer Feierabendtarif.

▶ Das beheizte Freibad in den Queichtalwiesen besitzt ein Sportbecken mit 50-m-Bahnen und ein Springbecken mit 5-m-Sprungturm und 1- und 3-m-Brett. Das Nichtschwimmerbecken hat einen Eltern-Kind-Bereich mit Rutsche und Planschbecken. Auf der großen Liegewiese finden sich Kinderspielplatz, Wärmehalle, Massagebrunnen, Beachvolleyballfeld, Kiosk und Gaststätte.

Freibad Steinfeld

Knapp 1 km südöstlich vom Bahnhof Steinfeld entfernt. ✆ 06340/1250. **Zeiten:** Mai – September Mo – Fr 9 – 20, Sa, So und Fei 8.30 – 20.30 Uhr.

▶ Ruhige Lage am Waldrand mit Schwimmer- und Nichtschwimmerbecken, Planschbecken, Rutsche, Kinderspielplatz, Tischtennis.

Hunger & Durst

Überdachte Grillstelle
am Waldschwimmbad Kandel für 120 – 130 Personen, WC, Nutzungspauschale 65 €, 35 € Kaution, Info und Anmeldung VG Kandel, ✆ 07275/960300 und 960302.

In der Rheinebene gibt es **weitere Grillplätze** in: Bellheim, Bornheim, Heiligenstein, Hochstadt, Kapsweyer, Lustadt, Neuburg, Rohrbach, Ottersheim, Venningen, Waldsee; ↗ Info- & Ferienadressen.

RHEINEBENE

Baden in Seen & Flüssen

Bahnweiher bei Schifferstadt
Mutterstädter Straße, 67105 Schifferstadt. Am Nordrand von Schifferstadt.

▶ Kleiner See mit dem Lokal **Zur Fischerhütte,** Spielplätzen und einem schönen kleinen Park zum Spazierengehen – auch mit Kinderwagen. Als Ziel von gemütlichen Radtouren gut geeignet, denn an der Ostseite führt der Radweg Ludwigshafen-Rheingönheim – Schifferstadt ohne jede Steigung entlang.

Die Blaue Adria bei Altrip
Verbandsgemeindeverwaltung, 67122 Altrip. ✆ 06236/39990, 06236/3831 (Kurzzeit-Camping Blaue Adria), 4 km westlich von Altrip. **Anfahrt:** Straßenbahn von Ludwigshafen bis Rheingönheim, dann Bus 170 direkt zur Blauen Adria. Rad: Von Ludwigshafen-Rheingönheim und Altrip über Radweg zu erreichen.

▶ Die Blaue Adria ist ein im Ludwigshafener Raum äußerst beliebter Freizeit-See. Zusammen mit dem *Neuhofener Altrhein*, dem *Schwanenweiher*, dem *Karpfenweiher* und dem *Jägerweiher* bildet er ein faszinierendes kleines Naturparadies, das großenteils unter Naturschutz steht (NSG). Schön anzusehen sind die winzigen Inseln im breiten See, die kleinen Buchten und Dünen. Am Ostufer herrscht an Sommerwochenenden reichlich Betrieb am feinen Sandstrand. Hier befinden sich auch ein Kinderspielplatz, ein ausgedehnter Campingplatz (↗ Info- & Ferienadressen) und ein Kiosk mit Tischen. Am Ufer der Blauen Adria liegt das komfortable **Strandhotel Darstein** mit Restaurant und Biergarten sowie eigenem kleinen Strand. Die gute Auswahl an Speisen schließt Fischgerichte, Vollwert- und vegetarische Küche ein. Wegen

Hunger & Durst
Gaststätte Zur Fischerhütte, ✆ 06235/6361. Mi – Mo 9 – 22 oder 23 Uhr, warme Küche 11.30 – 14, 17 – 21 Uhr.

Um die Blaue Adria führt ein teilweise geteerter **Rundweg**, der sich gleichermaßen zum Wandern wie auch Radeln eignet.

seines Radlerservice mit Fahrradgarage, Werkzeugen, Ersatzteilen und Lunchpaketdienst vom ADFC empfohlen.

Baggersee Schlicht bei Waldsee

2 km nördlich von Waldsee. **Anfahrt:** Rad: Von Waldsee per Radweg erreichbar.

▶ Am Nordrand des großen Baggersees geht es an warmen Sommertagen lebhaft zu, denn außer einem Badestrand mit großer Liegewiese gibt es einen Kiosk mit Tischen im Freien – schöner Blick auf den See eingeschlossen. Im Südteil des schönen Sees, an dem längst auch reichlich Bäume die Ufer zieren, wird noch Kies gebaggert.

Badesee Nachtweide bei Bobenheim

Am Südostrand von Bobenheim. **Anfahrt:** Bobenheim-Roxheim ist Bahnstation an der Linie Mainz – Worms – Frankenthal – Ludwigshafen.

▶ Die Strandwiese an dem Badeweiher wird an heißen Sommerwochenenden schnell zu klein, denn dann herrscht hier großer Andrang. Ganz in der Nähe befinden sich ein kleiner Vogelpark und ein Spielplatz. Und etwas weiter weg am Altrhein gibt es eine Minigolfanlage.

Der Silbersee bei Roxheim

Bobenheim-Roxheim. **Anfahrt:** B 9 Ludwigshafen – Worms Abfahrt Roxheim, 2 km bis zum See.

▶ Der 90 ha große Baggersee, Teil des wunderschönen Roxheimer Altrhein-Biotops, ist sehr beliebt unter Surfern, Seglern und Paddlern des Rhein-Neckar-Raums. Entsprechend gewaltig ist der Andrang an schönen Tagen. Am Südrand existiert ein Badebereich mit flachem Strand. Auch Kiosk, WC und Parkplatz sind vorhanden. Das Nordwest- und das Südostufer stehen unter Naturschutz.

Hunger & Durst

Hotel Darstein an der Blauen Adria,
✆ 06236/ 4440, Fax 444140. www.hotel-darstein.de. April – Sept. warme Küche Mo, Di 18 – 21.30, Mi – So 12 – 14, 18 – 21.30 Uhr, Nov. – März Di 18 – 21.30, Mi 12 – 14, 18 – 21.30, Sa, So 12 – 14 Uhr.

Versucht doch mal herauszufinden, welche Bäume am Ufer des Schlichtsees zu Hause sind und welche Vögel dort wohnen.

 Man kann den malerischen Silbersee auf Pfad, Weg und Sträßchen auf einer 5 km langen Route **umwandern**. Los geht's am Südwestende nahe dem Parkplatz.
In einem Teil des Sees wird noch gebaggert.

Altrheinsee mit Freizeitanlage bei Roxheim

Am Ostrand von Roxheim. **Anfahrt:** A 6 Mannheim – Kaiserslautern Ausfahrt Frankenthal, Richtung Roxheim.

Auf einem knapp 5 km langen **Rundweg** könnt ihr die schöne Wasser- und Schilflandschaft des Altrheinsees zu Fuß oder per Rad umrunden.

▶ Auf der Höhe von Bobenheim-Roxheim bildet der Altrheinarm einen richtigen See. Am Westufer erhebt sich ausgesprochen malerisch der Ortsteil Roxheim, ein stattliches Großdorf. An der Promenade befinden sich ein Kinderspielplatz, ein Minigolfplatz und direkt daneben eine Cafeteria sowie eine Grillhütte. Das Seehotel hat auf der Uferseite ein Restaurant mit Terrasse.

Kräppelweiher bei Roxheim

Anfahrt: A 6 Abfahrt Frankenthal, B 9 kurz vor Roxheim rechts.

▶ Wenige hundert Meter südlich von Roxheim liegt von dichtem Wald umgeben dieser 7 ha große See. Er ist bis zu 5,20 m tief und steht fast vollständig unter Naturschutz, weshalb hier nur eine kleine Sandstrandzone zum Baden freigegeben ist. Und dort stößt man oft auf viele Menschen. Manche unternehmen die 2 km lange Rundwanderung durch die urwüchsige Landschaft. Stellenweise ist es nur ein schmaler Pfad, manchmal führt er etwas vom Ufer weg. Andere liegen einfach auf einer der Liegewiesen im Gras und genießen den Blick auf den See. Wieder andere haben sich auf den Grillplätzen häuslich eingerichtet. Die Rundwanderung ist wegen des stellenweise engen und schlechten Pfades nur für wanderfreudige Kinder ab 10 Jahren zu empfehlen. Der Kräppelweiher ist von Roxheim mit dem Rad oder Auto auf der Straße Richtung Frankenthal erreichbar. In Seenähe gibt es einen Parkplatz.

Baggersee bei Lambsheim

Anfahrt: Bus 452 Frankenthal – Grünstadt bis Altes Rathaus.

▶ Der kleine Badesee an der A 61 bei Lambsheim ist durch den Bau eben dieser Autobahn entstanden. Natürlich ist bei dieser Lage reichlich Lärm angesagt. Am Ostufer befinden sich ein kleiner Strand, eine Gaststätte und ein Kiosk. Es gibt genug Platz zum Liegen und Herumtollen. Weil der Rundweg ein Stück an der Autobahn entlang führt, sollte man auf diese eigentlich schöne Aktivität verzichten und dafür auf dem fast verkehrsfreien landwirtschaftlichen Nutzweg von Lambsheim zum See wandern oder radeln.

Baggersee Binsfeld bei Speyer

1 km südöstlich von Otterstadt, 2 km nordöstlich von Speyer. **Anfahrt:** Von Speyer auf der Waldseestraße Richtung Otterstadt, ab Abfahrt Otterstadt knapp 3 km bis zum See.

▶ Malerische Seenlandschaft mit 7 Baggerseen. Im **Binsfeld-Freizeitgebiet**, das im nordöstlichen Bereich liegt, darf gebadet werden. Hier könnt ihr euch auf einem kleinen aufgeschütteten Strand und einer großen Liegewiese gemütlich niederlassen oder an einem Kiosk mit Tischen im Freien essen und dabei auf den weiten See hinaus blicken, dessen Ufer an vielen Stellen dichte Büsche säumen.

Denk mal!
Wisst ihr, welche Fische in den Binsfelder Seen zu Hause sind? Versucht, es herauszufinden.

Steinhäuser Wühlsee bei Speyer

Freizeitgelände am Bonnetweiher, Camping, Am Rübsamenwühl 31, 67346 Speyer. ✆ 06232/42228, Fax 635334. www.wolfshuette.de. info@wolfshuette.de.
Anfahrt: ↗ Campingplatz.

▶ Im Südwesten der Seenplatte nördlich von Speyer befindet sich der Steinhäuser Wühlsee,

RHEINEBENE

den die Speyerer liebevoll Bonnetweiher nennen. Am Ostufer dieses beschaulichen Gewässers befindet sich neben dem Campingplatz ein kleiner Strand, der ganz flach in den See hinein abfällt. Auf einem naturnahen Spielplatz und drumherum können die Kleinen prima herumtollen. Ferner gibt es ein Restaurant mit Biergarten und Kiosk, und selbst Kurzzeitcamper sind willkommen!

Lingenfelder Altrheinbadesee

3,5 km nordöstlich von Lingenfeld. **Anfahrt:** Der Rheinradweg Ludwigshafen – Straßburg tangiert den See.

▶ Der schöne große Badesee liegt nicht weit vom Rhein entfernt. Er ist Teil einer ganzen Landschaft von Altrheinarmen und Seen. Am Südufer befindet sich ein kleiner Sandstrand mit Liegewiese, auf der Schatten spendende Bäume und ein Gasthaus stehen. Benachbart ist ein kleiner **Campingplatz** (Juni – August, Wohnwagen 5 €, großes Zelt 4, kleines Zelt 3, Kinder pro Nacht 2, Erwachsene pro Nacht 3 €). Direkt daneben führt der Radweg Speyer – Lingenfeld – Germersheim vorbei.

Hunger & Durst

Ganz in der Nähe des Niederwiesenweihers befindet sich im Kiefernwald 1 km südwestlich des Sees das **Naturfreundehaus in den Stümpfen** mit Pfälzer Gerichten in Restaurant und großem Biergarten. Spielplatz anbei.

Niederwiesenweiher Böhl-Iggelheim

1 km nordöstlich von Iggelheim, an der Straße Schifferstadt – Iggelheim. **Anfahrt:** Von der A 61 über die Abfahrt Schifferstadt. Rad: Von den Bahnhöfen Böhl-Iggelheim und Schifferstadt über Radweg erreichbar. **Info:** ℡ 06324/6960.

▶ Kleiner See mit 10 ha Wasserfläche zwischen Böhl-Iggelheim und Schifferstadt, am Rand eines ausgedehnten Waldgebietes, das teilweise unter Naturschutz steht. Am Ufer bietet eine große Wiese den Wasserratten nach dem Bad im See Liege- und Spielmöglichkeiten. Kiosk mit Tischen im Freien vorhanden.

Naherholungsgebiet Gimpelrhein

4 km südlich von Germersheim am Nordostrand von Sondernheim.

▶ In der Gruppe der drei Gimpelrhein-Seen ist der nördliche der Hauptbadesee. Hier gibt es große Spiel- und Liegewiesen und im Sommer hat ein Kiosk geöffnet. Aber auch in den beiden anderen Seen kann gebadet werden.

Baggersee Epple bei Neuburg

Am Westrand von Neuburg. **Preise:** Eintritt frei.

▶ Großer Baggersee mit Strandbad und ausgedehnter Liegewiese. Schatten spendende Bäume, aber auch Volleyballfeld, Kiosk für Speis' und Trank und Grillplatz.

Wassersport auf dem Pfälzer Oberrhein

Der Pfälzer Oberrhein ist seit hundert Jahren eine Hochburg der Ruderer und Kanuten. Besonders im Bereich Mannheim-Ludwigshafen gibt es entsprechende Vereine, wo Kinder und Jugendliche überaus willkommen sind und systematisch in die Grundtechniken dieser faszinierenden Wassersportarten eingeführt werden.

Windsurfschule Silbersee, Bobenheim-Roxheim, ✆ 06239/7249, Fax 06239/920770, www.windsurfschule-silbersee.de

Wassersportverein Roxheim, ✆ 0621/688008, www.wsv-roxheim.de

Kanu- und Segel-Club Frankenthal, ✆ 06233/61655, Fax 06233/667531, www.kcf1922.de

Frankenthaler Ruderverein von 1895, Postfach 1331 oder ✆ 06233/68210 (Vorsitzender)

Kanu-Club Speyer, ✆ 06232/76299.

Kanusportgemeinschaft Germersheim, ✆ 07274/8821.

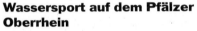 *Schon gewusst dass alle Boote, die mit Paddeln bewegt werden, **Kanus** heißen? Es gibt »Kajaks«, die sind ringsum geschlossen, an der Sitzluke abgedichtet und werden mit einem Doppelpaddel bewegt; und »Kanadier«, die sind offen und man benutzt ein Stechpaddel, um vorwärts zu kommen.*

Lokal des Rudervereins Rhenania Germers-heim, Werftstraße 1. ℡ 07274/2522, Fax 777053. Mi – Mo 10 – 23 Uhr. Bootshaus am Germersheimer Rhein-ufer. Daneben Liegewiese und Sitzbänke am Fluss. Ob im Lokal oder auf der Terrasse des Bootshauses oder auf der Sitzbank am Rhein: immer fällt der Blick auf vorbeiziehende Schiffe – für viele Kinder ein großes Spektakel.

Ruderverein Rhenania Germersheim, Postfach 1406 oder ℡ 07274/6503, www.rudern-germersheim.de
Ruder- und Kanuclub Wörth, ℡ 07271/5598, www.rkcw.de

Ahoi – Schiffstouren auf dem Rhein

Schifffahrt auf dem Pfälzer Abschnitt des Oberrheins heißt sich auf einem breiten künstlich begradigten Strom bewegen. Das ist natürlich längst nicht so spektakulär wie in den Gebirgspassagen des Mittelrheins zwischen Bingen und Boppard. Entsprechend herrscht hier auch kein Massenandrang von Touristen. Es gibt Touren, aber nicht sehr viele.

Mit der »Pfälzer Land« auf dem Altrhein

Werner Streib, Fritz-Ober-Straße 17, 67346 Speyer. ℡ 06232/71366, Fax 621866. Handy 0171/ 1234889. fgs-pfaelzerland@t-online.de. **Anfahrt:** Vom Hbf mit Bus 565 (City Shuttle) bis Domplatz, dann 10 Minuten zu Fuß. **Zeiten:** Ostern – November ab Rheinuferpromenade 3, Mo 15 – 17, Di 13 – 14.30, 15 – 17.30 (Otterstädter Altrhein), Do 13 – 14.30, 15 – 17, Fr 13 – 14.30, 15 – 17, Sa 15 – 17, So, Fei 11 – 12.30, 13 – 14.30, 15 – 17, 17.15 – 19.15 Uhr. In den Monaten April, Mai, Oktober Rundfahrten von 13 – 14.30 nur auf Bestellung für Gruppen ab 25 Personen. **Preise:** Touren von 1 Std. 6 €, von 2 Std. 7 €; Kinder 3 €; preiswerte Familienkarten, Ermäßigungen für Gruppen. **Infos:** Prospekt anfordern.

▶ Mit dem 30 m langen und 5 m breiten Ausflugsschiff »Pfälzer Land«, auf dem 200 Personen ein Plätzchen finden, kann man abwechslungsreiche Rundfahrten durch die wiederbelebten Auenlandschaften der Rheinaltarme sowie nach Germersheim unternehmen. Es werden folgende Ziele angeboten: Berghäuser Altrhein (1,5 Std.), Reffenthaler Altrhein (2 Std.), Otterstätter Altrhein (2,5 Std.) sowie Germersheim (3,5 Std.). Sonderfahrten nach Rüdesheim im Rheingau und zum Wormser Backfischfest.

Achtung: Picknicks sind an Bord nicht gestattet, denn es existiert ein Schiffs-Restaurant, dem keine Konkurrenz entstehen soll.

Mit der »Stadt Germersheim« auf dem Oberrhein

David Hess, Am Unkenfunk 7, 76726 Germersheim. ℡ 07274/1250, Fax 1250. Handy 0174/9210841. Anleger: Süduferstraße Industriegebiet – Zone 3 Nähe Hafen- und Zollamt. **Zeiten:** Anfang April – Ende Okt.

▶ Das kleine 16 m lange und 4,10 m breite Ausflugsschiff nimmt bis zu 40 Personen mit auf seine Touren von Germersheim zur Insel Rott, nach Leimersheim, Reffental oder Speyer. Sie dauern 1,5 – 5,5 Stunden. An den »Fahrten für Jedermann« kann man ohne Voranmeldung teilnehmen. Sie finden in den Oster- und Sommerferien meistens sonntags 14 – 16 Uhr statt, Erwachsene zahlen 8 €, Kinder 4 €. Gruppenfahrten kosten je nach Fahrtdauer pauschal 230 – 380 €.

RHEINEBENE

RAUS IN DIE NATUR

Radeln & Skaten im Radelparadies

Die Rheinebene ist das Pfälzer Radelparadies für Familien mit Kindern. Die Strecken sind tischeben, also herrlich leicht. Viele verlaufen auf recht gut ausgebauten Radwegen oder landwirtschaftlichen Nutzwegen. Reichlich frequentiert ist die in den meisten Abschnitten in gutem Zustand befindliche Rheinroute zwischen Ludwigshafen und Neuburg. Auch im Hinterland gibt es viele interessante Radelstrecken, die sich wachsender Beliebtheit erfreuen, insbesondere die Routen entlang der Bäche *Queich, Speyerbach, Klingbach* und *Lauter*.

ADFC, **Radspaß im Süd-Westen 1** – Zwischen Rhein und Wein, 21 Touren von Ludwigshafen über Speyer bis Lauterbourg, W + K Lüdemann Verlag, 54 Seiten.

Radwander- und Freizeitkarte Rhein-Neckar Pfalz, Pietruska Verlag, Rülzheim, 1:50.000, für den Raum zwischen Worms und Germersheim.

bikeline, **Rhein-Radweg 2.** Von Basel nach Mainz, 132 Seiten, Verlag Esterbaue. Gute Karten, inhaltlich dagegen dünn und unkritisch.

Radtour von Ludwigshafen am Rhein entlang nach Germersheim und Neuburg

Länge: insgesamt 90 km; Familien mit jüngeren Kindern werden sich auf Abschnitte von 5 bis 15 km beschränken. Mit radelfreudigen 12- bis 14-Jährigen können die Abschnitte viel länger sein. Es ist durchaus überlegenswert, sich die gesamte Strecke in einer zweitägigen Tour vorzunehmen. **Anfahrt:** Die Bahnlinie Ludwigshafen – Speyer – Germersheim – Wörth – Neuburg ist oft so nahe, dass man in den Zug wechseln kann.

▶ Der gesamte Rheinabschnitt von Ludwigshafen bis Neuburg an der deutsch-französischen Grenze ist durch 90 km Radweg erschlossen. Die steigungsfreie, meist ausreichend markierte Route ist in den meisten Abschnitten in gutem Zustand. Sie führt abwechselnd am Fluss oder den zahlreichen Altarmen und Kiesseen entlang. Meist werden die Dörfer lediglich gestreift, durch Stadtgebiete muss man nur in Speyer (ziemlich am Rand), Germersheim und Wörth/Maximiliansau (am Rand).

Von Speyer zum Vogelpark Böhl-Iggelheim

Länge: 9 km, flach und leicht.

▶ Von Speyer auf dem Radweg »Vom Rhein zum Wein« bis Harthausen, dann auf der Landstraße nach Hanhofen fahren. Von dort zunächst durch Flur und dann Wald am Naturfreundehaus vorbei zum Vogelpark. Einkehrmöglichkeiten im Naturfreundehaus und im Vogelpark. Zurück fährt man entweder auf derselben Route oder besteigt am 2 km entfernten Bahnhof Böhl-Iggelheim im Ortsteil Böhl den Zug.

Von Speyer in den Angelwald mit Inselrundfahrt

Länge: in den Angelwald und zurück 7 km, plus Inselrundfahrt 11 km, stets flach.

▶ Vom Speyerer Dom via Schillerweg und Hafenstraße auf dem Rhein-Radweg flussabwärts. Nach ca. 3,5 km rechts ab auf die Insel Angelwald, die von dichtem Auwald bedeckt ist. Die anschließende 4 km lange Rundtour ist ein Genuss – ein Stück am Fluss entlang, eine ganz lange Passage durch tiefen Wald.

Einkehren kann man in der **Gaststätte Angelhof** am Südrand der Insel. Schließlich geht es auf derselben Route vom Angelwald nach Speyer zurück.

Radtour von Speyer nach Lingenfeld

Länge: 18 km einfach, stets flach.

▶ Vom Dom zum Rhein hinunter und am neuen Hafenbecken entlang zum Berghauser Altrhein radeln, anschließend bis auf die Höhe von Mechtersheim am Schutzdamm entlang und 3 km weiter mitten durch ein Seengebiet. Danach am Altrheinarm entlang nach Lingenfeld. Rückkehr nach Speyer mit der Regionalbahn.

Skatepark Haßloch

Siemensstraße 18, 67454 Haßloch, ℂ 06324/924792, www.skateparkhassloch.de. **Zeiten:** Mi 16 – 20, Do 16 – 20 (Family, Frauen Power), Fr 16 – 21, Sa 14 – 21, So und Fei 14 – 19 Uhr. **Preise:** 5 €, 10er-Karte 46 €; Kinder und Jugendliche 4 €, 10er-Karte 36 €; Familien 15 €.

▶ Inline-Skater-Anfängerkuse für Kinder an zwei Donnerstagen 15 – 17 Uhr für 25 €, Anmeldung erforderlich. Vermittelt werden Grundkenntnisse zu Schutzausrüstung, Falltechnik, Bremsen, Kurventechnik, Slalomfah-

🐛 **ADFC-Regionalkarte Region Rhein/Neckar**, BVA Bielefelder Verlagsanstalt, 1:75.000, 6,80 €, für den Raum zwischen Worms und Leopoldshafen, 13 km südlich von Germersheim.

RHEINEBENE

Tipp: Im Skatepark kann man auch Inline-Skates ausleihen!

 Der ausgedehnte Kiefernwald südlich von Haßloch und Böhl-Iggelheim ist von einem dichten Netz von Wegen durchzogen. Dadurch ergeben sich viele Möglichkeiten für Radtouren und **Wanderungen**, gerade auch für Familien mit Kindern, da das Gelände tischeben ist.

ren, Rückwärtsfahren. Der Skater-Park Haßloch verfügt über Halfpipe, Funbox, Miniramp und Rails. Es wird Inline-Hockey gespielt.

Rundtour durch Kiefernwald

Haßloch. **Länge:** 16 km Rundtour, stets flach und leicht, großenteils durch Kiefernwald, Stadtpassagen am Anfang und Ende.

▶ Die Tour beginnt am Bahnhof Haßloch. Zunächst fahrt ihr auf der Bahnhofstraße 1,5 km stets geradeaus in das Zentrum des Städtchens und biegt dort nach links in die Kirchgasse ein, die direkt zum 2 km entfernten Stadtwald führt. Unter Kiefern rollt ihr anschließend stets geradeaus 3,5 km Richtung Südosten. Sobald der Waldrand erreicht ist, biegt ihr nach rechts ab und fahrt zwischen Wald und Speyerbach 4 km gen Nordwesten bis zur Straße Lachen-Speyer – Haßloch. Dieser folgt ihr sodann zuerst auf dem Radweg, dann auf der Straße zurück ins Stadtzentrum. Zum Schluss gelangt ihr wieder über die Bahnhofstraße zu Start und Ziel der abwechslungsreichen Rundtour.

Radlertag Queichtal

Germersheim. **Zeiten:** 1. So im Juli ab 11 Uhr.

▶ Im Jahre 2000 wurde der Radweg an der beschaulichen Queich eröffnet, seit 2002 wird nun auch ein großes Radlerfest gefeiert. In allen Orten zwischen Germersheim und Hauenstein gibt es Kulinarisches, allerlei Veranstaltungen, Aktionen und Infostände. Und damit das alles noch mehr Spaß macht, verkehrt an diesem Tag neben der regulären Linie Pirmasens – Hauenstein – Landau zwischen Hauenstein und Landau ein Dampfsonderzug.

@ Infos zum **Radlertag Queichtal:**

www.hauenstein.rlp.de
www.trifelsland.de
www.ferienregion-landau-land.de
www.landau.de
www.suedpfalz-tourismus.de

Radtour von Germersheim an die Sondernheimer Baggerseen

Länge: 9,5 km; flache, leichte Rundtour ab Eisenbahnbrücke.

▶ Zunächst 4 km flussaufwärts und etwa 1 km südlich des viel besuchten Ausflugslokals *Zur Rheinschnook* rechts ab nach Sondernheim radeln, das nach 1 km erreicht ist. An dessen nordöstlichem Ortsrand liegt das Badegelände an den Baggerseen *Gimpelrhein*. Auf dem Rückweg kann man vom Ostrand der Seen in nordöstliche Richtung zum Rhein und die letzten 2 km wieder am Fluss entlang zum Start und Ziel Germersheimer Eisenbahnbrücke radeln.

Radtour von Germersheim nach Rülzheim

Länge: 13 km, flach und leicht. **Anfahrt:** Regionalbahnen verbinden Germersheim und Rülzheim.

▶ Ab der Germersheimer Eisenbahnbrücke zunächst 6 km am Rhein entlang flussaufwärts radeln, dabei geht es auch eine längere Passage durch Auwald. Anschließend rechts ab ins Hinterland und auf dem ausgeschilderten Klingbachweg über Hördt nach Rülzheim. Rückweg per Regionalbahn nach Germersheim.

Radtour von Germersheim nach Leimersheim und zurück

Länge: 23 km hin und zurück, vollständig flach, leicht. **Anfahrt:** Regionalbahn nach Germersheim.

▶ Ab der Germersheimer Eisenbahnbrücke stets am Rhein aufwärts bis Leimersheim, teils direkt am Fluss, teils hinter dem Hochwasserschutzdamm. Zurück geht es auf gleicher Route, nun flussabwärts. Einkehren kann man in der Gaststätte *Zur Rheinschnook* direkt am Rheinufer und in Leimersheim.

Hunger & Durst

Einkehren kann man in der **Rheinschnook,** ✆ 07274/2416, am Rhein, in Sondernheim sowie am Gimpelrhein.

🐛 **Radtouren 8 x in der Südpfalz.** Wald-Wein-Rhein, 1:100.000, erhältlich bei den Fremdenverkehrsämtern der Region.

Hunger & Durst

Taverne Zorbas, Rheinstraße 42, Leimersheim. ✆ 07272/1348. April – September 11 – 23 Uhr, Oktober – März 17 – 23 Uhr. Griechisches Lokal an einem kleinen See am Ostrand von Leimersheim, nicht weit vom Rheinufer-Radweg entfernt. Großer Biergarten, Kinderspielplatz.

Skateranlage Wörth

▶ Skateboardanlage beim Badepark mit Halfpipe, Sidewalk mit Slide, Ollibox, Funbox und Jumpramp.

Von Wörth nach Neuburg und zurück

Länge: 19 km, leichte Flusstour, keine Steigung, Radweg.

ADFC-Regionalkarte Karlsruhe und Umgebung, BVA Bielefelder Verlagsanstalt, 1:75.000, 6,80 €, für den Raum Germersheim-Sondernheim bis Rastatt.

▶ Von der Rheinbrücke Wörth-Maximiliansau auf der linken, pfälzischen Seite rheinaufwärts. Nach einem kurzen Stück am Ufer im großen Bogen um den Altrhein und dann noch ca. 2 km direkt am Fluss entlang bis Neuburg. Für den Rückweg nimmt man die Fähre aufs badische Rheinufer nach Neuburgweiher und radelt via Kastenwört und Rappenwört durch Auwald, Hafen Karlsruhe und Auwiesen rheinabwärts zurück zur Brücke von Wörth-Maximiliansau.

Von Offenbach auf dem Queichtalweg nach Germersheim

Offenbach an der Queich. **Länge:** 20 km, abwechslungsreich, ganz leicht und flach. Ausschilderung meist ausreichend, manchmal muss man aber auch die Radkarte zu Rate ziehen.

▶ Ihr beginnt die Tour am besten am Ostende der Jakobstraße. Die Route führt markiert als Queich-Radweg überwiegend durch Wald alsbald an einem See vorbei und streift nach 3 km den Ortsrand von Ottersheim – hier kurz in freier Flur. Nach einem langen Waldlehrpfad mit vielen Informationstafeln tritt die Route aus dem Wald heraus und erreicht die wunderschön gelegene **Knittelsbacher Mühle**, heute Restaurant mit einem großen Biergarten und Ferienwohnungen. In diesem kleinen Kinderparadies gibt es selbstverständlich auch einen gut ausgestatteten Spielplatz.

Danach taucht der Queichtalweg wieder bis Bellheim in tiefen Wald ein – jetzt von hohen Kiefern dominiert. Hier befand sich im Zweiten Weltkrieg ein großes Waffenlager, das über eine Kleinbahn versorgt wurde. Eine Infotafel, neben der eine Lore aufgestellt ist, erinnert daran. Auch der nächste Ort – **Bellheim** – wird lediglich gestreift. Hier kommt man am Waldrand an dem abwechslungsreich gestalteten Spielplatz mit Hangelseilbahn, einer Grillhütte und dem Freibad der Gemeinde vorbei. Auch hier wäre eine gute Gelegenheit zum Rasten.

Anschließend geht es nochmals ein langes Stück durch Wald, bevor man am Stadtrand von **Germersheim** ankommt. Der beschilderte Queichtalweg führt um das Ortszentrum herum und landet schließlich beim bekannten Straßenbaumuseum. Hier wendet man sich nach links und erreicht via Zeughausstraße und Bahnhofstraße den nahe gelegenen Bahnhof.

Wandern & Spazieren

Des Radlers Freud ist des Wanderers Leid: Die flache Rheinebene ist eigentlich kein Wandergebiet. Dennoch kann man auch hier viele schöne Touren unternehmen, z.B. auf Dämmen und Radwegen am Rhein entlang – da kommen Kinderwagen und Dreiräder auch gut voran. Oder, besonders schön, ihr durchstreift die urwaldähnlichen Auwälder an den Altrheinarmen oder entdeckt die Eigenart der Kiefernwälder um Haßloch oder Böhl-Iggelheim. Es macht aber auch Spaß, an Bachläufen spazieren zu gehen, etwa am *Spiegelbach* zwischen Ottersheim und Bellheim oder dem *Klingbach* zwischen Klingenmünster und Billigheim-Ingenheim oder Herxheimweyer und Hördt.

Hunger & Durst

Die Gastronomie entlang der Route ist ausreichend, einkehren könnt ihr z.B. in der **Knittelsbacher Mühle** mit ihrem naturnahen Spielplatz.

Tipp: Kurz vorm Bahnhof von Germersheim steht eine Halfpipe.

Naturschutzgebiete im Landkreis Ludwigshafen, 72 Seiten. Naturkundliches Hintergrundwissen vermittelt die von der Kreisverwaltung Ludwigshafen herausgegebene Broschüre.

Wanderung von Altrip nach Otterstadt

Länge: 10 km, immer auf dem Rhein-Radweg, stets flach, ganz leicht, wegen der Länge aber erst für Kinder ab 10 Jahre. Start am Ostrand von Altrip. **Anfahrt:** Bus 170 von Ludwigshafen nach Altrip; Rückreise mit Bus 572 von Otterstadt nach Ludwigshafen oder Speyer.

▶ Auf dem Hochwasserdamm radelt ihr in südlicher Richtung am Ort entlang. Dann folgt eine Passage durch Auwald. Anschließend zwischen Altrhein-Yachthafen und dem See mit dem Restaurant *Rheinblick*, einem Strand und Liegewiese hindurch. Bald darauf kommt ihr am Restaurant *Altrheinklause* mit seinem Biergarten vorbei. Schließlich geht es durch Felder mit Blick auf Otterstadt bis zur Straße zur Kollerfähre noch auf dem Rhein-Radweg am Ort entlang, dann rechts nach Otterstadt hinein.

Spaziergang am Otterstädter Altrhein nach Waldsee

Länge: 4,5 km, ganz leicht, auch mit kleinen Kindern oder Kinderwagen machbar. **Anfahrt:** Bus 572 von Ludwigshafen oder Speyer nach Otterstadt; zurück mit der gleichen Linie von Waldsee nach Lu'hafen oder Speyer.

▶ Vom Ortszentrum Otterstadt geht ihr zunächst ortsauswärts Richtung Kollerfähre. Am Rande des Dorfes biegt ihr nach links auf den Rheinradweg Richtung Altrip ab und lauft nun schön gemächlich 2 km am Altrhein entlang. Schließlich geht es links auf einem landwirtschaftlichem Nutzweg nach Waldsee, von wo ihr mit dem Bus zurückfahren könnt.

Spaziergang im Domgarten zu Speyer

▶ Für Spaziergänge ist der Park hinterm Dom zu allen Jahreszeiten hervorragend geeignet. Die gut ausgebauten Wege können auch mit dem Kinderwagen befahren werden. Im östlichen

Gartenteil gelangt ihr zum Heidentürmchen, das zu einem Rest der mittelalterlichen Stadtmauer gehört. Darüber hinaus lohnt es sich auf einem Brückchen den stark befahrenen Schillerweg zu überqueren und den Spaziergang zum nahe gelegenen **Rheinufer** auszudehnen. Ihr könnt dann noch ein Stück am Fluss entlang gehen, dem Treiben an den Anlegestellen der Passagierschiffe zuschauen und in eine der beiden Gaststätten (mit Biergarten) einkehren. An warmen Sommerabenden ist es freilich nicht immer leicht noch einen freien Tisch zu ergattern.

Wanderung vom Holiday Park zum Bahnhof Haßloch

Länge: 7 km, immer flach, ganz leicht, für Kinder ab 8 Jahre. **Anfahrt:** Bus vom Bahnhof Haßloch zum Holiday Park, Rückreise mit der Regionalbahn vom Bahnhof Haßloch nach Neustadt/Kaiserslautern und Ludwigshafen/Mannheim.

▶ Vom Holiday Park zunächst knapp 1 km längs der Straße zum Stadtwald Haßloch, dann nach links und 1,2 km am Speyerbach entlang. Anschließend wendet ihr euch nach rechts schnurstracks gen Norden und quert den Haßlocher Stadtwald mit seinen mächtigen Kiefern. Zum Schluss in nördlicher Richtung via Kirchgasse und Bahnhofstraße 2,5 km durch die Kleinstadt Haßloch zum Bahnhof.

Zum Vogelschutzpark und Naturfreundehaus nach Hanhofen

Böhl-Iggelheim. **Länge:** 6 km, flach und leicht. **Anfahrt:** Bus 574 Speyer – Deidesheim bis Iggelheim-Süd, zurück mit Bus 573 Speyer – Neustadt von Hanhofen.

▶ Vom Iggelheimer Zentrum folgt man der Hanhofener Straße immer in südöstlicher Richtung. Nach 1,5 km beginnt ein Kiefernwald,

Für Rundgänge in Speyer sehr hilfreich ist der große Stadtplan **Treffpunkt Speyer** von der Tourist-Information.

Hunger & Durst

Einkehren kann man im **Naturfreundehaus Haßloch.** An der Fohlenweide 55, ✆ 06324/ 5733, katarina_mutapcic@web.de. Wenige hundert Meter vom südlichen Ortsrand. Fr – Mi 9 – 22 Uhr. Gerade so im Wald gelegen, aber schon sehr ruhig. Lokale Küche und großer Biergarten unter Kiefern. Kinder haben viel Freiraum zum Toben.

RHEINEBENE

Hunger & Durst
Einkehren kann man am Vogelpark und im Naturfreundehaus Iggelheim. Gute Möglichkeiten für ganz leichte Wanderungen, z.B. nach Hanhofen. Hanhofer Straße 222, ℡ 06324/ 64584. Mi – Sa ab 11 – 18 oder 19 Uhr, So schon ab 9 Uhr, durchgehend warme Küche.

nach 1,7 km kommt man am Vogelpark vorbei und nach 2,5 km am Naturfreundehaus Iggelheim. Bei km 4,5 ist die Flur von Hanhofen erreicht, bis ins Ortszentrum sind es dann nur noch 1,5 km.

Wanderung von Germersheim durch die Rheinaue nach Sondernheim

Länge: 7 km auf Radweg, ganz leicht, für Kinder ab 8 Jahre, auch mit Kinderwagen machbar. Start unterhalb der Eisenbahnbrücke. **Anfahrt:** Regionalbahn von Ludwigshafen – Speyer und Karlsruhe – Wörth nach Germersheim, Rückreise mit Bus 550, 589, 5970 sowie Regionalbahn von Sondernheim nach Germersheim.

▶ Auf dem Rhein-Radweg läuft man immer dicht am von Frachtkähnen stark befahrenen Rhein entlang flussaufwärts. Nach 3 km ist das Ausflugslokal *Zur Rheinschnook* erreicht. Nach weiteren 1,5 km ist ein Radweg rechts ab zum nahen Sondernheim ausgeschildert, an dessen Nordostrand gleich die Baggerseen liegen.

Wanderung von Sondernheim am Rhein entlang nach Leimersheim

Länge: 9,5 km, immer flach und leicht, für Kinder ab 8 Jahre. Start im Zentrum von Sondernheim. **Anfahrt:** Bus 550, 589, 5970 sowie Regionalbahn von Germersheim nach Sondernheim; zurück mit Bus 550, 588, 589 von Leimersheim nach Germersheim.

▶ Von Sondernheim zum etwa 1,5 km südöstlich gelegenen Rheinufer hinüberlaufen. Anschließend folgt man dem Rhein-Radweg 6,5 km am Hochwasserschutzdamm entlang durch Auwald flussaufwärts. Auf den letzten 1,5 km wandert ihr zwischen Altrheinarm und Feldern und Wiesen hindurch nach Leimersheim, von wo es mit dem Bus zurückgeht.

Hunger & Durst
Einkehren kann man nach 2,5 km im Schleusenhaus des PWV sowie in Leimersheim.

Naturerfahrung & Lehrpfade

Urwald-Feeling im Goldgrund

Wörth-Maximiliansau. **Anfahrt:** Vom Friedhof am Südrand von Maximiliansau in südöstlicher Richtung zum Parkplatz für das NFH am Waldrand kurz vorm Rheinufer, anschließend 1 km zu Fuß. Rad: vom Parkplatz rechts abbiegen auf den Schotterweg zum NFH.

▶ Lautes Quaken, dumpfe Gerüche steigen aus den Sümpfen, irgendwo ein Rascheln … Uh, wie spannend! Der dichte Auwald des **Goldgrundes** ist durchzogen von Altrheinarmen, aus denen abgestorbenes Holz ragt, und von Sümpfen, in denen Wasserfroschmänner nach ihren Wasserfroschfrauen rufen. Das ganze Gebiet gegenüber dem Karlsruher Rheinhafen ist ein Naturschutzgebiet. Ihr durchquert es vom Parkplatz am nördlichen Waldrand aus auf einer kurzen, aber interessanten Wanderung und landet dann auf der *Insel Nauas* beim **Naturfreundehaus Rheinfrieden.** Dieses kann Ausgangspunkt für weitere Streifzüge durch den Auwald sein oder für einen Spaziergang am Rheinufer – nach dem Essen vielleicht. Lokal und Biergarten bieten einfache Gerichte, einen Kinderspielplatz und freien Blick auf die Rhein-Frachter, Bauten des Karlsruher Hafens und auf ein Kraftwerk.

Auf eigene Faust durch den Bienwald

Oberkandelerteich, 76870 Kandel. ✆ 07275/2632, www.naturfreundehaus-bienwald.de. **Anfahrt:** 2 km Fußweg vom Bahnhof Kandel an der Strecke Karlsruhe – Landau. Von der A 65 ab Kandel-Süd Richtung Frankreich, nach 1 km an der Kreuzung rechts Richtung Schaidt, am rechten Waldrand auf das Hinweisschild achten. **Zeiten:** ganzjährig, Di geschlossen.

▶ Der Bienwald ist ein 130 qkm großes Waldgebiet, das ursprünglich sehr sumpfig war und da-

LVA RLP: **Wandern und Radwandern** in der Südpfalz, 1:50.000.

Hunger & Durst
Naturfreundehaus Rheinfrieden, Insel Nauas, ✆ 07271/41155. Mo – Fr ab 14 Uhr, Sa, So ab 11 Uhr, bis zum Abend.

RHEINEBENE

Tipp: Das **Laienset** der Naturfreundejugend gibt es beim Landesverband der Naturfreundejugend Rheinland-Pfalz, Hohenzollernstraße 14, 67063 Ludwigshafen, ✆ 0621/624647, Fax 0621/524634.

🐌 In der Rheinebene gibt es außerdem den **Vogelschutzlehrpfad Gommersheim** und die **Waldlehrpfade** in Dudenhofen, Kandel, Kuhardt, Maximiliansau, Neupotz, Ottersheim und Speyer.

mit die Basis für einen großen Auwald bot. Als hier die Forstwirtschaft das Kommando übernahm, wurde der Sumpf durch zahlreiche Kanäle entwässert. Heute ist das Gelände im Sommer fast trocken. Die Auwälder sind durch Buchen und Eichen verdrängt. Durch den Bienwald, in dem Rehe, Hirsche, Wildschweine und viele Insekten leben, führt jetzt ein enges forstwirtschaftliches Wegenetz, das allerlei Wanderungen und Radtouren möglich macht. Dafür braucht ihr allerdings eine gute Karte, denn nur wenige Wege sind markiert.

Ein guter Standort für diese Aktivitäten ist das **Naturfreundehaus Kandel,** das am Nordostrand des großen Waldes liegt. Es ist ganzjährig geöffnet, bietet Pfälzer Hausmannskost und anderes; man kann hier auch übernachten, ⚐ Info & Ferienadressen.

Bachlehrpfad bei Billigheim-Ingenheim

Länge: 9,5 km, Start am Südostrand von Göcklingen, links neben der Straße nach Billigheim-Ingenheim am Kaiserbach. **Infos:** ✆ 06345/3531, Fax 2457, Prospekt erhältlich.

▶ Der Kaiserbach wird von Göcklingen über Heuchelheim-Klingen bis Billigheim-Ingenheim von den Infotafeln des Bachlehrpfades begleitet. Darauf könnt ihr viel über den Bach und die Flora der Talaue erfahren.

Es ist sehr hilfreich, auf dieser naturkundlichen Entdeckungstour das Laienset der Naturfreundejugend zur biologischen Gewässergütebestimmung dabei zu haben. In der Leinentasche befinden sich eine Lupe, der Aktionsfalter »Erlebnis Bach« und das »Umweltdetektiv-Handbuch Bach«. Es wird empfohlen außerdem noch ein Küchensieb, einen Pinsel und ein Glas einzupacken.

Reiten, Kutsch- & Planwagenfahrten

Hofgut Petersau

Familie Carlo von Opel, Petersau, 67227 Frankenthal (Pfalz). ✆ 06239/7026, Fax 3941. www.hofgut-peters-au.de. petersau@t-online.de. 3 km östlich von Roxheim am Rheinufer. **Anfahrt:** B 9 Ludwigshafen – Worms, ab Ausfahrt Roxheim 1,5 km. **Preise:** Gruppenstunde Dressur 14 €, Springen 16, Zehnerkarte 125 €, Dressur mit Privatpferd 6, Springen 8 €, Longe 30 Minuten 17 €.

▶ Toll gelegenes Hofgut mit Lokal direkt am Rheinradweg. Großer Reitplatz, Reitunterricht für Jugendliche.

Reitclub Speyer

Ludwigshof, 67346 Speyer. ✆ 06232/34501 (ab 16 Uhr), www.reitclub-speyer.de. Nördlich von Speyer zwischen Rhein und Speyerer Wald am Baggersee. **Preise:** Schnupperkarte 10 €, Reitstunde Schüler 100 €, Longenunterricht für Anfänger 15 €.

▶ In schöner Landschaft 3 Reitplätze, 2 Reithallen, Ponyhaus und Reiterstübchen. Reitunterricht von FN-Reitlehrerin, Lehrgänge und Seminare, wie Kleines Hufeisen, Reitabzeichen. Voltigieren ab 6 Jahre, Mini-Volti ab 3 Jahre, Kinderreitkurse in den Ferien.

Ponyfarm & Gestüt »Die Pfalz«

Helga Frank und Ulrich Tettenborn, Bruchhof 4, 67454 Haßloch. ✆ 06324/3614, Fax 3614. www.ponyfarm.de Neben dem Holiday Park, 3 km südlich von Haßloch. **Anfahrt:** Bus 518 bis Holiday Park. **Preise:** Ponyverleih 15 Minuten 4,50 €, 30 Minuten 6,50 €, 1 Stunde 13 €, Reitunterricht oder Ausritt pro Stunde 12 €, Longenunterricht 20 Minuten 8 €. Schnuppertour: 9 Runden im Kreis für Kinder 2,10 €, Sonntagmorgenritt nach telefonischer Anmeldung 10 – 12.30 Uhr 22 €; ermäßigte Reitkarten.

▶ Shetland-, Dartmoor-, Exmoor-, New-Forest- und Connemara-Ponys, Haflinger, Fjord-Pferde und schwere Warmblüter. Reitunterricht in Halle und Gelände, Wald-Ausritte, Show-Abende, Kinderfeste, Kutschfahrten, Pony-Spaziergänge, Freizeitreiten und Reiterferien für Kinder. Außer der Ponyzucht gibt es noch einen Streichelzoo.

Islandpferdehof Zur Sommerweide

Familie Schmitt-Wiedemann, Forstgasse 52, 67454 Haßloch. ℰ 06324/3631, Fax 925935. **Preise:** 45 Minuten Gruppenunterricht ab 3 Personen in der Bahn 11 €, Kinder und Jugendliche 10 €, preiswerte 10er-Karten. 45 Minuten Einzelunterricht bis 2 Personen in der Bahn alle Altersgruppen 16 €, geführte Ausritte 60 Minuten Erwachsene 11 €, Kinder und Jugendliche 9,50 €.

▶ Pferdepension, Reiterladen, Reiterferien. Geführte Ausritte und Wanderritte, Töltunterricht auf Islandpferden für Einsteiger und Fortgeschrittene jeden Alters.

Reitsportanlage Bützler

Gut Dreihof, 76879 Essingen. ℰ 06348/7971, Fax 5388. 2 km südlich von Essingen an der Straße nach Offenbach-Queich.

▶ Gutshof mit 7 ha Weidefläche, FN-Reitsportbetrieb, Reithalle 20 x 40 m, Springplatz 40 x 75 m, großes Dressurviereck. Reitunterricht auch für Kinder, 60 Minuten 14 €, Lehrgänge für das kleine und große Reiterabzeichen.

Tölt nennt man eine besondere Schrittart, die nur Islandpferde beherrschen.

Hunger & Durst

Das **Reiterstübchen** auf dem Gut Dreihof ist täglich geöffnet.

Tierparks & Gärten

Vogelpark Bobenheim-Roxheim

Verein für Vogelschutz, Kleinerweg 1, 67240 Bobenheim-Roxheim. ✆ 06239/6859 (Lokal). **Anfahrt:** Bahnstation an der Strecke Mainz – Worms – Ludwigshafen.
Rad: Radweg von Frankenthal und Worms. **Zeiten:** täglich 8 – 22 Uhr. **Preise:** Eintritt frei. **Infos:** Heinrich
Knobloch, Breitscheidstraße 54, 67069 Ludwigshafen-
Oppau, ✆ 0621/652619.

▶ Zur Vogelwelt des sehenswerten Parks zählen
Ente, Truthahn, Kibitz, Adler, Kranich und viele andere. Besonders schön anzusehen sind die
Flamingos. Der Verein für Vogelschutz wacht
über die artgerechte Haltung der Tiere.

Hunger & Durst
Nach dem Rundgang
könnt ihr im **Lokal** des
kleinen Vogelparks ein-
kehren: Di – So 14 –
24, warme Küche
16.30 – 24 Uhr.

Vogelpark Haßloch

Rennbahnstraße, 67454 Haßloch. ✆ 06324/1553.
Anfahrt: Haßloch ist Station an der Bahnlinie Ludwigshafen – Neustadt. **Zeiten:** Von Tagesanbruch bis Eintritt der Dunkelheit. **Preise:** Eintritt frei.

▶ Dieser Vogelpark ist auf dem Sumpfgelände
des ehemaligen Fischweihers vis-à-vis zur Ga-
lopprennbahn zu Hause. Neben den allseits bekannten Schwänen, Gänsen, Enten und Fisch-
reihern hat es auch Saruskraniche und Strei-
fengänse aus Indien, Kaisergänse aus Alaska,
Emus aus Australien, Strauße aus Afrika und eine Reihe anderer Vögel aus fernen Ländern hierher verschlagen. Man fragt sich, ob es Letzteren
nicht viel besser ginge, wenn sie bei gewohnter
Temperatur in gewohnter Flora und Fauna leben könnten.

Hunger & Durst
Restaurant werktags ab
11.30, am Wochenende
ab 10.30 Uhr.

Vogelpark Böhl-Iggelheim

Hanhoferstraße, 67459 Böhl-Iggelheim. ✆ 06324/
7711. **Anfahrt:** Station an der Bahnlinie Ludwigshafen
– Schifferstadt – Neustadt. Rad: Radweg von Speyer,

Im **Lokal** des Vogelparks Böhl-Iggelheim gibt es kalte und warme Speisen, geöffnet Di – So 11 – 23 Uhr.

Es gibt auch eine kleine Sammlung von Mineralien. Die Steine, die euch gefallen, könnt ihr kaufen – wenn ihr genug gespart habt.

Schifferstadt und Ludwigshafen. **Zeiten:** täglich 11 Uhr bis zur Abenddämmerung. **Preise:** Eintritt frei.

▶ Der kleine Vogelpark am Waldrand von Iggelheim ist mit Vögeln und anderen Tieren bevölkert, die bei uns heimisch sind. Es gibt einen Ententeich, und ihr seht Hühner und Fasane sowie Rehe. Kleinen Kindern wird's hier gefallen, zumal es auch einen Spielplatz mit Seilbahn, Schaukel, Karussel und Wipptieren gibt.

Kakteengarten Steinfeld

Wengelspfad 1, 76889 Steinfeld (Pfalz). ℰ 06340/ 1299, Fax 904677. www.kakteenland.de. info@kakteenland.de. **Zeiten:** März – Oktober Mo – Fr 8 – 18, Sa und So 9 – 17 Uhr, November – Februar Mo – Fr 9 – 17 Uhr.

▶ Kaum zu glauben, dass es so viele Kakteen gibt, und das auf einem kleinen Areal von gerade mal 7000 qm! In der Steinfelder Gärtnerei sind mehr als 1 Million dieser stacheligen Pflanzen, über 1000 Kakteenarten, versammelt. Man fühlt sich in heiße Kakteenregionen versetzt, z.B. nach Lanzarote oder Fuerteventura oder gar ins ferne Mexiko.

Erlebniswelten & Abenteuerspielplätze

Waldspielplatz Dudenhofen

Iggelheimer Straße, 67373 Dudenhofen. ℰ 06232/ 6560. **Anfahrt:** Am Radweg Speyer – Neustadt an der Weinstraße am Nordwestrand von Dudenhofen bei den Schul- und Sportanlagen. **Zeiten:** immer zugänglich.

▶ Populärer Freizeittreff für Familien, Kinder, Jogger und andere Erholung Suchende direkt am Wald. Großer Platz, auffallend die zahlreichen Klettergeräte. Auch ein Bolzplatz und

Möglichkeiten zum Volleyball- und Basketball-spiel sowie ein Trimm-dich-Pfad sind vorhanden.

Holiday Park Hassloch

Holiday-Park-Straße 6, 67454 Haßloch. ✆ 06324/5993-0, Fax 5993-50. www.holidaypark.de. info@holidaypark.de. **Anfahrt:** Ab Speyer Bahnhof Bus BRN 520 oder ab Hbf Haßloch stündlich Pendelbus (VRN-Fahrkarten ungültig, aber Ermäßigung auf das Ticket 24 PLUS) zum Park. **Zeiten:** Anfang April – Anfang November täglich außer vom 5. – 9.5., 12. – 16.5., 8. – 12.9., 15. – 19.9. und 6. – 10.10.; mindestens 10 – 18 Uhr, an etwa der Hälfte der Tage schon ab 9 Uhr, an mehreren Tagen bis 24 Uhr (Summernights). **Preise:** 21 €; Kinder 4 – 11 Jahre 19 €, Kinder unter 1 m Größe frei; Senioren ab 19 €, Schwerbehinderte 17 €, 2-Tages-Ticket für zwei aufeinanderfolgende Tage 31,50 €, Jahreskarte für 8 Besuche 42 €, Ermäßigungen für Gruppen. **Infos:** Hotline ✆ 01805/003246.

Happy Birthday! Freier Eintritt für Geburtstagskinder. Ausweis mitbringen!

▶ Der Holiday Park Hassloch ist das »Fun« und »Action« Center der Vorderpfalz. Das Angebot ist groß. Für den totalen Nervenkitzel sorgen u.a. die korkenzieherartige Achterbahn »Superwirbel« und der »Donnerfluss«, durch dessen wilde Stromschnellen es mit Rundbooten geht. Die Wagemutigsten stürzen sich vom 70 m hohen Free-Fall-Tower. Es gibt aber auch genügend Angebote, bei denen es gemächlicher zugeht, so etwa bei dem Showtheater, den Magiervorstellungen, dem Clownschminken, in Holly's Filmstudio, im antiken Pferdekarussel oder im Wellenhopser. Auf dem 400.000 qm großen Gelände laden zudem Themengärten und Rosarien zur Verschnaufpause ein.

Erfreulich für Familien mit kleineren Kindern: die Kinderspielburg Holly, Holly's Dschungel und der Gletscher-Express. Kioske, Imbiss-

Stände und mehrere Restaurants versorgen die Hungrigen.

Spielweg im Haßlocher Wald

Start am Vogelpark/Rennbahnstraße, 300 m südlich von Haßloch, immer nach Westen, Ende an der L 530. **Anfahrt:** Bus vom Bhf oder Stadtzentrum bis fast zum Ende der Kirchgasse, Rest zu Fuß. Straße vom Zentrum via Kirchgasse zum Parkplatz am Sportplatz, 300 m im Wald. **Zeiten:** immer.

Tipp: Hilfreich ist der Stadtplan der Information im Bürgerbüro, Langgasse.

▶ An dem 2 km langen Waldweg tauchen in regelmäßigen Abständen verschiedene Spielgeräte auf. So lässt sich Spielen und Wandern schön verbinden. Ihr kommt von der Kirchgasse und geht am Waldrand schräg nach links in einen Weg, über dem das breite Eingangsschild Naturlehrpfad errichtet ist. Dieser stößt nach 300 m auf den Spielweg. Hier haltet ihr euch nach rechts und gelangt so in den Abschnitt bis zum Sportfeld. Dort gibt es ein Lokal, das nach dem anstrengenden Spielen Hunger & Durst stillt.

HANDWERK UND GESCHICHTE

Museen & Führungen

Historisches Museum der Pfalz Speyer

Domplatz, 67324 Speyer. ✆ 06232/132-50, Fax 1325-40. www.museum.speyer.de. **Anfahrt:** Shuttle-Bus vom Bahnhof über Postplatz zum Domplatz. Die Zufahrt zum Museum ist im Umkreis von Speyer auf Autobahnen und Bundesstraßen ausgeschildert. **Zeiten:** Di – So 10 – 18, Mi bis 19 Uhr, an Mariä Himmelfahrt geöffnet. **Preise:** 7 €, Jahreskarte 30 €, Familienkarte 9, Familienjahreskarte 47,50 €; Kinder und Jugendliche 3 – 18 Jahre 2,50 €, im Klassenverband 1,50 €; Familienkarte (Eltern mit Kindern bis 18 Jahre) 13 €, Jahreskarte Familien 60 €. **Infos:** Prospekt und Programm erhältlich.

▶ Das Historische Museum der Pfalz gehört zu den ganz großen Museen in Rheinland-Pfalz. Gegenwärtig wird in großem Stil umgebaut und modernisiert: Die Dauerausstellungen werden neu aufgebaut und der Innenhof erhält ein Glasdach, damit zu allen Jahreszeiten größere Veranstaltungen stattfinden können.

Vollständig wieder eingerichtet ist bislang lediglich das **Domschatzmuseum** im 2. Untergeschoss, das die 1000-jährige Baugeschichte des Speyrer Doms präsentiert: Abbildungen der Sarkophage der dort begrabenen salischen Kaiser, die Grabeskronen sowie der kostbare Domschatz mit seinen wertvollen Gewändern, Monstranzen, Kelchen etc. Obwohl der Kaiserdom während vieler Kriegwirren immer wieder geplündert wurde, ist doch einiges übrig geblieben, das von der Macht der Kirche erzählt.

Ebenfalls schon zu besichtigen ist das **Weinbaumuseum** im 1. Untergeschoss: Weinbau, Kelterei, Herstellung von Fässern, Weinkultur. Ich habe jedoch Infos zum naturfreundlichen ökologischen Weinbau vermisst.

Demnächst werden wieder eröffnet: Früh- und Vorgeschichte (ab 2004), Römerzeit (ab Juli 2003), Mittelalter (ab 2004), Neuzeit und die Evangelische Kirche der Pfalz.

Tipp: Das Museum ist bekannt für hochkarätige Sonderausstellungen. Deshalb lohnt es sich, immer mal auf die Homepage zu schauen.

Einmal hatten die Bürger von Speyer ihr wertvollstes Hab und Gut in den Dom geschleppt, in der Hoffnung, die dicken Mauern würden es vor Feuer schützen. Doch als die französischen Soldaten dann die Stadt in Schutt und Asche legten, ging auch der Dom in Flammen auf - und mit ihm all die schönen Sachen der Leute. Das war im Jahr 1689.

RHEINEBENE

Technik-Museum & IMAX-Kinos

Geibstraße 2, 67346 Speyer. ℡ 06232/67080 Technik-Museum, 670850 IMAX-Classic, 670880 IMAX-Dome, Fax 670820. www.technik-museum.de. 5 Gehminuten vom Dom entfernt. **Anfahrt:** Vom Hbf mit Bus VBS 565 (City-Shuttle) in 12 Minuten bis Haltestelle Technik-Museum. **Zeiten:** täglich 9 – 18 Uhr. **Preise:** Kombikarte 14 €, Museum inkl. Wilhelmsbau 9 €, IMAX-Dome oder Classic 7 €, Gruppen ab 20 Personen 12 €, 8 € bzw. 6 €; Kinder 6 – 15 Jahre Kombikarte

10 €, Museum inkl. Wilhelmsbau 7 €, IMAX-Dome oder Classic 5 €, Gruppen ab 20 Personen 8, 6 bzw. 4 €; Erlebnis-Tickets umfassen Hin- und Rückfahrt im VRN-Gebiet + Museumseintritt + Ermäßigung fürs IMAX-Filmtheater oder Hin- und Rückfahrt + IMAX-Eintritt + Ermäßigung fürs Museum: Erwachsene 11 €, Gruppen ab 20 Personen 10 €, Kinder 6 – 15 Jahre 8 €, Gruppen ab 20 Kinder 7 €. **Infos:** Prospekte für das Technik-Museum und die IMAX-Kinosäle erhältlich.

▶ In einer riesigen Show zur Technikgeschichte werden auf 16.000 qm Hallenfläche und 150.000 qm Freigelände über 3000 teilweise spektakuläre Ausstellungstücke präsentiert. Schwerpunktthemen sind U-Boote, Flugzeuge, Hubschrauber, Lokomotiven, Schiffe, Feuerwehrfahrzeuge, Dampfmaschinen, Traktoren und Auto-Oldies. Das Besucherinteresse richtet sich sehr stark auf die U-9, ein 46 m langes und 466 t schweres U-Boot, das 1993 von der Bundesmarine ausgemustert wurde, und eine riesige Antonov-Transportmaschine, das größte Propellerflugzeug der Welt.

Kritik ist nicht die Stärke des Museums, Technik wird bewundert und gefeiert, die Umweltfolgen bleiben außen vor – auch welche tödliche Ladungen einige Ausstellungsobjekte einst trugen und für welche Zwecke sie gebraucht wurden. Überhaupt sind die Informationen zum einzelnen Objekt dürftig. Eine wohltuende Ausnahme macht der Survivler Rüdiger Nehberg, dessen Einbaum ausgestellt ist, mit dem er 2001 den Atlantik überquerte, um für den Erhalt des Regenwaldes und das Existenzrecht der Yanomami-Indianer zu demonstrieren.

Im **IMAX-Dome** wird in eine riesige Kuppel projiziert. Das führt zu einer ganz ungewöhnlichen Raumwahrnehmung. Von normalen Kinos weichen auch die 2 Säle des IMAX-Classic

Tipp: Zweifellos gibt es in diesem Riesenmuseum auch für Kinder viel zu entdecken. Es macht aber nur Sinn, wenn ein thematischer Schwerpunkt gesetzt wird. Und das heißt auch, dass ihr immer mal wiederkommen könnt.

Weitere Museen im Bereich des Technikmuseums: Marinemuseum, Modellbaumuseum, Wilhelmsbau.

Filmtheaters mit ihren riesigen Leinwänden von
20 x 26 m ab. Die Filme, die hier laufen, sind
speziell für diese Verhältnisse gedreht: monumentale Natur- und Actionfilme.
Für Kinder gibt es ansonsten noch Spielplätze,
eine Sprungbootanlage, eine 33 m lange Rutschbahn sowie Gastronomie für alle.

Junges Museum Speyer

Domplatz, 67346 Speyer. ℂ 06232/620222, www.mu-
seum.speyer.de. jumus@museum.speyer.de.

▶ Das 1999 gegründete Junge Museum Speyer
ist eine Abteilung des Historischen Museums
Speyer, das aus seinen Exponaten spannende
Sonderausstellungen für ein junges Publikum
zusammenstellt, mit denen Aktionstage und
Workshops einhergehen, z.B. »Ritter und ihre
Burgen«. Ab Herbst 2003 wendet sich auch eine
ständige Ausstellung an Kinder, zum Anfassen
und Mitmachen!
Das Museum hat einen Mitmachverein namens
Club Junges Museum für Kinder von 3 bis 16
Jahre. Die Mitgliedschaft ist finanziell lohnend,
denn ihr bekommt dadurch freien Eintritt zu allen Ausstellungen des Jungen Museums und zu
den ständigen Sammlungen des Historischen
Museums sowie verbilligten Eintritt zu den Veranstaltungen des Jungen Museums und zu den
Sonderausstellungen des Historischen Museums. Außerdem gibt es besondere Veranstaltungen für Club-Mitglieder. Die Jahreskarte für
den Club Junges Museum kostet 12 €, ab dem 3.
Geschwisterkind sogar nur 6 €.

Der Wilhelmsbau am Technik-Museum

Geibstraße 2, 67346 Speyer. ℂ 06232/6708-0, Fax
6708-20. www.technik-museum.de. speyer@technik-
museum.de. **Zeiten:** täglich 11 – 18 Uhr, Führungen

Happy Birthday!
Nach einem spannen-
den Streifzug im Jungen
Museum bastelt das
Geburtstagskind mit
seinen Gäste eine Erin-
nerung für zu Hause. 15
Teilnehmer 90 €, Club-
mitglieder 80 €, jeder
weitere Geburtstags-
gast 5 €, das Geburts-
tagskind hat freien Ein-
tritt. Info und Anmel-
dung unter ℂ 06232/
620202.

RHEINEBENE

für Gruppen ab 20 Personen nach Voranmeldung.

Preise: Im Eintritt des Technik-Museums enthalten.

▶ Durch das geräumige Haus mit seinen Parkettböden, Holzvertäfelungen und Stuckdecken weht der Geist der »guten, alten Zeit« – einer Epoche, die 50 bis 150 Jahre zurückliegt.

Ein Stockwerk gehört den Musikautomaten der Cafés, Gasthäuser und bürgerlichen Salons, ausgetüftelte Konstruktionen der Feinmechanik von der winzigen Spieldose über Drehorgeln bis zum schrankgroßen Orchestrion. Man kann auch die alten Klänge hören.

In einem anderen Stockwerk werden 2500 Puppen unterschiedlicher Stilrichtungen und aus verschiedenen Materialien gezeigt, auch die Dampfmaschinen und das Blechspielzeug sind faszinierend.

Auf einer Etage wird Mode präsentiert vom Promenadenkleid um 1885 über das Nachmittagskleid aus den 1920er Jahren bis zum Petticoat der 1950er Jahre und dem standesgemäß gekleideten Rock'n Roller an der Wurlitzer-Jukebox.

Im Widerspruch zu dieser Idylle steht unübersehbar die Ausstellung Waffen und Uniformen, die unerbittlich daran erinnert, dass die »gute, alte Zeit« ebenso von Gewalt und grauenhaften Kriegen geprägt war wie die heutige.

Im 19. Jahrhundert wurde Germersheim zur Festungsstadt ausgebaut. Die meisten der kriegerischen Bauten mussten nach dem Ersten Weltkrieg abgerissen werden. Nur das Zeughaus durfte stehen bleiben. Hier wurden Waffen und anderes Zeug gelagert.

Deutsches Straßenmuseum Germersheim

Im Zeughaus, 76726 Germesheim, ℂ 07274/ 500500, Fax 500505. www.germersheim.de. **Anfahrt:** Station an der Bahnlinie Ludwigshafen – Speyer – Wörth – Karlsruhe. An der B 9 Ludwigshafen – Karlsruhe. Rad: Durch Germersheim führt der Rhein-Radweg Ludwigshafen – Speyer – Wörth.

Zeiten: Di – Fr 10 – 18 Uhr, Sa, So 11 – 18 Uhr. **Preise:** 3 €; Kinder ab 6 Jahre 2 €.

▶ Thematischer Schwerpunkt dieses Museums im alten Zeughaus der Festung Germersheim ist die Geschichte des Straßenbaus von der Römerzeit bis zur Gegenwart. Zu sehen sind Werkzeuge und Maschinen, kleine und auch ganz große, wie z.B. Dampfwalzen. Anhand von Modellen und Miniatur-Landschaftspanoramen werden Straßenbauplanung, Schwierigkeiten und Lösungen veranschaulicht. Interessant sind die Modelle von Tunnel- und Brückenbauten. Im Außenbereich sind weitere Maschinen zu sehen. Insgesamt ein auch für Kinder interessant aufgemachtes Museum.

Stadt- und Festungsmuseum Germersheim

Ludwigsring 2, 76726 Germersheim. ℰ 07274/ 960220, Fax 960247. **Zeiten:** April – Dezember jeder 1. So im Monat 10 – 12, 14 – 17 Uhr.

▶ Für eine Stadt, die im 19. Jahrhundert von den Franzosen und schließlich den bayrischen Landesherren zur Festung ausgebaut wurde, ist es zweifellos standesgemäß, dass das Stadtmuseum in einem Tor der Festungsanlage, dem Ludwigstor, untergebracht ist.
Thematische Schwerpunkte bilden die Stadt- und Festungsgeschichte, Rheinschifffahrt und Fischerei, Gewerbe und Industrie, u.a. die überregional bekannte Emailschilderindustrie.

Ziegeleimuseum Jockgrim

Untere Buchstraße 26, 76751 Jockgrim. ℰ 07271/ 52895, **Zeiten:** So 14 – 16 Uhr und nach Vereinbarung, Führung für Gruppen möglich. **Preise:** Erwachsene 1 €; Kinder frei.

▶ Von 1883 bis 1972 gab es in Jockgrim dank großer Tonvorkommen die Falzziegelfabrik Carl Ludowici, einst ein überregional bedeuten-

Schon gewusst?
Zur Zeit gibt es über 820 Millionen Motorfahrzeuge auf der Erde. Voraussichtlich wird sich diese Zahl bis 2020 verdoppeln. Zwei Drittel der Autos befinden sich in den hochmotorisierten Regionen Westeuropa, Japan, Nordamerika und Australien. Nach einer Studie im Auftrag der Weltbank kamen 1999 bei Verkehrsunfällen weltweit 850.000 Menschen ums Leben, davon 250.000 Kinder. 35 Millionen wurden verletzt, die Unfallkosten lagen bei 500 Milliarden US-$. Gerade so als ob täglich 28 ICE-Züge oder 8 Jumbojets vollbesetzt verunglückten.

RHEINEBENE

der Produzent. Ein Feuer in Werk IV (1972) und die überlegene Konkurrenz des Betons bedeuteten Anfang der 1970er Jahre das Aus für das Werk, das zu den wichtigsten Dachziegelproduzenten Europas gehört hatte. In einem wieder aufgebautenTeil dieses Gebäudekomplexes befindet sich seit 1996 nun ein Museum, in dem man anhand von Texttafeln und Fotos einen Einblick in die Arbeit der Ziegelei bekommen kann. Schmuckstück dieses Museums ist der teilweise erhaltene, ursprünglich 90 m lange und sechs Stockwerke hohe Ringofen. An einer Stelle bekommt man sogar die zum Brennen aufgeschichteten Ziegel zu sehen.

Heimatmuseum Fischerhaus Leimersheim

Hauptstraße 42, 76774 Leimersheim. ✆ 07272/ 4635. **Zeiten:** unter ✆ 07272/2624 vereinbaren. **Preise:** Eintritt frei.

▶ Wie in vielen Rheinorten spielte auch in Leimersheim jahrhundertelang die Fischerei eine große Rolle. Der Gemeindesatzung von 1560 kann man entnehmen, dass die gesamte Bevölkerung das Recht hatte zu festgelegten Zeiten in bestimmten Gewässern zu fischen.

Das Museum befindet sich in einem Fachwerkhaus aus dem Jahre 1731. Im Erdgeschoss wurden die Küche mit gemauertem Backofen, die Wohnstube, die Schlafstube und eine kleine Handwerkskammer in ihrer ursprünglichen Version wieder hergerichtet. Im Obergeschoss, das früher als Abstellfläche fungierte, ist nun die Ausstellung zum Schwerpunktthema Rheinfischerei untergebracht – für Kinder durchaus eine spannende Angelegenheit.

Ein Schiffer musste geschickt im **Knotenknüpfen** sein – mal sollten die Knoten gut halten, mal sich schnell wieder lösen lassen. Versucht selbst mal ein paar Techniken, z.B. den Laufknoten, den Kreuzknoten oder die Achterschlinge. Vielleicht trefft ihr ja einen Matrosen oder Fischer, der euch auch noch den einfachen Schotstek zeigt!

Schifffahrtsmuseum Neuburg im Kies- und Kohlenpott Lautermuschel

Im Bruchloch 2, 76776 Neuburg (Pfalz). ✆ 07273/1226, Fax 92023. In der Lautermündung am Rhein-Radweg, Neuburg 1 km westlich, Anlegestelle der Fähre Neuburg – Neuburgweiher 3 km südwestlich. **Zeiten:** Mai – September am 1. So im Monat 10 – 18 Uhr.

▶ Die Hauptattraktion des Museums ist das Schiff selbst, ein einstiger Kies- und Kohlenpott aus dem Jahre 1930. Es ist schon ein besonderes Erlebnis, an Bord zu gehen und neugierig herum zu schnuppern – an Maschinen, Schiffszubehör, Kapitänspatenten, Fahnen, Flaggen etc. manches riecht tasächlich noch nach altem Öl – könnt ihr's auch riechen? Das kleine Museum befindet sich unten, oben ist ein populäres Ausflugslokal.

Ortsranderholung im Landkreis Ludwigshafen

Kreisjugendamt, Jugendförderung, Europaplatz 5, 67063 Ludwigshafen. ✆ 0621/5909-0, Fax 5909-160.

▶ Der Landkreis Ludwigshafen bietet 6- bis 10-Jährigen in den Sommerferien an zwei Terminen ein zweiwöchiges Aktivprogramm in den Orten Schifferstadt, Dudenhofen, Römerberg und Bobenheim-Roxheim, in das jeweils die Kinder aus den umliegenden Orten einbezogen sind. Es wird gebastelt, es werden Lager im Wald gebaut, es geht auf Schatzsuche und alles Mögliche sonst noch – jedes Jahr etwas anderes! Und das bei vollem Service: Die Kinder werden morgens mit dem Bus abgeholt und abends wieder nach Hause gebracht. Zu zahlen ist ein Unkostenbeitrag, der die Verpflegung enthält.

Hunger & Durst

Lokal Lautermuschel
mit Blick auf die Lauter, ✆ 07273/1258. April – Oktober täglich 10 – 20.30 Uhr, sonst Di – So. Durchgehend warme Küche, Fr ab 18 Uhr Fischbüfett.

BÜHNE, LEINWAND & AKTIONEN

RHEINEBENE

Tipp: Für Kinder aus den Orten Mutterstadt, Limburgerhof, Neuhofen und Dannstadt-Schauernheim ist auch die **Stadtranderholung** der AWO Mutterstadt von Interesse. Ansprechpartnerin dort ist Lisa Schnebel, ✆ 06234/3682.

Kulturhof Schrittmacher Dannstadt

Kirchenstraße 17, 67125 Dannstadt-Schauernheim.
℡ 06231/1281, Fax 98735.

▶ Seit 1993 ist in einem renovierten Bauernhof in Dannstadt der Kulturhof Schrittmacher zu Hause, ein Kinder- und Jugendzentrum mit Café, Disco, Theater und Videoraum. In einem Nebengebäude ist ein Kinderhaus eingerichtet, wo sich dienstags Kinder von 6 bis 11 Jahre zum Basteln und Spielen treffen.

Ab und an wird hier auch vorgelesen und Kindertheater gespielt. Zusätzlich werden Kinder- und Jugendfreizeiten sowie eine Ortsrandfreizeit in den Sommerferien organisiert.

Kinder- und Jugendkultur und Ferienspaß in Frankenthal

Tipp: Am besten beschafft ihr euch das Programmheft oder schaut in die Homepage des Kinder- und Jugendbüros.

Kinder- und Jugendbüro Frankenthal, Stadtverwaltung Frankenthal, Stephan-Cosacchi-Platz 3, 67227 Frankenthal. ℡ 06233/349227, www.kijub-ft.de. **Zeiten:** Mo 9 – 12, Di und Do 9 – 12 und 14 – 18, Fr 9 – 12 Uhr. **Infos:** Büro/Anmeldung ℡ 490091, Ferien & Freizeit ℡ 349228, Veranstaltungen ℡ 349226.

▶ Das Kinder- und Jugendbüro stellt für Kinder ein vielseitiges Kulturprogramm zusammen, in der Powerwerkstatt lernen die 6- bis 11-Jährigen z.B. Töpfern, Malen und Nähen, Zaubertricks, Zirkusspielen und Osterhasen backen, in der Musikwerkstatt 8- bis 15-Jährige Schlagzeug und Gitarre spielen. In der Computerwerkstatt können sich 11- bis 15-Jährige eine Homepage einrichten. Im Improvisationstheater wagen 11- bis 15-Jährige erste Schritte auf der Bühne. Regelmäßig werden Kindertheater und Konzerte für die Kids veranstaltet.

In der Sommerferienzeit werden Freizeiten angeboten: Zelten, Aktivcamps, Rafting, Reiterferien, Hausbootfahrten usw.

Städtische Musikschule Frankenthal

Stephan-Cosacchi-Platz 1, 67227 Frankenthal (Pfalz).
℡ 06233/4548, Fax 48239. **Zeiten:** Mo – Fr 8.30 –
12, 13.30 – 16.30 Uhr.

▶ Die Schule engagiert sich stark in der musikalischen Sensibilisierung der ganz Kleinen: Kükenmusik für 2-Jährige, Musikgarten für die 3-Jährigen, jeweils mit Bezugsperson. Musikalische Früherziehung für 4-Jährige und musikalische Grundausbildung für Schulkinder der 1. Klasse.

Tipp: Bei so viel Engagement muss einem wahrlich nicht Bange sein um die Zukunft der Frankenthaler Musikszene!

Kinderkino KIKO Speyer

JUFO Jugendförderung, Ludwigstraße 13, 67346
Speyer. ℡ 06232/142350, Fax 142367. **Preise:** 1 €.

▶ Veranstalter dieses mobilen Kinderkinos, das zu den Kindern in ihre Stadtteile kommt, sind die Evangelische und die Katholische Jugend und das Kinder- und Jugendzentrum. Jahreszeitliche Veranstaltungsschwerpunkte sind Herbst und Frühjahr.

Ferienpass Speyer

JUFO Jugendförderung, Ludwigstraße 13, 67346 Speyer. ℡ 06232/142350, Fax 142367. www.juz-speyer.scram.de

▶ Während der Sommerferien organisiert das Kinder- und Jugendzentrum für 10- bis 18-Jährige Kinder und Jugendliche den Ferienpass. Damit könnt ihr täglich von 14 bis 18 Uhr an einem Aktivprogramm auf dem Gelände des Speyerer Freibades teilnehmen: Spiele, Sport, Workshops u.v.a. Den Ferienpass könnt ihr beispielsweise im Freibad kaufen, zu dem es dann gleich freien Eintritt gibt. Ansonsten gibt es viele weitere Aktivitäten im Laufe des Jahres, Kurse und Kreativwerkstatt, eine Popfestnacht etc. Schaut mal auf die Internetseite!

Tipp: In den **Sommerferien** werden Kindern und Jugendlichen weitere Aktivitäten geboten, wie Ausflüge in die Umgebung, Freizeiten etc. All dies und was sonst noch im Laufe des Jahres abgeht, enthält die von der Stadt Speyer herausgegebene Broschüre »Freizeittipps«.

RHEINEBENE

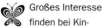 Großes Interesse finden bei Kindern in den Sommerferien die beiden **Abenteuerwochen** des Kinder- und Jugendzentrums, Ludwigstraße 13: Vormittags bis 13 Uhr Action auf dem Abenteuerspielplatz, Wanderungen und eine Woogbach-Raftingtour. In diesem Fall müssen die Kinder gebracht und abgeholt werden.

Ein Heftchen **Die Pfalz feiert** gibt es bei den Fremdenverkehrsämtern.

Stadtranderholung Speyer

JUFO Jugendförderung, Ludwigstraße 13, 67346 Speyer. ☎ 06232/142350, Fax 142367. www.juz-speyer.scram.de

▶ Für Grundschulkinder bietet die Stadt jeden Sommer unter dem Motto »Spielen-Lachen-Ferienmachen« eine Walderholung an. Es wird gebastelt, gemalt, gebaut, es gibt viele Spiele und kleine Feste. Und manchmal geht es ganz einfach ins Schwimmbad. Die Kinder werden morgens von einem Bus im Stadtteil abgeholt und am Nachmittag wieder nach Hause gebracht. Die Walderholung findet in den ersten fünf Wochen der Sommerferien statt. Die Karten schließen ein kleines Frühstück, Mittagessen und einen Nachmittagimbiss ein.

Kinder- und Jugendtheater Speyer

Theaterbüro, Kleine Pfaffengasse 8, 67346 Speyer. ☎ 06232/77028, Fax 26739. **Zeiten:** Di – Fr 9 – 12 Uhr.

▶ Das fest etablierte Kinder- und Jugendtheater hat eine eigene Spielstätte im Alten Stadtsaal und ein kontinuierliches Programm für die Saison

FESTE & MÄRKTE

Mai:	Letztes Wochenende: Kandel, **Maimarkt**
Juni:	2. Wochenende: Dudenhofen, **Spargelfest**
	In der 2. Woche: Schifferstadt, **Rettichfest** (3 Tage)
Juli:	1. Wochenende: Altrip, **Fischerfest**
	1. Wochenende: Bobenheim-Roxheim, **Gondelfest**
	3. Wochenende: Speyer, **Brezelfest**
August:	1. Wochenende: Herxheim, **Weinkerwe**
September:	1. Wochenende: Germersheim, **Straßenfest**
	4. Wochenende: Harthausen, **Tabakdorffest**
Oktober:	2. Wochenende: Frankenthal, **Oktober-Herbstmarkt**

von September bis Juni. Das 25 Personen starke Ensemble produziert pro Spielzeit 5 Stücke. Außerdem besucht es so ganz nebenbei auf vier Rädern Schulhöfe, Turnhallen, Kulturzentren, Theaterhallen und Sommerfeste, engagiert sich aber auch beim von der Stadt Speyer veranstalteten alljährlichen sommerlichen Festival für Kinder- und Jugendtheater, das im Alten Stadtsaal und in einem Zirkuszelt im Domgarten stattfindet.

Winterfreuden

In der Rheinebene mit ihrem vergleichsweise milden Klima hält sich der Schnee nur selten längere Zeit. Aber auch dann sind die Möglichkeiten begrenzt, weil einfach die Berge fehlen. Wer also Abfahren oder Rodeln möchte, muss sich mindestens an die oberen Hänge der Weinstraße begeben. Besser aber, man macht sich gleich tiefer in den Pfälzerwald auf, wenngleich selbst dort längst nicht den ganzen Winter über Schnee liegt.

Da haben es Eislaufkids doch besser. Sie müssen sich zwar auch auf den mehr oder weniger langen Weg nach Ludwigshafen oder Mannheim machen. Dort ist ihnen aber – wie auch immer das Wetter ausfällt – von Herbst bis Frühjahr künstliches Eis im Schutzraum von Eishallen sicher.

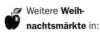

Weitere **Weihnachtsmärkte** in: Germersheim, Haßloch, Offenbach (Queich), Neuhofen, Rheinzabern, Weisenheim/Sand.

Weihnachtsmarkt Frankenthal

Anfahrt: Vom Bahnhof 5 Minuten Fußweg. **Zeiten:** Vier Wochen bis zum 22.12. täglich 11 – 20 Uhr.
▶ 50 Stände und eine festliche Bühne für Theater und Musik auf dem Rathausplatz und in der Erkenbert-Ruine. Es wird ein ausgiebiges Rahmenprogramm dargeboten.

Weihnachtsmarkt Speyer

Anfahrt: Vom 1,5 km entfernten Bahnhof City-Shuttle-Bus bis Haltestelle Stadthaus. **Zeiten:** Vier Wochen bis zum 21.12. täglich 11 – 20 Uhr.

▶ Mittelgroßer Weihnachtsmarkt inmitten der historischen Altstadt zwischen Marktplatz und Dom. Kinderkarussell, Eisenbähnchen, Kinderbackstube.

Weihnachtsmarkt Jockgrim

Zeiten: Wochenende des 2. Advent, Sa 15 – 22, 10 – 21 Uhr.

▶ Weihnachtsmarkt um das Ziegelei-Museum, Kinderkarussell, Kunsthandwerkermarkt im Museum.

Weihnachtsmarkt Kandel

Zeiten: An den vier Adventswochenenden Sa 11 – 20, So 13 – 20 Uhr.

▶ Etwa 60 Stände in der lang gestreckten Hauptstraße des noch recht traditionell aussehenden Städtchens.

WEINSTRASSE

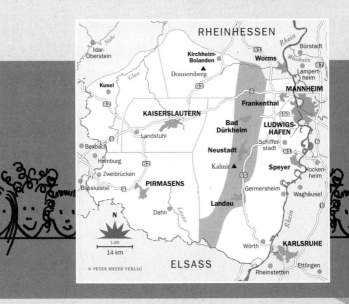

RHEINHESSEN

Nahe
Idar-
Oberstein

Rhein
Bürstadt

61
Weschnitz
67

Kirchheim-
Bolanden

Worms

Lampert-
heim

Glan

Donnersberg
63

MANNHEIM

Kusel

Frankenthal

62

650

KAISERSLAUTERN

Bad
Dürkheim

LUDWIGS-
HAFEN

6

Bexbach

Landstuhl

Neustadt

Schiffer-
stadt

6

61

Homburg

Kalmit ▲

Speyer

Hocken-
heim

Zweibrücken

62

Blieskastel

8

PIRMASENS

65

Germersheim

Waghäusel

6

Dahn

Lauter

Landau

Rhein

N

Wörth

KARLSRUHE

1 cm
14 km

ELSASS

Ettlingen

© PETER MEYER VERLAG

Rheinstetten

Am Osthang des Pfälzerwaldes hinunter in die Rheinebene fällt im Windschatten des Gebirges besonders wenig Regen und die Sonne scheint besonders häufig. Der Frühling beginnt früh und der Herbst ist oft noch lange schön warm. In diesem milden Klima gedeihen nicht nur Pfirsiche und Mandeln, Feigen und Zitronen, sondern natürlich auch Weintrauben. Entlang einer Nord-Süd-Achse von 85 km Länge und 5 bis 10 km Breite wird deshalb besonders viel Wein angebaut. An dieser »Weinstraße«, die von Bockenheim im Norden bis zur französischen Grenze in Schweigen-Rechtenbach im Süden reicht, reiht sich in kurzen Abständen Weinort an Weinort, einer malerischer als der andere – 150 an der Zahl. Die größten und bekanntesten sind Bad Dürkheim mit 12.000 Einwohnerm, Deidesheim, Neustadt (40.000), Landau (40.000) und Edenkoben.

Oberhalb der Rebfelder stehen in den höheren Lagen der Weinberge Edelkastanien, die die Pfälzer liebevoll »Keschde« nennen. Unterhalb der »Wingerte« erstreckt sich ein Obstgürtel, der die Weinregion vom Gemüsegarten der Rheinebene trennt.

Die schadstoff- und stressgeplagten Bewohner des Rhein-Neckar-Raumes strömen in großen Scharen in diesen Raum am Rande der Rheinebene, um die zahlreichen herbstlichen Weinfeste zu genießen. Dann gibt es »Weck, Worscht un Wei« oder »Neie Woi un Zwiwwelkuche«. Das größte dieser populären Feste, der Bad Dürkheimer Wurstmarkt findet alljährlich am 2. und 3. Septemberwochenende statt. Eine vergleichbare Menschenmenge trifft sich auch auf dem riesigen Radelfest »Erlebnistag Deutsche Weinstraße« am letzten Sonntag im August, an dem 400.000 Menschen – mehr oder wenig aktiv – als Radler, Skater, Wanderer oder einfach nur als Weintrinker beteiligt sind.

DAS LAND DER VITAMINE - TRAUBEN UND OBST ÜBERALL

WEINSTRASSE

@ **Deutsche Weinstraße e.V.** – Mittelhaardt – Wein und Tourismus, Martin-Luther-Straße 69, 674333 Neustadt an der Weinstraße, ℗ 06321/9123-33, Fax 9123-30, www.deutsche-weinstraße.de, verein@deutsche-weinstraße.de

@ **Südliche Weinstraße e.V.** – Zentrale für Tourismus, An der Kreuzmühle 2, 76829 Landau, ℗ 06341/940-407, Fax 940-502, www.suedlicheweinstrasse.de, info@ suedlicheweinstrasse.de

TIPPS FÜR WASSER-RATTEN

Schwimm- & Freizeitbäder

Salinarium Sauna und Freizeitbad in Bad Dürkheim

Kurbrunnenstraße 28, 67098 Bad Dürkheim. ℗ 06322/935865. **Zeiten:** Freibad Mitte April – Anfang September Mo – Fr 9 – 21 Uhr. Halle Mo – Do 9 – 22, Mi schon ab 6.45, Fr 9 – 23, Sa 9 – 20, So 9 – 19 Uhr. **Preise:** 2 Std. 3 €, Tageskarte 4,50 €, Zehnerkarte 40,50, Quartalskarte 70, Saisonkarte für Freibad 70 €; Kinder 6 – 18 Jahre 2 Std. 1,50 €, Tageskarte 2,25, Zehnerkarte 18, Quartalskarte 35, Saisonkarte 35 €; preiswerte Familienkarten.

▶ Das großzügig ausgestattete Hallen- und Freibad für alle Jahreszeiten hat in der Halle Spiel- und Spaßbecken mit 25-m-Schwimmerbecken, Bodensprudler, Wasserspeier, Massagedüsen, Wasserfall und Rutschbahn, Hot-Whirl-Pool, Warm-Außen-Sole-Becken mit Sprudelliegen und Gegenstromanlagen, Planschbecken mit Minirutsche. Im Freibad Sprunganlage mit 1- und 3-m-Brett, Mutter-Kind-Bereich mit Rutschen und wasserspeienden Tieren. Große Liegefläche, Tischtennis, Cafeteria und Saunabar.

Freibad Wachenheim

Wachenheim. ℗ 06322/7525. **Zeiten:** Mitte Mai – September täglich 10 – 20 Uhr, letzter Einlass 19 Uhr. **Preise:** Tageskarte 2,50 €, 12er-Karte 25, Saisonkarte 50 €; Kinder 6 – 18 Jahre Tageskarte 1,50 €, 12er-Karte 13, Saisonkarte 26 €.

▶ Beheiztes Freibad mit Kombi- und Planschbecken mit Kinderrutsche und einem Kiosk. Der kleine Spielplatz soll vergrößert und verbessert werden.

Allwetterbad Grünstadt

Auf der Büchelhaube, 67269 Grünstadt. ✆ 06359/ 954238. **Zeiten:** Außenbecken Mitte Mai – Mitte September Mo 12 – 21, Di 8 – 19, Mi – Fr 9 – 21, Sa, So, Fei 9 – 19 Uhr. Halle Mo 14 – 21, Di 8 – 19, Mi – Fr 9 – 21, Sa, So, Fei 9 – 18 Uhr. **Preise:** Tageskarte 2,50 €, 12er-Karte 25, Saisonkarte Sommer 60, Winter 100 €, Jahresdauerkarte 137,50 €; Kinder 6 – 18 Jahre Tageskarte 1,50 €, 12er-Karte 16, Saisonkarte 25 bzw. 32,50, Jahresdauerkarte 47,50 €, Schulklassen pro Kopf 0,50 €; Schüler, Studenten, Zivil- und Wehrdienstleistende, Schwerbehinderte 1,50 €.

▶ Im oberen Ortsteil, ein Hallen- und Freibad mit einer interessanten Bade- und Spaßwelt. Das große Hallenschwimmbecken öffnet im Sommer sein fahrbares Dach, das Außenbecken mit Planschbecken und Rutsche ist von einer großen schattigen Liege- und Spielwiese (Tischtennis, Streetball, Beachvolleyball, Pit-Pat) umgeben. Auf die Kleinen wartet ein großer Kinderspielplatz. Auch ein Kiosk ist vorhanden.

Stadionbad Neustadt

Sauterstraße, 67433 Neustadt a.d.W. ✆ 06321/ 402530, www.stadtwerkeneustadt.de. **Zeiten:** Sommer, Mitte Mai – Anfang September: Mo, Di, Fr – So, Fei 9 – 19, Mi 7 – 19, Do 9 – 21, Winter, Anfang September – Mitte Mai: Mo 12 – 19, Di 6.45 – 19, Mi 14 – 19, Do 14 – 21, Fr 6.45 – 18, Sa 9 – 17, So, Fei 9 – 13 Uhr, Einlass bis eine halbe Stunde vor Badeschluss. **Preise:** Tageskarte 2,60 €, 12er-Karte 26, Dauerkarte 57 €; Kinder bis 18 Jahre 1,30 €, 12er-Karten 13, Dauerkarte 28,50 €; Familienkarte für Ehepaar mit allen Kindern bis 18 Jahre 6,20 €, Dauerkarten 103 €, Familienkarte für ein Elternteil mit Kindern bis 18 Jahre 3,60 €, Dauerkarte 67 €.

▶ Im Sommer Freibad, im Winter Traglufthallenbad, mit Schwimmbecken, Sprungtürmen,

 Storch und Frösche: Ein Spieler hüpft als Storch auf einem Bein und versucht, seine Mitspieler zu fangen. Die sind aber zu Fröschen verzaubert worden und können sich deshalb nur noch in der Hocke fortbewegen, hüpfend und quakend. Ist ein Frosch-Spieler gefangen, verwandelt er sich erneut und muss nun als Storch auf Froschfang gehen.

WEINSTRASSE

Pantomime:
Denkt euch Berufe (Schuster, Schneider, Zahnarzt, Fliesenleger), oder eine Stimmung (lustig, traurig, wütend) oder ein Tier (Hund, Kamel) aus und versucht es, mimisch darzustellen. Aber Achtung: Ohne Worte und Hilfsmittel! Wer sich durch Bellen als Hund oder lautes Stöhnen als Lehrer verrät, hat schon verloren. Fortgeschrittene gehen zu Filmtiteln oder Sprichwörtern über. Damit könnt ihr nicht nur im Freibad Leerlauf überbrücken, sondern gleich euer theatralisches Talent beweisen.

Planschbecken, Riesenrutsche, Strömungskanal und Liegewiese. Unangenehm sind die Geräusche der stark befahrenen Straße nach Kaiserslautern.

Freibad Neustadt-Hambach

Diedesfelder Weg, 67434 Neustadt-Hambach. ✆ 06321/80253. **Anfahrt:** Von Neustadt Hbf Bus 501 Richtung Landau Hbf bis Haltestelle Schwimmbad. **Zeiten:** Mai – Ende September täglich 13 – 19 Uhr, in den Sommerferien 10 – 19 Uhr. **Preise:** Eintrittspreise wie Stadionbad Neustadt, nach 17.30 Uhr Erwachsene 1,30 €; Kinder 6 – 18 Jahre 0,80 €.

▶ Beheiztes Freibad zu Füßen des Hambacher Schlosses. Sportbecken mit Sprungbecken, Turm mit 1-, 3- und 5-m-Brett, großes Kinderbecken, Planschbecken, Liegewiese, Wärmehalle, Volleyball, Basketball, Tischtennis, Kiosk und Gaststätte.

Freibad Edesheim

Leonhard-Eckel-Siedlung, 67483 Edesheim. ✆ 06323/4347. Zwischen Edesheim und Hainfeld. **Anfahrt:** Von der Bushaltestelle in Hainfeld 500 m Fußweg. **Zeiten:** Mai – September Mo – Fr 10 – 20, in den Sommerferien schon ab 9 Uhr, Sa, So, Fei 9 – 19 Uhr. **Preise:** Tageskarte 2 €, 12er-Karte 20, Saisonkarte 40 €; Kinder 6 – 16 Jahre Tageskarte 1,50, 12er-Karte 15, Saisonkarte 25 €; Familienkarte 55 €.

▶ Das Wasser des Freibads wird auf 23 °C geheizt. Das 50 x 20 m große Kombibecken ist in Schwimmer- und Nichtschwimmerbereich unterteilt. Es gibt ein 1-m-Brett, Rutsche, Planschbecken mit kleiner Rutsche und eine große Liegefläche mit genügend Schatten spendenden Bäumen und vielen Spielmöglichkeiten für Kinder. Ein Kiosk mit Tischen im Freien sorgt für die Notverpflegung.

Freibadanlage Maikammer

Wiesenstraße 18, 67485 Maikammer. ✆ 06321/
5585. **Zeiten:** Mai – September Mo 10 – 21, Di 6 –
20, Mi 10 – 20, Do 6 – 21, Fr 10 – 20, Sa, So und Fei
8 – 19 Uhr, in den Sommerferien von RLP Mo, Mi und
Fr schon ab 9 Uhr. Sa, So und Fei bei schönem Wetter
bis 20 Uhr. **Preise:** Tageskarte 3 €, 12er-Karte 30 €;
Kinder ab 6 Jahre Tageskarte 1,25, 12er-Karte
17,50 €; Familienkarte mit 1 Kind 7 € bzw. 8,50 € mit
mehreren.

▶ Auf 24 – 26 °C geheiztes Freibad mit Sportbecken, Taucherbecken, zwei 1-m-Brettern,
Nichtschwimmer- und Planschbecken, 60-m-
Riesenrutsche und Wasserpilz im Nichtschwimmerbecken. Dazu Spielplatz, Tischtennis und
große Liegewiese.

Freizeitbad La-Ola Landau

Horstring 2, 76829 Landau. ✆ 06341/55115, Fax
289170. www.la-ola.de. thomas.hirsch@landau.de.
Anfahrt: Ab Landau Hbf 5 Minuten mit dem Bus WNL
579. **Zeiten:** Mo 14 – 23, Di – Do und Sa 10 – 23, Fr
10 – 24, So 10 – 21. **Preise:** 90 Minuten 3,50 €,
ganzer Tag 7,50 €, Wochenend- und Feiertagszuschlag
1,50 €; Kinder bis 1 m 90 Minuten 1 €, ganzer Tag
2 €. Kinder bis 16 Jahre und Studenten 90 Minuten
2,50 €, ganzer Tag 5,50 €. Wochenend- und Feiertagszuschlag für alle Kinder 1,50 €.

Tipp: Im Selbstbedie-
nungsrestaurant gibt es
Pommes rot/weiß, Cola
& Co.

▶ Das Erlebnisbad der südlichen Weinstraße
mit Hallenbad und Außenthermalbecken. 25-
m-Sportbecken mit 3-m-Turm und 1-m-Brett,
Wellenbad mit Meeresbrandung und Wellen-
kanal, Massagedüsen, Wildbach, Wasserfälle,
Wasserpilz, Whirlpools, 100-m-Riesenrutsche,
Kleinkind-Bereich mit eigener Rutsche. Im
Sommer große Liegewiese mit allerlei Spielmöglichkeiten. Babyschwimmen und Kleinkinder-
schwimmen.

WEINSTRASSE

Stadionfreibad Landau

Prießnitzweg 1, 76829 Landau. ℰ 06341/898223, 898224. An der Queich neben dem Südpfalzstadion.
Zeiten: Mitte Mai – Anfang/Mitte September Mo – Fr 6 – 20, Sa, So und Fei 7 – 20 Uhr. **Preise:** Tageskarte 2,60 €, ab 18 Uhr 1,30 €, 12er-Karten 26 €, Saison-karten 41 €; Kinder ab 6 Jahre 1,50 €, ab 18 Uhr 0,75 €, 12er-Karten 10,50 €, Saisonkarten 18 €; Saisonkarten für Familien 57 €.

▶ Das Kombibecken des Freibads ist in eine Schwimmer- und eine Nichtschwimmerzone unterteilt. Es gibt Sprungbretter zu 1 und 3 m, Kinderbecken und Rutsche, Sandkasten und Schaukelfiguren, Liegewiese, schattenspendende Bäume, Tischtennisplatten und ein Volleyball-feld, Kiosk mit Sonnenterrasse. Gemütliches Bad aus einer Zeit mit weniger »Action & Show«.

Hallen- und Freibad Bad Bergzabern

 Im Hallenbad gibt es im Winter sonntags von 13 bis 16 Uhr den Familien-Spaßnachmittag.

Friedrich-Ebert-Straße 40, 76887 Bad Bergzabern. ℰ 06343/7120. **Zeiten:** Freibad Mitte Mai – Mitte September Mo – Fr 8 – 20, Sa, So und Fei 9 – 20 Uhr, Halle Rest des Jahres Mo, Mi und Fr 7.30 – 21, Di 7.30 – 19, Do 7.30 – 19.30, Sa 8 – 12, So 9 – 17, Fei 9 – 13 Uhr. **Preise:** Freibad-Tageskarte 2,20 €, Zehner-karte 18, Saisonkarte 29 €, Saisonkarte Familie 42 €, Hallen-Tageskarte 3, Zehnerkarte 25 €; Kinder 6 – 18 Jahre Freibad-Tageskarte 1,40 €, Zehnerkarte 11, Saisonkarte 18 €, Hallen-Tageskarte 2, Zehnerkarte 15 €.

▶ Das kombinierte Hallen- und Freibad taugt für alle Jahreszeiten: In der Halle befinden sich ein 25-m-Becken mit Sprunganlage (1 m, 3 m) und Lehrschwimmbecken und einer kleinen Elefantenrutsche. Hier geht es also ein wenig eng zu, nicht zu vergleichen mit dem Freibad und seiner riesigen Liegewiese. Hier sind natürlich auch die Becken viel größer und variantenreicher: Schwimmerbecken, separate Sprunganlage und ein Freizeitbecken mit vielen Extras, aber auch ein Spielplatz, ein Bolzplatz und eine Cafeteria mit Freiterrasse.

In & auf Seen

Almensee bei Bad Dürkheim

Knaus-Campingpark, In den Almen 3, 67098 Bad Dürkheim. ✆ 06322/61356, Fax 8161. www.knauscamp.de. knaus-camp-duerkheim@t-online.de. **Anfahrt:** Rad: Radweg von Bad Dürkheim. **Zeiten:** April – Oktober täglich bis zum Einbruch der Dunkelheit. **Preise:** 2 €; Kinder 1,25 €.

▶ Kleiner künstlicher Badesee von 4 ha Größe auf dem Gelände des Knaus-Campingparks. Sandstrand, Liegewiese, Duschen und Imbiss vorhanden.

Boot fahren auf dem Hilschweiher bei Edenkoben

6 km westlich von Edenkoben im Wald. ✆ 06323/2973. **Anfahrt:** Bus von Edenkoben bis Haltestelle oberhalb des Kiosks. **Preise:** Bootverleih 30 Minuten Einzelfahrt 3 €, ansonsten 2,50 € pro Person; Kinder bis 6 Jahre 1 €; Schulklassen ab 20 Personen 1 €.

▶ Der kleine beschauliche Stausee ist von dichtem Wald umgeben. Ihr könnt auf dem ruhigen Gewässer Boot fahren. An der Anlagestelle befindet sich auch ein Kiosk mit Biergarten. Hier gibt's was zu essen und gegenüber vom Kiosk die kleinen Hilschwasserfälle zu bewundern.

Bootfahren auf dem Schwanenweiher

Nahe Kurpark am westlichen Ortsrand von Bad Bergzabern. **Zeiten:** Mai – September bei guter Witterung.

 Man kann den kleinen See auch umwandern!

RAUS IN DIE NATUR

▶ Der kleine See befindet sich an der Straße nach Vorderweidenthal/Dahn. Auf dieser Seite liegt auch die Anlegestelle der Boote.

Radeln & Skaten

Die Deutsche Weinstraße wird mittlerweile auf den gesamten 85 km von Bockenheim über Bad Dürkheim und Neustadt bis Schweigen-Rechtenbach von einem Radweg begleitet. Diese Tour durch die Weinberge am Rande des Pfälzerwaldes führt durchschnittlich 100 – 200 m über der Rheinebene durch zahlreiche Weindörfer und -städtchen und ist ohne Frage eine ausgesprochen schöne Strecke. Unglücklicherweise enthält sie recht viele Steigungen, so dass sie nur für Familien mit sportlichen 12- bis 15-Jährigen in Frage kommt. Für die ganz jungen Radler und Radlerinnen bieten sich hauptsächlich Abfahrten in die Rheinebene an. Zu den wenigen leichten Touren in den Pfälzerwald zählen die Radwegrouten von Klingenmünster nach Silz/Wildpark Silz und von Bad Dürkheim zur Burg Hardenberg und zum Naturfreundehaus Groß-Eppental.

Erlebnistag Deutsche Weinstraße — autofrei von Schweigen-Rechtenbach bis Bockenheim

Pfalzwein e.V., Chemnitzer Straße, 67433 Neustadt a.d.W. ✆ 06321/912328, Fax 12881. www.zum-wohl-die-pfalz.de. info@zum-wohl-die-pfalz.de. **Zeiten:** Letzter Sonntag im August.

▶ Riesenfete auf den 85 für einen Tag autofreien Kilometern der Deutschen Weinstraße. Nicht nur in den Städten und Städtchen Neustadt, Grünstadt, Bad Dürkheim, Deidesheim und Edenkoben wird ein reichhaltiges Kultur-,

ADFC Radwandern. »25 wunderschöne Touren entlang der Deutschen Weinstraße«, Kuntz Verlag. Die ganze Weinstraße und 25 Abstecher (Beschreibung, Karten, Höhenprofile), darunter auch einige für Familien mit Kindern geeignete Touren. Bei größeren Tourist-Informationen der Region und im Buchhandel.

Radwander- und Freizeitkarte Deutsche Weinstraße, Pietruska Verlag, Rülzheim, 1:50.000.

Sport-, Ess- und Trink-Programm geboten, auch die 30 Dörfer en route geben sich ausgesprochene Mühe, die 400.000 Gäste – Radler, Skater und Wanderer – aus dem Rhein-Neckar-Gebiet zu unterhalten. Die Aktivitäten sind so zahlreich, dass ein dickes Programmheft zusammen kommt.

Achtung! Zur optimalen Tagesplanung unbedingt vorher das Programmheft anfordern!

Wandern, Einkehren & Juchhe

Das Weinstraßengebiet ist alles andere als die reine Zielregion für Weinseligkeit wie sie nach einem verbreiteten Klischee meistens wahrgenommen wird. Es ist auch ein sehr beliebtes Wanderziel. Fast von jedem Ort führen Wanderrouten in den Pfälzerwald hinein und hinauf. Auf vielen erreicht man schon nach wenigen Kilometern Wanderhütten (am Wochenende bewirtschaftet), wo eine gemütliche Vesperpause bei regionalen Spezialitäten und lokalem Wein eingelegt werden kann. Manche besitzen auch Spielplätze (Naturfreundehäuser immer!), sind also hervorragende Wander- und/oder Ausflugsziele für Familien mit Kindern.

Wandern auf der Weinstraße und in den Pfälzerwald wird abgedeckt durch die vier Wanderkarten des Landesvermessungsamtes Rheinland-Pfalz (LVA RLP), alle im genauen Maßstab 1:25.000:

- Grünstadt und Leininger Land
- Bad Dürkheim und Umgebung
- Neustadt, Maikammer, Edenkoben und Landau
- Bad Bergzabern mit elsäss. Grenzgebiet

Vom Hilschweiher durch das Triefenbachtal zum Steigerkopf

Edenkoben. **Länge:** 6 km hin und zurück, leicht, Kinder ab 6 oder 7 Jahre. **Anfahrt:** 1. Mai – Ende Oktober stündlich mit Bus 506 Edenkoben Bhf bis Haltestelle Hilschweiher So, Fei nur vormittags; Haltestelle Hilschweiher bis Bhf Edenkoben nur nachmittags bis früher Abend So, Fei. A 65 Ludwigshafen – Landau, Abfahrt Edenkoben. Straße von Edenkoben im Triefental aufwärts Richtung Heldenstein, kurz hinter dem PWV-Haus Hüttenbrunnen links ab.

▶ Die Wanderung beginnt am **Hilschweiher**, der auch schon von Edenkoben aus angewan-

WEINSTRASSE

dert werden kann. Dem »Roten Kreuz« folgt ihr immer durch tiefen Wald das romantische Triefenbachtal aufwärts. Es ist schluchtartig eng. Nach 2 km steht gegenüber vom Waldparkplatz die **Edenkobener Hütte** des PWV, die voll bewirtschaftet ist (Mo 11 – 19, Mi – So 9 – 19 Uhr, Pfälzer Spezialitäten, Tagesgerichte, Kaffee und Kuchen) und in der man übernachten kann, ⬈ Info- & Ferienadressen. Ab hier folgt ihr nun der Markierung »4« bis zum **Naturfreundehaus am Steigerkopf**, das gut 1 km entfernt ist. Die Route verläuft – wie seit Beginn – immer in Bachnähe. Beim Steigerkopf-Lokal kann man bei schönem Wetter draußen im Biergarten sitzen, die Kinder auf den Spielplatz entlassen oder eine Schnitzeljagd veranstalten: Es gibt einheimische Küche und preiswerte Tagesgerichte.

Nach der Einkehr geht es auf derselben Route zum Hilschweiher zurück, auf dem von Mai bis Oktober Tretboot gefahren werden kann. Hier befindet sich ein **Kiosk mit Biergarten,** wo man wiederum zu essen bekommt. Außerdem bereitet es viel Spaß, sich die ganz nahe gelegenen kleinen wilden Wasserfälle anzusehen.

Ihr könnt anschließend mit dem Bus oder Pkw nach Edenkoben zurückkehren – oder dem »Roten Kreuz« folgend immer am Bach entlang nach Edenkoben hinunterwandern, was angesichts der dicken Bäuche jetzt wohl die angebrachtere Alternative ist …

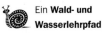

Hunger & Durst

Naturfreundehaus am Steigerkopf, Schänzelstraße, ✆ 06323/ 1851, wenzel.matthias@nexgo.de. Di – So 10 – 18 oder 19 Uhr, warme Küche 11.30 – 18 Uhr.

Ein **Wald- und Wasserlehrpfad** ist nur 1 km vom NFH Steigerkopf entfernt. Außerdem sind markiert: Wanderwege zur Rietburg, 4 km, zur Lolosruhe, 2 km, und zum Forsthaus Heldenstein, 4 km.

Auf dem Waldgeisterweg zur Schutzhütte Drei Eichen

Oberotterbach. **Länge:** 9 km, Orientierung leicht.

▶ Zunächst läuft man vom Zentrum Oberotterbach auf dem Oberdorfweg in den Pfälzerwald und folgt dabei bis zum Aufstieg zur Schutzhütte immer dem gelb-grünen Streifen. Dann etwa

3 km sanft steigend im Tal des Otterbaches durch Wiesen und Wald aufwärts.

Auf den ersten 2 km sind auf Baumstümpfen Waldgeister zu Hause. Die Kleinsten sollten sich auf diesen Geisterweg beschränken. Kinder ab 10 Jahre können sich die Gesamtstrecke einschließlich des steilen Schlussanstiegs zur bekannten **Schutzhütte Drei Eichen** hinauf vornehmen. Auf derselben Route steigt man wieder nach Oberotterbach ab.

Der Wald hat die Menschen zwar ernährt, aber sein undurchdringliches Schweigen war ihnen auch unheimlich. So dachte man sich allerlei Waldgeister aus – gute und böse. Versucht doch mal herauszufinden, wie viele auf dem Waldgeisterweg verewigt sind.

Von Leistadt zum Forsthaus Lindemannsruhe

Länge: 7 km hin und zurück. **Forsthaus Lindemannsruhe,** Bernd Schwarz, ✆ 06322/8564. **Anfahrt:** Mit dem Auto von Bad Dürkheim über Leistadt oder Weilach bis zum Parkplatz am Forsthaus. **Zeiten:** Di – So 11 – 18 oder 19 Uhr, durchgehend warme Küche.

▶ Von Leistadt führen ausgeschilderte Wanderwege zu dem schönen ehemaligen Forsthaus, das natürlich mitten im Wald liegt. Auf dem Hinweg gilt es einen langen Anstieg zu bewältigen. Kinder ab 9 Jahre schaffen das, ohne zu stöhnen (ups, war da doch was zu hören?). Nach 3,5 km ist's schon geschafft, man sinkt erleichtert auf die Bänke. Es gibt einfache Gerichte, einige spezielle Spezialitäten, und – schließlich sind wir an der Weinstraße – Freinsheimer und Kallstadter Weine. Zwar gibt es keinen eigentlichen Kinderspielplatz, aber genug Gelände zum Herumtollen.

Von Weisenheim a.B. zum Ungeheuersee

Länge: 6 km hin und zurück; auf dem Hinweg langer Anstieg von Weisenheim zum Kühberg. **Weisenheimer Hütte,** Ortsgruppe PWV Weisenheim am Berg, Karl May, 67273 Weisenheim am Berg. ✆ 06353/1429. **Zeiten:** 15. März – 1. Dezember So 10 – 18 Uhr.

WEINSTRASSE

▶ eine Verbandsrolle

▶ Blasen-/Heftpflaster

▶ Gel gegen Insekten-
stiche

▶ Pinzette, um Dornen
herauszuholen

▶ Sportsalbe gegen Ver-
stauchungen

▶ Wegen des Fuchs-
bandwurms Beeren
nicht an Stellen pflü-
cken, an denen offen-
sichtlich Wild vorbei-
kommt (Wildwechsel,
Maulwurfshügel, Amei-
senhaufen), immer mit
Wasser abspülen.

▶ Gegen Zecken schüt-
zen geschlossene Schu-
he sowie lange Hosen,
denn Zecken sitzen
gerne im Gras oder
kniehohen Gesträuch.
Dass sie sich von Bäu-
men herunterfallen
ließen, ist ein hartnäcki-
ges Gerücht. Nach dem
Ausflug beim Duschen
gegenseitig auf Zecken
absuchen (besonders
Arm-, Leistenbeuge,
Bauchfalte etc.).

▶ Für Kinder ab 9 Jahre. Eine Überforderung ist nicht in Gefahr, denn schon nach 3 km kann man Einkehren. Die **Weisenheimer Hütte** wird vom Pfälzerwald Verein unterhalten, wobei der Begriff Hütte nur leicht untertrieben ist: Rund 250 Gästen bietet der Biergarten Platz, der über-dachte Vorraum bietet immerhin 40 Sitze und ist immer geöffnet. Zu essen gibt es prima Hütten-kost, Kaffee und Kuchen, während sich die Kleinen auf dem Spielplatz vergnügen. Ach ja: Der Ungeheuersee ist nur 100 m entfernt.

2 Wandertipps zwischen Grünstadt und Bad Dürkheim

Von Kleinkarlbach nach Altleiningen: 7 km; bachauf-wärts, keine schweren Steigungen. Für Kinder ab 8 Jahre. Unterwegs keine Einkehrmöglichkeit.

Von Bad Dürkheim zur Hütte an der Weilach und nach Leistadt: 5 km; langer Anstieg zur Hütte an der Weilach. Für Kinder ab 9 Jahre. Einkehren: Hütte in der Weilach (bewirtschaftet Sa, So, Fei 9 – 18 Uhr, Weihnachten und Neujahr geschlossen).

2 Wandertipps in den Pfälzer Wald hinein zwischen Bad Dürkheim und Neustadt

Zum NFH Oppauer Haus: Vom Campingplatz im bewal-deten Wachenheimer Tal aufwärts zum Naturfreun-dehaus. 7 km hin und zurück; hin langer, ab ganz leichter Anstieg; zurück auf dem gleichen Weg gemächlich bergab. Für Kinder ab 8 oder 9 Jahre. Einkehren: NFH Oppauer Haus (bewirtschaftet Fr – Mi, Lokal, Kinderspielplatz).

Von Deidesheim im Martental aufwärts bis Schutzhüt-te am Weißenstich. 9 km hin und zurück; auf dem Hinweg langer Anstieg, aber erst am Ende steil. Zu-rück auf gleichem Weg. Ganze Strecke nur für Kin-der ab 10 Jahre. Unterwegs keine Einkehrmöglich-keit.

Von Gimmeldingen zum Forsthaus Benjental

Länge: 5 km hin und zurück. **Forsthaus Benjental**, Helga Hofmann, ☎ 06321/66033. **Zeiten:** Sa – Mi, Fei 10 – 18 oder 19 Uhr warme Küche; geschlossen wird, wenn der letzte Gast geht.

▶ Dies ist eine ganz leichte kleine Tour, für Kinder ab 6 Jahre geeignet. Ihr wandert auf dem Hinweg von Gimmeldingen aus bachaufwärts, der Weg steigt fast unmerklich leicht an. Nach nur 2,5 km ist das ehemalige **Forsthaus Benjental** erreicht, wo es aus allen Töpfen dampft: Spezialität sind Dampfnudeln mit Kartoffelsuppe und Weinsoße (erst ab 18 Jahre und nur mittwochs), Rouladen, Schnitzel, Koteletts sowie Kaffee und Kuchen.
Wer weiter wandern will, kann zum *Forsthaus Silbertal* laufen, was hin und zurück noch einmal 6 km ausmacht.

Von Haardt zum Weinbiethaus

Anfahrt: Von Neustadt Hbf Bus 517 nach Lindenberg. **Länge:** Ab Haardt/Sportplatz 5,5 km hin und zurück. Für Kinder ab 10 Jahre. **Weinbiethaus**, Carmen Klein, ☎ 06321/32596. Keine Zufahrt für Autos. **Zeiten:** Sa – Do 10 – 17 (Winter) oder 18 Uhr (Sommer), warme Küche 10.30 – 16.30 Uhr.

▶ Der Aussichtspunkt Weinbiet ist von Lindenberg oder Haardt aus auf gut markierten Wanderwegen quer durch den Wald in maximal 1 ½ Stunden erreichbar. Aber Achtung: Die Aussicht von 554 m Höhe hat ihren Preis, schließlich sind 364 Höhenmeter zu überwinden! Zu Füßen des Aussichtsturms befindet sich zum Glück ein großes Lokal, wo ihr bei kalter und warmer Küche, bei Pfälzer Spezialitäten und örtlichen Weinen oder bei Kaffee und Kuchen die Höhenluft genießen könnt.

WEINSTRASSE

Rechnet selbst nach: Auf welcher Höhe startet die Wanderung in Haardt?

Mit Kindern wandern

Damit das langweilige Rumlaufen zum Ereignis wird, hier ein paar Tipps:

▶ Das gemeinsame Erleben steht im Vordergrund.

▶ Tempo und Entfernung werden vom schwächsten Mitglied der Gruppe bestimmt.

▶ Ziele setzen: das Picknick auf einer großen Wiese, die Burg, ein Bach, ein Wildgehege …

▶ Zum Warmwerden erst einmal ein weites Stück ganz locker laufen, sonst gibt's Muskelkater.

▶ Zwischendurch auf Besonderheiten am Wegesrand aufmerksam machen oder mal etwas beobachten: Fische in einem Teich, einen Ameisenhaufen, Pilze …

▶ Den Ausflug unter ein Thema stellen: heute gucken wir nach Vögeln, suchen den kleinsten Baum, einen geheimnisvollen Gegenstand (leeres Schneckenhaus …)

Wandervorschläge zwischen Neustadt und Edenkoben in den Pfälzer Wald

Von Neustadt zur Wolfsburg und zurück: 6 km hin und zurück; zunächst Anstieg von Neustadt auf 140 m zur Wolfsburg in 271 m Höhe. Für Kinder ab 9 Jahre. Einkehren: Wolfsburg.

Von Neustadt zum Naturfreundehaus im Heidenbrunnerthal: 10 km hin und zurück; langer, aber leichter Aufstieg von Neustadt auf 140 m zum Naturfreundehaus in 230 m Höhe. Für Kinder ab 9 Jahre. Einkehren: NFH im Heidenbrunnerthal (bewirtschaftet Di – So ab 10 Uhr, Lokal, Kinderspielplatz).

Von Neustadt zur Kaltenbrunnerhütte: 9 km hin und zurück; langer, aber leichter Aufstieg von Neustadt zur Kaltenbrunnerhütte in 260 m Höhe. Für Kinder ab 9 Jahre. Einkehren: Kaltenbrunnerhütte, Fr – Mi ab 10.30 Uhr; vom 1.11. bis 31.3. auch Fr geschlossen.

Von Neustadt zur Hohen Loog: 10 km hin und zurück; langer, steiler Aufstieg vom 140 m hoch gelegenen Neustadt auf die Hohe Loog mit ihren 619 m. Für wanderlustige Kids ab 11 oder 12 Jahre geeignet. Einkehren: Hohe-Loog-Haus (bewirtschaftet Mi, Sa, So, Fei und Sommerferien 9.30 – 18 Uhr, 24., 25. und 31.12. geschlossen).

Vom Hambacher Schloss nach Neustadt: 4,5 km langer Weg vom Schloss in 374 m Höhe überwiegend bergab ins 140 m hoch gelegene Neustadt. Ganz leicht, für Kinder ab 7 Jahre. Einkehren: Burgschenke, unterwegs keine Einkehrmöglichkeit.

Von der Kalmit nach Diedesfeld: 6 km immer bergab, am Anfang sogar stark von 673 auf 179 m. Für Kinder ab 8 Jahre. Einkehren: im Kalmithaus, ↗ Pfälzerwald, Wandern. Unterwegs Klausentalhütte (bewirtschaftet Mi, Sa, So 9 – 18 Uhr).

Von der Kalmit nach St. Martin: 4,5 km immer bergab, am Anfang sogar steil von 673 auf 240 m. Für Kinder ab 8 Jahre. Einkehren: im Kalmithaus sowie

in der Wappenschmiede am Campingplatz (Di – So
9 – 24 Uhr), kurz vor St. Martin.

Von der Kalmit nach Maikammer: 5 km immer bergab,
am Anfang sogar steil von 673 auf 180 m. Für Kinder ab 8 Jahre. Einkehren: im Kalmithaus, ↗ Pfälzerwald, Wandern. Unterwegs keine Möglichkeit.

Von St. Martin zum Rasthaus an den Fichten: 6 km
hin und zurück; auf dem Hinweg langer, aber ganz
leichter Anstieg von St. Martin auf 240 m zum
PWV-Rasthaus an den Fichten in 360 m Höhe. Für
Kinder ab 7 Jahre. Einkehren: Rasthaus an den
Fichten (bewirtschaftet Sa 11 – 19, So, Fei 9 – 19
Uhr, 25.12. und 31.12. geschlossen).

Von St. Martin zur Waldgaststätte Friedensdenkmal

Länge: ab Edenkoben 8 km, ab St. Martin 7 km hin
und zurück. **Waldgaststätte Friedensdenkmal,**
℡ 06323/9918, 989495. **Anfahrt:** Mit Auto von Edenkoben-Zentrum durch die Klosterstraße, am Westrand
Richtung Kropsburg, am Waldrand Richtung Friedensdenkmal. **Zeiten:** Do – Di 11 Uhr bis der letzte Gast
geht; Mitte November – Mitte März Mi, Sa, So und Fei
11 – 18 Uhr, durchgehend warme Küche.

▶ Vom hübschen Weinort St. Martin zum Friedensdenkmal in 349 m Höhe sind es rund 3,5
km, wobei ein paar Höhenmeter zu überwinden
sind. Die Tour ist trotzdem nicht schwer, für
Kinder ab 8 Jahre geeignet. Wendepunkt der
Wanderung ist die **Waldgaststätte Friedensdenkmal,** die neben dem Denkmal liegt. Drinnen oder draußen im Biergarten gibt es Pfälzer
Spezialitäten, täglich wechselnde Menüs, Spießbraten auf Vorbestellung und natürlich Kaffee
und Kuchen. Die kinderfreundlichen Wirtsleute
halten nicht nur Spielgerät bereit, sondern richten nach Vereinbarung auch eure Kindergeburtstagsparty aus!

 Ein Wanderweg
zur 2 km entfernten Kropsburg ist
ausgeschildert.

Von Weyher zum Schweizerhaus

Bus 501 von Landau nach Weyher. **Länge:** 3 km hin und zurück. **Schweizerhaus,** Gerhard Anselmann, ✆ 06323/5644. **Zeiten:** So, Fei 10 – 19 Uhr, im September und Oktober auch Sa.

▶ Von Weyher auf 280 m Höhe geht's steil bergauf zum 440 m hoch gelegenen Schweizerhaus. Der Wanderweg mit der Markierung Roter Punkt führt schön durch Weinberg und Wald. Sportliche Kinder ab 10 oder 11 Jahre schaffen das in 30 bis 40 Minuten. Mit wanderfreudigen 12- bis 14-Jährigen kann man den Aufstieg bis zum 1,5 km entfernten, 605 m hohen Ludwigsturm oder zum 2 km entfernten Schloss Ludwigshöhe fortsetzen. Einkehren kann man oben im Schweizerhaus, einem Rasthaus des Pfälzerwald Vereins. In dem kleinen Haus im Wald gibt es Kaffee und Kuchen sowie einfache Gerichte.

Noch 2 Wandervorschläge zwischen Edenkoben und Landau

Von Weyher via Burrweiler Mühle nach Burrweiler:
2,5 km; keine schwere Steigung. Leicht, für Kinder ab 6 oder 7 Jahre. Einkehren: Burrweiler Mühle.

Von Gleisweiler zur Landauer Hütte: 7 km hin und zurück; langer, sanfter Aufstieg von Gleisweiler zur Landauer Hütte, nur am Schluss ein wenig steil, zurück nur abwärts. Für Kinder ab ca. 9 Jahre. Einkehren: Landauer Hütte, ✒ Pfälzer Wald.

Naturerfahrung & Lehrpfade

Weinlehrpfade

Die Weinlehrpfade an der Weinstraße sind 1 – 5 km lang und unterschiedlich steil. Manche sind geruhsame Spazierwege, bei anderen fließt dagegen reichlich Schweiß. Sie können aber fast alle auch von Familien mit Kindern bewältigt werden. Informationstafeln weisen auf Arbeitsvorgänge, Beschaffenheit der Böden, Traubensorten etc. hin. Für manche Weinlehrpfade werden regelmäßig Führungen angeboten. Das erfährt man bei den jeweiligen Touristeninformationen.

Weinlehrpfad Edenkoben

Edenkoben. **Länge:** 3,5 km, erste Hälfte bergauf, dann bergab, leicht, für Kinder ab 7 Jahre.

▶ Der als Rundweg angelegte Weinlehrpfad befindet sich am Westrand von Edenkoben. Von der Weinstraße geht es ein langes Stück auf der Villastraße aufwärts, dann biegt der Weg hinter einer gusseisernen Rundkelter nach rechts ein. Ihr geht sodann zum Triefenbach hinunter, vor dem ihr euch nach rechts wendet. Der Weinlehrpfad führt nun ein langes Stück parallel zu dem schmalen Wässerchen nach Edenkoben zum Fritz-Claus-Weg hinunter. Auf Letzterem kehrt ihr zur Villastraße und zum Startpunkt zurück. Entlang dem Weinlehrpfad sind unterschiedliche Modelle alter Keltern aufgestellt, auch Weinerntewagen und andere Arbeitsgeräte aus einer früheren Zeit. Auf Infotafeln werden 14 Rebsorten vorgestellt.

Naturlehrgebiet Ökostation Ebertsheim

Ebertsheimer Bildungsinitiative e.V., Verein für Natur- und Umweltbildung für Kinder, Jugendliche und Erwachsene, Eduard-Mann-Straße 1, 67280 Ebertsheim. ✆ 06359/960888, Fax 960888. www.ebi-ev.de. ebi-ev@gmx.net. **Preise:** Unterichtseinheiten für Schulklassen und Gruppen bis 2,5 Std. 3,80 €, darüber 5 €, Mindestzahl 15 Kinder. **Infos:** auf der Hompage der Bildungsinitiative.

▶ Die Ökostation der Bildungsinitiative ist Teil eines größeren alternativen Lebens- und

 Weinlehrpfade gibt's zudem in: Bad Dürkheim, Birkweiler, Bockenheim, Ellerstadt, Freinsheim, Gimmeldinger Weinlehrpfad am Fürstenberg, Gleisweiler, Mandelhöhe bei Maikammer, Historienpfad Maikammer Traube, Weinlehrpfad Neustadt-Gimmeldingen, Weinlagenweg Neustadt-Haardt, Lehrpfad Wein und Natur Niederhorbach, Erster Deutscher Weinlehrpfad Schweigen-Rechtenbach, Geilweilerhof Siebeldingen, St. Martin, Wachenheim, Zellertal.

In dem Faltblatt **»Edenkoben – der Garten Eden der Pfalz.** Museum in der freien Natur« befindet sich eine Planskizze mit Kurzbeschreibung der ausgestellten Großgeräte.

WEINSTRASSE

»Wir wollen uns auf die Spurensuche machen und vielen verschiedenen Tieren nachspüren. Welche Vögel können wir entdecken, wo haben sie ihre Nester, wie sind sie gebaut, können wir das auch so gut wie die Vögel? Warum können Vögel eigentlich fliegen? Was fliegt denn noch so herum?« So fragen die Spürnasen.

Arbeitsprojektes, das sich im Laufe der letzten 15 Jahre in einer ehemaligen Papierfabrik entwickelt hat. Sie besteht aus einem Quellsumpfsee mit urwaldähnlichem Erlenbruchwald, einem Abschnitt des Eisbaches, einer Streuobstwiese und einem Picknickplatz mit großen Tischen und Bänken – ganz gute Voraussetzungen um Kindergruppen und Schulklassen interessante Naturerlebnisse sozusagen als Unterrichtseinheit von 90 Minuten zu bieten. Themen sind u.a. Lebensraum Wiese (4 – 8 Jahre), die Honigbiene (7 – 14 Jahre), Bäume und Gehölz (6 – 9 Jahre und 10 – 14 Jahre), Wasserqualität, Wassergütebestimmung (8 – 14 Jahre).
Die »Spürnasen«-Kurse finden in verschiedenen Altersgruppen statt, außerdem gibt es Basteln in und mit der Natur (ab 8 Jahre) und einen Mikroskopierkurs für Anfänger (ab 10 Jahre). In den Sommerferien können Kinder eine Woche auf der Ökostation verbringen.

Wasserlehrpfad Edenkoben

Länge: 5,7 km; immer bergab, ganz leicht. **Anfahrt:** 1. Mai – Ende Okt. So und Fei vormittags stündlich Bus 506 vom Bahnhof Edenkoben bis Hüttenbrunnen.

▶ Vom oberen Ende des Pfades gegenüber vom PWV-Haus Hüttenbrunnen läuft man durch das enge, bewaldete Triefenbachtal immer bergab nach Edenkoben. Unterwegs gibt es Informationen über die verschiedenen Anlagen der Förderung und Speicherung von Regen- und Grundwasser und zur Trinkwasser-Aufbereitung. Schön ist der Weg am Hilschweiher entlang. Am dortigen Kiosk mit Biergarten kann man rasten. Vor Edenkoben verläuft ein Stück des Weges gemeinsam mit dem Weinlehrpfad. Beide enden in der Triefenbachanlage nahe dem Parkhotel Edenkoben.

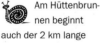 Am Hüttenbrunnen beginnt auch der 2 km lange Waldlehrpfad, kann also leicht eingeschoben werden.

Waldlehrpfad bei Edenkoben

Forstamt Edenkoben, 67480 Edenkoben. ℂ 06323/
2151. **Länge:** 2 km langer, gut ausgebauter Rundweg,
der auch mit dem Kinderwagen bewältigt werden kann.
Zeiten: ganzjährig begehbar.

▶ Auf optisch gut gemachten Infotafeln wird
außer über Sträucher und Bäume auch über all-
gemeine Zusammenhänge informiert, wie z.B.
die Ursachen und Folgen des Waldsterbens. Los
geht es am Parkplatz Hüttenbrunnen, die erste
Hälfte aufwärts, dann wieder hinab. Anschließend könnt ihr zur Rast in das *Wanderheim
Hüttenbrunnen* einkehren.

Naturlehrpfad bei St. Martin

St. Martin. **Länge:** 3 km langer Rundweg nordwestlich
des Ortes.

▶ Ein abwechslungsreicher markierter Weg
führt an einem Weiher entlang und durch Wiesen, großenteils aber durch Wald. Tafeln informieren zu Bäumen, Waldwirtschaft, Trocken-
mauern und Feuchtbiotopen.

Naturschutzzentrum Hirtenhaus Mörzheim

NABU-Ortsgruppe Landau, Brühlstraße 21, 76829
Landau-Mörzheim. ℂ 06341/31628, Fax 3526.
www.nsz-hirtenhaus.de. hirtenhaus@web.de.

▶ Anfang der 90er Jahre wurde das im Verfall
begriffene Hirtenhaus von Mörzheim von der
NABU-Ortsgruppe Landau in fleißiger Kleinar-
beit renoviert, um fortan als Naturschutzstation
und Zentrum für Umwelterziehung zu dienen.
Heute ist es ein sehr lebendiger Ort, erfüllt von
Diskussionen, Vorträgen, Dia-Schauen und Seminaren, aber auch Ausgangspunkt von zahlreichen naturkundlichen Exkursionen und Natur-
schutzaktivitäten.

*Schon gewusst
dass sich die
Zapfen der Tanne im
Herbst bis auf die
Spindel entblättern?
Auf dem Waldboden
sind also nie vollstän-
dige Zapfen zu fin-
den. Falls ihr schon
einmal Zapfen ge-
sammelt habt, waren
das bestimmt Fichten-
zapfen.*

Hunger & Durst

Auf dem Rückweg bietet
sich kurz vor dem Ziel
rechts das **Rasthaus an
den Fichten** zum Ein-
kehren an. Sa 11 – 19,
So und Fei 9 – 19 Uhr.
Hüttenkost, Spielplatz.

WEINSTRASSE

Fichten-
zapfen

Zapfen der
Edel-Tanne

Happy Birthday

Wollt ihr euren Geburtstag im Hirtenhaus feiern? Kein Problem, rechtzeitige Anmeldung genügt.

Tipp: Kinder, die sich stärker engagieren wollen, können ab dem 10. Lebensjahr in der NAJU (NABU-Jugend) mitmischen. Anschrift des Landesverbandes: Frauenlobstraße 15 – 19, 55118 Mainz, ✆ 06131/14039-26, Fax 14039-28, NABU-RLP@mainz-online.de

Neben den Weinlehrpfaden gibt es an der Weinstraße den **Waldlehrpfad Petronell** bei Bad Bergzabern, den **Vogellehrpfad Essingen** bei Offenbach an der Queich, den **Waldlehrpfad Frankweiler** sowie den **Wald- und Naturlehrpfad Neustadt-Haardt/Meisental.**

Kindergarten-Gruppen und Schulklassen können zu allen Jahreszeiten unter NABU-Regie in der Natur unter zahlreichen thematischen Aspekten auf Entdeckungsreise gehen und sich im Umweltschutz betätigen. Bei der Erlebnisexkursion »Der Natur auf der Spur« entdeckt ihr Pflanzen und Tiere eurer Umgebung, wobei eurem Alter und der Jahreszeit entsprechend unterschiedliche Schwerpunkte gesetzt werden. Ihr könnt aber auch an der »Gartenarche« mitbauen: eine Vielzweckwohnung, in der mehr als 25 Tierarten einen Lebensraum und Nistmöglichkeiten finden. Oder ihr baut gemeinsam mit einer größeren Gruppe ein Wildbienenhotel für einen Garten oder Schulhof. Dabei lernt ihr das Leben der Wildbienen kennen.

An Ostern und im Sommer gibt es spannende Ferienprogramme und der Streuobsttag im Oktober bereitet auch Kindern viel Freude.

Auf dem Wasserlehrpfad Erlenbach von Birkenhördt nach Bad Bergzabern

Birkenhördt. **Länge:** 5,5 km, fast immer leicht bergab.

▶ Stets den quirligen Bach zur Linken verläuft der Pfad durch den Wald. Infotafeln regen junge Entdecker zu vielen Fragen an: Gibt es Forellen? Gibt es Bachstelzen? Was sind das für Bäume und Sträucher? Für Kinder ab 6 oder 7 Jahre. Da es unterwegs keine Einkehrmöglichkeit gibt, sollte sich im Rucksack genügend Proviant befinden.

Aktionszentrum Kaiserbacher Mühle Klingenmünster

Lobby für Kinder e.V., Kaiserbacher Mühle, 76889 Klingenmünster. ✆ 06349/928415, Fax 928413. www.lobbyfuerkinder.de. **Zeiten:** Kein öffentlicher Spielplatz, Termine und Aktionen nach Anmeldung.

▶ Die Kaiserbacher Mühle ist ein eindrucksvolles Bauwerk mit einem schönen großen Hof, in dem Kinder herumtollen können. An dem vorbei fließenden Bach lässt sich wunderbar spielen. An diesem hervorragenden Standort ist seit ein paar Jahren eine kleine Gruppe von Naturpädagogen und Architekten zu Hause, die sich das ambitionierte Ziel gesetzt haben, von Verkehr und Schule gestressten Kindern sowie zusehends in einer virtuellen Welt lebenden Computer-Kids einen Natur-Freiraum zu gewähren. Nebenbei wird versucht, sie für die Bedürfnisse der Tier- und Pflanzenwelt zu sensibilisieren. Entsprechend wird forschend und spielend am nahen Kaiserbach und im benachbarten Pfälzerwald gewandert. Das Verständnis für Tiere wird durch gemeinsame Unternehmungen der Kinder mit den hauseigenen Eseln, Mulis und Ponys gefördert. Es wird bevorzugt mit Naturmaterialien gebastelt, musiziert und kräftig gefeiert.

»Bei uns könnt ihr das Bauern-Abitur ablegen. Dafür müsst ihr allerdings einige knifflige Aufgaben erfüllen, wie z.B. das Balancieren mit der Schubkarre, das Führen eines Esels und einiges mehr. Zu einfach? Na, dann zeigt mal, was in euch steckt!« O-Ton der Lobby für Kinder.

Reiten, Kutsch- & Planwagenfahrten

Reiterverein Bad Dürkheim

Bruchstraße, 67098 Bad Dürkheim. ✆ 06322/8836.

▶ Reitverein, Reitunterricht einzeln und in der Gruppe. Voltigieren schon für Kinder ab 4 Jahre, wöchentlich einmal für 15 € pro Monat. Reiten ab 10 Jahre, Einsteigerkurse, Wanderreiten u.a., Zehnstundenkarte 100 €.

Planwagenfahrten bei Bad Dürkheim

Paul Gumbinger, Kiebitzweg 11, 67167 Erpolzheim. ✆ 06353/8975, Fax 8975. www.planwagen-pfalz.de. Gumbinger@planwagen-pfalz.de. **Zeiten:** Ganzjährig, Hauptsaison Ostern – Ende Oktober. Gruppen ab 10

Personen 200 €, jede weitere Person 20 €, Brotzeit 10 €, Kellerführung und Weinprobe 9 €.

▶ Vier 10 – 15 km lange **Standard-Rundtouren** von 3 Stunden Dauer mit dem Planwagen, je nach Wetter und Bedürfnissen der Gäste wird variiert. 1: Bad Dürkheim – Ungstein – Römerkelter – Annaberg – Bad Dürkheim. 2: Bad Dürkheim – Bruch – Vogelschutzweg – Erpolzheimer Bruch – Ungstein – Bad Dürkheim. 3: Erpolzheim – Freinsheim – Weisenheim – Erpolzheim. 4: Erpolzheim – Kallstadt – Römerkelter – Erpolzheim.

Reit- & Fahrverein Weisenheim am Sand

Am Ludwigshain, 67256 Weisenheim am Sand. ✆ 06353/1834, www.rfv-weisenheim.de.
▶ Reitunterricht für Vereinsmitglieder, Jahresbeitrag unter 18 Jahre 35 €, Familien 120 €; Reitstunde 9 €.

Reiterverein Landau

Am Birnbach 49, 76829 Landau. ✆ 06341/4217.
▶ Reitstunden für Anfänger und Fortgeschrittene, Kinder und Erwachsene. Kinder 13 €, auch Zehnerkarten, ferner Schnupperkarte für 5 Stunden zu 55 €, in den Sommerferien halbtägige Reitkurse. Ausritte wenige Stunden bis mehrere Tage, Wanderritte sind auch für reiterlich erfahrene Elfjährige durchaus möglich.

 Infos unter www.reiterverein-landau.de

Tierparks & Gärten

Naturpark Schöntal Neustadt

Schöntalstraße 12, 67434 Neustadt a.d.W. ✆ 06321/32432. **Zeiten:** Naturpark täglich, Restaurant Mi und Fr – So 10 – 22 Uhr, warme Küche 12 – 14.30, 17 – 21 Uhr. **Preise:** Eintritt frei.

▶ In dem kleinen Naturpark mit seinem Terrassengarten mit Springbrunnen und Wasserfall tummeln sich allerlei einheimische Tiere wie Enten, Hühner und Ziegen. Alles ist recht gemütlich und unspektakulär. Es gibt auch einen Kinderspielplatz. In dieses Bild fügt sich das kleine Restaurant gut ein.

Wildgehege Rietburg bei Rhodt unter Rietburg

Edenkoben. **Anfahrt:** Siehe Rietburgbahn.

▶ Neben der hoch über der Deutschen Weinstraße stehenden Ruine der Rietburg (550 m) befindet sich ein kleiner Wildpark mit Damwild. Er besteht aus einem Gehege, das Besucher zwar nicht betreten aber jederzeit umrunden dürfen. Eine Sesselbahn überwindet in wenigen Minuten die 220 m Höhenunterschied zwischen der Talstation beim Schloss Ludwigshöhe in Edenkoben und der Rietburg mit ihrem großartigem Ausblick, einer Höhengaststätte und einem Spielplatz.

Zoo Landau

Hindenburgstraße 12 – 14, 76829 Landau.
℘ 06341/898229, Fax 898230. www.zoo-landau.de.
Anfahrt: Vom Bahnhof Landau mit Südwestbus 523 bis Zoo. **Zeiten:** März – Oktober täglich 9 – 18, November – Februar bis 16 Uhr. **Preise:** 4 €, Gruppen ab 20 Personen 3,50 €; Kinder 4 – 13 Jahre 1,50 €, Gruppen ab 20 Personen 1 €; Jugendliche ab 13 Jahre 3 €, Familienkarte 9 €; Hunde 1,50 €.

▶ Etwa 550 Tiere (85 Arten) leben im Landauer Zoo: Pinguine, Robben, Affen, Reptilien und Amphibien, Vögel aller Art, Raubkatzen, Kängurus, Emus, Bären, Kamele, Huftiere, Fische etc. In die Gehege können Kinder problemlos hineinschauen. Im Affenfreigehege springen

Vom Bahnhof Neustadt ist der Naturpark auf einem markierten Wanderweg in 1 Stunde erreicht. Vom Wildpark kann man schöne und leichte Waldwanderungen zum Naturfreundehaus Heidenbrunnertal und zur Kaltenbrunnerhütte unternehmen, einfach jeweils 3 km.

Viele Wanderer starten von der Höhenstation der Rietburgbahn ihre Touren, darunter sind auch recht viele Familien mit Kindern.

Am Vatertag haben Väter freien Eintritt, die mit Familie in den Zoo kommen, am Muttertag die Mütter.

Veranstaltungen und
Aktionen im Zoo:
Landauer »Umwelt- und
Naturschutztag« und
»Tierschutztag«, Oster-
fest, Bärenfrühjahrs-
fest, Pfingstfest, Som-
merfest und wenn die
Teddys schlafen gehen
das Bärenherbstfest.

Schimpansen, Braunkopfklammeraffen, Weiß-
handgibbons und Löwenäffchen umher. Im geräumigen Warmhaus sind in einer Tropenanlage
exotische Amphibien und Reptilien vertreten,
darunter die Königsschlange, vor der man trotz
der sicheren Terrarien Schauer verspürt. Solche
Gefühle können natürlich auch vor den Raub-
tiergehegen aufkommen, in denen Jaguar,
Luchs, Panter und Wolf hausen. Wer sich für die
Braunbären interessiert, sollte nicht im Winter
kommen, denn in der kalten Jahreszeit ziehen
sie sich zum Tiefschlaf zurück.

Die kleineren Kinder fühlen sich bei den Zwerg-
ziegen und Kaninchen des Streichelzoos wohl.
Auch die Tierfütterungen stoßen auf großes Interesse. Und zwischendurch reizt oft der wunderbare Spielplatz. Die Lust auf Getränke kann
ganzjährig am Kiosk, die auf was Warmes von
März bis Oktober im Restaurant befriedigt werden.

In der **Zooschule** werden zusammen mit dem
Institut für Grundschulpädagogik jährlich mehr
als 10.000 Kindergarten- und Schulkinder theo-
retisch und praktisch mit dem Arten- und Tier-
schutz vertraut gemacht. Dabei lernen sie ein
oder zwei Tierarten genauer kennen.

Happy Birthday
An fast allen Tagen
könnt ihr in der Zoo-
schule Kindergeburts-
tag feiern: 2 – 2 1/2
Stunden für 12 Kinder
40 €, 20 Kinder 60 €.

Kurpfalz-Park Wachenheim

℡ 06325/9590-10, Fax -25. www.kurpfalzpark.de.
Anfahrt: Von Wachenheim Richtung Lindenberg oder
von Lambrecht via Lindenberg Richtung Wachenheim.
Zeiten: Ende April – Mitte Oktober 9 – 17 Uhr, im Juli
und August sowie im Mai, Juni und Oktober an ausgewählten Tagen 1 Std. länger. Mitte Oktober – Mitte
April 10 – 16 Uhr, bei Eisglätte geschlossen. **Preise:**
12 €, außerhalb der Saison 4,50 €; Kinder 4 – 14 Jahre 10 €, außerhalb der Saison 4 €, freier Eintritt für alle Geburtstagskinder; freitags außer Fei Freikarte für 1

Kind bis 14 Jahre in Begleitung eines vollzahlenden Erwachsenen; Gruppen ab 20 Personen 9 €, Kinder 8 €, Schulklassen 7,50, Kindergärten 5, Jahreskarte 41 €.

▶ Der ausgedehnte Wildpark mit einem Waldlehrpfad ist 700.000 qm groß und liegt inmitten einer bewaldeten Bergregion des Pfälzerwaldes, nicht allzuweit von der Weinstraße entfernt. Im Park sind Mufflon, weißer und schwarzer Damhirsch, Rot-, Stein-, Sika- und Schwarzwild zu Hause. Es gibt eine Luchs- und eine Uhu-Zuchtstation sowie Forellenteiche. Von Anfang Mai bis Anfang Oktober werden um 11.30 und 15.30 Uhr Greifvogel-Freiflug-Vorführungen mit Adlern, Milanen und Falken geboten. Das ist ein besonders ergreifendes Schauspiel, wenn die großen Adler ihre Schwingen ausbreiten oder die Falken über euren Köpfen ihre Kreise drehen. Während der halben Stunde könnt ihr dem Falkner eure Fragen stellen.

Kinder zieht es in Scharen in die Fun-Abteilung (Spaß & Aktion, Kinderwelt), zum Abenteuerspielplatz, in den Irrgarten, zur Spielburg, zum Puppentheater (Mai – September), zum Clown Olli, zur Rollerbobbahn, zum Schwebesessellift, zum Rutschenparadies, zum Kurpfalz-Express sowie zu den Bumperboats und Schwanentretbooten.

Kurpark Bad Bergzabern

▶ Der kleine gepflegte Park am Westrand der Stadt ist für Kurzspaziergänge gerade groß genug. Man kann den Besuch freilich mit Zusatzaktivitäten auffüllen: da bietet sich noch das Thermalbad an und auf dem nahen Schwanenweiher kann man Boot fahren. Oder man könnte auf dem Wasserlehrpfad nach Birkenhördt hinaufwandern.

Hunger & Durst

Es gibt allerlei schöne Plätze zum Picknick, an der Fischerhütte befindet sich eine Grillanlage, am **Seebergweiher** könnt ihr auf der Sonnenterrasse des Selbstbedienungslokals sitzen. Auf Kinder ist auch das Restaurant des **Forsthauses Rotsteig** (am Eingang) vorbereitet, stehen doch auf seinem Speiseplan auch ein halbes Dutzend speziell für Kids gedachte Gerichte.

HANDWERK UND GESCHICHTE

Bahnen & Betriebsbesichtigungen

Mit der Sesselbahn zur Ruine Rietburg

Rietburgbahn, 67480 Edenkoben. ✆ 06323/1800 (Rietburgbahn), 2936 (Burgschänke). **Anfahrt:** Ab Edenkoben Bahnhof 7 Minuten mit der Buslinie WLN 505 bis Haltestelle Abzweig Ludwigshöhe. A 65 Edenkoben, im Ort den Hinweisen zur Ludwigshöhe folgen. **Zeiten:** Im März So, April – Oktober täglich 9 – 17 Uhr, Sa, So, Fei sogar bis 18 Uhr. **Preise:** eine Strecke 3,50 €, Gruppen ab 20 Personen 3 €, Berg- und Talfahrt 4,50 €, Gruppen ab 20 Personen 4 €; Kinder 4 – 14 Jahre einfach 2 €, Berg- und Talfahrt 2,50 €; Schulen einfache Fahrt 1,50 €, Berg- und Talfahrt 2 €.

▶ Die einzige Sesselbahn der Pfalz verbindet das ehemalige königlich-bayrische Schloss Ludwigshöhe bei Edenkoben mit der Burgruine Rietburg, die wegen des faszinierenden weiten Ausblicks vom Taunus über den Odenwald bis zum Hochschwarzwald als »die Aussichtsterrasse der Deutschen Weinstraße« gilt. In nur 8 Minuten bewältigt ihr in der Zweiergondel zwischen Kastanienbäumen gleitend einen Höhenunterschied von 220 m. Oben warten eine Burgruine samt Burgschänke, ein Spielplatz und ein Wildgehege mit Damwild – allemal genug, um mit Kindern einen ereignisreichen Nachmittag zu verbringen.

Pfalznudel: Sich nudelsatt sehen & essen

Hauptstraße 43 – 45, 67483 Großfischlingen. ✆ 06323/5719, Fax 4352. www.pfalznudel.de. pfalznudel@t-online.de. Restaurant täglich 11 – 19 Uhr durchgehend warme Küche. Besichtigungen der Produktion für Gruppen ab 20 Personen täglich ab 10.30 und nach Voranmeldung.

▶ Ein Paradies für Pasta-Fans: Im Restaurant der Pfalznudel gibt es eine Riesenauswahl an

Nudelsorten in allen Farben und Formen – ein köstlicher, selbst gemachter Traum. Denn die Pfalznudel stellt die Nudeln selbst her und ist auch für ihr »Design« verantwortlich! Ihr dürft sogar bei der Herstellung der Nudeln zuschauen, die ihr im hauseigenen Nudelladen kaufen könnt.

Burgen & Schlösser

Burgruine Hardenburg

Anfahrt: Bus von Bad Dürkheim. Parkplatz an der B 37 kurz hinter dem Dorf Hardenburg, 10 Minuten Aufstieg zur Burg. **Zeiten:** April – September täglich 9 – 13 und 13.30 – 18 Uhr, Oktober und November Mo geschlossen. **Preise:** 2,10 € über 20 Personen 1 €; Kinder und Jugendliche 1,10 €, über 20 Personen 0,50 €; Familienkarte 4,80 €. **Infos:** ✆ 06322/7530.

▶ Hoch über dem Dorf Hardenburg wenige km westlich von Bad Dürkheim liegt eine der größten Burgruinen des Landes. Die heutige Anlage wurde zwischen 1500 und 1590 errichtet und 1794 von französischen Truppen zerstört. Selbst die Ruine ist noch sehr eindrucksvoll. Und der Blick auf Dorf und Landschaft grandios. Umfangreiche Restaurierungen sind im Gang. Schon jetzt werden im Innenhof zur Sommerzeit Konzerte veranstaltet.

Hunger & Durst

Restaurant Waldschlössl am Ortsausgang an der B 37 Richtung Kaiserslautern. Küche zu mittleren Preisen. Genug Platz für die Kinder zum Spielen. Allerdings starker Verkehrslärm.

WEINSTRASSE

Wachtenburg

Anfahrt: Aufstieg vom Zentrum Wachenheims via Waldstraße, Brunnengasse und Treppe, letztes Stück steil, vom Zentrum 1 km, von der Brunnengasse nur 300 m. **Zeiten:** Mai – Oktober Mi – Fr ab 16, Sa ab 12, So ab 10 Uhr, November – April nur Fr, Sa, So.

▶ Schön anzuschauen, wie die mittelalterliche, nach 1156 für Barbarossas Halbbruder erbaute

Burgschänke, Mai – Oktober Mi – Fr ab 16, Sa ab 12, So ab 10 Uhr, November – April nur Fr – So, ☎ 06322/64656.

Burgschänke Rittersberg, Am Hambacher Schloss, ☎ 06321/31325, Fr – Mi ab 12 Uhr, auch Tagesgericht, für Gruppenmenü Anmeldung erforderlich.

Tipp: Zur vollen Stunde kann der Schlossturm bestiegen werden, von dem aus der Odenwald und der Nordschwarzwald zu sehen sind. Turm und Sonderausstellungen sind im Eintrittspreis enthalten.

Wachtenburg hoch über dem Weinberg von Wachenheim thront. *Barbarossa* war Friedrich I., der mit dem roten Bart. Trotz der Zerstörungen im Bauernkrieg, im Dreißigjährigen Krieg und im Jahre 1689 erhebt sich immer noch ein mächtiger Bergfried über der Anlage.

Hambacher Schloss bei Neustadt

☎ 06321/30881, Hambach Hotline 0180/5858588, Fax 482672. www.hambacher-schloss.de. info@hambacher-schloss.de. **Anfahrt:** Von Neustadt Hbf etwa stündlich mit Bus WNL 502, in 23 Minuten bis »Hambach, Schloss«. **Zeiten:** März – November täglich 10 – 18 Uhr, letzter Einlass 17.30 Uhr. **Preise:** 4,50 €; Kinder ab 6 Jahre 1,50 €; Familienkarte (2 Erwachsene mit Kindern bis 18 Jahre) 9,50 €, Gruppen ab 10 Personen 3,50 €. Gruppenführungen nach vorheriger Anmeldung 41 €, Mondscheinführung 51 € plus Eintritt. Öffentliche Führung ohne Anmeldung Mo und Fr 14 Uhr, 2,50 € pro Person.

▶ Dieses stattliche restaurierte Bergschloss wenige Kilometer südlich von Neustadt ist ein beliebtes Ausflugsziel. Nicht zuletzt wegen seiner historischen Bedeutung, denn hier fand im Mai 1832 jene legendäre Versammlung statt, auf der Zehntausende aus allen Teilen Deutschlands die Volkssouveränität und die Einheit der Nation forderten. Das Schloss gilt seither als die »Wiege der deutschen Demokratie«, die Dauerausstellung zur demokratischen Entwicklung in Deutschland »Ein Fest für die Freiheit« nimmt darauf Bezug.

Madenburg bei Eschbach

Südwestlich oberhalb des Ortes. **Anfahrt:** Sträßchen von Eschbach bis Parkplatz Madenburg 2 km. **Zeiten:** Di – So jederzeit zugänglich, Führungen telefonisch vereinbaren. **Infos:** ☎ 06345/3531.

▶ Die ehemalige Reichsburg aus dem 11. Jahrhundert steht auf dem 476 m hohen Rothenberg mitten im Wald. Sie ist zwar seit dem pfälzischen Erbfolgekrieg (1688 – 97) Ruine, aber noch immer ein eindrucksvolles Bauwerk. Die Burg stand mehrfach im Brennpunkt tiefgreifender politischer Ereignisse: 1525 wurde sie von Bauern erstürmt, die gegen die Feudalherrschaft rebellierten. 1848 fand hier eine Kundgebung für »Freiheit und Einheit Deutschlands« statt, auf der *Robert Blum* – 1807 in Köln geboren, Theaterdiener in Leipzig mit Redebegabung und schließlich legendärer Vorkämpfer für Demokratie und Volkssouveränität – die Hauptrede hielt. Er wurde geachtetes Mitglied des Frankfurter Paulskirchenparlaments, aber dennoch 1848 von einem österreichischen Kriegsgericht zum Tode verurteilt, weil er den Wiener Demokraten eine Sympathienote überbracht hatte.

Burgruine Rietburg bei Rhodt unter Rietburg

Anfahrt: Mit der Rietburgbahn ab Edenkoben, Villa Ludwigshöhe. **Zeiten:** Karfreitag – 1. November.

▶ Diese vielbesuchte Burg im dichten Wald hoch über der Weinstraße von Edenkoben und Rhodt wurde im 12. Jahrhundert, wie alle Herrenbauten jener Zeit, von abhängigen Bauern im Frondienst errichtet. 100 Jahre später ging wieder alles kaputt, als ein rivalisierender Feudalherr auf der Burg einmarschierte. Bald darauf musste das Bauernvolk der Umgebung erneut die mühevolle Arbeit auf sich nehmen, für Herrschaften, diesmal das Hochstift Speyer, diese Bergfeste wieder aufzubauen. Im Dreißigjährigen Krieg wurde schließlich alles wieder zerstört. Das massive Restbauwerk, das wir heute sehen, ist erst in jüngerer Zeit durch mühevolle

Hunger & Durst
Burgschänke,
✆ 06345/7110, Sommer Di – So 10 – 19 Uhr, Winter Mi – So. Kleines Lokal, große Terrasse, auch vegetarische Gerichte.

Hunger & Durst
Höhengaststätte,
✆ und Fax 06323/2936, Pfälzer Küche, Weine aus Rhodt, Kaffee und Kuchen. Von der Terrasse toller Ausblick: Weinstraße, Rheinebene, Dome von Worms und Speyer, Odenwald – aber auch die Angst einflößenden Kühltürme des Atomkraftwerkes Philippsburg.

Hunger & Durst

Burgschänke,
✆ 06349/8744, Fax
928811. Kleines Lokal,
großer Bereich im Frei-
en, täglich 10 – 18 Uhr,
durchgehend warme
Küche. Letztes Wochen-
ende im Juni Burgfest
mit Ritterspielen, Gauk-
lern etc.

Schon gewusst?
Bergfried ist
kein Jungenname,
sondern so nennt man
den Hauptburgturm.

Restauration mit Hilfe von jahrhundertealtem
Bauschutt zusammengesetzt worden.

Burg Landeck bei Klingenmünster

Anfahrt: Von Klingenmünster westlich Richtung Silz,
bei Mühle Frauenlob rechts ab zum Parkplatz an der
Burg. **Zeiten:** Täglich ab 10 Uhr, Führungen April – Oktober jeden Sa 15 Uhr. **Infos:** ✆ 06349/8862.

▶ Im Wald hoch über Klingenmünster erhebt
sich diese Burg aus der Zeit um 1200. Das mächtige Bollwerk feudaler Herrschaft ging 1689 im
pfälzischen Erbfolgekrieg zu Grunde. Dank
sorgfältiger Restaurierungsarbeiten an der Ruine präsentiert sich die Burg Landeck heute aber
zumindest in Teilen wieder als ein hervorragen-
des Beispiel staufischer Steinmetzkunst. Beacht-
lich sind besonders die Holzbrücke, die Ring-
mauern und der 23 m hohe Bergfried. Das kleine Museum wird ausgebaut.

Museen

Heimatmuseum Bad Dürkheim

Haus Catoir, Römerstraße 20, 67098 Bad Dürkheim.
✆ 06322/980714, 935140, Fax 8485. www.bad-
duerkheim.de. **Zeiten:** Di – So 14 – 17 Uhr.

▶ Im Dachgeschoss wird die Vor- und Frühgeschichte der Region vorgestellt, im Obergeschoss die Stadtgeschichte und im Untergeschoss Volkskundliches, u.a. eine Wohn- und
Bauernstube, wie sie um 1800 üblich war. Weinbau ist im großen Gewölbekeller das Thema.
Für Kinder, vor allem für Schulklassen, gibt es
verschiedene Spezialführungen, wie z.B. »Ritter,
Bürger, Bauersmann – so lebte man im Mittelalter« bei der ihr Rüstungsteile und höfische Klei-
dung anprobieren dürft. Handgreiflich geht es

zu bei der Führung »Als Großvater noch Kind war« – da wird mit der Hand Butter geschlagen – und »Salz, Saline, Solbad« mit Salzgewinnung.

Kurpark und Saline Bad Dürkheim

▶ Bad Dürkheim besitzt einen großen gepflegten Kurpark, der sich auch mit dem Kinderwagen hervorragend für Spaziergänge eignet. Die große Attraktion ist das gewaltige 300 m lange **Gradierwerk** am Westrand, in dem sich das noch ganz neue kleine Salinenmuseum befindet. Zur Salzgewinnung ließ man das salzhaltige Wasser, die *Sole*, von oben über hohe Wände aus aufgeschichtetem Schwarzdornreisig herunterlaufen, wodurch das Wasser gereinigt und der Salzgehalt »gradiert«, also durch Verdunstung erhöht wurde. Anschließend wurde das Wasser in großen Pfannen verkocht, bis die Salzkristalle übrigblieben.

Salinenmuseum 15.4. – 31.10. Mo 13 – 18, Di – So, Fei 10 – 18 Uhr, Erwachsene 1 €, Zehnerkarte 8 €.

Zusätzliche Abwechslung bieten das Thermal- und Freibad Salinarium und der Minigolfplatz. Auch vor Hunger & Durst braucht euch im Stadt- und Kurpark nicht Bange sein.

Pfalzmuseum für Naturkunde Bad Dürkheim

Pollichia-Museum, Hermann-Schäfer-Straße 17, 67098 Bad Dürkheim. ℗ 06322/94130, www.pfalzmuseum.de, www.naturale.de. pfalzmuseum@t-online.de. **Anfahrt:** Vom Bahnhof 7 Minuten Bus DÜW 485 bis Herzogmühle; vom Zentrum 30 Minuten zu Fuß. **Zeiten:** Di – So 10 – 17 Uhr, Mi bis 20 Uhr. **Preise:** 2,80 €; Kinder 1,30 €; Familienkarte 4,10 €.

▶ Das Museum in der alten Herzogmühle ist eine wahre Fundgrube, in fünf Stockwerke werden auf 1400 qm Ausstellungsfläche die Schwerpunkte Bio- und Geowissenschaften präsentiert: Mineralien, Paläontologie, Geologie der Pfalz,

 Von März bis Juli werden **Erlebniswanderungen** angeboten: Für Familien am 1. So im Monat 13 – 16 Uhr, 6 € inkl. Eintritt. Für Schulklassen Mi und Do 9 – 12 Uhr, 2,50 € pro Kind inkl. Eintritt.

März: Winter ade! Wiedererwachen der Pflanzen.

April: Alle Vögel sind schon da. Lebensweise der Vögel.

Mai: Was raschelt da im Unterholz? Auf Spurensuche.

Juni: Im Boden ist was los! Das Leben im Waldboden.

Juli: Verborgene Wasserwelten. Das Leben in einem Bach.

Arten- und Biotopschutz, Ökosystem Wald, Tierwelt der Pfalz, Georg-von-Neumayer-Polararchiv, Insekten, niedere Tiere, Welt der Pilze, Botanik, Bergbau in der Pfalz, Astronomie und Biosphärenreservat Naturpark Pfälzerwald.

Viel wurde getan für eine lebendige, kinderfreundliche Präsentation. Ameisen, Frösche, Spitzmäuse, Stabheuschrecken zeigen putzmunter, wie sie leben. Ihr hört Vogelgezwitscher vom Band, dürft an Früchten riechen und Tierfelle streicheln. Im Außenbereich sind eine Blumenwiese, ein Amphibienteich, Kleinbiotope und Gesteinsproben zu entdecken.

Das Museum hält sich durch recht häufig wechselnde Sonderausstellungen mit starkem Bezug zum Alltag und ein vielseitiges Vortrags- und Veranstaltungsprogramm im Gespräch.

Museumspädagogen bieten kinderspezifische Führungen an. Im Museum zum Anfassen könnt ihr auch Kindergeburtstag feiern (90 Minuten, 28 € + 1,30 € Eintritt pro Kind). Sehr gefragt ist die *Forschungswerkstatt*, wie sie auch auf ↗ Burg Lichtenberg stattfindet, hier von den Sommer- bis zu den Herbstferien.

Handwerksmuseum und Uhrenatelier Freinsheim

Im Torturm, 67251 Freinsheim. ✆ 06353/508503, Fax 508512. **Zeiten:** Do 10 – 12, 14 – 18, Sa, So 14 – 16 Uhr und nach Absprache, Führung nach Vereinbarung.

▶ Im mittelalterlichen Torturm geht es auf über 500 Jahre alten Treppenstufen in ein Museum hinauf, in dem die für die heutigen Generationen geheimnisvolle Arbeitswelt des Handwerks um 1900 aufgebaut ist. Die Bandbreite ist erstaunlich groß, sie reicht vom Schlosser, Küfer und Zimmermann bis zum Bäcker und Metzger.

Töpfer, Korbmacher und Schneider sollen bald hinzukommen. In Zukunft ist vorgesehen, an »Werksonntagen« Handwerk vorzuführen, dann wird auch die noch komplette Backstube der früheren Ortsbäckerei Vollweiler (um 1900) wieder gelegentlich vom Geruch frischen Brotes erfüllt sein.

In Nachbarschaft zum Handwerksmuseum gibt es noch ein kleines **Uhrenmuseum**. Hier könnt ihr eine traditionelle Uhrmacherwerkstatt bewundern und sogar an Seminaren über Uhrentechnik teilnehmen.

Eisenbahnmuseum Neustadt

Postfach 100318, 67403 Neustadt a.d.W. ℗ 06321/30390. **Zeiten:** Sa 9 – 16, So, Fei 10 – 16, geschlossen am 25.12. und 1.1. **Preise:** Erwachsene 3 €.

▶ Über 30 ehemals aktive »Stahlrösser« der Dampfzug-Ära haben im historischen Pfalzbahn-Lokschuppen am Hauptbahnhof (Seite Schillerstraße) eine Bleibe gefunden. Einige andere stehen auf dem umliegenden Gelände. Junge und alte Eisenbahnfans zieht's vor allem zu den Schnellzuglokomotiven der Baureihe 18505, die 1908 bis 1931 hergestellt wurden und so berühmte Züge wie den »Rheingold« und den »Orient-Express« zogen. Aber es gibt noch mehr zu sehen: eine Dampfschneeschleuder, Triebwagen, Güterwagen, Signale und Schrankenwärterhäuschen.

Das »Kuckucksbähnel«, mit dem im Sommer regelmäßig Nostalgietrips in den Pfälzerwald unternommen werden, gehört ebenfalls zu den »Museumsbewohnern«, ↗ Bahnen.

Ihr solltet unbedingt mal in den Inforaum hinaufsteigen. Da gibt es nicht nur interessante Literatur für Eisenbahnfreunde, sondern auch eine große Modelleisenbahn, die flott ihre Runden dreht – ein Riesenspektakel für ganz junge und ganz alte »Eisenbahner«.

Museum für Weinbau und Stadtgeschichte Edenkoben

Weinstraße 107, 67480 Edenkoben. ℂ 06323/ 81514. **Zeiten:** April – Okt. Fr 16 – 19, Sa 15 – 18, So 14 – 17 Uhr, Nov. – März So 14 – 17 Uhr. Für Gruppen ab 10 Pers. Führungen auch außerhalb dieser Zeiten.

▶ Der Schwerpunkt des Museums ist die Ortsgeschichte, die das gesamte Ober- und Erdgeschoss einnimmt. Diese große und inhaltlich hervorragend (und kritisch!) zusammengestellte Ausstellung läuft zugleich auf zwei Ebenen. Einerseits wird im Flur relativ allgemein deutsche und Pfälzer Geschichte skizziert, andererseits wird in den abgehenden Räumen dann detaillierter und intensiver gezeigt, wie diese Geschichte konkret ausgesehen hat: das Mittelalter um *Kloster Heilsbruck,* die Neuerungen unter den Besatzern der französischen Revolution, die Jahre unter der reaktionären bayrischen Monarchie, die Industrialisierung, die Anfänge der Demokratie in der Pfalz, die ersten Ansätze der Frauenemanzipation etc. Bedauerlich, dass die Ausstellung 1936 endet und damit ausgerechnet die Nazidiktatur ausklammert.

Im Kellergeschoss findet sich schließlich als zweiter Schwerpunkt Handwerk von einst und einiges zum Weinbau. Es ist für Kinder eine spannende Entdeckungsreise, durch die Sattlerei, Schmiede, Schusterei und Wagnerei zu streifen. Ein besonderer Glücksfall wäre, mit Großeltern hierher zu kommen, die einst selbst eines dieser Handwerke betrieben haben.

Das Kloster Heilsbruck wurde 1262 errichtet. Hier lebten Nonnen vom Zisterzienserorden. Zum Kloster gehörten über 1500 Höfe und Güter sowie 46 Ortschaften! Heute ist es ein Weingut.

Frank-Loebsches Haus Landau

Kaufhausgasse 9, 76829 Landau. ℗ 06341/86472.
Zeiten: Di – Fr 10 – 12 und 14 – 17, Sa und So 10 –
13 Uhr. **Preise:** Eintritt frei.

▶ Dieser Vier-Flügel-Bau mit seinem schönen
Arkadenhof und dem nicht minder geschichts-
trächtigen Renaissance-Treppenturm ist Zeuge
jüdischer Geschichte in Landau. Er gehörte seit
1870 dem Bankier *Zacharias Frank*. 1939 musste
seine Enkelin vor der Judenhatz der Nazis flie-
hen. Danach verfiel das malerische Bauwerk bis
ihm ab 1983 ein paar engagierte Menschen sozusagen die verlorene Ehre wieder gaben: jetzt ist
hier die Geschichte der Landauer Juden in Mittelalter und Neuzeit rekonstruiert und das kom-
plizenhafte Schweigen gegenüber den ungeheu-
erlichen Verbrechen der Nazis aufgebrochen.

Denk mal! Im Frank-Loeb-schen Haus gibt es eine kleine Ausstellung zu den Verbrechen der Nazis gegen die Roma und Sinti in der Pfalz, die fast vollständig vernichtet wurden. Es wird dokumentiert, dass viele maßgeblich an den Verbrechen beteiligte Personen nach 1945 nicht nur unbehelligt blieben, sondern sogar Kariere machten.

Deutsches Ofenmuseum und Antik Ofen Galerie Burrweiler

Hauptstraße 1, 76835 Burrweiler. ℗ 06345/919033,
www.Deutsches-Ofenmuseum. de. ruth.stritzinger@t-on-
line.de. **Zeiten:** Do und Fr 14 – 18, Sa 11 – 17, So 13
– 18 Uhr oder nach Vereinbarung. **Preise:** 2,50 €,
Gruppen ab 10 Personen 2 €; Kinder bis 14 Jahre 1 €.

▶ Ofengeschichte von der offenen Feuerstelle
des 16. Jahrhunderts zum modernen Ofen des
20. Jahrhunderts: 350 Öfen aus den Stilepochen
von Barock, Biedermeier, Historismus, Grün-
derzeit, Jugendstil, Art Deco und Bauhaus.
Manche sind ganz schlichte, andere reich ver-
zierte Kunstwerke.
Das Museum betreibt auch Handel mit und
Restaurantion von original alten historischen
Gussöfen.

Tipp: Bei Führungen wird Kindern die Ofen-technik ausführlich erklärt. Kinder sind vor allem von der offenen Feuerstelle begeistert.

WEINSTRASSE

Wappenschmiede Pleisweiler

Wappenschmiedstraße 14, 76889 Pleisweiler-Oberhofen. © 06343/1331, 1323. **Anfahrt:** Von Bad Bergzabern 1 km über die B 48 nach Norden. **Zeiten:** Besichtigung und Führung nach Vereinbarung.

▶ In dieser Schmiede wurden bis 1945 mit Hilfe von mächtigen Hämmern, die durch die Kraft von Mühlrädern bewegt wurden, Schaufeln, Harken und Rechen geschmiedet. Bei der Führung bekommt ihr alles genau erklärt. Die Schmiede ist Teil eines größeren Gebäudekomplexes mit einem schönen Innenhof.

Deutsch-Französisches Puppen- & Spielzeugmuseum und Schmetterlingsgarten

Urbansplatz 8, 76889 Schweigen-Rechtenbach. © 06342/92140. **Anfahrt:** 200 m vom Deutschen Weintor nahe dem Übergang der B 38 ins französische Wissembourg. **Zeiten:** Ostern – Allerheiligen 13 – 17 Uhr sowie nach Vereinbarung, Führungen für Kinder möglich. **Preise:** Kombikarte 5,50 € (einzeln Museum 3, Schmetterlingsgarten 3,50 €); Kinder Kombikarte 4 € (einzeln 2 plus 2,50 €); Ermäßigung für Gruppen.

▶ Mit großer Leidenschaft haben Beate und Erich Gehrlein im Laufe von mehr als 20 Jahren über 5000 Spielzeuge zusammengetragen: Puppen aus Holz, Porzellan, Gummi, Pappmachee, Zelluloid, Blech, Aluminium, Stoff, Filz, dazu Puppenhäuser, Puppenläden, Kinderwagen, Kinderbetten, viel Spielzeug aus Holz und Blech – alles mindestens 50 Jahre alt. Es macht schon Spaß, in diesem kleinen Museum herumzuspazieren. Aber welch ein Kontrast besteht zur flimmernden und flatternden Insektenwelt in den zwei angeschlossenen glasüberdachten tropischen Schmetterlingsgärten, in denen ihr ebenfalls herumstreifen dürft.

Musikschulen an der Weinstraße

Musikschule der Stadt Bad Dürkheim, Mannheimer
Straße 24, 67098 Bad Dürkheim, ℰ 06322/935-
143, Fax -145, musikschule@bad-duerkheim.de.

Musikschule der VG Deidesheim, Am Bahnhof 5,
67146 Deidesheim, ℰ 06326/977-211, Fax -100.

Musikschule der VG Freinsheim, Bahnhofstraße 12 d,
67251 Freinsheim, ℰ 06353/989558, Fax
935770.

Musikschule Leininger Land, Am St. Peterspark,
67269 Grünstadt, ℰ 06359/5334, Fax 85045.

Kreismusikschule Südliche Weinstraße, An der Kreuzmühle 2, 76829 Landau, ℰ 06341/940120, Fax
940500, cornelia.lutz@suedliche-weinstraße.de.

Sommerferienprogramm Bad Dürkheim

Haus der Jugend, Kurbrunnenstraße 21, 67098 Bad
Dürkheim. ℰ 06322/8009.

▶ Für Kinder bis 13 Jahre bietet das Sozialamt
der Stadt in den Sommerferien allerlei Spiel-,
Sport- und Kreativveranstaltungen und -kurse
an, damit auch bei den daheim Gebliebenen etwas los ist.

Kinder- und Jugendtheaterwoche Bad Dürkheim

Kulturbüro Bad Dürkheim, Mannheimer Straße 24,
67098 Bad Dürkheim. ℰ 06322/935140.

▶ Das Kulturbüro veranstaltet für Kinder und
Jugendliche von 3 – 16 Jahre seit 10 Jahren im
Herbst eine Woche »Kindertheater internatio-
nal« mit mehreren Vorstellungen pro Tag im
Dürkheimer Haus, Kaiserslauterer Straße 1.

Waldkindergarten »Miteinander wachsen«

Pestalozzistraße 19, 76829 Landau. www.bund-
pfalz.de. Miteinander-Wachsen@gmx.de. **Infos:** Monika
Blanz, ℰ 06392/1320.

BÜHNE, LEINWAND & AKTIONEN

Tipp: Im Winter und
Frühjahr finden in etwa
monatlichen Abständen
im Haus Catoir, Römer-
straße 20, Theaterauf-
führungen statt.

WEINSTRASSE

▶ Der sehr rührige BUND-Südpfalz betreibt in Landau einen Waldkindergarten. Bei Wind und Wetter und zu jeder Jahreszeit wird der Vormittag im Freien verbracht. Nur wenn's mal sehr kalt wird oder stürmisch regnet, zieht man sich in einen Bauwagen mit Ofen zurück. Es gibt kein vorgefertigtes Spielzeug, denn die Natur bietet eine Fülle von Material, das die Kinder anregen kann. Für mehr Bewegungsfreude und Entdeckungslust bietet der Wald einen weiten »grenzenlosen« Bereich mit zahllosen Lebewesen und Gegenständen. Es gibt hier für Kinder nicht nur allerhand zu entdecken, sie können auch vieles ausprobieren, z.B. aus Ästen Hütten bauen, im Matsch herumpanschen und Bäche stauen. Welcher »normale Kindergarten« hat das zu bieten?

Ferienspaß mit dem Ferienpass Landaus und der Südlichen Weinstraße

Info: Südliche Weinstraße e.V., Zentrale für Tourismus, An der Kreuzmühle 2, 76829 Landau. ℂ 06341/ 940467, 13505, www.suedliche-weinstrasse.de. info@vereinsuew.de.

Tipp: Das riesengroße Angebot ist in dem übersichtlichen Programm »Große Ferien für kleine Leute« aufgeführt. Es ist sowohl als Faltblatt erhältlich als auch auf der Internetseite www.suedliche-weinstrasse.de einzusehen.

▶ Die Jugendämter Südliche Weinstraße und Landau organisieren in den Oster-, Sommer- und Herbstferien für Kinder der Region das spannende Ferienprogramm »Große Ferien für kleine Leute«. In einer echten Backstube könnt ihr mit einem Bäckermeister Teig kneten. Ihr könnt mit dem Förster durch den Wald streifen und an einem Lagerfeuer rasten und vespern oder bei der Feuerwehr mitmachen. Um an Veranstaltungen teilnehmen zu können, braucht ihr den Ferienpass der Jugendämter Landau oder Südliche Weinstraße.

Vorlesestunden Stadtbücherei
Bad Dürkheim

Haus Catoir, Römerstraße 20, 67098 Bad Dürkheim.
℡ 06322/980766, 982432.

▶ Dienstags treffen sich Kinder im Grundschulalter von 15 bis 16.30 Uhr zum Basteln und Vorlesen. Ab und an gibt es für 9- bis 12-Jährige eine Bücherei-Rallye, oder 8- bis 10-Jährige werden ins Internet eingeführt. Manchmal lesen auch Kinderbuchautoren aus ihren Werken vor.

Veranstaltungs-Highlights

Dürkheimer Wurstmarkt

Zeiten: 2. und 3. September-Wochenende. Weitere Informationen über den Wurstmarkt im Internet unter www.duerkheimer-wurstmarkt.de

▶ Das riesige Fest gilt als das größte Weinfest der Welt. Viele sagen, dass sich an diesen Tagen hier die ganze Pfalz trifft. Ganz so viele Menschen sind es dann doch nicht, aber 600.000 bis 800.000 ist ja auch nicht gerade wenig. Die Erwachsenen und Jugendlichen zieht es vor allem in die riesigen Festhallen, das große Festzelt, das Weindorf, an die Schubkarchstände und die vielen anderen Stände des Jahrmarktes, wo es aber auch zur Genüge spannende Aktivitäten für Kinder aller Altersstufen gibt.

Landauer Herbstmarkt

Zeiten: Anfang – Mitte September.

▶ Der zehntägige Landauer Herbstmarkt wird im Jahre 2003 zum 112. Mal gefeiert. Der Festplatz befindet sich traditionellerweise auf dem Messplatz beim Zoo. Eine Ausnahme macht der große eintägige Bauernmarkt in der unteren Marktstraße. Zu einem solchen Fest gehören

Die Pfalz feiert mit Weinfesten, Weinmessen und Weihnachtsmärkten ist kostenlos bei den Tourist-Informationen erhältlich; **Die Weinfeste der Südlichen Weinstraße** gibt es bei den Touristinformationen der Südlichen Weinstraße.

In dem reichen Festprogramm gibt es Veranstaltungen für Kinder wie Schminken mit dem Clown auf der Aktionsbühne.

natürlich zahlreiche Essstände – und an der Weinstraße selbstverständlich ein Weindorf.

Weihnachtsmarkt Bad Dürkheim

Anfahrt: Vom Bahnhof 10 Minuten Fußweg. **Zeiten:** Vier Wochen bis zum 23.12. täglich 11 – 20 Uhr.

▶ Auf dem Hauptplatz im Stadtzentrum, zahlreiche Stände, auch verschiedene Handwerker live bei der Arbeit. Rahmenprogramm mit allerlei auch für Kinder interessanten Aktivitäten.

FESTE & MÄRKTE

März:	1. W'ende: Gimmeldingen, **Mandelblütenfest**
	4. Sonntag: Bissersheim, **Frühlingsfest**
April:	4. W'ende: Freinsheim, **Blütenfest**
	Letztes Wochenende: Kallstadt, **Weinfest**
Mai:	Um 1. Mai: Landau, **Maimarkt** (10 Tage)
	Letztes W'ende: Bad Dürkheim, **Stadt- und Käskönigfest (Weinfest)**
	Letztes W'ende: Maikammer, **Maifest**
	Letztes W'ende: Bad Bergzabern, **Altstadtfest**
	Letztes W'ende: Zellertal, **Donnersberger Bauernmarkt**
Juni:	1. W'ende: Freinsheim, **Altstadtfest**
	3. W'ende: Wachenheim, **Burg- und Weinfest**
	4. W'ende: Freinsheim, **Weinfest**
Juli:	1. W'ende: Kirrweiler, **Weinfest**
	1. W'ende: Neustadt an der Weinstraße, **Winzinger Kerwe**
	1. W'ende: Schweigen-Rechtenbach, **Rebenblütenfest**
	2. W'ende: Freimersheim, **Weinfest**
	3. W'ende: Maikammer, **Weinkerwe**
	Letztes W'ende: Landau-Mörzheim, **Weinkerwe**

Weihnachtsmarkt Deidesheim

Zeiten: An allen Adventwochenenden Fr 17 – 21, Sa 14 – 21, So 11 – 21 Uhr.

▶ Schöner, viel besuchter Weihnachtsmarkt: über 100 Holzhäuschen mit viel Kunsthandwerklichem stehen lang gestreckt zwischen Bahnhof und Zentrum, dazwischen Karussell, Kinderbackstube, Bastelstände und Krippenausstellung. Im kulinarischen Angebot Crèpes und Saumagen-Brötchen. Großes Rahmenprogramm, darin enthalten auch Kindertheater.

August:	1. W'ende: Klingenmünster,	**Weinfest**
	1. W'ende: St. Martin,	**Weinkerwe**
	1. W'ende: Obrigheim,	**Weinkerwe**
	2. W'ende: Deidesheim,	**Weinkerwe**
	3. W'ende: Leinsweiler,	**Weinfest**
	4. W'ende: Burrweiler,	**Weinfest**
	4. W'ende: Bockenheim,	**Weinkerwe**
	4. W'ende: Lammersheim,	**Weinkerwe**
	4. W'ende: Freinsheim,	**Fr. Markt** (4 Tage)
	4. W'ende: Schweigen-Rechtenbach,	**Weinfest**
September:	1. W'ende: Kallstadt,	**Saumagen Kerwe**
	2. W'ende: Bad Dürkheim,	**Wurstmarkt**
	3. Woche: Landau,	**Herbstmarkt mit Weindorf**
	3. W'ende: Burrweiler,	**Fest des Federweißen**
	3. W'ende: Bad Dürkheim,	**Wurstmarkt**
	3. W'ende: Rhodt-Rietburg,	**Weinfest**
	4. W'ende: Edenkoben,	**Weinfest**
	4. W'ende: Freinsheim,	**Federweißerfest**
	Letztes W'ende: Oberotterbach,	**Federweißerfest**
	Letztes W'ende: Böchingen,	**Fest des Federweißen**
Oktober:	1. W'ende: Dierbach,	**Federweißerfest**
	3. W'ende: Landau,	**Fest des Federweißen**
	3. W'ende: Frankweiler,	**Fest des Federweißen**
November:	2. W'ende: St. Martin,	**Weinfest**

WEINSTRASSE

🍎 **Weitere Weih-nachtsmärkte** finden statt in Bobenheim /Berg, Edenkoben, Grünstadt, Meckenheim, Neuleiningen, St. Martin, Wachenheim. Termine bei den Touristeninformationen.

Weihnachtsmarkt Freinsheim

Zeiten: am Wochenende des 1. Advent ab Freitag, Mittwoch bis 2. Advent und am 3. Advent wieder ab Fr.

▶ Im historischen Ortskern, kleiner gemütlicher Weihnachtsmarkt, Kunsthandwerk gut vertreten.

Weihnachtsmarkt Neustadt a.d.W.

Anfahrt: Vom Hbf 15 Minuten Fußweg. **Zeiten:** Vier Wochen bis zum 23. Dezember Mo – Do 11 – 20, Fr – So 11 – 21 Uhr.

▶ Auf dem historischen Marktplatz und dem Juliusplatz, Eisenbahnrundstrecke um den Marktbrunnen, Kinderkarussell, Mi, Sa, So Veranstaltungen auf der Bühne. Di Kindertag.

Weihnachtsmarkt Landau

Anfahrt: Vom Hbf 1 km, vom Westbahnhof 500 m entfernt. **Zeiten:** Drei Wochen bis zum 20.12. täglich 11 – 20 Uhr.

▶ Auf dem Paradeplatz, im historischen Zentrum der Stadt, einer der schönsten und größten Weihnachtsmärkte von ganz Rheinland-Pfalz, Kinderkarussell, Kindereisenbahnstrecke, Kinderbackstube, Spezialitäten der Pfälzer Küche, Handwerker-Pavillon.

Weihnachtsmarkt Bad Bergzabern

Anfahrt: Vom Bahnhof 5 Minuten Fußweg. **Zeiten:** 2. Advent Fr 14 – 20, Sa 10 – 21, So 11 – 19 Uhr.

▶ Kleiner gemütlicher und stimmungsvoller Weihnachtsmarkt im Innenhof des Schlosses mit dem Duft von weihnachtlichem Gebäck und Glühwein.

PFÄLZERWALD

Westlich der Pfälzer Rheinebene und direkt oberhalb der Weinstraße beginnt ein dicht bewaldetes Mittelgebirge, der Pfälzerwald. Von Nord nach Süd misst er 60 km, von Ost nach West 40 km, seine höchste Erhebung ist die Kalmit mit 673 m. Seinen Untergrund bildet größtenteils Buntsandstein, der stellenweise zu bizarren Felsen verwittert. Dreiviertel der Fläche sind bewaldet, davon 70 % mit Nadelbäumen, vor allem Kiefern. Unter den Laubhölzern dominiert die Rotbuche. Dieser Wald ist mit seinen 178.000 ha Deutschlands größtes zusammenhängendes Waldgebiet. Davon stehen große Teile unter Naturschutz, so dass sich frei lebende Tiere wie Rothirsch, Reh, Wildschwein, Rotfuchs, Wildkatze, Dachs, Baum- und Steinmarder, Iltis, Mauswiesel und Hermelin wohl fühlen.

Im Norden gibt es nur ganz wenige kleine Dörfer. Zwar sind auch der mittlere Teil und der Süden nicht gerade dicht besiedelt, aber alle 3 bis 6 km kann man doch mit einem Dorf rechnen. Und es gibt sogar ein paar Kleinstädte: Lambrecht, Elmstein, Albersweiler und Annweiler im mittleren Teil, Vorderweidenthal und Dahn im Süden.

Dank der engagierten Arbeit des Pfälzerwald Vereins ist das Netz der markierten Wanderwege sehr dicht. Über 50 Hütten der Naturfreunde und des Pfälzerwald Vereins sorgen dafür, dass hungrige Wanderer zu essen bekommen und eine Bleibe für die Nacht finden. Darüber hinaus könnt ihr mit einer großen Zahl von Ausflugslokalen rechnen, bei denen Kinder häufig einen Spielplatz – manchmal sogar naturnah gestaltet – vorfinden. Es ist also kein Zufall, dass der Pfälzerwald ein sehr populäres Wander-, Radel- und Ferienziel ist, gerade bei Familien mit Kindern.

TIEFER WALD UND VIEL FRISCHE LUFT

In den Wäldern des Pfälzerwalds lebt ein gar seltsamer Vogel, der Elwedritsche. Sagt Bescheid, wenn ihr ihn gesichtet habt…!

PFÄLZERWALD

G. Braun, H.-P. Schaub: **Der Pfälzerwald. Pflanzen, Tiere, Felsen,** Karlsruhe 1999, G. Braun Buchverlag, 120 S., 24 €.

Wander- und Erlebniskarte Naturpark Pfälzerwald, 1:50.000, Rülzheim, Pietruska Verlag.

TIPPS FÜR WASSER-RATTEN

Schwimm- & Freizeitbäder

Freibad im Burggraben Altleinigen

Altleiningen. ℡ 06356/8900. **Zeiten:** Anfang Mai – Mitte September täglich 10 – 19 Uhr. **Preise:** Tageskarte 2,60 €, 12er-Karte 25,60 €; Kinder 6 – 18 Jahre Tageskarte 1,50 €, 12er-Karte 15,30 €; Familien-Saisonkarte 61,40 €.

▶ Ein Freibad auf dem Burggelände, das kommt reichlich unerwartet. Es macht richtig Spaß, mal zwischen mittelalterlichem Gemäuer Wasserfreuden zu genießen. Das Burgbad besitzt ein 25 m langes, 1,80 – 2,25 m tiefes Schwimmerbecken, Nichtschwimmer- und Planschbecken mit kleiner Kinderrutsche, Sandkasten, Kiosk.

Trifels-Erlebnisbad Annweiler

Zweibrücker Straße, 76855 Annweiler am Trifels. ℡ 06346/301-230, Fax 301-200. **Anfahrt:** Vom Bahnhof Annweiler 10 – 15 Minuten zu Fuß. **Zeiten:** Mitte Mai – Mitte September Mo 10 – 19, Di, Fr 7 – 19, Sa, So 8 – 19 Uhr. **Preise:** Tageskarte 1,80 €, Zehnerkarte 16, Dauerkarte 36 €; Kinder 6 – 18 Jahre 1 €, Zehnerkarte 8, Dauerkarte 21 €; Familienkarte 45 €.

▶ Freizeit- und Spaßbad mit einem 25 m langen Sportbecken, einem Nichtschwimmerbecken mit Rutschbahn, Wasserkanone und Massagedüsen und einem Planschbecken mit Häschenrutsche sowie großen Liegeflächen mit Kletterturm und Kiosk.

In & auf Seen und Flüssen

Blockhaus zur Isenach

Am Isenach-Weiher, 67098 Bad Dürkheim. ℡ 06329/ 8147, Fax 989212. www.blockhaus-isenach.de. isenach@aol.com. **Anfahrt:** Bus 485 Bad Dürkheim –

Isenach bis Abzw. Isenach von der B 37 (10 km), dann 1 km zu Fuß auf einem Waldsträßchen. **Zeiten:** Mai – Oktober täglich 11.30 – 19 Uhr, durchgehend warme Küche, ab Nov. Mo geschlossen, später auch Di und Fr, bei sehr schlechtem Wetter von Mo – Fr insgesamt; ferner Heilig Abend, Silvester und eine Januarwoche, 25. – 30.12. aber täglich geöffnet. **Infos:** Prospekt erhältlich.

▶ Im tiefen Wald liegt ganz romantisch das Blockhaus-Restaurant. Vom gemütlichen Biergarten blickt man auf den Stausee, auf dem man Boot fahren kann (Bootsverleih). Ferner befindet sich hier ein Kinderspielplatz und ihr könnt sogar grillen – am offenen Kamin im Gasthaus! Um den See führt ein Rundwanderweg von 2,8 km Länge. Ihr könnt aber auch ein wenig weiter ausholen und einen 6 km langen Rundweg absolvieren. Am Parkplatz des Blockhauses befindet sich zur Orientierung eine Wanderkarte.

Helmbachweiher

Helmbach bei Elmstein. 2 km südlich von Helmbach.

▶ Mitten im Wald liegt dieser kleine Badesee mit Steg, Liegewiesen, Grillplatz und Kiosk. 2,5 km sind es zum Naturfreundehaus im Kohlbachtal, 4 km zum Restaurant Hornesselwiese, 5,5 km bis zur Geiswiese und 6,7 km bis zur Linde. Siehe auch Radtour von Helmbach zur Linde hinter der Geiswiese.

Badeweiher Geiswiese bei Iggelbach

VG Lambrecht, 67471 Iggelbach. **Anfahrt:** Bus 517 Neustadt – Iggelbach, dann 3 km markierte Wanderroute nach Süden. B 39 Neustadt – Kaiserslautern Abfahrt Frankeneck Richtung Elmstein, Helmbach Richtung Iggelbach, nach 2,5 km links.

▶ Der kleine Badeweiher liegt 7 km westlich von Helmbach herrlich ruhig und beschaulich

Hunger & Durst

Das **Naturfreundehaus Elmstein-Harzofen** ist toll am Waldrand oberhalb von Harzofen gelegen. Es besteht aus 3 Häusern (Übernachtung möglich) mit Lokal und Biergarten unter Bäumen. Großer Spielplatz, Ballspielwiese, Bolzplatz, Tischtennis, Freischach. Pfälzer Küche täglich 9 – 21 Uhr (warme Küche 10.30 – 18 Uhr). **Wanderungen** sind mehrere möglich: zum Helmbachweiher sind es 7 km, Waldhaus Schwarzsohl, 4 km, Wolfsschluchthütte/Esthal, 3 km, Iggelbach, 4,5 km, Breitenstein, 6 km. Esthaler Straße 63 – 67, ✆ 06328/229, Fax 569. www.Naturfreundehaus-Elmstein.de.

PFÄLZERWALD

zwischen Wiesen und Wald. Jugendzeltplatz, Grillhütte, viel Platz. Per Wanderweg gelangt ihr über einen Berg ins 3 km entfernte Iggelbach.

Naturbadeweiher im Langenthal

Weidenthal. **Anfahrt:** Weidenthal ist Haltestelle der RB-Linie Mannheim – Ludwigshafen – Neustadt – Kaiserslautern. An der B 39 auf halbem Weg zwischen Kaiserslautern (18 km) und Neustadt. **Zeiten:** Anfang Juni – Ende August Mo – Sa 12 – 19, So, Fei 11 – 19 Uhr. **Preise:** kleiner Eintritt.

▶ Weiher am östlichen Ortsrand von Weidenthal, von Wald umgeben, von Quellwasser gespeist. In den Sommermonaten herrscht hier Freibadbetrieb. Im See befindet sich als besondere Attraktion eine kleine Insel. Für die Kleinsten ist ein Planschbecken abgegrenzt. Und es gibt eine Minigolfanlage sowie einen Kiosk – ihr bringt eure Verpflegung aber billiger selbst mit.

RAUS IN DIE NATUR

Brauchbar, aber halt nur von sehr begrenzter Reichweite sind die Wanderkarten des LVA RLP im genauen Maßstab 1:25.000.

Radeln so weit die Puste reicht

Der Pfälzerwald ist naturgemäß zu steigungsreich für Kinder bis 11 Jahre. Eine Ausnahme bilden die Täler von Speyerbach, Queich, Klingbach und Erlenbach sowie der Wasgau, der sich sogar zu einem kleinen Paradies für radelnde Kids gemausert hat.

Von Helmbach zur Linde hinter der Geiswiese

Länge: hin und zurück 17 km ohne starke Steigung durch Wald und Wiese, für radelfreudige Kids ab 9 Jahre. **Anfahrt:** April – Oktober an ausgewählten So, Fei mit dem Kuckucksbähnel ab Neustadt oder Lambrecht bis Helmbach.

▶ Zunächst geht es im Helmbachtal aufwärts. Wir lassen den Weiher (2 km) linker Hand liegen. Die Route bleibt noch knapp 2 km auf der Landstraße nach Iggelbach, bevor wir nach links abbiegen. Eine schmale Teerstraße führt nun bis zum Ziel im Blattbachtal leicht aufwärts, immer durch beschauliche Bachauen und Wald. Nach 6 km bietet das Waldhotel Hornesselwiese eine Gelegenheit zum Einkehren und 1,5 km später lädt der Badeweiher an der Geiswiese zum Picknick ein. Anschließend ist es nur noch gut 1 km bis zum Ziel dieser Tour, einer bekannten Linde (Wanderweg nach Iggelbach). Danach kehren wir auf derselben Route nach Helmbach zurück.

Von Helmbach zum Naturfreundehaus Kohlbachtal

Länge: 4,5 km, hin und zurück 9 km; nur unmerklich steigend, für Kinder ab 8 Jahre geeignet. **Anfahrt:** April – Oktober an ausgewählten So, Fei mit dem Kuckucksbähnel von Neustadt oder Lambrecht bis Helmbach.

▶ Von Helmbach geht es in südlicher Richtung im Helmbachtal durch Wiesen und Wald aufwärts. Nach 2 km zweigt man am Weiher nach links ab und fährt am Kohlbach entlang. An der Gabel ca. 500 m hinter dem Weiher wendet man sich sodann nach rechts und radelt jetzt auf einem Forstweg im Wald des nun ganz engen Kohlbachtals aufwärts. Nach 4,5 km Fahrt taucht das Naturfreundehaus auf. Nach Vesper und Spiel geht es auf derselben Route nach Helmbach zurück.

Wandern so weit die Füße tragen

Der Pfälzerwald ist ein klassisches Wandergebiet. Kein Wunder also, dass es hier ein äußerst dichtes Netz von bewirtschafteten Wanderhütten gibt. In vielen könnt ihr nicht nur gut speisen, sondern sogar preiswert übernachten. Fast

Hunger & Durst
Restaurant & Café
Hornesselwiese mit Biergarten, Pfälzer und andere Küche, ✆ 06328/724, Fax 758, www.hornesselwiese.de.

PFÄLZERWALD

Kompass Wanderführer »**Pfalz mit Wanderweg Deutsche Weinstraße**«, 224 Seiten, Deutscher Wanderverlag.

Wanderungen im Pfälzerwald werden komplett abgedeckt durch die Karte »**Naturpark Pfälzerwald. Wander- und Erlebniskarte«** des Pietruska-Verlages im Maßstab 1:50.000. Dieser Maßstab ist manchmal allerdings nicht genau genug. Die Wanderkarten des **Landesvermessungsamtes Rheinland-Pfalz** (LVA RLP) haben den günstigeren Maßstab 1:25.000, jede kostet 6,20 €, ↗ Weinstraße.

Hunger & Durst

Das **Naturfreundehaus Rahnenhof** ist ein großes stattliches Haus im Wald. Im Restaurant großes Angebot, sogar vegetarische Küche. Kinderspielplatz, Spiel- und Liegewiese, Tischtennisplatten, Grillplatz, Fahrradverleih. Auch Übernachtung möglich. ℡ 06356/96250-0, Fax -25. www.rahnenhof.de. Täglich 9 – 22 Uhr, warme Küche 9 – 19.30 Uhr.

alle Wanderwege sind gut markiert. In den Karten vom Landesvermessungsamt werden die Markierungen aufgegriffen.

Wanderung vom Naturfreundehaus Rahnenhof zum Bahnhof Weidenthal

Carlsberg-Hertlingshausen. **Länge:** 10 km, darin eine lange Steigung enthalten, deshalb erst für wanderfreudige Kinder ab 10 oder 11 Jahre. Start am Naturfreundehaus. **Anfahrt:** Bus 454, 456 von Grünstadt bis Hertlingshausen, Ecke Hauptstraße/Ramserhohl, dann noch 1 km Fußweg zum Rahnenhof. Rückreise von Weidenthal mit der Regionalbahn nach Kaiserslautern und Neustadt.

▶ Die Orientierung ist ganz leicht, man folgt immer dem Naturfreundezeichen »Grünes N mit rotem Pfeil«. Die gesamte Tour führt durch Wald. Gegenüber vom Naturfreundehaus beginnt sofort eine lange Steigung. Dann verläuft die Route eine Weile auf der Höhe. In diesem Abschnitt gibt es eine kleine Schutzhütte. Zum Schluss geht es ganz lange bergab, erst stärker, am Ende nur noch ganz leicht. Die Wanderung endet am Bahnhof Weidenthal. In dessen Umgebung kann man auch einkehren.

Wanderung von Altleiningen zum Naturfreundehaus Rahnenhof

Länge: 5 km, ganz leicht, keine starke Steigung und keine Orientierungsprobleme. Für Kinder ab 6 Jahre. **Anfahrt:** Von Grünstadt Bus 454, 456 nach Altleiningen, Rückreise von der Ecke Hauptstraße/Ramserhohl in Hertlingshausen Bus 454, 456 nach Grünstadt.

▶ Von Altleiningen läuft man bis Hertlingshausen immer am Eckbach entlang, dann bis kurz vors Naturfreundehaus Rahnenhof am Frauenbach entlang. Beide Täler sind eng und von viel Wald umgeben, aber auch mal von offener Flur.

So lässt sich sicher ein schattiges oder sonniges Plätzchen zum Picknicken finden. Einkehren könnt ihr wiederum beim Rahnenhof.

Wanderung von Erfenstein zum Hellerplatzhaus und zurück

Länge: 8 km ab Erfenstein bei Elmstein; auf Grund der Steigung auf dem Hinweg nur für wanderfreudige Kinder ab 10 Jahre. **Anfahrt:** Buslinie 517 Neustadt – Erfenstein.

▶ Vom Fuße der Burg Spangenberg auf den ersten 3 km im engen Höllisch Tal stetig und sachte von 160 auf 260 m aufsteigen. Danach geht es – weiterhin immer durch Wald – etwa 1 km aus dem Tal hinaus und von 260 auf 474 m steil zum **Hellerplatzhaus** hinauf. Die große Wanderhütte ist eines der ältesten und meist besuchten Häuser des Pfälzerwald Vereins. Einfache kalte und warme Gerichte, z.B. Leberknödel mit Kraut, lokale Weine, Kaffee und Kuchen. Anschließend geht's auf derselben Route zurück.

Wanderung von Erfenstein über Totenkopfhütte und Kaltenbrunner Hütte nach Neustadt

Länge: 14 km; wegen des langen steilen Aufstiegs und der Länge der Tour nur für sportliche Kinder ab 12 Jahre. **Anfahrt:** Nach und von Neustadt Hbf Züge nach Ludwigshafen/Mannheim, Kaiserslautern, Bad Dürkheim/Grünstadt, Kandel/Karlsruhe. Bus 517 von Neustadt oder Lambrecht nach Erfenstein.

▶ Wie fast alle Wanderungen im Pfälzerwald führt auch diese durch tiefen Wald. Von Erfenstein im Elmsteiner Tal führt ein langer steiler Aufstieg entlang der Markierung »Weißer über grünem Streifen« zur Totenkopfhütte. Dort wechselt die Markierung zu »Blauer auf rotem Streifen«. Bald darauf beginnt ein langer Abstieg

Hunger & Durst

Einkehren kann man in Erfenstein und im **Hellerplatzhaus**, einem Rasthaus des PWV Ortsgruppe Neustadt, Werner Kolbenschlag, Saarlandstraße 29, ✆ 06321/81542. Sa 9 – 19, So und Fei 9 – 18 Uhr, in den Sommerferien täglich, geschlossen letztes Wochenende im August und 25.12., durchgehend warme Küche.

PFÄLZERWALD

zur Kaltenbrunner Hütte. Kurz vor dieser liegen mehrere kleine Weiher. Zum Schluss geht es immer leicht abwärts nach Neustadt, am Anfang ein Stück auf dem Waldlehrpfad. Einkehren könnt ihr sowohl bei der Totenkopf- als auch in der Kaltenbrunner Hütte.

Wanderung von Lambrecht zur Lambertskreuz-Hütte und zurück

Lambrecht. **Länge:** 10 km, auf Grund des langen Anstiegs nur für wanderfreudige Kids ab 11 Jahre.
Anfahrt: Lambrecht ist RB-Station an der Bahnlinie Neustadt – Kaiserslautern.

▶ Vom Bahnhof via Bahnhofstraße und Östliche Luhrbachstraße zur Lambertskreuzstraße, dann der Wanderroute mit der Markierung »Gelbes Kreuz« zur Lambertskreuz-Hütte folgen. Anschließend über 3,5 km Wegstrecke immer bergauf von 220 auf 462 m und danach weitgehend flach bis zur **Lambertskreuz-Hütte**. Die gesamte Strecke führt durch Wald. Das modernisierte Gasthaus mit Biergarten und Kinderspielplatz liegt an einer Wegkreuzung auf dem Bergsattel. Pfälzer Küche, große Portionen, immer auch ein Tagesgericht, Dürkheimer Weine, Kaffee und Kuchen machen es so anziehend. Zurück läuft man auf derselben Route, jetzt herrlich leicht und meist bergab.

Von Elmstein-Appenhofen zur Burg Spangenberg

Länge: 7 km, eine ganz leichte Wanderung. **Anfahrt:** Von Neustadt nach Elmstein-Appenhofen und von Erfenstein nach Neustadt Bus 517.

▶ Es geht immer am breiten quirligen Speyerbach im bewaldeten Tal abwärts, fast immer auf der rechten Seite, ein ganz kurzes Stück vor dem Bahnhof Helmbach ausgenommen. Wenn die

Kids noch Kraft und Lust haben, kann in Erfenstein die Burg Spangenberg bestiegen werden. Das sind zwar nur wenige hundert Meter, aber der Aufstieg ist steil.

Vom Naturfreundehaus Elmstein-Harzofen via Waldhaus Schwarzsohl nach Weidenthal

Elmstein-Appenthal. **Länge:** 10 km vom NFH Elmstein-Harzofen Aufstieg zum Waldhaus Schwarzsohl, nicht allzu steil, daher für wanderfreudige Kinder ab 10 Jahre geeignet. **Anfahrt:** Bus 517 Neustadt – Elmstein bis Elmstein-Appenthal (Mo – Fr auch ein paar Mal bis Harzofen), dann 2 km Fußweg zum NFH; Weidenthal ist RB-Bahnstation an der Strecke Neustadt – Kaiserslautern.

▶ Vom Naturfreundehaus auf 330 m Höhe folgt man immer der Markierung »Grünes N mit rotem Pfeil« hinauf zum Waldhaus Schwarzsohl auf 470 m Höhe. Das ehemalige Forsthaus bietet einfache kalte und warme Speisen, Kaffee und Kuchen, einen großen Garten mit Tischen und Bänken sowie einen Kinderspielplatz – und viel Wald drumherum, wo ihr auch euer Picknick auspacken könnt.
Anschließend steigt ihr zum Bahnhof Weidenthal hinunter, Markierung wie gehabt. Die gesamte Tour führt durch Wald.

Wanderung von Helmbach zum Naturfreundehaus im Kohlbachtal

Länge: 9 km hin und zurück, für wanderfreudige Kids ab 8 Jahre. **Anfahrt:** Bus 517 von Neustadt bis Helmbach Bhf.

▶ Die ersten 2,5 km verlaufen wie bei der Radtour auf einer verkehrsarmen Straße. Danach geht ihr jedoch auf einem Wanderweg auf der rechten Seite des Kohlbaches aufwärts und spä-

Hunger & Durst
Lokale gibt es in Erfenstein und auf Burg Spangenberg, ↗ Burgen & Schlösser.

Hunger & Durst
Waldhaus Schwarzsohl, PWV Ortsgruppe Weidenthal-Frankenstein, Ernst Niederberger, ✆ 06329/262, 06328/ 1617 (Hütte). Sa, So 9 – 19 Uhr, im Winter 9 – 18 Uhr, geschlossen Juli, Dezember und 1.1.

ter auf derselben Route zurück – immer ganz dicht am Bächlein. Das Naturfreundehaus liegt im tiefen Wald direkt am Kohlbach. Tische im Freien, Spielplatz, gute Auswahl an Pfälzer Gerichten.

Kleine Helden: Von Helmbach zum Forsthaus Heldenstein

Länge: 8 km stetig bergan, daher erst für Kinder ab 10 Jahre. In Gegenrichtung ist die Tour leichter und die Busverbindung günstiger. **Anfahrt:** Von Neustadt Bus 517 nach Helmbach, von Forsthaus Heldenstein zurück Bus 506 nach Edenkoben (nur 1.5. – 27.10. Sa und So am Nachmittag bis frühen Abend).

▶ Zunächst am Helmbach entlang unmerklich ansteigend zum schönen Helmbachsee hinauf gehen, dann weiter durchs Kohlbachtal leicht aufwärts. An der Abzweigung zum Naturfreundehaus Kohlbachtal nach links halten. Nun geht es ganz lange und stärker ansteigend im engen Tal eines ganz schmalen Baches aufwärts. Am Ende dieses Tälchens führt schließlich ein steiler Schlussanstieg zum bewirtschafteten **Forsthaus Heldenstein** hinauf. Das Restaurant liegt auf etwa 500 m Höhe und belohnt kleine (und große) Helden mit einem breiten Angebot, auch Wild und Fisch, Weine aus Edenkoben und Edesheim, Kaffee und Kuchen und genügend Raum für Kinder.

Vom Forsthaus Heldenstein via Schänzelturm und Lolosruhe zum Hüttenbrunnen

Edenkoben. **Länge:** 5 km; auf Grund des steilen Aufstiegs zum Schänzelturm nur für sportliche Kinder ab 9 Jahre. **Anfahrt:** Bus 506 von Edenkoben Hbf zum Forsthaus Heldenstein (nur 1.5. – 27.10. Sa- und So-Vormittag); Rückreise mit dem Bus von der Edenkobe-

ner Hütte nach Edenkoben Hbf (nur 1.5. – 27.10. Sa-
und So-Nachmittag bis früher Abend).

▶ Die mit rotem Kreuz markierte Wanderroute
führt vom 460 m hoch gelegenen Forsthaus Heldenstein vorwiegend durch Nadelwald im steilen Anstieg zum Schänzelturm in 613 m Höhe
hinauf. Anschließend via Lolosruhe, 573 m, stets
mehr oder weniger stark bergab zum PWV-
Rasthaus am **Hüttenbrunnen** auf 362 m (auch
Edenkobener Hütte genannt, Mi – Mo bewirtschaftet).

Für wanderfreudige 10- bis 14-Jährige ist es
auch kein Problem, weitere 6 km bis Edenkoben
(Markierung weiterhin rotes Kreuz) hinunter-
zuwandern, immer bergab am Triefenbach entlang, zuerst durch Wald, dann zwischen Reben-
feldern hindurch.

Wanderung von der Edenkobener Hütte via Ludwigsturm zur Rietburg

Edenkoben. **Länge:** 6,5 km mit einer längeren Steigung, für Kinder ab 8 Jahre. **Anfahrt:** Bus 506 von
Edenkoben zur Edenkobener Hütte (nur 1.5. – 27.10.
am Vormittag). Zurück von der Talstation der Rietburgbahn 2 oder 3 km zu Fuß hinab nach Rhodt oder Edenkoben, dort jeweils Busverbindung. Von Edenkoben Bhf
auch Züge nach Landau und Neustadt.

▶ Vom Rasthaus am Hüttenbrunnen auf 362 m
steigt man in südlicher Richtung durch Kiefernwald auf dem mit blau-gelbem Querstreifen
markierten Weg zum **Ludwigsturm** in 605 m
Höhe auf. Anschließend führt der Weg stetig
bergab zur Rietburg hinunter. Von dort kann
man entweder gemütlich mit dem Sessellift zur
Talstation der Rietburgbahn beim Schloss Ludwigshöhe hinabfahren oder auf schmalem Pfad
dorthin steil absteigen.

Hunger & Durst

Sieben Quellen Hütte
(auch **Amicitia-Hütte**),
Hütte des Musik- und
Wanderclubs Amicitia
e.V. Landau, Thilo
Wobst, Schelmengässel
4, 76829 Landau.
✆ 06341/62145. An-
fahrt: Bus 506 So, Fei
vormittags stündlich
von Edenkoben Bhf bis
Abzweigung Amicitia-
Hütte, dann 1 km zu
Fuß. Mit Auto von Edes-
heim, Burrweiler oder
Weyher Richtung Ram-
berg bis Parkplatz an
der Gabelung Ram-
berg/Heldenstein, von
da 20 Minuten ausge-
schilderter Fußweg
nach Norden. Zeiten: Sa
14 – 18, So und Fei
9.30 – 19 Uhr. Das Ver-
einshaus, 320 m hoch
im Wald gelegen, ist am
Wochenende auch für
Nichtmitglieder zugäng-
lich, einfache Gerichte,
Kaffee, Kuchen. Zur
Nello-Hütte 1,5 km, zum
Ludwigsturm 4 km und
zur Edenkobener Hütte
3 km.

PFÄLZERWALD

Burgrestaurant Trifels,
am Trifelsparkplatz,
℡ 06346/8479, täglich
10 – 21 Uhr, täglich fri-
scher Flammkuchen aus
dem Steinbackofen,
Fisch und Wild je nach
Saison, Tagesgericht ab
5 €, Menü ab 12 €, Kin-
derteller, Biergarten,
Terrasse, rollstuhlge-
recht.

LVA RLP: Annwei-
ler am Trifels,
topografische Karte
1:25.000 mit Wander-
wegen.

Landauer Hütte, PWV
Ortsgruppe Landau,
Erich Dieringer,
℡ 06349/1290, Hütte
06345/3797. Sa, So,
Fei, Oster- und Sommer-
ferien täglich 10 – 18
Uhr sowie nach Verein-
barung. Geschlossen
25. und 31.12.

Wanderung von Annweiler zum Trifels

Länge: 10 km Rundtour, immer im Wald, recht schwer, für Kinder ab 12 Jahre. **Anfahrt:** Annweiler ist Bahn-station an der DB-Strecke Landau – Pirmasens.

▶ In 250 m Höhe starten wir am Kurpark von Annweiler in den Wald hinein. Oberhalb des Bindersbacher Tals steigt die Route – markiert durch einen gelben Querbalken und eine 4 – kontinuierlich stark an. Nach 4,5 km überquert ihr die Trifelsstraße. Danach steigt die Strecke – jetzt ausschließlich Markierung 4 – bis Trifels-parkplatz und Burghotel nur noch wenig, bevor ein 600 m langer starker Schlussanstieg zur 494 m hoch gelegenen Burg erfolgt. Es geht dann auf derselben Route wieder zum Burghotel hinun-ter. Dort folgt ihr dem östlichen Abschnitt der Rundwanderung 4 stets stark bergab nach Ann-weiler. Bis zum Kurpark von Annweiler sind es noch 2,5 km.

Von Dernbach zur Landauer Hütte

Länge: 5 km hin und zurück, geeignet für Kinder ab 9 Jahre. **Anfahrt:** Bus 522 Ramberg – Landau, Bus 530 von und nach Annweiler (nur Mo – Fr).

▶ Von der Dernbacher Kirche läuft man zu-nächst auf der Straße Richtung Ramberg zum Parkplatz am Ortsrand und wendet sich dort nach rechts auf den Wanderweg zur Landauer Hütte. Er steigt von 200 auf 450 m immer kräftig bergan, zuerst durch Flur, dann durch Wald. Ihr könntet noch einen Abstecher zur 1 km entfern-ten **Burgruine Neuscharfeneck** einlegen, bevor ihr einkehrt oder es wieder nach Dernbach hin-untergeht. In der **Landauer Hütte** gibt's Hüt-tenkost und Spielmöglichkeiten für Kinder. Wer sich fit fühlt, kann die Wanderung auch 5,5 km nach Ramberg oder 4 km nach Frankenwei-ler fortsetzen.

Wanderung von Eußerthal zur Siebeldinger Hütte

Länge: 8 km hin und zurück, immer im Wald, nicht schwer, für Kinder ab 9 Jahre. **Anfahrt:** Busse 522 Ramberg – Landau, 530 von und nach Annweiler, 506 (nur 1.5. – 27.10. Sa, So) Edenkoben Bhf – Forsthaus Taubensuhl (vormittags), Forsthaus Taubensuhl – Bhf Edenkoben (Nachmittag bis früher Abend). **Siebeldinger Hütte,** PWV Ortsgruppe Siebeldingen, Siegbert Wüst, ✆ 06345/8578, 7826 (Hütte). So, Fei 10 – 18 Uhr und nach Vereinbarung.

▶ Immer leicht steigend am Eußerbach entlang und zum Schluss steil hinauf zur Siebeldinger Hütte. Sie ist so tief im Wald gelegen, dass sie nur auf Schusters Rappen zu erreichen ist. Stube sowie Tische im Freien, einfache Gerichte, Spielmöglichkeiten für Kinder – mehr braucht's auch nicht. – Auf derselben Route zurück, nun immer bergab.

Für Weiter-Wanderer: von der Siebeldinger Hütte zum **Forsthaus Taubensuhl** sind es 4 km.

Wanderung vom Wanderparkplatz Drei Buchen zur Landauer Hütte und zurück

Ramberg. **Länge:** 7 km, ziemlich leicht, Waldwanderung für Kinder ab 9 Jahre. **Anfahrt:** Waldstraße von Burrweiler oder Weyher.

▶ Vom Wanderparkplatz geht es auf den ersten 2 km von 400 m stetig bergauf auf 480 m Höhe, danach ist es weitgehend flach. Nach etwa 2,5 km kommt man an der Burgruine Neuscharfeneck vorbei. Am Zielpunkt kann man in der Landauer Hütte einkehren.

Zurück läuft man entweder auf derselben Route zum Wanderparkplatz oder 4 km durchs Hainbachtal nach Frankweiler oder aber 3,5 km nach Gleisweiler hinunter.

Hunger & Durst

Forsthaus Taubensuhl, Erika und Karl Schneider, ✆ 06345/3007. www.taubensuhl.de. 8 km nordwestlich von Eußerthal tief im Pfälzerwald. Geöffnet Di – So 11 – 19 Uhr, warme Küche 11.30 – 14, ab 17 Uhr. Große Speisekarte, auch Wildspezialitäten, Kaffee und Kuchen. Benachbart ist ein Wander- und Jugendheim des PWV, Info unter ✆ 06321/2200, nur für Mitglieder ab 15 Personen.

Hunger & Durst

Ringelsberghütte, PWV Frankweiler, ✆ 06345/3094, pwv-frankweiler.de. So und Fei 9 – 17 Uhr. Zünftige Wanderhütte auf dem Ringelsberg hoch über Frankweiler im Wald. Terrasse mit Ausblick auf Frankweiler, Rebfelder und die Rheinebene. Hüttenkost, Erbseneintopf, Pfälzer Gerichte.

LVA RLP: Neustadt an der Weinstraße, Maikammer, Edenkoben, Landau, topografische Karte 1:25.000 mit Wanderwegen.

Hunger & Durst

Das **Kalmithaus** auf dem Gipfel ist Sa, So, Fei 9 – 18 Uhr bewirtschaftet, 1.5. – 31.10. auch Mi. Schöne Aussicht auf die Weinstraße und die Rheinebene. Viel besucht von Wanderern und Autotouristen. Hüttenkost, Kaffee, Kuchen. Bewirtschaftet von PWV Ortsgruppe Ludwigshafen-Mannheim, ℭ 0621/516859, 5424 (Hütte).

Nichts als Steine: Das Felsenmeer auf der Kalmit

St. Martin. **Anfahrt:** 1. Mai – Ende Oktober Buslinie Kalmitexpress Neustadt – Hambach – Maikammer – St. Martin, So, Fei. A 65 Ludwigshafen – Landau, Abfahrt Edenkoben, über Edenkoben und St. Martin etwa 10 km bis zur Kalmit.

▶ Auf der Kalmit, mit 673 m der höchste Berg des Pfälzerwaldes, erstreckt sich ein 800 m langer Streifen aus zahllosen merkwürdig geformten Sandsteinfelsen. Diese Formenvielfalt ist entstanden, weil der Sandstein sich aus Gesteinsschichten ganz unterschiedlicher Härte zusammensetzt, die dann durch die Erosion im Laufe der Zeit umgeformt werden – nämlich unterschiedlich schnell. Eine andere Besonderheit des Sandsteins ist, dass sich durch Verwitterung von Mänteln aus weichem Gestein Kugeln aus härterem Sandstein bilden. Es gibt sie überall in der Südpfalz, meist haben sie die Größe von Tennisbällen, auf dem Kalmit können sie aber Fußballgröße erreichen. Aber: nicht kicken!

Man startet von der Südwestecke des Parkplatzes unterhalb des Kalmitgipfels und folgt der Markierung »grün-weißer Strich« leicht abwärts. Bis zum Felsenmeer sind es etwa 15 Minuten. Man kehrt auf demselben Weg wieder zum Parkplatz zurück.

Naturerfahrung & Lehrpfade

Walderlebnispfad Oppauer Haus

Wachenheim. **Infos:** Forstamt Haßloch-Neustadt, Schillerstraße 4, 67454 Haßloch, ℭ 06324/599090, Fax 599088, Forstamt.Hassloch-Neustadt@wald-rlp.de. Ausführliche Informationen in einem 8-seitigen Faltblatt des Forstamtes Haßloch, das ihr auch in der Tourist-Information Wachenheim bekommt. **Naturfreundehaus Oppauer Haus:** ganzjährig Di – So 10 – 20 Uhr, durchgehend warme Küche; ⬈ Info- & Ferienadressen.

▶ Am Parkplatz unterhalb des Naturfreundehauses Oppauer Haus, 5 km westlich von Wachenheim, beginnt und endet ein als Rundweg angelegter Walderlebnispfad. Da er abschnittsweise reichlich holprig ist, braucht ihr gutes Schuhwerk. Auch etwas Puste ist von Nöten, denn gleich am Anfang geht es mehrere hundert Meter steil bergauf. Die Orientierung ist leicht, zumal die Route durch einen bunten Schmetterling markiert ist. 16 Stationen mit interessanten Informationen zu den Bäumen und Tieren des Waldes sowie witzigen Ratespielen und Vorschlägen zu allerlei naturfreundlichen Aktivitäten sorgen für einen spannenden Parcours. Nach der spannenden Naturerlebnistour könnt ihr in dem gemütlichen Naturfreundehaus Oppauer Haus einkehren. Es gibt auch einen Spielplatz.

Die Stationen des Walderlebnispfad:
1 Baumarten. **2** Wildtier-Weitsprung-Olympiade. **3** Gespenster-Moor. **4** Balanceakt. Hallo Eiche, hier spricht Buche: Baumtelefon. **5** Wurzelwerk einer Eiche. **6** Wald-Orchester. **7** Wie sieht es im Wohnzimmer des Spechts aus? **8** Baumkalender. **9** Wie hoch bist du, Lärchenbaum? **10** Trinkwasserspeicher. **11** Die Station für eure Vorschläge. **12** Wer geht mit auf die Pirsch. **13** Holzstoß umsetzen.

Kräuterkunde für kleine Naseweise

Karin Jung, Schwabenbach 13, 67471 Elmstein.
✆ 06328/989690, Fax 989692. www.allerleikraut.de.
info@allerleikraut.de. **Zeiten:** Kurse nach Vereinbarung, Dauer 90 Minuten, max. 12 Kinder.

▶ Die »Kräuterhexe« Karin Jung führt Kinder an Hand von frischen und getrockneten Kräutern aus ihrem Garten in die Geheimnisse der Kräuterwelt ein. Anschließend wird im großen, gusseisernen Kessel eine intensiv duftende Kräutermischung hergestellt, die die Kinder in Duftsäckchen verpackt mitnehmen können.

enerGeo

Stiftung für Umweltbildung, Sportplatzstraße 21, 76857 Rinnthal. ✆ 06346/93335, Fax 93336.
www.energeo.de. kontakt@enerGeo.de.

Weitere **Natur-lehrpfade** im Pfälzerwald: Naturlehrpfad Annweiler, Gewässerlehrpfad Birkenhördt (entlang des Erlenbaches), Waldlehrpfad Böllenborn, Waldlehrpfad Elmstein, Lehrpfad für Vogel- und Pflanzenkunde Gossweiler-Stein, Waldlehrpfad im Kaltenbrunnertal.

▶ Ein noch sehr junges Projekt von einer Gruppe von Forstleuten verstärkt durch eine Diplom-Biologin und eine Naturpädagogin. Dennoch existiert bereits ein breites Angebot an spannenden und informativen naturkundlichen Wanderungen – für die unterschiedlichsten Aspekte der Natur und Forstwirtschaft (Waldnutzung früher und heute, Grenzen der Waldnutzung und Alternativen) und jede Jahreszeit (z.B. Familienwanderung im bunten Herbstwald). Zielgruppen sind Schulklassen, Jugendgruppen, Familien etc. Das Projekt ist den Prinzipien der umweltschonenden Naturbeobachtung und des Sanften Tourismus verpflichtet.

Reiten, Kutsch- & Planwagenfahrten

Freizeitzentrum Südpfalz

Hahnenbacherhof, 76855 Annweiler-Gräfenhausen.
✆ 06346/1044, hahnenbacherhof.de. info@hahnenbacherhof.de. **Anfahrt:** Bahnhof in Annweiler (Linie Landau – Pirmasens).

Hunger & Durst
Das **Reiterstübchen** hat täglich geöffnet. Es gibt Pfälzer Küche.

▶ Bauernhof mit vielen Tieren, Reitstunde für Anfänger und Fortgeschrittene 12 €, Ponyreiten für Kinder 12 €. Reiterferien für Jungen und Mädchen, Schlafen im Heu, Zeltplätze im Hof.

Ponyhof Hahn

Kurt Hahn, Im Steinbruch, 76857 Albersweiler.
✆ 06345/1615. **Anfahrt:** Von Albersweiler an der B 10 Richtung Eußerthal, hinter einem Steinbruch 150 m nach rechts.

▶ Aussiedlerhof mit Reiterstübchen. Ausritte mit dem Pony in den Wald. Vierstündige Planwagenfahrt für 10 Personen durch Wald, Wiesen und Weinberge 130 €.

Schönbachhof Silz

Am Silzer Berg 1, 76857 Silz. ✆ 06346/5875.

Anfahrt: Bus 528 Landau – Annweiler bis Silz.

▶ Bauernhof mit Schafzucht und Käserei. Wanderreitstation, Westernreiten, Reithalle, Reitplatz. Reitstunde 20 €, Zehnerkarte 150 €, für Kinder mit soliden Reitkünsten auch Ausritte von 2 Stunden bis zu einem Tag.

Tierpark & Lernbauernhof

Wild- und Wanderpark Silz

Südliche Weinstraße, 76857 Silz. ✆ 06346/5588, Fax 989403. www.wildpark-silz.de. info@wildpark-silz.de.

Anfahrt: Von Landau Hbf 45 Minuten oder Annweiler Hbf 22 Minuten mit SüdwestBus 528 bis Haltestelle Silz, Wildpark. Rad: Weg von Klingenmünster und Silz, auch für Fußgänger. **Zeiten:** 15.3. – 15.11 täglich 9 – 18, 16.11. – 14.3. ab 10 Uhr. **Preise:** 4 €; Kinder ab 3 Jahren 1 €, 6 – 16 Jahre 2 €; Familientageskarte 10 €, Gruppen ab 20 Personen Erwachsene 3, Kinder bis 3 Jahre 0,50, Kinder 6 – 16 Jahre 1,50 €.

▶ Schön inmitten von Hügeln, Wald und Wiesen gelegener Park mit weitgehend einheimischen Tieren. Kinder haben großen Spaß am Streichelzoo, Ententeich und Wildschweingehege, den Rotfüchsen und den großen Dam- und Rotwildherden. Beeindruckend sind die Hirsche mit ihren gewaltigen Geweihen.

Mit kleineren Kindern kann man sich mit dem kurzen Gang entlang der Gehege oberhalb des Eingangsbereiches zufriedengeben. Wer schon etwas älter ist und gern wandert, geht bis ganz nach oben bis zu den Weideflächen des Damwilds. Ihr könnt auf demselben Weg zum Eingang zurückkehren oder aber durch dichten Wald zum Rotwild hinübergehen und im weiten

 An der **Waldgaststätte** gegenüber vom Eingang (ganzjährig, November – März Mo Ruhetag; www.waldgaststaette.de) befindet sich ein **Spielplatz** mit einem hohen Turm, von dem ihr in zwei langen Rutschen hinuntersausen könnt. In der Nähe des Eingangs gibt es eine Grillhütte.

Bogen der Großen Rundtour zum Eingang hinunterwandern. Auf allen Besichtigungsrouten steigt ihr zunächst auf und könnt auf dem Rückweg bergabgehen. Es gibt einen Plan, der die Orientierung sehr erleichtert.

Gut Hohenberg — Erlebnis- und Seminarbauernhof

76855 Annweiler-Queichhambach. ℰ 06346/928555, Fax 92856. www.soel.de. hampl@soel.de. Am Südostrand von Queichhambach. **Anfahrt:** Busse 522 Landau – Ramberg und 523 Landau – Hauenstein. **Zeiten:** Mo – Fr 9 – 12 und 14 – 16 Uhr.

»Spielerisch ›begreifen‹ die Kinder bei ihrem Aufenthalt auf dem Schulbauernhof, dass Leben immer aus Leben entsteht und wie gesunde Lebensmittel hergestellt werden. Dazu gehört Kartoffeln legen und sie wie ein Goldgräber im Herbst aus dem Boden zu holen. Oder den frisch gepressten Saft der gerade geernteten Äpfel trinken, verschwitzt und glücklich nach einem heißen Tag im Heu.«

▶ Die Stiftung Ökologie & Landbau (SOEL) hat 1998 das Gut Hohenberg in Queichhambach bei Annweiler gekauft, um daraus einen Modell- und Lernbauernhof des ökologischen Landbaus zu machen, ein Ort, an dem gleichzeitig umweltschonende Landwirtschaft erlebbar ist und in diesem Geist geforscht und gelehrt wird. Kindergärten, Schulklassen (Abenteuer Landwirtschaft) und Lehrer (Umweltpädagogik) sollen ebenso angesprochen werden wie Agrarwissenschaftler (Forschungsprojekte) und Bauern, die den Schritt in die ökologische Landwirtschaft vorhaben. Gegenwärtig werden bereits Tagesführungen für Schulklassen durchgeführt, dabei ist es möglich Schwerpunktthemen zu vereinbaren. Wenn im Herbst 2004 der Schülertrakt fertig ist, sollen Aufenthalte bis zu einer Woche einschließlich Verpflegung möglich sein. Dann kann der Seminar- und Erlebnisbauer mit Volldampf zur Sache gehen.

Historische Eisenbahn: Das Kuckucksbähnel

Unter Dampf von Neustadt nach Elmstein

Eisenbahnmuseum Neustadt, Deutsche Gesellschaft für Eisenbahngeschichte e.V., Postfach 100318, 67433 Neustadt a.d.W. ✆ 06321/30390, Fax 32572. www.eisenbahnmuseum-neustadt.de. info@eisenbahn-museum-neustadt.de. **Zeiten:** im Faltblatt Historischer Dampfzug »Kuckucksbähnel« sowie auf der Homepage. **Preise:** Rückfahrkarte Neustadt – Elmstein 12, Lambrecht – Elmstein 10 €; Kinder 4 – 15 Jahre Neustadt – Elmstein 6, Lambrecht – Elmstein 5 €; Familienrückfahrkarte Neustadt – Elmstein 25, Lambrecht – Elmstein 21 €.

▶ Seit ein paar Jahren dampft wieder das alte Bähnchen durch das beschauliche Elmsteiner Tal von Neustadt an der Weinstraße im Pfälzerwald nach Elmstein hinauf – zumindest an ausgewählten Sonn- und Feiertagen von April bis Oktober und in den ersten beiden Dezemberwochen. 1 Stunde und 16 Minuten dauert diese fantastische 20 km lange Fahrt. Drei uralte Loks sind im Einsatz, zwei Dampfloks aus den Jahren 1904 und 1910 sowie eine Diesellok von 1941. Die Wagen sind nicht minder alt, sogar ein kleines Restaurant ist an Bord. Und wenn es nicht voll ist, dürfen auch Fahrräder mitkommen. Meist klappt das aber erst bei der zweiten Tagesfahrt.

Neustadt – Lambrecht wird auf der zweigleisigen Hauptstrecke der DB Richtung Kaiserslautern zurück gelegt, dann folgt die eigentliche 12,9 km lange Strecke im Elmsteiner Tal durch Tunnels und Schluchten, an Bächen entlang, an Dörfern vorbei und durch Wald und Wiesen. Gehalten wird in Lambrecht, Frankeneck, Erfenstein (Burg Spangenberg), Breitenstein,

PFÄLZERWALD

Tipp: Fahrkarten gibt's in Neustadt am Gleis 5 im Hbf und im Bhf Elmstein vor Abfahrt der Züge. Unterwegs Zusteigende lösen sie beim Zugpersonal.

Helmbach (2 km zum Helmbacher See) und Elmstein (Endbahnhof). Von allen Haltestellen gehen Wanderwege ab. In Elmstein könnt ihr nach der langen Zugfahrt zunächst einmal im **Gasthaus Zum Lokschuppen**, ℡ 06328/281, eine Rast einlegen und dann den Museumsbahnhof mit Oldtimer-Waggons bestaunen.

Burgen & Schlösser

Ruine Spangenberg bei Erfenstein

Anfahrt: Bus 517 Neustadt – Johanniskreuz bis Erfenstein bei Elmstein; im Sommer an ausgewählten So, Fei auch Kuckucksbähnel von Neustadt. Von der B 39 Neustadt – K'lautern zwischen Lambrecht und Elmstein. **Zeiten:** Februar – Dezember Sa 13 – 19, So und Fei 10 – 19 Uhr. **Preise:** Eintritt frei.

▶ Burg Spangenberg wurde im 11. Jahrhundert auf Betreiben der Bischöfe von Speyer zum Schutz ihres Waldbesitzes erbaut. Nach Zerstörungen im Dreißigjährigen Krieg wurde sie wieder instand gesetzt. Sie war weitgehend verfallen, als sie in den 1920er und 1970er Jahren erneut renoviert wurde. Im Mai wird hier alljährlich ein populäres Burgfest gefeiert.

Burg Trifels über Annweiler

Burgverwaltung ℡ 06346/8470, Handy Besucherdienst 0180/5221360. **Anfahrt:** Der Bahnhof Annweiler liegt auf 183 m Höhe an der Bahnstrecke Landau – Pirmasens, von da 1 Stunde zu Fuß. Autostraße 6 km bis zum Parkplatz am Burgrestaurant Trifels, die letzten 600 m zu Fuß steil hinauf. **Zeiten:** Karwoche – 30. September 9 – 18 Uhr, 1.10. – 30.11. und 1.1. – Karwoche 9 – 17 Uhr, letzter Einlass 30 Minuten vor Schließung. **Preise:** 2,60 €, ab 20 Personen 2,10 €; Kinder und Jugendliche 1 €, ab 20 Personen 0,75 €.

Hunger & Durst

Die **Burgschänke** serviert traditionelle Pfälzer Küche. Öffnungszeiten wie Burg. Für Gruppen ab 30 Personen auch nach Absprache geöffnet. Eine Spezialität ist das »Rittermahl«.

▶ Die Stauferburg Trifels thront in knapp 500 m Höhe über dem Queichtal und Annweiler, wie der Name andeutet, auf Felsen. Sie war im Mittelalter sehr bedeutend, weil hier zeitweise die Reichskleinodien, die Symbole der Macht (Kaiserkrone, Reichsapfel, Reichskreuz, Zepter und Schwert) verwahrt wurden. Nur wer diese besaß, galt als legitimer Herrscher. Nicht zu Unrecht hieß es: »Wer den Trifels hat, hat das Reich«. Hier wurden hochkarätige Feinde gefangen gehalten, einer war der englische Herrscher *Richard Löwenherz* (1193 und 94).

Aus der Hochzeit der Burg ist noch der Hauptturm mit den massiven staufischen Buckelquadern erhalten, der gleichzeitig Torturm, Schatzkammer und Kapelle war. Hier sind heute Kopien der Reichskleinodien ausgestellt. Dagegen ist der *Palas*, so nennt man das Hauptgebäude einer mittelalterlichen Burg, ein Neubau aus der Zeit von 1938 bis 1947, der allerdings nicht an das Original angeknüpft. Vielmehr nahmen sich die Nazi-Baumeister aus ideologischen Gründen monumentale süditalienische Stauferkastelle zum Vorbild.

Schon gewusst?
Der prominenteste Gefangene auf Trifels war Richard Löwenherz, den ihr aus der Robin-Hood-Geschichte kennt. Ihm erging es viel besser, als den »einfachen« Gefangenen. Im Museum in Annweiler erfahrt ihr alles ganz genau.

Man kann den Besuch der Burg Trifels mit einem Bummel durch das malerische und gemütliche Zentrum von **Annweiler** verbinden. Dort gibt es auch zur Genüge Cafés und Restaurants.

PFÄLZERWALD

Burgruine Scharfenberg Annweiler & Klettern am Asselstein

1500 nördlich vom Trifels und 500 m nördlich der Burgruine Anebos. **Anfahrt:** Vom Parkplatz an der Trifelsstraße 2 km oberhalb vom Rasthaus Asselstein 1 km auf steilem Wanderpfad zur Burgruine. **Zeiten:** jederzeit zugänglich.

▶ Die **Burg Scharfenberg** stammt aus der Stauferzeit. Sie ist heute in einem Erhaltungszustand, der sie zwischen Trifels und Anebos platziert. Nicht zu übersehen ist der 20 m hohe Bergfried. Kinder können hier herumtollen und Ritter spielen. Man könnte nach dem kurzen steilen

 Vom 1,5 km vom Rasthaus Asselstein entfernten, 576 m hoch gelegenen Rehbergturm kann man in einem tollen Panorama die Burgen Trifels, Münz, Anebos sehen.

Aufstieg Picknicken und Geschichten über mittelalterliche Burgen erzählen. Ein bisschen
schaurig ist es hier schon.

Das **Rasthaus Asselstein** liegt 4 km südlich von
Annweiler auf der Höhe beim gleichnamigen,
sehr bekannten und viel beanspruchten Kletterfelsen (130 m breit, 58 m hoch). Es bietet einfache Hüttenkost, Kaffee und Kuchen, auch Tische im Freien.

Burgruine Neuscharfeneck bei Dernbach

1,5 km östlich von Dernbach und 1 km nordwestlich
der Landauer Hütte. **Anfahrt:** Bus 522 Landau – Dernbach. B 10 Landau – Annweiler vor Queichhambach
rechts Richtung Dernbach/Ramberg. **Zeiten:** jederzeit
zugänglich.

▶ Diese Burg aus der Stauferzeit wurde in über
500 m Höhe als Vorwerk der Burg *Altscharfen-
eck* angelegt. Nachdem sie im Bauernkrieg zerstört worden war, ließ Kurfürst Friedrich I. sie
bald darauf für seinen Sohn Ludwig von Bayern
wieder aufbauen. Im Dreißigjährigen Krieg
wurde sie dann erneut zerstört, anschließend
aber nicht wieder errichtet. Die mächtige Ruine
ist 150 m lang und über 60 m breit. Zwischen
dem altem Gemäuer könnt ihr herrlich Ver-
stecken spielen.

Burgruine Ramburg

Nördlich von Ramberg. **Anfahrt:** Bus 522 Landau –
Ramberg. B 10 Landau – Annweiler vor Queichhambach rechts Richtung Ramberg. **Zeiten:** jederzeit zugänglich.

▶ Hoch über dem Dernbachtal hatte diese Stauferburg einst die Aufgabe, den Kaisersitz Trifels
im Westen zu schützen. Zerstörungen im Bauernkrieg und im Dreißigjährigen Krieg haben
nur einen Teil der Schildmauer und des Ritter-

hauses übrig gelassen. Die Anstrengungen des steilen Aufstieges werden belohnt durch den schönen Ausblick auf Ramberg – ausgesprochen faszinierend im Mai, wenn die vielen Kirschbäume im Tal blühen.

Museen

Deutsches Schaustellermuseum Lambrecht

Vereinsstraße 8, 67466 Lambrecht. ℰ 06325/8873. **Anfahrt:** Bahnstation an der Strecke Neustadt – Kaiserslautern. **Zeiten:** Während der Ferien täglich, sonst Di, Mi, Fr, So und Fei 10 – 12 und 13 – 18 Uhr. **Preise:** Eintritt frei.

▶ Ein Museum in der Wohnstube, mit großer Bastel- und Sammelleidenschaft geschaffen, überquellend, sehr sympathisch. Zahlreiche handgefertigte Miniaturen, die alles darstellen, was es auf Omas und Opas Rummelplatz gab: Karusselle, Schießbuden, Kasperletheater, Riesenräder, Zirkusmanegen. Original Karussell-Orgel-Musik versetzt die Besucher und Besucherinnen auch emotional ein wenig in Jahrmarkt- und Volksfeststimmung.

Papiermacher- und Heimatmuseum Frankeneck

Talstraße 47, 67468 Frankeneck. ℰ 06325/8480, 2918. **Zeiten:** nur für Gruppen nach Vereinbarung. **Preise:** 1 €.

▶ Wer möchte nicht gern mal Papier selbst machen. Hier geht das. Und wenn ihr die Adresse angebt, bekommt ihr es sogar nach Hause geschickt, sobald es trocken ist. Das Museum belegt, dass in Frankeneck früher Papier hergestellt wurde. Dazu brauchte man Holz und

Hunger & Durst

5 km nördlich von Eußerthal tief im Pfälzerwald liegt die **Böchinger Pottaschtalhütte** in einem abgelegenen Hochtal. Das gemütliche Waldrasthaus bietet einfache Hüttenkost, Böchinger Wein, Kaffee und Kuchen. Anfahrt: Bus 522 Landau – Eußerthal bis Abzweigung Siebeldinger Hütte, dann 1 gute Stunde auf markierter Wanderroute. PWV Ortsgruppe Böchingen, Manfred Bittner, Friedhofstraße 1, ℰ 06341/60958. So und Fei 9 – 17 Uhr, Weihnachten und Neujahr zu.

Wasser. Das war hier in Hülle und Fülle vorhanden. Auch die anderweitige Waldnutzung ist im Museum gut dokumentiert. Daneben ist eine Ausstellung zur Geschichte des Ortes zu sehen.

Museum unterm Trifels Annweiler

Am Schipkapass 4, 76855 Annweiler am Trifels. © 06346/1682, Fax 928017. **Zeiten:** 15.3. – 31.10. Di – So 10 – 17 Uhr, 1.11. – 14.3. Sa, So 13 – 17 Uhr; Führungen nach Voranmeldung auch außerhalb der Öffnungszeiten. Auf die Bedürfnisse von Kindergruppen wird engagiert eingegangen. **Preise:** 2,60 €, Gruppen ab 12 Personen 2,10 €; Kinder und Jugendliche 6 – 18 Jahre 1 €; Familienkarte 6 €, Gruppenführungen pro Erwachsener 1, pro Kind 0,30 €. Ermäßigung mit Eintrittskarte Trifels ca. 20%.

▶ Das Museum ist über drei idyllische Fachwerkhäuser und eine ehemalige Wassermühle verteilt – eine wundervolle Anlage! Präsentiert wird Stadt- und Regionalgeschichte von der Vor- und Frühgeschichte bis zum Industriezeitalter. Ein Schwerpunkt ist die Baugeschichte der Burg Trifels, insbesondere die Zeit von 1220 bis 1250, als der Anlage unter Kaiser Friedrich II., dem Stadtgründer von Annweiler, große Bedeutung als Reichsgut zukam. Es wird auch nicht übergangen, dass die Nazis versuchten die ehemalige Reichsburg als »nationale Weihestätte« für ihre Werbezwecke zu benutzen. Denn eine so bedeutende durch und durch »deutsche« Burg passte gut in deren verkorkstes Geschichtsbewusstsein.

Man ist sehr darum bemüht Hintergründe und Zusammenhänge zu erhellen, wirtschaftliche, politische, kulturelle sowie Aspekte der Natur- und Landschaftsgeschichte aufzuzeigen. Die Darstellung ist anschaulich, verständlich, originell und kritisch.

Tipp: Ihr könnt einem Steinzeitmenschen in der Höhle begegnen und Werkzeuge aus der Steinzeit testen. Gegenüber vom Museum liegt eine komplette **Gerberwerkstatt**. Vorführungen sind möglich. Die Gerberei, eine ausgesprochen beschwerliche Arbeit, war im Mittelalter wirtschaftlich sehr wichtig für die Stadt.

Am Beginn der Ausstellung steht die Queichtallandschaft vor dem Einfluss des Menschen. Tierstimmen vermitteln den Eindruck unberührter Natur. Die Rekonstruktion der bei Wilgartswiesen gelegenen Weidental-Höhle mit Funden aus der mittleren Steinzeit verdeutlicht, wie dann in die Natur eingegriffen wurde. Zum Mittelalter wird anhand von Puppen, Modellen und Zeichnungen vorgeführt, mit welchen Arbeitsgeräten und Hebewerkzeugen die Kirchen und Burgen unter großen Mühen und Risiken errichtet wurden. Schließlich wird demonstriert, wie sich im Mittelalter die Beziehung der Menschen zum Wald fundamental änderte: vom ängstlich gemiedenen Märchenwald zum rigoros ausgebeuteten Wirtschaftsgut.

Weihnachtsmarkt in Annweiler

Anfahrt: Vom Regionalbahnhof an der Strecke Landau – Pirmasens 300 m zum Weihnachtsmarkt. **Zeiten:** Sa und So des 1. Adventwochenendes 9 – 18 Uhr.

▶ Romantischer Weihnnachtsmarkt in der schönen Altstadt des kleinen Pfälzerwaldstädtchens. Über 100 weihnachtlich geschmückte Stände.

Wintersport

Der Pfälzerwald bietet nur wenige Möglichkeiten zum Wintersport. In den meisten Jahren fällt einfach zu wenig Schnee. Relativ gute Chancen und Bedingungen gibt es an der Lolosruhe, 8 km nordwestlich von Edenkoben mit einem Skihang und zwei Langlaufloipen.

WINTER-FREUDEN

Tipp: Weitere Weihnachtsmärkte gibt es in Frankeneck, Lindenberg und Weidenthal.

FESTE & MÄRKTE

März/April:	Ruppertsberg, **Ostereierschießen**
Mai:	1. W'ende: Esthal, **Burgfest**
	1. W'ende: Erfenstein, **Burgfest Spangenberg**
	3. W'ende: Lambrecht, **Geißbockspiele**
	Letztes W'ende: Lambrecht, **Markttage**
Juni:	Mitte Juni: Dörrenbach, **Dornröschenkrönung**
	3. W'ende: Esthal, **Lindenfest**
	3. W'ende: Annweiler-Gräfenhausen, **Burgunderweinfest**
	Letzter Sonntag: Rinnthal, **Triftfest**
Juli:	3. W'ende bis Mo: Albersweiler, **Weinfest**
	3. W'ende bis Di: Elmstein, **Kuckuckkerwe**
	Letztes W'ende: Esthal, **Sommerfest**
August:	1. W'ende: Annweiler, **Wassergassenfest/Burgfest**
	1. W'ende bis Di: Lambrecht, **Kerwe**
	2. W'ende Fr – Mo: Gossersweiler-Stein, **Gagertkerwe** in Stein
	2. W'ende bis Di: Frankeneck, **Kerwe**
	3. W'ende Fr – Mo: Eußerthal, **Schälebrichelkerwe**
	3. W'ende Fr – Mo: Neidenfels, **Kerwe**
	3. W'ende Sa – Di: Esthal, **Kerwe**
	4. W'ende Sa – Di: Lindenberg, **Kerwe**
September:	1. W'ende Fr – Di: Elmstein-Iggelbach, **Kerwe**
	1. W'ende bis Mo: Annweiler-Gräfenhausen, **Wildsaukerwe**
	3. W'ende: Lambrecht, **Herbstfest**
Oktober:	1. W'ende: Annweiler, **Keschdefest**
Dezember:	W'ende des 1. Advent: Annweiler, **Weihnachtsmarkt**

KAISERSLAUTERN

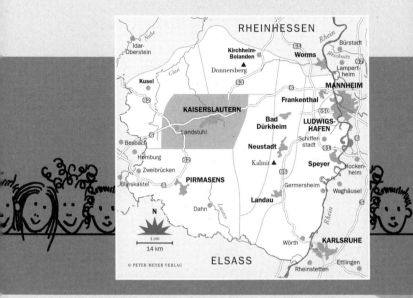

Die knapp 100.000 Einwohner zählende Stadt zwischen Pfälzerwald und Nordpfälzer Bergland ist die unangefochtene Metropole der inneren Pfalz. In einem Umkreis von 40 km gibt es fast nur Dörfer und Kleinstädte und immerzu Wald, Wiesen und Bäche. Ausnahmen bilden nur Landstuhl und das 30 km entfernte Pirmasens, das jedoch bereits zum Kreis »Südwestpfalz« und damit in die nächste Griffmarke gehört.

Von Kaiserslautern geht freilich nicht der große urbane Glanz aus, dazu ist die Stadt dann doch zu klein und die ökonomische Basis viel zu schmal. Das durchaus passable Zentrum weist ein paar schmucke und gemütliche Plätze auf. Nach den Zerstörungen des 2. Weltkriegs blieben an kunsthistorisch interessanten Bauwerken beispielsweise die Stifstkirche, das historische Gasthaus »Zum Spinnrädel«, die St.-Martins-Kirche und die Fruchthalle übrig, 1849 Sitz der pfälzischen Revolutionsregierung. Der große Rest besteht aus eintönigen mehr oder weniger modernen Zweckbauten.

Wegen seiner günstigen Verkehrslage besitzt die Stadt recht viel Industrie, Ziel zahlreicher Pendler aus der Nord- und Zentralpfalz. Die Universität zieht reichlich Studenten an, welche die Kulturszene beleben.

Kaiserslautern ist also doch mehr als die »fußball-verrückte« Stadt, als die sie seit der Fritz-Walter-Ära der 1950er Jahre gilt, als der »FCK« nicht nur zweimal deutscher Meister wurde, sondern auch fünf Spieler der Weltmeister-Mannschaft von 1954 stellte.

Naturfreunden bietet die direkt an den südlichen, östlichen und nördlichen Stadtgrenzen beginnende waldreiche Mittelgebirgslandschaft viele Möglichkeiten für abwechslungsreiche Fuß- und Radwanderungen.

HITS FÜR FUSSBALL-KIDS UND MEHR

KAISERSLAUTERN

Gerhard Westenburger: »**Kaiserslautern kennen, Lautern lieben**«, Kaiserslautern 2002, 107 Seiten, Gondrom.

Gymnasium am Rittersberg in Kaiserslautern, Schuljahr 2000/01, Klasse 5 a: »**Stadtführer von Kindern für Kinder**«, für 2,50 € bei der Tourist-Information Kaiserslautern.

TIPPS FÜR WASSER-RATTEN

Schwimm- & Freizeitbäder

Allwetterbad Landstuhl

Kaiserstraße, 66849 Landstuhl. ✆ 06371/2611, www.landstuhl.de. Am Ostrand der Stadt. **Zeiten:** Ganzjährig Mo – Fr 14 – 22, Di und Do zusätzlich 8 – 10, Sa, So und Fei 9 – 18, Kassenschluss 1 Stunde vor Feierabend. **Preise:** Tageskarte 3 €, nach 20 Uhr 1,70, Zehnerkarte 27 €; Kinder bis 18 Jahre Tageskarte 1,70 €, nach 20 Uhr 1,10, Zehnerkarte 15 €.

🐁 Bei der Verbandsgemeinde bekommt ihr den **Kinderplan VG Landstuhl,** auf dem alle für Kinder wichtigen Einrichtungen in Landstuhl und den Nachbargemeinden Hauptstuhl, Mittelbrunn, Oberarnbach, Bann und Kindsbach markiert sind.

▶ Hallenbad und Freibad, getrennte Becken für Schwimmer-, Nichtschwimmer- und Planschbecken, Mutter-Kind-Bereich, Hot-Whirl-Pool in der Halle. Großes Freibecken, ausgedehnte Liegewiese, Kinderspielplatz im Freien. Babyschwimmen, Schwimmkurse, Beachvolleyballfelder, Bikini-Cafeteria. Oder wie wär's mit Kindergeburtstag im Allwetterbad?

Freizeitbad Azur Ramstein-Miesenbach

Schernauer Straße 50, 66877 Ramstein-Miesenbach. ✆ 06371/71500, Fax 943375. www.ramstein-miesenbach.de. **Anfahrt:** Von Bhf Landstuhl und Bhf Ramstein Bus 6529 oder 6530 bis Haltestelle Azurbad. **Zeiten:** Mo 13 – 22, Di – Fr 9 – 22, Sa, So und Fei 9 – 19 Uhr. **Preise:** 2 Stunden 3,32 €, für 4 Stunden 4,60 €; Kinder 4 – 15 Jahre 2 Stunden 1,53 €, für 4 Stunden 2,05 €.

▶ Hallen- und Freibad, Schwimmer, Nichtschwimmer, Riesenrutsche, Kinderbereich mit Minirutsche, Leuchtturm, Schiffchenkanal und Nilpferdbrunnen, Kinderspielplatz mit Matschecke, Liegewiese, Gastronomie.

Freibad Waschmühle

Morlauterer Straße 100, 67653 Kaiserslautern. ✆ 0631/365-2313. **Anfahrt:** Bus 12 bis Freibad Waschmühle. **Zeiten:** Mitte Mai – Mitte September täglich 8 – 20 Uhr, Di erst ab 12 Uhr. **Preise:** Tageskarte 2 €, Saisonkarte 40 €; Kinder und Jugendliche Tageskarte 1 €, Saisonkarte 20 €.

▶ Im Eselsbachtal liegt von Wald umgeben dieses 165 m lange und 45 breite Becken. Nach wie vor ist es unbeheizt und so auch an heißen Sommertagen frisch. Es gibt einen 10-m-Sprungturm, einen großen Nichtschwimmerbereich und riesige Liegeflächen – und natürlich auch einen Kiosk für den kleinen Hunger und Durst.

Schon gewusst?
Die Wesch ist als größtes Freibad Europas im Guiness Buch der Rekorde verzeichnet.

Städtisches Hallenbad

Albertstraße 21, 67655 Kaiserslautern. ✆ 0631/365-2314. **Anfahrt:** Bus 11 bis Hallenbad. **Zeiten:** Mo 12 – 17, Di (Warmbaden) 8 – 21, Mi (Warmbaden) 6.30 – 20, Do 13 – 18.30, Fr 13 – 21, Sa 8 – 17.30, So 9 – 12 Uhr. In der Freibadsaison nur Mo 15 – 17, Di (Warmbaden) 12 – 20, Mi (Warmbaden) 7 – 13, Do 13 – 18.30, Fr 13 – 20, Sa 8 – 12 Uhr. **Preise:** Tageskarte 2 €, am Warmbadetag 2,50 €; Kinder und Jugendliche Tageskarte 1 €, am Warmbadetag 1,25 €; Sportkarte groß 25, klein 12,50 €, für alle Bäder gültig.

▶ Wer auch an kühlen Tagen Lust auf Schwimmen hat, ist hier am rechten Fleck. Im Lehrbecken können Kleinkinder in Begleitung von Erwachsenen erste Schwimmversuche starten.

Städtisches Warmfreibad

Entersweilerstraße, 67657 Kaiserslautern. ✆ 0631/4146884. **Anfahrt:** Buslinie 1. **Zeiten:** Mitte Mai – Mitte September Mo 12 – 20, Di – So 8 – 20 Uhr, Mi schon ab 7 Uhr. **Preise:** Erwachsene Tageskarte 2,50 €, 12er-Karte 25, Saisonkarte 50 €; Kinder bis 16 Jahre Tageskarte 1,25 €, 12er-Karte 12,50, Saisonkarte 25 €; preiswerte Familienkarte, Schülerferienkarte, Abendkarte ab 18 Uhr.

▶ Wie der Name schon sagt, ein beheiztes Freibad. 50-m-Sportbecken, Springerbecken

KAISERSLAUTERN

Tipp: Ganz in der Nähe liegen Volkspark und Wildpark, es gibt also Raum für viele weitere Aktivitäten, wenn es im Bad langweilig werden sollte.

mit 10-m-Turm, großes Nichtschwimmerbecken mit Massagedüsen, Wasserpilz und auch ein Planschbecken, ferner eine große Liegewiese und ein Kiosk.

Freibad Enkenbach-Alsenborn

Bergstraße 18, 67677 Enkenbach-Alsenborn. ℰ 06303/2375. **Zeiten:** 1. Mai – Mitte September 9 – 20 Uhr. **Preise:** Tageskarte 1,50 €, 12er-Karte 15, Saisonkarte 26 €; Kinder 3 – 15 Jahre Tageskarte 0,75 €, 12er-Karte 7,50, Saisonkarte 18 €; Familien-Saisonkarte 51 €.

▶ Beheiztes 50-m-Variobecken, Planschbecken und Rutsche. Die große parkähnliche Anlage in Alsenborn mit ihren Schatten spendenden Bäumen bietet außerdem Spielwiese, Bolzplatz, Torwand und einen Kiosk.

Waldfreibad Rodenbach

Sportstraße, 67688 Weilerbach-Rodenbach. ℰ 06374/5188, 922113. **Anfahrt:** Busse RSW 6510 K'lautern – Eßweiler, 6511 K'lautern – Weilerbach und 6529 Landstuhl – K'lautern bis Haltestelle Schwimmbad. **Zeiten:** Mitte Mai – Mitte September täglich 9 – 20 Uhr, in den Ferien Fr bis 23 Uhr. **Preise:** Tageskarte 2 €, 12er-Karte 20, Saisonkarte 35 €; Kinder 6 – 18 Jahre Tageskarte 1 €, 12er-Karte 10, Saisonkarte 20 €.

Neben dem Freibad befindet sich eine **Minigolfanlage.**

▶ Toll mitten im Wald gelegenes, beheiztes und behindertengerecht ausgebautes Freibad. Schwimmbecken mit Sprunganlage bis zum 3-m-Brett. Nichtschwimmer mit Elefanten- und einer weiteren Rutsche, Planschbecken, Wärmehalle. Spielgeräte, große Liegewiese mit schattigen Bäumen und zwei Beachvolleyballplätzen, davon einer für Kinder, Kiosk mit Terrasse.

Warmfreibad Hochspeyer

Rosenstraße 37, 67691 Hochspeyer. ✆ 06305/ 993826 (Bademeister). **Anfahrt:** Vom Bahnhof zum Ortszentrum 15 Gehminuten, dort Schwimmbad ausgeschildert. **Zeiten:** Mitte Mai – Mitte September Mo 12 – 20, Di – So 8 – 20 Uhr. **Preise:** Tageskarte 2,60, 12er-Karte 26, Saisonkarte 57 €; Kinder 4 – 14 Jahre Tageskarte 1,30 €, 12er-Karte 13, Saisonkarte 28,50 €; preiswerte Familienkarten.

Das Freibad wird Energie sparend mit Sonnenkollektoren beheizt.

▶ Freibad im Ortszentrum, Schwimmer- mit 1- und 3-m-Brettern und Nichtschwimmerbecken mit 45-m-Rutsche. Strömungskanal, Whirlpool, Wasserpilz, Massage-Duschen, Planschbecken mit kleiner Rutsche und Wasserfall. Spielplatz, Liegewiese, Kiosk mit Terrasse.

Naturbad Otterberg

Anfahrt: 15 Minuten vom Zentrum am nordöstlichen Ortsrand im Wald. **Zeiten:** Ende Mai – Ende August täglich 9 – 20 Uhr. **Preise:** Tageskarte 2 €, 12er-Karte 12, Saisonkarte 20 €; Kinder 3 – 18 Jahre 1 €, 12er-Karte 6, Saisonkarte 10 €; Familienkarte 35 €. **Info:** ✆ 06301/4900.

▶ Von einer Quelle versorgtes Naturfreibad inmitten einer schönen Liegewiese im Wald. Großes Kombi-Becken für Schwimmer und Nichtschwimmer, Rutsche, Spielgeräte, Kiosk, direkt benachbart eine Gaststätte.

Freibad Trippstadt

Am Schwimmbad, 67705 Trippstadt. ✆ 06306/429, **Zeiten:** Mai – September Mo 11 – 20, Di – Fr 9 – 20, Sa, So und Fei 8 – 20 Uhr. **Preise:** Tageskarte 2,25 €, ab 17 Uhr 1,25 €, 12er-Karte 22,50, Saisonkarte 35 €, Familienkarte mit Kindern unter 16 Jahre 60 €; Kinder unter 16 Jahre Tageskarte 1,25 €, 12er-Karte 12,50, Saisonkarte 20 €; Ermäßigung für Schüler, Azubis, Studenten, Behinderte, Zivil-/Wehrdienstleistende.

Tipp: Der Kiosk des Freibads bietet Frühstück, Mittagsstammessen, Kaffee und Kuchen.

▶ Schön gelegenes beheiztes Freibad. Ausgestattet ist es mit Schwimmbecken mit 50-m-Bahn, Sprungturm, Planschbecken, Riesenrutsche und großer Liegewiese. Benachbart ist ein Minigolfplatz, nahebei ein schöner Spielplatz.

In & auf Seen

Strandbad Gelterswoog

Kaiserslautern-Hohenecken. ℰ 0631/3503599. **Anfahrt:** Bus 10 oder 11 bis Gelterswoog. 8 km südwestlich von Kaiserslauterer Zentrum direkt neben der B 270. **Zeiten:** täglich 9 – 20 Uhr. **Preise:** Tageskarte 2 €; Kinder und Jugendliche 1 €.

🐌 Um den See, der von Wald umgeben ist, führt ein leichter **Rundwanderweg** von 3 km Länge, auch für Kinder ab 6 Jahre kein Problem. Vom Westende lassen sich von der Rundwanderung gemütliche Abstecher ins Walkmühltal und Kolbental unternehmen.

▶ In dem kleinen Waldsee Gelterswoog, der vor 300 Jahren durch Aufstauung eines Baches angelegt wurde, war bis 1926 das Baden verboten. Pfarrer und Förster kassierten die am Ufer abgelegten Kleider. Heute präsentiert sich der See als ein ausgesprochen lebendiges Bade-Gewässer – Freibad mit Liegewiese am Nordweststrand. In dem bis zu 3,20 m tiefen See wird aber nicht nur geschwommen, sondern auch Boot gefahren. Natürlich ist auch für das leibliche Wohl gesorgt. Weniger angenehm ist der mitunter starke Autoverkehr auf der am Ostufer entlang führenden Bundesstraße.

Am Ufer befinden sich ein Strandbad/Freizeitgelände und ein **Campingplatz**, ℰ 0631/58870, die Raum für viele Aktivitäten bieten, z.B. Grillen, Zelten, Tischtennis. Der **Minigolfplatz** ist Mo ab 14 bis Dämmerung, Di – Sa ab 13, So und Fei ab 11 Uhr geöffnet, ab Mai bis zum Herbst jeweils eine Stunde früher.

Boot fahren auf dem Sägmühlweiher bei Trippstadt

www.saegmuehle.de. info@sägmuehle.de. **Anfahrt:** Von der B 270 Richtung Pirmasens hinter Gelterswoog links Richtung Johanniskreuz, unterhalb von Trippstadt schließlich links Richtung Neuhof. **Zeiten:** ganzjährig frei zugänglich. **Preise:** Tretboot 8 € pro Stunde, gegen eine Gebühr können die Einrichtungen des Campingplatzes mitgenutzt werden, ↗ Info- & Ferienadressen.

▶ In einem engen Tal liegt von Wald umgeben neben dem Campingplatz Sägmühle dieser kleine Stauweiher von 1,5 ha. Es kann Tretboot gefahren werden, auch Schlauchboote sind erlaubt. Badegäste können gegen Gebühr Umkleidekabinen, Dusche und Toilette benutzen. Ferner gibt es einen Spielplatz, einen Minigolfplatz und das Restaurant des Campingplatzes in unmittelbarer Nähe.

Radeln & Skaten

Der Raum Kaiserslautern ist gewiss kein Radel-Eldorado für Kinder. Die Stadt ist wie fast jede Großstadt hierzulande viel zu stark von den Interessen der Autofahrer dominiert, und bisher wurde noch kein eigenständiges Radwegenetz angelegt.

Im gebirgigen Umland weisen viele Radrouten eine oder mehrere starke Steigungen auf, das mag austrainierten Jugendlichen und Erwachsenen Spaß bereiten, ist aber nichts für Kinder unter 11 Jahren. Glücklicherweise gibt aber auch ein paar leichte Kurzstrecken für jüngere radelnde Kids, beispielsweise bergab von Trippstadt zum Bahnhof von Schopp oder flach von Linden nach Bann, beide auf Straße mit Radwegabschnitten.

RAUS IN DIE NATUR

🐛 **Kaiserslautern. Radtouren rund um die Stadt** 4 ausgewählte Touren von der Tourist-Information. Geeignet für radbegeisterte Fast-Jugendliche.

Autofreies Lautertal – autofrei von Kaiserslautern bis Lauterecken

Achtung! Da die Bahn auf der Linie Kaiserslautern – Lauterecken nicht allzu häufig verkehrt, ist es vorteilhaft, vorher in den Fahrplan zu schauen.

Touristikbüro Kaiserslautern-Land, Lauterstraße 8, 67657 Kaiserslautern. ✆ 0631/7105-328, www.kreis-kaiserslautern.de. **Zeiten:** 1. So im August 10 – 18 Uhr, B 270 gesperrt von 9 bis 19 Uhr.

▶ Während des Radel-Regionalfestes der Lauterer werden etwa 30 km durch das gemütliche Tal der Lauter von der Pfälzerwald-Metropole in die Kleinstadt im tourismusfernen Nordpfälzer Bergland für den motorisierten Verkehr gesperrt. Für Familien mit älteren Kindern ist die ganze Strecke machbar, zumindest talabwärts. Familien mit den jüngeren Jahrgängen können ausgewählte Streckenabschnitte mit Bahnfahrten kombinieren.

Raderlebnistag rund um Weilerbach

Touristikbüro, Verbandsgemeinde, 67685 Weilerbach. ✆ 06374/922-131, weilerbach.de info@weilerbach.de.

Kostenlose Radwanderkarte und weiteres Informationsmaterial beim Touristikbüro.

▶ Am letzten Sonntag im Mai wird in der Verbandsgemeinde Weilerbach auf dem 35 km langen Radrundweg gefeiert. Es gibt reichlich zu essen, ein Unterhaltungsprogramm und einen Bauernmarkt mit einer Ausstellung landwirtschaftlicher Geräte.

Radtour vom Bahnhof Schopp zur Karlsschlucht und zurück

Länge: 10 leichte km, meist auf Straße, ab 8 Jahre machbar. Die erste Hälfte ist kontinuierlich leicht ansteigend, danach stets leicht fallend. **Anfahrt:** Schopp ist Bahnhof an der Strecke Kaiserslautern – Pirmasens, auf der circa zweimal stündlich Regionalbahnen verkehren.

▶ Haltet euch am Bahnhof links. Bald darauf folgt ein kurzer Abschnitt auf der B 270 Richtung Kaiserslautern, bevor ihr rechts (km 1,3) in die Straße nach Trippstadt/Johanniskreuz einbiegen könnt. Nun geht geht es immerzu leicht ansteigend in dem engen Tal der Moosalbe aufwärts. Den Bach säumen Wiesen, die Hänge sind dicht bewaldet. Knapp 2 km hinter der Abzweigung taucht rechts – mehrere hundert Meter abgesetzt – das gastliche **Naturfreundehaus Finsterbrunnental** auf (⤷ Wandern). Nach weiteren 2 km passiert ihr ein Gebäude des ehemaligen Hammerwerkes. Danach ist es nochmals 1 km bis zur ehemaligen **Klug'schen Mühle** mit Biergarten und Spielplatz, wo sich gut rasten lässt (⤷ Wandern). Kurz dahinter erreicht ihr die wilde Karlsschlucht, die voller die Feuchtigkeit liebender Farne steht und die ihr sicher bald erkunden wollt.

Familien mit etwas älteren Kinder werden anschließend vielleicht die Tour noch zum **Sägmühlweiher** (2,5 km, leicht steigend, Baden, Boot fahren, Minigolf) oder nach **Trippstadt** (2 km, steiler Aufstieg, Freibad, Museum Alte Schmiede) ausdehnen. Was immer ihr an zusätzlichen Aktivitäten aber unternehmt, am Schluss geht es immer von der Karlsschlucht wieder nach Schopp hinunter.

Wandern aus der Stadt heraus

Kaiserslautern ist im Norden, Osten und Süden von bewaldeten Bergen des Nordpfälzer Berglandes und des Pfälzerwaldes umgeben. Es gibt viele markierte Wanderwege. Besonders populäre Wandergebiete sind der Stadtwald und der Raum Trippstadt/Karlstal sowie die Umgebung von Queidersbach. Auch für Familien mit Kindern gibt es genügend leichte Kurzwanderungen.

Tipps für den Rucksack

▶ Achtet schon beim Packen darauf, so wenig Müll wie möglich mitzunehmen.

▶ Haltbares Obst wie Äpfel und Birnen.

▶ Leckere Butterbrote in verschließbaren Plastikboxen.

▶ Für jeden eine wiederverschließbare Plastikflasche mit Saft.

▶ In der kühleren Jahreszeit immer eine Thermoskanne mit einem heißen Getränk, das hebt die Laune.

▶ Kekse, Süßigkeiten, saure Drops etc. zur Belohnung erreichter Etappenziele.

▶ In den leeren Plastikbehältern können Fundstücke aufbewahrt werden.

Empfehlenswerte Karten sind: vom **LVA RLP,** Kaiserslautern-Nord, Kaiserslautern-Süd und Landstuhl, 1:25.000, je 6,02 €.

🐛 Die Stadt Kaisers-
lautern stellt in 7
Faltblättern alle be-
kannten Wanderrouten
in der Umgebung vor
(Kurzbeschreibung,
Routenskizze, Einkehr-
tipps).

🐛 **NSG Vogelwoog-
Schmalzwoog**,
Faltblatt mit Übersicht
zu Flora und Fauna
sowie Tipps für umwelt-
freundliches Verhalten.

🦉 *Schon gewusst?
Sonnentau ge-
hört zu den Fliegen
fangenden Kraut-
pflanzen. Seine Blät-
ter sind mit klebrigen
Tröpfchen behaftet
und schließen sich, so-
bald sich ein unvor-
sichtiges Insekt da-
rauf niedergelassen
hat. Eiweiß-Enzyme
kauen und verdauen
es sozusagen für ihn.*

Wanderung rund um Vogelwoog und Hammerwoog

Kaiserslautern-Nord. **Länge:** 5 km leichte Rundwanderung, für Kinder ab 7 Jahre. **Anfahrt:** Bus 5 bis Haltestelle Vogelwoogstraße, dann noch 800 m zu Fuß; auf
gleichem Weg zurück.

▶ Am Südrand des Hammerbachtales lauft ihr
vom Vogelwoog zum Hammerwoog hinüber.
Dann umrundet ihr den Weiher, auf dem See-
rosen zu bewundern sind. Dann wendet ihr
euch am Nordrand des Hammerbachtals wieder
dem Vogelwoog zu. Nachdem ihr auch diesen
See umrundet habt, lauft ihr zurück zum Ausgangspunkt.

Der Vogelwoog wird von Grundwasser gespeist, das jedoch nicht ausreicht, um ihn vor
wachsener Verlandung zu bewahren, so dass er
zusätzlicher Wasserversorgung bedarf. Er besitzt einen breiten Schilfsaum, in dem Graurei-
her gern auf Beutefang gehen. In der Moorzone
westlich vom See sind verschiedene Torfmoose,
Wollgras und Sonnentau-Pflanzen zu finden.
Wo das Moor entwässert ist, sind hingegen Pfei-
fengras, Heidekraut und der seltene Lungen-
enzian zu Hause. Weiter im Westen und Süden
bedingen sandige Böden wiederum eine andere
Pflanzen- und Tierwelt. Als Ganzes ist das Naturschutzgebiet Vogelgelwoog-Schmalzwoog
ein ausgesprochenes Naturparadies, das eine
größere Zahl von seltenen Pflanzenarten aufweist. Leider haben viele BesucherInnen in jüngerer Zeit durch Entenfütterung, Verlassen von
Wegen und Wegwerfen von Müll erhebliche
Schaden angerichtet. Deshalb gibt es jetzt folgende Gebote:
• Wege nicht verlassen;
• kein Feuer anzünden;
• keine Abfälle zurücklassen;

- keine Pflanzen pflücken oder beschädigen;
- keine Tiere stören oder fangen;
- keine Zelt- oder sonstigen Lager errichten!

Die Karlstalschlucht bei Trippstadt

Anfahrt: Zur Einmündung der K 50 in die L 500/Oberhammer, 1 km südwestlich von Trippstadt, 10 km südlich von Kaiserslautern.

▶ Die Karlstalschlucht, ein enges und landschaftlich ausgesprochen schönes 1 km langes Waldtal zwischen Ober- und Mittelhammer, gehört zu den meist besuchten Flecken im südwestlichen Pfälzer Wald. Diese durch Wanderpfad und Brückchen bestens erschlossene Schlucht steht wegen ihrer reichen Feuchtwald-Farn- und -Moosflora und der harten Sandsteinfelsbänke und mächtigen Blockhalden unter Naturschutz.

Man beginnt den Streifzug durch die Karlsschlucht am besten an der Kreuzung 1 km südwestlich von Trippstadt. Es geht dann immer bergab zum Mittelhammer hinunter. Dort liegt auch die **Klug'sche Mühle,** ein beliebtes Ausflugslokal mit einer großen Auswahl an Gerichten. Man kann von der Terrasse auf den Kottenbach schauen, der aus der Karlsschlucht herunter kommt. Für die Kinder gibt es einen großen Spielplatz.

Rundwanderung ab Trippstadt zur Karlsschlucht und zur Burg Wilenstein

Kaiserslautern-Süd. **Länge:** 4 km, wegen der starken Steigung auf dem Rückweg nach Trippstadt nur für wanderfreudige Kids ab 9 Jahre. **Anfahrt:** Bus RSW 6512 von Kaiserslautern Hbf nach Trippstadt; Rückfahrt entsprechend.

▶ In Trippstadt von der Ecke Hauptstraße/Heidenkopfweg kurz auf dem Heidenkopfweg,

Hunger & Durst

Hotel Blechhammer am Hammerwoog und **Gaststätte Zum Vogelwoog** mit Freiterrasse und naturnahem Spielplatz.

Hunger & Durst

Gaststätte-Restaurant Klug'sche Mühle, Kornelia und Ludwig Klug, ✆ 06306/312, täglich 10 – 22 Uhr. Ehemalige Mühle an der Moosalb im engen Wiesengrund mit Spielmöglichkeiten, Platz zum Herumtollen und Gänsen. Einfacher Imbiss bis großes Menü, Geflügel, Wildspezialitäten, Forellen. Mit Terrasse und Biergarten.

KAISERSLAUTERN

dann rechts in den Wanderweg einschwenken (Markierung: 3, 4, grün-gelbes Kreuz). Am nahen Rand der Flur erneut nach rechts abbiegen und nun durch Wald ins Tal der Moosalbe hinunter wandern. Wenn ihr dann die Straße nach Schopp überquert habt, geht's anschließend in die wild-romantischen **Karlsschlucht** (↗ dort) und abwärts bis zur *Klug'schen Mühle* – eine gute Gelegenheit zum Einkehren. Danach geht ihr über die Straße nach Schopp und auf dem markierten Wanderweg (grün-gelbes Kreuz bis Trippstadt) durch den Wald zur **Burg Wilenstein** (heute Landschulheim) hinauf. Direkt dahinter lauft ihr am *Wilensteiner Hof* vorbei und an der Abzweigung unterhalb dieses herrlich gelegenen Ferienbauernhofes nach rechts. Sodann durch Weiden schnurstracks nach Trippstadt hinauf. Kurz vor dem Schwimmbad führt der Weg nach rechts ins Zentrum zurück.

Durch finstere Schluchten und lichte Täler

Von Trippstadt durch die Karlsschlucht und das Finsterbrunnertal zum Bahnhof Schopp. **Länge:** 9 km ab Tourist-Info im Zentrum, leichte abwechslungsreiche Wanderung für Kinder ab 8 Jahre, fast immer bergab.

Anfahrt: Bus RSW 6512 von Kaiserslautern Hbf nach Trippstadt; zurück vom Bahnhof Schopp RB nach Kaiserslautern/Bingen und Pirmasens.

▶ Nach 400 m von der Hauptstraße Richtung Schopp links ab und nun 400 m auf der Schanzstraße durch Flur abwärts laufen. Dann auf dem Wanderweg mit der »4« durch den Wald steil Richtung Karlsschlucht hinunter. Anschließend folgt ihr für knapp 8 km stets im bewaldeten Tal der Moosalbe der Markierung »Rotes Kreuz«. Zuerst erreicht ihr die spektakuläre, enge **Karlsschlucht,** wo ein Wildbach, Todholz und bizarre Felsen euren Weg säumen. Dann folgen 7 km

Ein besonders abwechslungsreiche Tour mit der Naturattraktion Karlsschlucht und den tollen Einkehrmöglichkeiten Klug'sche Mühle und Naturfreundehaus Finsterbrunnertal.

breiteres Tal mit rauschendem Bach durch Wald und Wiesen. Ihr kommt an einigen Mühlen und Gebäuden vorbei: die früheren Eisenhütten *Mittelhammer* (Hammerschmiede nicht mehr vorhanden, aber ein anderes ehemaliges Werksgebäude), **Klug's'sche Mühle** (Einkehrmöglichkeit), *Unterhammer* (Puddlingswerk, Eisenmagazin und Werkswohnungen abgerissen, andere Gebäude noch vorhanden) und die *Eisenschmelz* (Hochofen 1896 abgerissen, Verwendung der Steine für ein Jagdhaus, später Försterwohnung). Dann ist das **Naturfreundehaus Finsterbrunnertal** erreicht, wo auf Kinder ein Spielplatz wartet. Knorrige Tische und Bänke stehen im Hof des mehrstöckigen Hauses, das die Naturfreunde 1927 mit eigenen Händen errichtet haben.

Der Wanderweg führt weitere 2 km im Moosalbetal abwärts, bevor circa 1 km vor Schopp eine kurze Passage entlang der Bundesstraße 270 folgt. Zum Schluss rechts ab und auf einem Sträßchen direkt zum Bahnhof Schopp.

Hunger & Durst

Naturfreundehaus Finsterbrunnertal, Ortsgruppe Kaiserslautern, ✆ 06306/2882, Fax 6639. Täglich 9 – 21 Uhr, warme Küche 10 – 18 Uhr. Lokale Küche, Mittagsgericht.

Noch zwei schöne Ausflugslokale

Waldhaus Bremerhof, ✆ 0631/23926. 2,5 km südlich von Kaiserslautern. Di – So 10 – 22.30 Uhr, durchgehend warme Küche.

Stüterhof Gasthaus Jung, Stüterhof 8, ✆ 06306/366. 2,5 km südöstlich von Mölschbach. **Anfahrt:** Bus 6 von K'lautern Rathaus bis Mölschbach, dann 2,5 km Fußweg. B 48 zwischen Hochspeyer und Johanniskreuz Abfahrt, ca. 600 m, ausgeschildert. Mi – So 11.30 – 13.30, 15 – 19 Uhr, letzter So im Monat Ruhetag.

▶ Der **Bremerhof** liegt noch im Stadtwald Kaiserslauterns und ist somit was für den unaufwändigen Sonntagsspaziergang (mit Kinderwagen). Es gibt viele Wanderwege in der Umgebung und einen Waldlehrpfad in der Nähe. Das Waldhaus selbst ist eine große Gaststätte mit Terrasse und Spielplatz unter Bäumen.

Das **Gasthaus Jung** liegt in einem Jahrhunderte alten Hofgut, von Feldern umgeben auf einer Lichtung mitten im Pfälzerwald. Butter und Käse aus eigener Erzeugung sowie selbst gebackenes Brot könnten schon Grund genug sein, sich hierher auf den Weg zu machen. Daneben gibt es noch kalte und warme Gerichte, Kaffee und Kuchen. Die Wander- und Radelmöglichkeiten lassen sich mit einer guten Karte selbst austesten: nach Mölschbach 2,5 km, Kaiserslautern-Süd 12 km, Trippstadt 8 km, Johanniskreuz 6 km, Speyerbrunn 4 km.

Lehrpfade & Naturerfahrung

Natur hautnah erleben: Umweltdetektiv werden im NFH Finsterbrunnertal

Finsterbrunnertal bei Trippstadt. ℗ 06306/2882, Fax 6639. www.naturfreundehaus-finsterbrunnertal.de. naturfreundehaus.finsterbrunne@t-online.de. **Länge:** 3 km markierter Wanderweg zum NFH. **Anfahrt:** Bahnhof Schopp.

▶ Das Naturfreundehaus führt naturkundliche Aktivitäten für Gruppen, Schulklassen (Spiel- und Erlebnistag) und Familien (Familienfreizeit, Kindergeburtstag) durch, die an den Erlebnisbögen *Wald* (Walderkundungstour, Wald-Rallye, Müllverwertung in der Natur), *Wasser* (Bachwanderung) und *Luft* der Aktion Umweltdetektiv orientiert sind. Dabei könnt ihr den Umweltdetektivausweis erwerben. Nach Absprache sind aber auch ganz andere Aktivitäten (Lauf-, Rate- und Abenteuerspiele) möglich.

»Im Wasser lebt nicht nur der Fisch allein. Wir entdecken und untersuchen viele unbekannte Tiere im Bach und stellen sie uns gegenseitig vor. Wir erforschen die Lebensweise der Bachorganismen, ihre Fortbewegung und Atmung im Wasser. Am Ende können wir damit sogar eine richtige Gewässergütebestimmung vornehmen.«

Umweltamt/Umweltberatung der Stadt Kaiserslautern (KLUB)

Salzstraße 10, 67657 Kaiserslautern. ℰ 0631/365-2788, Fax 365-1159. www.kaiserslautern.de. klub-kl@uumail.de.

▶ Das Büro gegenüber vom Altstadtparkhaus berät und bietet zahlreiche Informationsmaterialien an.

Vogelschutzgebiet Kaiserberg

Verein für Vogelschutz und Vogelpflege e.V., G. Konrad, Morlauterer Straße 15, 67657 Kaiserslautern. ℰ 0631/73375, Fax 73375. **Anfahrt:** Rathaus – Lauterstraße – Burggraben – Kaiserbergring bis Feldweg, dort Wegweiser – Schulzentrum Nord – Vogelschutzgebiet Kaiserberg (Waldgebiet über Steinbruch Kröckel). **Zeiten:** Letzter So im Monat 13 – 18 Uhr, Führungen für Schulklassen nach Vereinbarung. **Preise:** Eintritt frei.

▶ Das größte eingefriedete Vogelschutzgebiet der Pfalz ist ein naturbelassener Wald mit über 100 Baum- und Buscharten, darunter uralte Eichen. Das allein ergibt schon einen spannenden Rundgang. Doch in dem ganzen Grün leben eben viele Singvogel- und Greifvogelarten, die ihr zu belauschen und zu erspähen versuchen könnt. Der Verein für Vogelschutz und Vogelpflege bietet am letzten Sonntag im Monat sachkundige Rundgänge an, die euch bei der Vogelbeobachtung helfen werden.

Tipp: Kinder und Familien sind bei den Aktivitäten des Vereins herzlich willkommen:
– Zählung und Kontrolle von Greifvögeln und Eulen
– Erhaltung flugtechnisch bedeutsamer Landschaften
– Schaffung von Brutmöglichkeiten, Bau von Brutkästen
– Vertiefung und Vermittlung des Wissens um die Vogelwelt
– Unterstützung der Winterfütterung

Erlebnisort Bauernhof Storrer

Im Steineck 45, 67685 Eulenbis. ℰ 06374/6631, Fax 4732. www.lernbauernhof.de. storrer@eulenbis.de.

▶ Auf 30 ha Grünland werden 30 Lamas und 100 Rhönschafe artgerecht gehalten. Nach der Maxime »Natur mit allen Sinnen erleben« kommen Kinder in direkten Kontakt mit den Tieren.

Tipp: Trekkingtouren mit Lamas für Kinder und Erwachsene!

KAISERSLAUTERN

Der Hof veranstaltet darüber hinaus Projekttage zu Themen wie »Landschaftspflege mit Schafen und Lamas« und »Ausbildung und Einsatz von Hütehunden bei der Schafhaltung«.

Reiten, Kutsch- & Planwagenfahrten

Gestüt und Pension Randeckerhof

Eckhard Schielmann, Randeckerhof 3, 67680 Neuhemsbach. ✆ 06303/2221, Fax 87581.
▶ Reithalle, Reitplatz, Reitstunden 11 €, ⤴ auch Ferien auf dem Bauernhof, Info- & Ferienadressen.

Bonanza-Ranch: Reiterhof und Erlebnisfarm für Kinder

Reiterhof Hach, Otto und Petra Hach, Alte Brücke 4, 67734 Katzweiler. ✆ 06301/8164, Fax 794164. www.bonanzaranch.de. info@bonanzaranch.de. **Anfahrt:** RB-Station an der Linie Kaiserslautern – Wolfstein. An der B 270 Kaiserslautern Richtung Lauterecken. **Zeiten:** Mo, Mi, Do und Fr 14 – 18, Sa, So und Fei 10 – 12 und 14 – 18 Uhr, Reiten nach Absprache.
▶ Bauernhof und Reitbetrieb mit 120 ha Nutzfläche, 50 eigenen Pferden, Reithalle 20 x 40 m, Spring- und Dressurplätzen. Reitunterricht auf Ponys und Großpferden, Reiterferien, Tages- und Mehrtagesritte, Orientierungsritte, Fuchsjagden, Reitturniere, Planwagenfahrten, Reiterstübchen, Wanderreitstation – Reiterherz, was begehrst du mehr?
An den Reitkursen können Kinder ab 8 Jahre teilnehmen. Je nach Witterung geht es in die Reithalle, auf die Außenplätze oder sogar ins Gelände. Ausritt, Reitstunde, Halle oder Platz 1 Stunde 12 €, Zehnerkarte 100 €.

Tipp: Kaum zu glauben, auch mit Pferden lässt sich unterhaltsames **Theater** machen. Auf der Bonanzafarm wird seit 1985 gespielt. Jährlich wird ein Stück einstudiert. Die Aufführungen sind gut besucht, bis zu 300 Personen kommen zu den Vorstellungen!

Beim Ponyführen sitzen die Kleinsten auf den Shetland Ponys, die Eltern wandern führend auf einem Rundkurs an dem Flüsschen Lauter nebenher, ein schöner Spaziergang. Kleines Pony 30 Minuten 5, Stunde 9 €, großes Pony 1 € mehr. Ein Erlebnis sind die Planwagen- und Kutschfahrten ins Grüne, 1 Stunde 40 €, 2 Stunden 70 €, Tagesfahrt ohne Essen 150 €. Wenn mindestens 30 cm Schnee liegen, geht es sogar mit dem Pferdeschlitten auf Reisen.

Der **Hoftierpark** besteht außer aus den Pferden aus Rindern, Schweinen, Gänsen, Kaninchen, Hunden, Katzen, Hühnern, Tauben, Fasanen, Meerschweinchen, Frettchen, Marder und einem Waschbären.

Tierparks & Gärten

Tierpark Betzenberg/Wildgehege Kaiserslautern

Am Betzenberg, Kaiserslautern. **Anfahrt:** Bus 1 bis Endhaltestelle Warmfreibad, dann noch 300 m Fußweg bis Gaststätte Quack. **Zeiten:** immer geöffnet. **Preise:** Eintritt frei.

▶ Dieser 25 ha große Wildpark im Eichen- und Buchenwald am Kaiserslauterner *Betzenberg* ist Grüne Lunge, Spazier- und Jogginggelände der Großstadt. Die Gehege sind sehr weitläufig und mit Futterhäusern und offenen Stallungen versehen. Im Wildpark sind ausschließlich Tiere zu Hause, die bei uns auch in freier Wildbahn vorkommen oder einmal heimisch waren, bevor sie aus ihrem Lebensraum vertrieben wurden: Rothirsch, Wildschwein, Damhirsch, Mufflon, Wisent, Auerochs, Wildpferd, Wildkatze, Luchs. Etwa 300 m hinter der Gaststätte Quack biegt ihr nach rechts ab und geht in südwestlicher

Tipp: Für die »Pirsch« ist es ausgesprochen hilfreich ein Fernglas dabei zu haben.

Gaststätte Quack,
© 0631/42828. Im Biergarten lässt sich gemütlich schmausen.

Richtung am Rande des Wildparks bergauf. Auf Höhe der Waldschule haltet ihr euch links und geht nun in südlicher Richtung – jetzt ziemlich Höhe haltend – an Schwarzwild und Auerochsen vorbei zum Wisentgehege, wo zusätzlich ein Feuchtbiotop angelegt wurde. Von dort kehrt man schließlich gen Norden an Luchs- und Damwildgehegen entlang – jetzt reichlich bergab – zum Quack zurück.

Gartenschau Kaiserslautern

Schoenstraße 9, Kaiserslautern. © 0631/71007-00, Fax 7100726. www.gartenschau-kl.de. info@garten-schau-kl.de. **Zeiten:** Mitte April – Anfang Oktober täglich 10 Uhr bis Einbruch der Dunkelheit, Einlass bis 19 Uhr. **Preise:** 5 €, Gruppen ab 20 Personen 4 €, Dauerkarte 30 €; Kinder 7 – 16 Jahre 3 €, Gruppen ab 20 Personen 2,50 €, Dauerkarte 15 €; bei mehr als 2 Kindern pro Familie hat jedes weitere Kind freien Eintritt; bei Vorlage eines ÖPNV-Fahrscheines 0,50 € Ermäßigung.

Tipp: Die Gartenschau bleibt wahrscheinlich bis 2006 erhalten. Es gibt ein Faltblatt mit einem Plan des ausgedehnten Geländes.

▶ Die Gartenschau Kaiserslautern hat ein Riesenfreizeitangebot. Natürlich ist da ein ausgedehnter Garten mit 120.000 Blumen, es ist ja eine Gartenschau. Aber es gibt auch einen Aktiv-Garten mit vielen Spiel- und Sportaktivitäten wie Streetball und Skatepark etc. Direkt daneben liegt ein großer Sand- und Wasserspielplatz. Wunderbar spielen können Kinder zudem auf dem naturnahen Spielplatz auf dem Kaiserberg. Außerdem gibt es einen Kulturgarten, in dem u.a. auch für Kinder Musik- und Theaterstücke aufgeführt und Bastel- und Spielaktionen angeboten werden. Zu einer ganz großen Attraktion ist der erst 2002 hinzugekommene Dino-Garten geworden, den 64 originalgetreue Modelle von Dinos, Amphibien, Reptilien und Fische bewohnen. Weitere Anziehungspunkte für Kinder sind der Lern-Garten und der Aqua-Garten mit 13 bis zu 2 m langen Aquarien, mit Meerwasserbecken, kleinem Teich und Terrarium.

Tierpark Siegelbach

Zum Tierbach 10, 67661 Kaiserslautern-Siegelbach. ✆ 06301/71690, Fax 716913. <u>kaiserslautern.de</u>. zoo-kaiserslautern@t-online.de. **Anfahrt:** Von Kaiserslautern Bhf mit RSW-Bus 6510, 6529 (Sa, So TWK-Bus 1) bis Haltestelle Siegelbach-Zoo. A 6 Kaiserslautern-West 3 km Richtung Lautereken. Rad: Vom Vogelwoog am Nordrand markierter Rad- und Wanderweg zum Tierpark Siegelbach, ⚲ Wanderungen. **Zeiten:** April – August 8.30 – 18.30, September – März 9 – 17 Uhr. **Preise:** Erwachsene 2,60 €; Kinder 4 – 16 Jahre 1 €; Familienkarte 5,20 €, Jahreskarte Erwachsene 15 €, Kinder 7 €, Familie 30 €, Ermäßigung für Schüler, Studenten, Schwerbehinderte, Gruppen ab 20 Personen.

▶ Umgeben von Wald, in Nachbarschaft zu Enten- und Fischteichen – eine ausgesprochen gute Lage für einen Tierpark. Die Lauterer wissen das so sehr zu schätzen, dass jährlich über 100.000 Besucher gezählt werden. Auf den 7 ha sind 330 Wild- und Haustiere untergebracht, unter den 70 Tierarten sind Känguru, Puma, Tiger, Kamel, Lama und natürlich Affen. Es macht Spaß im Teich und im Insektenparadies Frösche, Libellen, Schmetterlinge und Bienen zu beobachten. Auch der Spaziergang auf dem Naturerlebnispfad durch das Feuchtgebiet ist spannend. Ferner gibt es ein kleines Tropenhaus. Man ist bemüht, dem Konzept der »Welt-Zoo-Naturschutzstrategie« zu folgen, die artgerechte Tierhaltung anstrebt.

Die Besucher sollen für Natur- und Artenschutz sensibilisiert werden. Es werden kindgerechte Führungen angeboten und in der Zooschule und im Zoo-Jugendclub werden 10- bis 18-Jährige

Hunger & Durst

Eine Gaststätte und ein Kinderspielplatz runden den erlebnisreichen Familienausflug in den Wildpark-Zoo ab. Ihr könnt hier auch zoo-spezifisch Kindergeburtstag feiern.

KAISERSLAUTERN

mit dem Tierpark vertraut gemacht und an Fragen des Natur- und Umweltschutzes herangeführt.

Volkspark Kaiserslautern

Entersweiler Straße, Kaiserslautern. Im Osten der Stadt neben dem Warmfreibad. **Anfahrt:** Bus Nr. 1.

▶ Der schöne Park mit seinem Weiher ist ein ideales Gelände für gemütliche Spaziergänge mit Kinderwagen. Sonntags finden zum Frühschoppen auf der kleinen Bühne Konzerte statt. Aber vor allem hat der BUND einen ganz tollen Naturspielplatz mit Bach angelegt!

Waldlehrpfad, Walderlebnispfad, Barfußpfad & Waldklassenzimmer im Kaiserslauterner Reichswald

Länge: 3 km Rundweg am Nordwestrand der Stadt. **Anfahrt:** ↗ Vogelwoog.

▶ Nördlich vom Vogelwoog führt ein als Rundweg konzipierter Waldlehrpfad durch den laubholzreichen Kaiserslauterner Reichswald. An 19 Info-Stationen könnt ihr auf dieser Entdeckungstour allerhand über Bäume und Tiere des Waldes erfahren. Ein Abschnitt der Route verlässt allerdings dieses theoretisierende Schema, denn hier steht das sinnliche Erleben im Vordergrund, das Fühlen und Riechen. Da passt natürlich der kleine Barfußpfad bestens hinein, wo die zumeist in Socken und Leder gezwängten Füße sich frei über Sand, Holz, Bundsandstein, Baumrinde und Sandstein bewegen.

Die Route: Waldspielplatz am Vogelwoog – Vogelhammerkopf – Barfußpfad – Waldklassenzimmer – Erzhütte – Vogelwoogbrunnen – Waldspielplatz am Vogelwoog.

Die Stationen: 1 Fuchsbau. 2 Puzzle. 3 Huzzel (halbautomatische Zapfsortieranlage). 4 Rast.

5 Wetterstation. 6 Vom dicksten Baum der Erde. 7 Barfußpfad – Schuhe und Strümpfe aus und alle mal fühlen! 8 Tatze – wer traut sich? 9 Suhle. 10 Windkönige. 11 Mauer. 12 Nest. 13 Baumtelefon – das ist toll! 14 Specht. 15 Hirschsprung. 16 Wildbienen. 17 Augenblicke. 18 Hochstand. 19 Sonne.

Brunnen, Burgen & Museen

Brunnenstollen Trippstadt

Tourist-Information, 67705 Trippstadt. ✆ 06306/341.

Zeiten: Mai – September, Termine nach Vereinbarung.

▶ Die Exkursion durch den ehemaligen Brunnenstollen ist eine feuchte Angelegenheit. Es muss Schutzkleidung getragen werden.

In den Stollen, durch die einst das Wasser für die Trippstädter floss, leben heute Fledermäuse. Zum Schutze der Tiere dürfen nur zu bestimmten Zeiten Besichtigungen durchgeführt werden. Dazu bedarf es einer Absprache mit der Tourist-Information Trippstadt, die Termine festlegt und die Exkursionen durchführt.

Burg Nanstein über Landstuhl

✆ 06371/13460. **Zeiten:** April – September 9 – 18, Oktober, November und Januar – März 10 – 16 Uhr.

▶ Die Burg Nanstein im dichten Wald oberhalb von Landstuhl wurde im 12. Jahrhundert zum Schutz der wichtigen Handelsstraße vom Rhein nach Metz errichtet. Anfang des 16. Jahrhunderts wurde sie zur modernsten Festung der damaligen Zeit ausgebaut. Der Geschützturm besaß im Erdgeschoss Mauern von 6 m Dicke und ein schussfestes Gewölbe. Dennoch konnte der Burgherr, *Reichsritter Franz von Sickingen* – eine gewisse Zeit lang einer der mächtigsten Män-

HANDWERK UND GESCHICHTE

Achtung! Kinder werden erst ab 14 Jahre zugelassen. Und keinesfalls dürft ihr die Flattertiere mit der Taschenlampe anleuchten, sonst verjagd ihr sie eventuell für immer!

Hunger & Durst

Gaststätte auf der Burg, Mo geschlossen.

KAISERSLAUTERN

Der Reichsritter Franz von Sickingen war für seinen ausgeprägten Gerechtigkeitssinn bekannt und von seinen Leuten geachtet. Er handelte sogar noch schnell bessere Bedingungen für seine Soldaten aus, als sie nun in Feindeshand gerieten – und dann starb er.

ner im Reich – 1523 nicht verhindern, dass pfälzische und hessische Truppen bei ihrem Angriff den oberen Teil der Festung zusammenschossen. Er selbst wurde dabei verwundet und starb an dem Tag als seine Burg an die Feinde überging.

Theodor-Zink-Museum Kaiserslautern

Steinstraße 48, 67657 Kaiserslautern. ℗ 0631/3652327, Fax 3652322. www.kaiserslautern.de.
Anfahrt: Ab Bhf K'lautern mit Bus 2 oder 50.7 bis Schillerplatz, dann 10 Minuten zu Fuß. **Zeiten:** Di – Fr 9 – 17, Sa, So 10 – 18 Uhr. **Preise:** 2,50 €; Kinder 1,50 €; Führungen für Schulklassen 15, für sonstige Gruppen 40 € + ermäßigter Eintritt, Führungen außerhalb der Öffnungszeiten 55 € + ermäßigter Eintritt.

▶ Als Dauerausstellung steht die Stadtgeschichte im Mittelpunkt. Neu konzipiert, gut strukturiert und übersichtlich angelegt, kompakt und von informativen Texten begleitet, führt sie durch alle Epochen: frühe Siedlungen, Römerzeit, Mittelalter, Neuzeit, Pfälzer Erbfolgekrieg, Industrialisierung, Folgen der Französischen Revolution, Weltkriege, Zerstörungen, Wiederaufbau. Eine kleine Sonderausstellung würdigt die jüdische Gemeinde und dokumentiert deren Vernichtung durch den mörderischen Antisemitismus der Nazis – ein dunkler Fleck in der Stadtgeschichte.

Ein derart materialreiches Museum kann man nicht im Schnelldurchlauf aufnehmen. Gut wäre es daher, sich für jeden Besuch nur eine Epoche vorzunehmen. Schwerpunkt könnte z.B. mal der Übergang vom Mittelalter zur Neuzeit sein oder die Weltkriege, von denen die Stadt so schwer betroffen war.

Pfalzgalerie Kaiserslautern

Museumsplatz 1, 67657 Kaiserslautern. ℗ 0631/
3647201, Fax 3647202. **Anfahrt:** Ab Bhf mit Bus 2,
5, 7 bis Schillerplatz, danach 5 Minuten zu Fuß.
Zeiten: Di – So 10 – 17 Uhr, Di auch 19 – 21. **Preise:**
3 €, Kinder frei; Führungen nach Vereinbarung, bis 20
Personen 40,90 €, je weitere 10 Personen zusätzlich
20,40 €; Schulklassen halber Preis.

▶ Die Pfalzgalerie ist das Kunstmuseum der
Stadt. Schwerpunkt ist die Malerei des 19. und
20. Jahrhunderts. Es sind hier aber auch Holz-
skulpturen, Möbel, Gold- und Silberschmiede-
kunst, Arbeiten aus Bronze und Zinn, Münzen,
Medaillen, Keramik, Gläser, Steinzeug, Textil-
und Buchbinderarbeiten und Gipsabgüsse zu
sehen.

Dank der Aktivitäten der **Kindermalschule** des
museumspädagogischen Dienstes fühlen sich
hier auch Kinder wohl. In der Kinderwerkstatt
lernen sie in jährlich jeweils zwei Kursen »Kunst
wahrnehmen, Techniken erkennen und als Aus-
drucksmittel der eigenen Kreativität einsetzen.«
Für Vorschulgruppen und Schulklassen werden
Di und Do ab 10 Uhr Führungen mit Praxisteil
durchgeführt. Und schließlich gibt es noch das
reichhaltige Programm der Themennachmitta-
ge, an denen fleißig und kreativ gearbeitet wird.

@ Eine Übersicht
der zahlreichen
Veranstaltungen findet
ihr auf der Website der
Pfalzgalerie: pfalzgale-
rie.de. info@pfalzgale-
rie.de.

**Anmeldung Kinder-
schule:** ℗ & Fax 0631/
17280, Kosten
25,50 €.
**Anmeldung Themen-
nachmittage:** Di – Fr ab
10 Uhr, ℗ 0631/3647-
205, Kosten 3 €, ver-
schiedene Altersgrup-
pen.

Vorhang auf, Manege frei: Zirkusmuseum

Rosenhofstraße 8, 67677 Enkenbach-Alsenborn.
℗ 06303/913131, **Zeiten:** Ganzjährig täglich 9 – 18
Uhr, für Gruppen Sonderprogramm nach Vereinbarung.
Preise: Eintritt frei.

▶ »Manege frei!« Für viele Alsenborner war
dies einmal Lebensinhalt. Zwischen 1870 und
1920 war der Ort nämlich die Heimat einer großen Artistenkolonie, die zeitweise über 100 Mitglieder zählte. Das liebenswerte kleine Museum

erzählt die Geschichte dieser Zirkuskünstler und so ganz nebenbei erfährt man auch viel über den Zirkus vergangener Zeiten, die Kunststücke, die Kostüme usw. Faszinierend – nicht nur für Kinder – ist das elektronisch betriebene Zirkusmodell.

Musikantenmuseum Mackenbach

Schulstraße 10, 67686 Mackenbach. ℡ 06374/6065, **Zeiten:** So 14 – 17 Uhr sowie nach Vereinbarung. **Preise:** Eintritt frei. **Infos:** Herr Held, ℡ 6475, Frau Mannweiler, ℡ 4637.

▶ Die nördliche Westpfalz um Kusel und Mackenbach heißt *Musikantenland*. Ab Anfang des 19. Jahrhunderts verdingten sich nämlich in dieser Gegend immer mehr Menschen als Musikanten auf Kerwen und Jahrmärkten. Um 1850 rum spielten Westpfälzer dann bereits in vielen anderen Regionen Europas, Ende des 19. Jahrhunderts schließlich sogar in Nord- und Südamerika, Südafrika, China und Australien.

Die Kerwe- und Jahrmarktmusikanten bildeten zu der Zeit nur noch eine Minderheit. Denn immer mehr Westpfälzer spielten nun in bedeutenden Orchestern, Militärkapellen, Kurorchestern, Kaffeehäusern und großen Hotels. Nur die Zirkusmusiker waren der Wandertradition treu geblieben: Etliche Musikantenländler spielten bei den berühmten Zirkussen Sarrasani, Krone, Busch oder Hagenbeck. Trotzallem blieben die Musiker überwiegend der Heimat verbunden, unterstützten ihre Familien mit Geld und verbrachten den Winter zu Hause. In Mackenbach lebten Anfang des 20. Jahrhunderts zwei Drittel der Familien vom Verdienst dieser Musikanten. Die große Zeit des Westpfälzer Wandermusikantentums ging nach 1950 mit der Verbreitung von Tonträgern ziemlich jäh zu Ende.

Tipp: Über 300 Instrumente sind ausgestellt. In einer kleinen Extra-Ausstellung wird der Bau von Trompeten und Violinen veranschaulicht.

Alte Schmiede Theis Otterberg

Kirchstraße, 67697 Otterberg. **Zeiten:** Am ersten Sa im Monat nachmittags sowie nach Vereinbarung mit der Tourist-Information Otterberg.

▶ Die alte Schmiede ist in einem Haus aus dem Jahre 1612. Zu sehen sind viele Zangen und Hämmer, natürlich auch ein Amboss. Das Herz der Schmiede ist freilich die Feuerstelle, wo einst das zu schmiedende Eisen zur Glut gebracht wurde, erhitzt mittels des ledernen Blasebalgs. Das könnt ihr bei den Vorführungen alles erleben.

Versucht doch mal herauszufinden, wie der Blasebalg arbeitet.

Warum gibt es eigentlich so viele Zangen in Schmieden?

Schmiedemuseum Trippstadt

Fremdenverkehrsamt, Hauptstraße 26, 67705 Trippstadt. ✆ 06306/341, Fax 1529. www.trippstadt.de. tourist-info-trippstadt@gmx.de. **Anfahrt:** Von Bhf K'lautern Bus 6512 bis Trippstadt-Bürgermeisteramt und 2 Minuten zu Fuß. **Zeiten:** Mo – Fr 10 – 12, 14 – 16 Uhr und nach Vereinbarung. **Preise:** Eintritt frei.

▶ Ehemalige Dorfschmiede, gut erhalten. Unter einem Dach mit dem Fremdenverkehrsamt, das die Schmiede öffnet.

Ferienprogramm der Verbandsgemeinde Landstuhl

▶ Während der Sommerferien, und zwar der gesamten Zeit, bietet die VG Landstuhl ein sehr reichhaltiges Programm an Spielen, künstlerischen Aktivitäten und Freizeiten für Kinder und Jugendliche wie die Malwerkstatt, den Dinotag oder etwa den Schmink- und Stylingkurs.

Kulturzentrum Kammgarn Kaiserslautern

Schönstraße 10, 67653 Kaiserslautern. ✆ 0631/3652548, Fax 96614. www.kammgarn.de. service@kammgarn.de. **Anfahrt:** Vom Hbf Kaiserslau-

BÜHNE, LEINWAND & AKTIONEN

Tipp: Für manche Veranstaltungen muss man sich anmelden. Am besten beschafft ihr euch frühzeitig das detaillierte Programm bei der Verbandsgemeinde Landstuhl.

tern Bus 7 oder 112, vom Rathaus Kaiserslautern Busse 12 oder 112 bis Haltestelle Kammgarn.

▶ Kulturzentrum in einer ehemaligen Spinnerei, die 1983 ihren Betrieb einstellte. Das breite Veranstaltungsspektrum reicht über Rock, Jazz, Pop und Folk, Comedy und Kabarett sowie begrüßenswerterweise bis zu Kindertheater.

Sommerferienprogramm Kaiserslautern

Info und Anmeldung: Jugendhaus, Augustastraße 11, 67653 Kaiserslautern. ✆ 0631/3654678. **Preise:** Für einzelne Veranstaltungen Unkostenbeiträge.

▶ Das Jugendamt und das Sport- und Bäderamt der Stadt bemühen sich alljährlich – 2003 zum 30. Mal – darum, ein umfangreiches Sommerferienprogramm zusammenzustellen, fast alle Sportarten gehören dazu, es gibt zahlreiche Kreativaktivitäten, es mangelt nicht an Festen, Ausflügen und Exkursionen in das Umland.

Aktivitäten sind z.B. Schmuck-Werkstatt in Schopp; Backen in Stelzenberg; Kanu fahren auf dem Gelterswoog; Säen und Pflanzen in Stelzenberg; Nachtwanderung in Schopp; Umweltdetektive im Finsterbrunnertal; Planwagenfahrt durchs Schweinstal; Inline-Skaten in Krickenbach; Basteln in Linden.

Ferienprogramm VG Kaiserslautern-Süd

Verbandsgemeindeverwaltung, Pirmasenser Straße 62, 67655 Kaiserslautern. ✆ 0631/20161-24.

▶ Die Verbandsgemeinde Kaiserslautern-Süd organisiert in den Sommerferien ein spannendes Aktionsprogramm, in das alle Gemeinden einbezogen sind. Während der gesamten sechs Wochen ist immer irgendwo etwas los. In einem Programmheft ist alles übersichtlich zusammengestellt und beschrieben.

Pfalztheater Kaiserslautern

Willy-Brandt-Platz 4 – 5, 67657 Kaiserslautern. ✆ 0631/36750, Fax 3675235. www.pfalztheater.de. info@pfalztheater.de.

▶ Im Pfalztheater werden hauptsächlich Klassiker gespielt. In der Abteilung »Junges Pfalztheater« hingegen dürfen Theater liebende Schüler und Studenten kräftig experimentieren. Und schließlich gibt es auch ein mobiles Kindertheater, das in die Schulen kommt.

Schulklassen können auf allerlei Wegen in die Arbeit des Theaters hineinschauen, sie können Proben besuchen oder in den Werkstätten dem Bühnenbildner bei der Arbeit zusehen.

Tipp: Informationen über die vielfältigen Beziehungen zwischen Theater und Schulen findet ihr in der Programmbroschüre des Pfalztheaters.

Emmerich-Smola-Musikschule der Stadt Kaiserslautern

St.-Martins-Platz 3, 67657 Kaiserslautern. ✆ 0631/365-2263.

▶ Früh übt sich, wer ein Meister werden will. Vierjährige kommen zur Kükenmusik und zu Musischen Spielen. Die Eltern können mitkommen und mitmachen! Auch Kindertanz wartet auf Vierjährige. Fünf- und Sechsjährige treffen sich zum Musischen Grundkurs. Besonders sinnvoll: Kinder von 8 bis 10 Jahre können im Verlaufe eines Jahres vier Instrumente ausprobieren, bevor sie sich für eins entscheiden. Zur Auswahl stehen Querflöte, Schlagzeug, Trompete, Harfe, Cello, Klavier, Violine, Tin whistle, Akkordeon, Gitarre und Blockflöte.

Kinos mit Kinderfilmen in Kaiserslautern:
Union-Kino, Kerstraße 24, ✆ 0631/93476;
Central-Kino, Osterstraße 2, ✆ 0631/36292-22;
UCI, KinoWelt, direkt an der A 6, Kaiserslautern-Ost, ✆ 0631/4151515.

Freilichtspiele Katzweiler

Freilichtspiele Katzweiler e.V., Geschäftsstelle, Lettow-Vorbeck-Straße 28, 67659 Kaiserslautern. ✆ 0631/9619, Fax 795866. www.freilichtspiele-katzweiler.de.
Anfahrt: Ab Hbf K'lautern mit Bus 6506 oder 6520 bis Katzweiler Kirche, von da 1 km ausgeschilderter Fußweg. **Zeiten:** Ende Mai – Ende August. **Preise:** Kindertheater Erwachsene 7 €; Kinder 3 – 16 Jahre 5 €.

▶ In der Eselsdelle bietet diese idyllische Waldbühne 940 Zuschauern Sitzplätze. Alljährlich wird je eine Produktion für Kinder und Erwachsene einstudiert, zuletzt wurde für Kinder »Aladin und die Wunderlampe« gespielt.

@ Der Kartenkauf ist auch übers Internet möglich!

Tipp: Ihr könnt ein Monatsprogramm bekommen, in dem die Filme mit ausführlichen Texten vorgestellt werden.

Provinzkino Enkenbach

Bahnhofstraße 3 a, 67677 Enkenbach-Alsenborn.
Programmansage ℅ 06303/1595, www.provinzkino.de

▶ Kino wird hier in der Tradition von kommunalen und alternativen Kinos gemacht. Das Programm ist hervorragend. Es gibt sogar ein eigenes Kinder- und Jugendprogramm.

Weihnachtsmarkt Landstuhl

Zeiten: Wochenende zum 1. Advent, Sa 14 – 21, So 11 – 19 Uhr.

▶ Zusätzlich zum Weihnachtsmarkt im Zentrum findet in der Stadthalle ein Kunsthandwerksmarkt statt.

Weihnachtsmarkt Kaiserslautern

Zeiten: Vier Wochen bis zum 22.12. Mo – Sa 10 – 21, So ab 13 Uhr.

▶ Kunsthandwerk, Kinderkarussell, Bühne für Musik und Theater auf dem Schillerplatz und rund um die Stiftskirche.

FESTE & MÄRKTE

März/April:	Wochenende um Palmsonntag: Enkenbach-Alsenborn, **Ostermarkt**
Mai:	1. Wochenende, Sa – Di: Landstuhl, **Maimarkt**
	3. Wochenende: Eulenbis, **Eulenkopffest**
	Letztes Wochenende: Kaiserslautern, **Maimarkt**
Juni:	Letztes Wochenende: Otterberg, **Altstadtfest**
Juli:	1. Wochenende: Kaiserslautern, **Altstadtfest**
	2. Wochenende, Queidersbach, **Hahnenfest**
August:	4. Wochenende: Stelzenberg, **Backofenfest**
September:	1. Wochenende: Trippstadt, **Kohlenbrennerfest**
Oktober:	1. Sonntag: Ramstein-Miesenbach, **Bauernmarkt**
	Letzte Woche, 10 Tage: Kaiserslautern, **Oktobermarkt**

SÜDWESTPFALZ

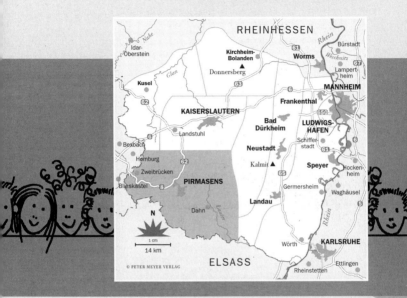

BUNTE FELSEN UND BURGRUINEN

Der Südwesten des Pfälzerwaldes und verschiedene im Westen benachbarte Mittelgebirgslandschaften sind auf der Verwaltungsebene als Kreis Südwestpfalz mit dem Hauptort Pirmasens zusammengefasst. Auch im Fremdenverkehr ist die »Südwestpfalz« mittlerweile ein fest etablierter Begriff.

Der Pfälzerwald ist im Südwesten auch unter dem Namen *Wasgau* bekannt. Hier ist er niedriger und offener. Dank der im Wasgau besonders häufigen merkwürdig verformten Sandsteinfelsen und der zahlreichen Orte und Burgruinen ist er auch abwechslungsreicher als in seinem nördlichen Teil.

Größte Stadt der Region ist die ehemalige Schuhmetropole Pirmasens mit 50.000 Einwohnern. Kleinstädte sind Dahn, Waldfischbach-Burgalben, Hauenstein, Rodalben, Wallhalben. Insbesondere im Bereich von Dahn, Fischbach, Eppenbrunn und Hauenstein besteht eine gute touristische Infrastruktur mit einem ausgebauten und markierten Netz von Rad- und Wanderwegen, vielen Wanderhütten, zahlreichen Ferienwohnungen und tollen Spielplätzen. Zur Zielgruppe der hiesigen Tourismusmanager gehören ausdrücklich Familien mit Kindern. Und die Region bietet Kindern ja auch allerhand. Hauptattraktionen sind die gut erhaltene Burg Berwartstein, das Besucherbergwerk Nothweiler, der Altschlossfelsen bei Eppenbrunn, der Teufelstisch bei Hinterweidenthal, die beschaulichen Seen von Ludwigswinkel, das Biosphärenhaus Fischbach und die Schuhmuseen von Hauenstein und Pirmasens. Und was ihr sonst noch alles im Wasgau unternehmen könnt, das erfahrt ihr auf den folgenden Seiten.

Wasgau oder auch Wasgenwald leitet sich aus einem frühmittelalterlichem Helden-Epos ab, dem Walthari-Lied. Es ist außerdem der alte deutsche Name für die Vogesen.

SÜDWESTPFALZ

@ Tourist-Information Südwestpfalz, Unterer Sommerwaldweg 40 – 42, 66953 Pirmasens, ✆ 06331/809126, Fax 809202, <u>www.suedwestpfalz.com</u>, info@suedwestpfalz.com

TIPPS FÜR WASSER-RATTEN

Schwimmbäder

Das Badeparadies

Hofenfelsstraße 120, 66482 Zweibrücken. ℭ 06332/874-260, Fax -268. www.zweibruecken.de. kontakt@stadtwerke-zw.de. **Anfahrt:** Vom Bhf Zweibrücken Bus bis Mannlichplatz oder 20 Minuten Fußweg. **Zeiten:** Mo 10 – 21, Di – Sa 8 – 21, So, Fei 8 – 18 Uhr. **Preise:** 2 Stunden 4 €, 50er-Karte 138 €; Kinder 4 – 17 Jahre 2,50 €, 50er-Karte 86 €; preiswerte 10er-, 20er- und 30er-Karten; Eltern mit max. 3 Kindern 9,80 €, 1 Elternteil mit max. 3 Kindern 6,10 €.

▶ Ein Bad für jede Jahreszeit mit einer Kinder-erlebniswelt: Hallenbad mit Innenbecken, draußen ein Wellenbad, Kinderbecken, 80-m-Riesenrutsche, Kinderrutsche, Sprunganlage und Hot Whirlpool. Bistro und Restaurant.

Happy Birthday!
Freier Eintritt für Geburtstagskinder bis 15 Jahre, Kinder unter 7 Jahre sogar plus Begleitperson.

Freibad Zweibrücken

Rosengartenstraße 111, 66482 Zweibrücken. **Zeiten:** Mai – September täglich 8 – 20 Uhr. **Preise:** Tageskarte 1,80, Zehnerkarte 15 €; Kinder 4 – 17 Jahre 0,90, Zehnerkarte 7,50 €; 30er-Karte für Familien 60 €.

▶ Zentral gelegen, Schwimmer und Nicht-schwimmerbecken jeweils 50 x 15 m, 3 Rutschen, Planschbecken mit allerlei Edelstahlspielgeräten. Spielplatz, Beachvolleyball, Basketball, Riesenvolleyball, Riesen-Fußballkicker, große Liegewiese, Kiosk.

Happy Birthday!
Freier Eintritt für Geburtstagskinder bis 15 Jahre, unter 7 Jahre auch für die Begleitperson.

Warmfreibad Contwig

ℭ 06332/8062117. **Zeiten:** Mai – September täglich 8 – 20 Uhr.

▶ Schwimmer-, Nichtschwimmer- und Kinderbecken, Wasserrutsche, Sprunganlage, Liegewiese. Nebenan liegt ein Freizeitgebiet mit Abenteuerspielplatz, Minigolfanlage und Grillhütte.

Luft- und Badepark Plub

Lemberger Straße 41, 66955 Pirmasens. ℰ 06331/
876380, Fax 876381. info@stadtwerke-pirmasens.de.
Anfahrt: Vom Bhf Pirmasens mit Bus 1 bis Haltestelle
Plub. **Zeiten:** Sommersaison Halle und Freibad Mo 13
– 21, Di – Fr 9 – 21, Sa, So und Fei 8 – 19; Wintersai-
son Halle Mo 13 – 22, Di, Do 9 – 21, Mi, Fr 9 – 22,
Sa, So und Fei 8 – 19 Uhr. **Preise:** Sommer Tageskarte
3 €, Winter 2 Std. 3 €, 3 Std. 3,75 €, ganzer Tag
5,75 €; Kinder 4 – 16 Jahre Sommer Tageskarte
1,75 €, Winter 2 Std. 1,75 €, 3 Std. 2,25 €, ganzer
Tag 3,50 €; günstige Zehner-, Zwölfer- und Familienkarten sowie Ermäßigung für Schüler, Azubis, Studenten,
Schwerbehinderte, Zivil- und Wehrdienstleistende.

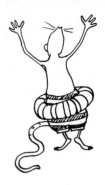

▶ Hallen- und Freibad, dessen Attraktion die
82 m lange Riesen-Wasser-Wendelrutsche ist.
Im Hallenbad gibt es ein 25-m-Becken, Bewe-
gungsbecken, beheiztes Außenbecken, Kinderbecken und Cafeteria. Das Freibad hat ein 25-
m-Becken mit Nichtschwimmerbereich, Kinderbecken, 2 Wasserrutschen, Sprunganlage,
Liegewiese und Spielplatz.

Felsland Badeparadies

Eybergstraße 1, 66994 Dahn. ℰ 06391/2179, Fax
993166. www.felsland-badeparadies.de. **Anfahrt:** Ab
Bhf Pirmasens Bus 6856, ab Hinterweidenthal Bus
6854 oder 6856 bis Haltestelle Dahn Stadtmitte, dann
noch 200 m Fußweg. **Zeiten:** Mo und Fr 9 – 22, Di und
Mi 9 – 21, Do 11 – 21, Sa, So und Fei 9 – 19 Uhr,
1.7. – 31.8. Sa, So, Fei bis 20 Uhr, Freibad 1.5. – 1.9.
Geschlossen 24., 26., 31.12. und 1.1. **Preise:** 2 Std.
3,50 €, 4 Std. 5, ganzer Tag 10 €, entsprechende Zehnerkarten 30, 42,50, 85 €, Dreißigerkarten 84, 120,
225 €, Hunderterkarten 245, 350 €; Kinder 4 – 15
Jahre 2 Std. 1,50 €, 4 Std. 2, ganzer Tag 8 €, entsprechende Zehnerkarten 13, 17, 68 €, Dreißigerkarten
36, 48, 180 €, Hunderterkarten 105, 140 €; Ermäßi-

 **Storch und
Frösche:** Ein
Spieler hüpft als Storch
auf einem Bein und ver-
sucht, seine Mitspieler
zu fangen. Die sind aber
zu Fröschen verzaubert
worden und können sich
deshalb nur noch in der
Hocke fortbewegen,
hüpfend und quakend.
Ist ein Frosch-Spieler
gefangen, verwandelt er
sich erneut und muss
nun als Storch auf
Froschfang gehen.

SÜDWESTPFALZ

gung für Gruppen, Schüler, Studenten, Wehrdienstleistende, Zivis, Schwerbehinderte.

▶ Erlebnis- und Familienbad mit Innen- und
Außenschwimmbecken, Kinderbecken, Wasser-
spielanlage, Strömungskanal, Wasserpilz, Bro-
delbecken, Grottenbecken mit Whirlpool, Un-
terwasser-Sprudelliegen, 43 m langer Rutsche,
Wasserkarussel für Kinder und Massagedüsen.
Im Außenbereich gibt es eine große Liegewiese,
einen großen Kinderspielplatz, zwei Restaurants und einen Kiosk.

Sport- und Freizeitbad »In den Bruchwiesen«

Carentaner Platz, 67714 Waldfischbach-Burgalben.
✆ 06333/925-132, 1050 (Gemeinde). **Zeiten:** Mitte
September – Ende Mai Di 13 – 21, Mi 8 – 21, Do 13 –
20.30 (ab 17.30 nur für Schwimmer), Fr 9 – 20, Sa 8
– 13, So 8 – 12 Uhr. **Preise:** Tageskarte 2,50 €, 12er-
Karte 25 €; Kinder 6 – 16 Jahre 2 €, 12er-Karte 20 €.
▶ Hallenbad mit 25-m-Kombibecken, 3-m-
Turm und 1-m-Brett.

Bergbad Heltersberg

Bergstraße, 67716 Heltersberg. ✆ 06333/63974,
Zeiten: Mitte Mai – Mitte September täglich 9 – 20
Uhr, Kassenschluss 19 Uhr. **Preise:** Tageskarte
2,50 €, Abendkarte ab 17 Uhr 1,50 €, Saisonkarte
60 €; Kinder 6 – 16 Jahre Tageskarte 2 €, Abendkarte
1, Saisonkarte 35 €; Familiensaisonkarte 75 €.
▶ Im Jahr 2000 wurde das heiß geliebte Freibad
der Kinder von Waldfischbach-Burgalben,
Schopp und Heltersberg vollständig modernisiert. Das beheizte Freibad hat nun ein 50-m-
Sportbecken, der Sprungbereich ein 1-m-Brett
und einen 3-m-Turm. Breitwandrutsche, Strömungskanal, Wasserigel und -pilz machen das
Nichtschwimmer- zum Spaßbecken. In das

*Schon gewusst?
Die Bruchwie-
sen heißen nicht etwa
so, weil die Wiesen
zerbrochen wären.
Bruch heißt in seiner
zweiten, aus dem
Westgermanischen
stammenden Bedeu-
tung Sumpfland,
Moor oder nasses
Uferland. Es steckt in
vielen Ortsnamen,
wie z.B. Bruchsal,
Brüssel, Greven-
broich. Jetzt wisst ihr,
dass es dort einst mal
ziemlich sumpfig ge-
wesen sein muss!*

Planschbecken mündet eine kleine Rutsche und auf der Liegewiese stehen allerlei Spielgeräte und ein Kiosk bereit.

Wasgau-Freibad Hauenstein

✆ 06392/915131, www.hauenstein.de. **Zeiten:** Mai – September 9.30 – 20 Uhr. **Preise:** Tageskarte 2 €, Zehnerkarte 14, Dauerkarte 30, Abendkarte 1,50 €; Kinder 1 €, 9 €, 15 € und 1 €; Familienkarte 43, allein Erziehende nur 21 €.

▶ Am Waldrand in ruhiger Lage, 600 – 700 m vom Zentrum entfernt, 50-m-Kombibecken mit 3-m-Turm und zwei 1-m-Brettern, Planschbecken mit kleiner Rutsche, Liegewiese, Spielplatz, Beachvolleyball, Tischtennis und Kiosk.

Hallenbad Hauenstein

Marienstraße, 76846 Hauenstein. ✆ 06392/ 4090177, 915-144 (VG Hauenstein), www.hauenstein.de. **Zeiten:** Herbstferien – Osterferien Di – Fr 16.30 – 20, Sa 13 – 16 Uhr. **Preise:** Tageskarte 2 €, Zehnermünze (10 + 1) 16 €, Zwanzigermünze (20 + 3) 32, Dreißigermünze (30 + 5) 48 €; Kinder 6 – 18 Jahre Tageskarte 1 €, Zehner 10, Zwanziger 20, Dreißiger 30 €.

▶ In der Ortsmitte, 25-m-Sportbecken und Sauna.

Baden in Seen & Weihern

Clausensee im Schwarzbachtal

9 km östlich von Waldfischbach-Rodalben. **Anfahrt:** Von Waldfischbach-Burgalben auf der K 32 Richtung Leimen.

▶ Kleiner See von 4 ha im beschaulichen Schwarzbachtal. Der sehr flache Einstieg macht ihn auch für kleinere Kinder zum geeigneten Ba-

Im **Hilschberghaus** oberhalb von Rodalben am Waldrand hat man von der Terrasse einen tollen Blick auf das Städtchen und genießt dabei einfache Hüttenkost. Spielplatz anbei. ✆ 06331/10669, PWV-Hütte 18020. Ausfahrt Richtung Clausen rechts ausgeschildert. Mi 12 – 20, Sa 12 – 20, So und Fei 9.30 – 19 Uhr, Sommerferien Di – Sa 12 – 20, So, Fei 9.30 – 19 Uhr.

Schon gewusst? Heißt ein See irgend etwas mit Hammer, so weist dies auf die ursprüngliche Bedeutung des Wassers als Energiequelle für den Antrieb von Hammerwerken hin. Riesige Hämmer, die von Wasserrädern angetrieben wurden, zertrümmerten Erzsteine, aus denen Eisen gewonnen wurde.

degewässer. Direkt am Ufer befinden sich ein Restaurant mit Terrasse sowie ein Campingplatz.

Schöntalweiher bei Ludwigswinkel

Biergarten Schöntalweiher, Heidi Groh, 66996 Ludwigswinkel. ✆ 06393/993204, **Anfahrt:** B 427 Bad Bergzabern Richtung Pirmasens, hinter Busenberg nach Bundenthal ab und etwa 15 km über Rumbach – Fischbach. **Zeiten:** April/Mai – September/Oktober, immer wenn die Sonne lacht, Sommer Mo – Fr ab 11, Sa, So, Fei ab 10, Frühjahr/Herbst Mo – Fr ab 13, Sa, So, Fei ab 11 oder 12 Uhr.

▶ Dieser schön gelegene See liegt von Wald umgeben kurz vor der französischen Grenze. Am Ostrand des 6 ha großen und maximal 4 m tiefen Sees befindet sich ein bescheidenes Strandbad, d.h. eine Liegewiese und Duschen, die zum Biergarten Schöntalweiher gehören, wo man auch Snacks bekommt.

Badeweiher Saarbacherhammer

Hotel-Restaurant Saarbacherhammer, 66996 Ludwigswinkel. ✆ 06393/92130, Fax 921323. hotel@saarbacherhammer.de. **Anfahrt:** B 427 Bad Bergzabern Richtung Pirmasens, hinter Busenberg nach Bundenthal ab und etwa 15 km über Rumbach – Fischbach.

▶ Schöner See, idyllisch gelegen mit genügend Platz, um sein Handtuch auszubreiten. An der Südwestseite steht das Mittelklassehotel und Restaurant *Saarbacherhammer* mit Terrasse, Liegewiese und Anlegestelle. Es kann per Boot in See gestochen werden.

Seehofsweiher bei Erlenbach

✆ 06391/5811. **Anfahrt:** Bus bis Erlenbach, danach noch 1 km zu Fuß. B 427 von Bad Bergzabern Richtung Pirmasens 10 km bis zum Abzweig Erlenbach.

▶ Südöstlich der Burg Berwartstein liegt dieser schöne Wald- und Badesee mit seinen sanften Ufern, deren Sandstrände den Badespaß steigern. Ein Kiosk versorgt die Wasserratten.

Radeln auf tollen Wegen

der Wasgau bietet radelnden Familien mit jüngeren Kids rund um Dahn und Fischbach ein gut ausgebautes Netz von Radwegen mit geringem Schwierigkeitsgrad. Leichte Touren sind auch ins Sickinger Land oder ins Elsass hinüber möglich.

▶ Die folgenden leichten **Tourenvorschläge** sind für Kinder ab 8 Jahre gedacht. Geht es jedoch über die gleiche Route in Gegenrichtung zum Ausgangspunkt zurück, verdoppelt sich die Strecke. Dann sollten die Kinder schon mindestens 10 Jahre alt sein. Für sportliche Kinder zwischen 12 und 14 Jahre sind andererseits sogar viele der Rundtouren des empfohlenen Radwanderbuches in voller Länge zu schaffen.

Hinterweidenthal – Hauenstein, 8,5 km (Bhf 6,5 km)

Hinterweidenthal – Langmühle, 7,5 km

Fischbach – Fischbrunner Tal – Dahn, 16 km

Fischbach – Fleckensteiner Weiher, 9 km

Fleckensteiner Weiher – Obersteinbach, 8 km

Erlenbach – Nothweiler, 8 km

Altschlossfelsentour: Eppenbrunn – Schweix – Eppenbrunn, 15 km

Niedersimten – Dusenbrücken, 10 km

Zweibrücken – Hornbach, 10,5 km

Rodalben – Hinterweidenthal, 12,5 km

Thaleischweiler-Fröschen – Wallhalben, 5 km

Waldfischbach – Clausensee, 9 km

RAUS IN DIE NATUR

All diese Routen sind als Teilstücke in dem Bändchen »**Radwandern** – 23 ausgewählte Touren in der Südwestpfalz« der Tourist-Information Südwestpfalz kurz beschrieben und mit Karten und Höhenprofilen verdeutlicht. Es ist bei den Verkehrsämtern der Region erhältlich.

SÜDWESTPFALZ

 Die Brechers-
klamm Richtung
Rosendorf – Schmits-
hausen ist ein nahes
Wanderziel von der
Kneipersmühle aus.

Hunger & Durst
Die große alte **Kneisper-
mühle** im beschaulichen
Tal der Walhalbe wurde
in ein gemütliches Land-
gasthaus verwandelt:
Biergarten unter Ross-
kastanien, Küche vom
einfachen Gericht bis
zum Menü, Kaffee, Ku-
chen – und genug Platz
zum Spielen.
℗ 06375/203,
www.kneispermuehle.de
Do – Di 10 – 24 Uhr,
warme Küche 11.30 –
14 und 17.30 – 21 Uhr.

Achtung! In einigen
Ortsdurchfahrten müsst
ihr auf die Straße aus-
weichen!

Wallhalb-Rad – autofrei zwischen Landstuhl und Thaleischweiler-Fröschen

www.wallhalben.de. touristinfo@wallhalben.de.
Anfahrt: Unbedingt zum Bahnhof Thaleischweiler-Fröschen, von da auch Rückreise, da der Bahnhof Landstuhl zu weit von der Radelstrecke entfernt ist. **Zeiten:**
In geraden Jahren Anfang Juni.

▶ Dies ist eines der kleineren Radelfeste, auf denen es eher gemütlich zugeht. Die 35 km lange
Strecke liegt in der schönen Mittelgebirgslandschaft südlich von Landstuhl über Mittelbrunn
und Wallhalben nach Thaleischweiler-Fröschen.

Radtour von Dahn zum Biosphärenhaus von Fischbach

Länge: 17 km, auf Grund der Länge und einer längeren
Steigung erst für Kinder ab 11 Jahre. **Anfahrt:** Dahn ist
nur per Bus erreichbar, die nächste Bahnstation liegt 6
km entfernt in Hinterweidenthal.

▶ Die Route folgt fast vollständig dem Radweg,
der von Dahn über Reichenbach (Einkehrmöglichkeit) bis Bruchweiler-Bärenbach stets rechts
von den Bahngleisen und der Wieslauter verläuft. In Bruchweiler-Bärenbach wird nach
rechts Richtung Rumbach/Fischbach abgebo-
gen. Rumbach ist nicht weit entfernt, die Route
führt am Rande des Dorfes vorbei. Zwischen
Rumbach und Fischbach ist auf dem ersten Teil
eine Steigung zu überwinden. Der Schlussabschnitt ist wieder flach. Das Biosphärenhaus
liegt ein Stück vor dem Ort rechts, ↗ Natur-
erfahrung & Lehrpfade.

Ein schöner Abstecher von Fischbach ist die
Fahrt durch das Wolfsäger Tal aufwärts.

Stippvisite im Ausland: Ins Elsass

Länge: 26 km auf Radwegen, nur wenige Steigungen, auf Grund der Länge erst für Kinder ab 11 Jahre.

Anfahrt: Nächste Bahnstation für Dahn ist das 6 km entfernte Hinterweidenthal, von da Radweg nach Dahn. Von Wissembourg gibt es Zugverbindung mit Fahrradtransport nach Speyer und Ludwigshafen.

▶ Die meist befahrene Radwanderstrecke der Südwestpfalz führt von Dahn immer das idyllische Wieslautertal abwärts bis nach *Wissembourg* (Weißenburg) im Elsass, die letzten 3 km durch Frankreich. Die Route verläuft, von verschiedenen Ortsdurchfahrten abgesehen, fast durchweg über Radwege, zumeist ausreichend markiert. Von Dahn geht es über Dahn-Reichenbach, Bruchweiler-Bärenbach, Bundental, Niederschlettenbach, Bobenthal und Weiler (Frankreich) nach Wissembourg.

Radtour von Dahn nach Hinterweidenthal

Länge: 6 km, ganz leicht, für Kinder ab 6 Jahre.

Anfahrt: Von der Bahnstation Hinterweidenthal (Landau – Pirmasens) fährt ein Bus.

▶ In der Region um Dahn gibt es einige ganz leichte, gut ausgebaute Radwege, die außerdem noch durch landschaftlich reizvolle Gegenden führen. Der Familienausflug Nr. 1 geht 6 km durch das Wieslautertal von Dahn nach Hinterweidenthal, wo es einen tollen Abenteuerspielplatz gibt. Die Strecke ist flach, in gutem Zustand und ausreichend markiert. Ab dem Start am Südende von Dahn verläuft sie immer links von der Wieslauter. Nach rund 2,5 km tut sich zur Linken ein Seitental auf, in dem ein Stauweiher und ein Campingplatz liegen. Kurz vor Hinterweidenthal geht es auf der Straße weiter. Ihr radelt fast durch den ganzen Ort, bevor es nach links zum Teufelstisch abgeht.

Hunger & Durst

Kurz vor Weiler lohnt es sich, einen Abstecher zum **St. Germanshof** zu unternehmen, dessen Restaurant an Sommertagen um einen großen Garten erweitert wird.

Tipp: An Sonntagen und Feiertagen pendelt die Wasgau-Bahn zwischen Hinterweidenthal über Bundenthal-Rumbach und Dahn.

SÜDWESTPFALZ

Radeln ohne Grenzen – autofrei von Dahn bis Neuburg

Pamina Büro, Im alten Zollhaus, 76768 Berg.
℡ 07277/97200, Fax 407407. **Zeiten:** 2. So im September.

▶ Der populäre Radweg an der Wieslauter entlang von Dahn über Wissembourg in Frankreich nach Neuburg ist am 2. Sonntag im September ein einziger langer Festweg. Familien mit sportlichen 12- bis 14-Jährigen könnten sich den 26 km langen Abschnitt Dahn – Wissembourg vornehmen, wo sie Bahnverbindung nach Ludwigshafen haben. Die 50 km lange Gesamtstrecke bis Neuburg ist auch ihnen sicherlich zu lang, zumal ja auch der Festspaß entlang der Route nicht zu kurz kommen soll. Familien mit kleineren Kindern suchen sich natürlich irgendeinen Kurzabschnitt aus.

Radelspaß im Sickinger Land – autofrei von Waldfischbach-Burgalben bis Landstuhl

Länge: 20 km, weitgehend flach. **Anfahrt:** Bahnverbindung nach Steinalben und Waldfischbach-Burgalbenen der Bahnstrecke Kaiserslautern – Pirmasens. **Zeiten:** In ungeraden Jahren Mitte Mai.

▶ Dieses auch von vielen Radlern und Radlerinnen aus Pirmasens und Kaiserslautern besuchte Fest spielt sich zwischen Landstuhl/Burg Nanstein und Waldfischbach-Burgalben ab. Bis auf den Anstieg von Bann zur Burg Nanstein ist die Route flach, also ausgesprochen familienfreundlich. Im Bereich von Waldfischbach-Burgalben bis Steinalben wird der Radweg genutzt, von Steinalben über Queidersbach bis Burg Nanstein sind die RadlerInnen, SkaterInnen und WandererInnen auf der für diesen Tag gesperrten Landstraße unterwegs.

🦉 *Schon gewusst?*
Eine Landkarte ist das Bild einer Landschaft aus der Vogelperspektive. Es gibt von allem Möglichem Karten, von Staaten, Regionen, Kirchen ... was noch? Ihr könntet eure eigene Karte von eurer Radtour oder von eurem Zimmer zeichnen. Stellt euch vor, dass ihr von der Zimmerdecke auf Bett, Tisch, Stuhl, Schrank guckt. Deren Umrisse malt ihr auf. Da ihr aber sicher kein Papier habt, dass so groß wie das Zimmer ist, müsst ihr alle Gegenstände verkleinert darstellen. 1 cm auf dem Papier könnte z.B. 1 m in der Wirklichkeit bedeuten. Und damit andere wissen, welchen Maßstab ihr benutzt habt, schreibt ihr das hin: 1:100.

Wandern durch Täler und Wälder

Die Südwestpfalz um Hauenstein und Dahn ist eine gerade auch unter Familien mit Kindern sehr beliebte Wander- und Urlaubsregion. In den Wäldern gibt es viele bizarre Buntsandsteinfelsen und einige idyllische kleine Weiher und Seen. Aber auch die recht zahlreichen Burgen geben gute Wanderziele ab.

Wanderung von Hinterweidenthal zur Burgruine Gräfenstein

Länge: Leichte Rundtour von 7,5 km, auch für Kinderwagen. **Anfahrt:** Hinterweidenthal ist Bahnstation an der Strecke Landau – Pirmasens. B 10 Landau – Pirmasens, 18 km von Annweiler, 14 km von Pirmasens.

▶ Von Hinterweidenthal kann man im beschaulichen Tal der Wieslauter auf einem Weg bis Wieslauterhof wandern. Man wird auf dem Hinweg auf der rechten und auf dem Rückweg auf der linken Bachseite gehen. Insgesamt kommen 7,5 km zusammen. Familien mit sportlichen Kids ab 11 Jahre könnten die Tour in Wieslauterhof um den Aufstieg zur Ruine Gräfenstein anreichern. Dadurch würde die Wanderung auf 13 km bzw. 2,5 Stunden anwachsen. Man kann diese Tour auch radeln, dann nimmt die Route aber hinter Wieslauterhof einen anderen Verlauf. Es geht dann noch ein Stück den Wartenbach entlang, bevor man von Norden her zur Burg Gräfenstein aufsteigt.

Zur Queichquelle und zur Dicken Eiche

Hauenstein. **Länge:** Leichte Rundwanderung von 5 bis 7 km, auch mit Kinderwagen. **Anfahrt:** Bahnhof Hauenstein an der Strecke Landau – Pirmasens. B 10 Landau – Pirmasens, etwa 10 km hinter Annweiler Abzweig nach Hauenstein, zum Parkplatz Ende Dahner Straße am Südwestrand des Ortes.

LVA RLP: Zweibrücken und Umgebung, Pirmasens und Umgebung, Waldfischbach-Burgalben, Rodalben, Dahn und Umgebung und Hauenstein und Umgebung, alle 1:25.000.

Hunger & Durst

Gräfensteinhütte des PWV, in der Nähe der Burg, So und Fei 10 – 19 Uhr, außer Karfreitag, Oster- und Pfingstsonntag, Fronleichnam, 3.10., 1.11. und Neujahr.

Südwestpfalz und Südliche Weinstraße **Familien-Freizeit-Erlebniskarte**, Kids & Trips, 2,50 €, erhältlich bei den Tourist-Informationen im Raum Dahn-Hauenstein.

SÜDWESTPFALZ

Auf der PWV-Hütte **Dicke Eiche** gibt es zu essen, es kann auch übernachtet werden. Die Kinder können auf einem Spielplatz herumtollen. Geöffnet Sa, So, Fei 9 – 18, Mai – Oktober auch Mi 10 – 18 Uhr sowie 24.12. und 31.12. Geschlossen 25., 26.12. und 1.1.

▶ Vom Parkplatz am Südwestrand von Hauenstein geht man das Queichtal 500 m aufwärts zum Paddelweiher. Hier gibt es ein Lokal, wo ihr von April bis November täglich ab 10 Uhr Boote leihen könnt. Ihr umgeht den See auf der rechten Seite und lauft dann das schöne Tal weiter hinauf. Nach 1 km tauchen nochmals zwei kleine Weiher auf. Von da ist es noch ein weiterer Kilometer bis zur Queichquelle. Auf der anderen Bachseite verläuft der Weg zum Paddelweiher und zum Parkplatz am Südwestrand von Hauenstein zurück. Wer gut zu Fuß ist, könnte noch von der Queichquelle den steilen Aufstieg zum populären Wanderheim Dicke Eiche unternehmen.

Wandern und Einkehren bei Dahn Nr. 1: Am Bärenbrunnerhof

Ulrich Ochsenfahrt, 66996 Bärenbrunnerhof. ✆ 06391/5744, Fax 5268. **Anfahrt:** Bus 848 von Dahn nach Schindhard, dann 3 km zu Fuß. Mit Auto von Dahn-Reichenbach über Schindhard zum Bärenbrunnerhof. **Zeiten:** Mo, Mi – Fr ab 10 Uhr, Küche 12 – 14 und 17 – 22, Sa, So und Fei 9 – 22 Uhr; im Winter Fr – Sa, ein Monat Betriebsferien.

▶ Ökologisch orientierter Bauernhof mit Laden (Fr und Sa 10 – 18 Uhr) und Gasthof mit reichlichem Angebot, auch Flammkuchen und vegetarische Vollwertkost. Genug Platz zum Spielen. Als Wanderziele bieten sich die ganz nah liegenden Buntsandsteinfelsen an, etwas weiter die Wasgau-Hütte, Schwanheim und Darstein.

Mehr Informationen über den Pfälzerwald Verein sowie weitere Adressen findet ihr in der Griffmarke Info- & Ferienadressen.

Wandern und Einkehren bei Dahn Nr. 2: An der Hütte Am Schmalstein

PWV-Hütte 780, Edwin Frary, Bergstraße 5, 76891 Bruchweiler. ✆ 06394/5312. **Anfahrt:** Bus 848 bis Bruchweiler, dann zu Fuß Richtung Reinigshof, nach

1,5 km nicht rechts zum Reinigshof, sondern geradeaus. Mit Auto von Bruchweiler, 10 km südlich von Dahn, Richtung Reinigshof bis Parkplatz, dann noch 800 m zu Fuß. **Zeiten:** Mi 13 – 19, So 10 – 18 Uhr außer 24.12. – 1.1.

▶ Rund um das Rasthaus der PWV Ortsgruppe Bruchweiler, einer kleinen massiven Hütte »in der Käskammer«, könnt ihr auf der Lichtung spielen, zum *Napoleonfelsen* spazieren (1 km) oder zum *Eyberg-Turm* laufen (3 km). Das Lokal selbst bietet rustikale Pfälzer Küche, Kaffee, Kuchen.

LVA RLP: Dahn und Umgebung mit elsässischem Grenzgebiet, topografische Karte 1:25.000 mit Wanderwegen.

Wandern und Einkehren bei Dahn Nr. 3: Von der Drachenfelshütte zur Burgruine

Hütte 3877, Gerhard Schwarzmüller, 76891 Busenberg. ℰ 06391/1875. **Anfahrt:** Bus 848 Dahn – Busenberg, dann 1,5 km zu Fuß. **Zeiten:** Ganzjährig Mi ab 11, Sa und So ab 9 Uhr, Gruppen sollten sich anmelden.

▶ Die Drachenfelshütte liegt auf 294 m unterhalb der 367 m hoch gelegenen Ruine Drachenfels, die auch das Ziel einer Kurzwanderung sein kann. Von dort oben habt ihr natürlich eine tolle Aussicht über die Berge des Wasgaus. Die Hütte der PWV Ortsgruppe Busenberg bietet einfache Gerichte und einen Spielplatz.

Wanderung von Lauterschwan via Seehof zur Burgruine Berwartstein

Länge: 9 km, nicht allzu schwer, für Kinder ab 9 Jahre.
Anfahrt: Lauterschwan liegt 12 km westlich von Bad Bergzabern an der B 427 Richtung Pirmasens.

▶ Diese schöne Wanderung beginnt in Lauterschwan und ist stets mit gelbem Strich markiert. Sie verläuft zunächst gut 2 km oberhalb des Erlenbaches, bevor sie im Bereich des Frauenwoogs zum kleinen See im Bach hinunter

Tipp: Badesachen und Picknick einpacken, im Seehofweiher kann gebadet werden.

kommt. Danach sind es noch einmal 2 km bis zum beliebten **Seehof-Badesee**, an dem ihr bis zum Südwestende entlangwandert. Am Ende der insgesamt 9 km langen Route erfolgt der Aufstieg zur eindrucksvollen **Felsenburg Berwartstein**. Von hier ist es nicht weit nach Erlenbach, wo Busverbindung nach Dahn besteht.

Altschlossfelsen bei Eppenbrunn

Länge: Von Eppenbrunn zu den Altschlossfelsen und zurück 6 km, rund um den Altschlossfelsen weitere 3 km, leichtes Profil, für Kinder ab 8 Jahre. **Anfahrt:** Eppenbrunn liegt etwa 15 km südlich von Pirmasens nahe der französischen Grenze, der Parkplatz Spießweiher 1 km südlich des Ortes.

▶ Vom Ortszentrum Eppenbrunn geht es zunächst Richtung Süden am lang gestreckten Eppenbrunner Weiher entlang. Nach gut 1 km biegt ihr nach rechts ab und geht nun in einem bewaldeten Tal aufwärts an zwei idyllischen Weihern vorbei. Die Strecke steigt ein ganz wenig an. Etwa 1 km hinter dem letzten Weiher biegt ihr links ab und steigt nun zum nahe gelegenen **Altschlossfelsen** (Hinweis) auf. Dies ist eine 1200 m lange Wand mit zahlreichen ulkigen Gebilden, den aufregendsten in der Wasgauer Welt der Buntsandsteinfelsen. Für Erwachsene sind die vielen von der Erosion herausgeschliffenen Formen beeindruckend, Kindern macht das Gemisch aus Felsen, Höhlen und Bäumen großen Spaß – als Gelände zum Versteckspielen und Umhertollen versteht sich. Wer das ganze umrunden will, geht am besten zuerst an der Südseite entlang unterhalb der Felsen entlang. Der Pfad an der Nordseite verläuft dagegen großenteils auf der Felswand und ist nicht so spektakulär. Zu meiner Route gibt es als Alternative den schwereren Rundwanderweg 4.

Tipp: Der Altschlossfelsen ist ein ideales Gelände für Klettermaxe. Am besten den Picknickkorb reichlich füllen, damit ihr es hier lange aushalten könnt.

Man muss für die 9 km lange Wanderung den Rucksack gut füllen, da sich keine Einkehrmöglichkeit bietet.

Zum Landgasthaus Ransbrunnerhof bei Eppenbrunn

Weilerhof 2,5 km nördlich von Eppenbrunn. ℃ 06335/1477, Di – So 11 – 21 Uhr, durchgehend warme Küche.

▶ Von Eppenbrunn führt der Wanderweg mit dem weißen Kreuz zum Ransbrunnerhof. Die 2,5 km lange, leichte Route durch Wald und Wiesen lässt sich schon mit 8-jährigen Kindern gut machen. Der alte, von Weiden und Wald umgebene und herrlich ruhig gelegene Bauernhof bietet allerlei Kurzweil für Kinder, vor allem auf dem Spielplatz. Das Speiselokal bietet ab 13 Uhr Kaffee und Kuchen und hat eine Sonnenterrasse plus Biergarten dabei.

Der Teufelstisch

Anfahrt: Hinterweidenthal ist Bahnstation an der Strecke Landau – Pirmasens. B 10 Landau – Pirmasens, 18 km von Annweiler, 14 km von Pirmasens. Rad: Hinterweidenthal liegt am populären Radweg Dahn – Hauenstein.

▶ Das interessanteste Gebilde des an merkwürdigen Felsen so reichen Wasgaus ist der Teufelstisch bei Hinterweidenthal: zwei 8 m hohe säulenähnliche Felsnadeln, auf denen eine breite, mächtige Buntsandsteinplatte ruht, die 300 Tonnen schwer sein soll. In früheren Zeiten galt dieses beeindruckende Felsgebilde als Teufelswerk, das nur bei Nacht und Nebel geschaffen worden sein konnte. Unterhalb des Teufelsteins liegt ein wunderbarer Abenteuerspielplatz, Kinder und jung gebliebene Spielplatzfans können es hier stundenlang aushalten. Wenn der Hunger

Eines späten Abends, als der Teufel auf einer längeren Reise durch den Wasgau kam, fand er keinen Platz, an dem er sein Abendbrot hätte verzehren können. Kurzerhand brach er ein paar Felsbrocken ab und türmte sie zu Tisch und Stuhl auf. Als die Pfälzer am anderen Morgen die Veränderung in ihrem Wald sahen, waren sie ganz schön erschrocken. Den Stuhl hat der Teufel übrigens mitgenommen, damit er sich ab und zu mal setzen kann.

SÜDWESTPFALZ

kommt bedarf es nur weniger Schritte, denn am Eingang des Spielplatzgeländes befinden sich zwei Restaurants.

Von Niedersimten durchs Gersbachtal

Anfahrt: Vom Pirmasens Hbf Bus 877 nach Niedersimten, dann 2 km zu Fuß bis NFH. Mit Auto von Pirmasens Richtung Bitche, in Niedersimten nach links ausgeschildert und 2 km im Gersbachtal aufwärts.

▶ Auf der Wanderung vom NFH im Gersbachtal 2,5 km aufwärts bis zur Grillhütte im Wald kommt ihr an mehreren Weihern vorbei, die sich zu kurzweiligen Naturbeobachtungen eignen. Schön ist auch der 1 km lange Spaziergang vom NFH zum wilden Teufelsfelsen, wo noch andere seltsame Gebilde liegen.

Das **Lokal der Naturfreunde** liegt mitten im bewaldeten Gersbachtal und bietet einen Spielplatz sowie eine variantenreiche Küche drinnen und auf der Terrasse, auch Fischgerichte.

Hunger & Durst
Naturfreundehaus Niedersimten,
Gersbachtalstraße,
66955 Pirmasens-
Niedersimten.
✆ 06331/46288,
Fax 45700.
Fritz.Marx@t-online.de.
2 km südöstlich vom
Ort. Täglich 9.30 – 20
oder 21 Uhr, durchgehend warme Küche.

Naturerfahrung & Lehrpfade

Rund ums Wasser bei der Weihermühle

7 km nordöstlich von Thaleischweiler-Fröschen. **Anfahrt:** Von der A 62 Landstuhl – Pirmasens, Abfahrt Thaleischweiler-Fröschen Richtung Wallhalben, nach 4 km rechts auf einem Sträßchen das Oderbachtal aufwärts. **Info:** Tourist-Information Wallhalbtal-Sickinger Höhe, 66917 Wallhalben. ✆ 06375/921150, Fax 6150.

▶ 400 m hinter der **Weihermühle** beginnt links der als Rundweg angelegte **Wasserlehrpfad**. Der Weg führt zwischen bizarren Buntsandsteinfelsen leicht aufwärts am Odenbach entlang, der an mehreren Stellen zu kleinen Seen aufgestaut ist. Von Zeit zu Zeit informieren Tafeln über das

Gesehene. Nach 2,5 km überquert ihr den Odenbach und steht nach wenigen hundert Metern in einer engen Schlucht vor einem wilden Wasserfall. Anschließend geht es wieder auf dem Wasserlehrpfad zur Weihermühle zurück, dieses Mal auf der anderen Bachseite. Dies ist der eigentliche Wasserlehrpfad, denn hier stehen die Infotafeln, die sich mit dem Bach und seiner Umgebung beschäftigen. Die Route ist dort manchmal etwas beschwerlich, weil sie stellenweise fast zugewachsen ist. Außerdem gibt es reichlich Brennesseln.

Von dem aufregenden, nassen Trip erholt man sich dann im **Landgasthof Weihermühle.** Die ehemalige Mühle liegt sehr schön und ruhig im waldreichen Odenbachtal. Biergarten unter schattigen Bäumen, Restaurant mit recht großem Angebot, u.a. einheimische Küche wie »Hooriche Knepp« und Dampfnudeln. Wer wieder bei Kräften ist, kann sich auf dem Spielplatz oder der Springburg erneut außer Puste bringen, zwischen April und Oktober wird Ponyreiten angeboten.

Biosphärenhaus Pfälzerwald/ Nordvogesen

Am Königsbruch 1, 66996 Fischbach bei Dahn. ✆ 06393/92100, Fax 921019. www.biosphaeren-haus.de. info@biosphaerenhaus.de. **Anfahrt:** Ab Bahnstation Hinterweidenthal Bus nach Fischbach. Rad: Per Radweg von Dahn. **Zeiten:** April – Okt. Mo 12 – 18, Di 9 – 20, Mi – Fr 9 – 17, Sa, So, Fei 9.30 – 18 Uhr, Nov – März Mo – Fr 9 – 17, Sa, So, Fei 9.30 – 17 Uhr. **Preise:** 3,50 €, ab 10 Personen 3, ab 30 Personen 2,50 €; Kinder 4 – 17 Jahre 2,50 €, ab 10 Personen 2, ab 30 Personen 1,50 €; Familienkarte 9 €.

▶ Der ganz neue fünfgeschossige Glaskasten wird fast vollständig mit erneuerbarer Energie

Weitere Lehrpfade:
Baum- und Strauchlehrpfad Klosterstadt Hornbach; Waldlehrpfad Nothweiler; Hydrologischer (Wasser) und biologischer Lehrpfad Pirmasens; Wald- und Naturlehrpfad Pirmasens.

Hunger & Durst
Landgasthof Weihermühle. ✆ 06334/5584, www.weihermuehle.de. Von Thaleischweiler-Fröschen nach 4 km Richtung Wallhalben rechts ab und das Sträßchen im Tal des Odenbaches aufwärts. Täglich April – Okt. 11 – 21, Nov. – März 11 – 19 Uhr.

Tipp: Das Biosphären-
haus bietet Kindern
tolle Naturexkursionen
an. Spannend und ge-
heimnisvoll sind die
Nachtwanderungen und
-beobachtungen von
Eulen, Fledermäusen
und anderen Nacht-
schwärmern. Termine
im Internet.

Hunger & Durst

Das Restaurant mit zwei
Aussichtsterrassen im
obersten Geschoss hat
eine umfangreiche Spei-
sekarte mit Pfälzer Spe-
zialitäten und anderen
Gerichten, auch einfa-
che und preiswerte für
Kindergruppen und
Schulklassen.

versorgt. Kernbereich des Biosphärenhauses ist
die über fünf Halbetagen verteilte interaktive
Multimedia-Ausstellung, die den Besuchern
die heimische Pflanzen- und Tierwelt, wichtige
Kreisläufe in der Natur, die Energieerzeugung,
die Umweltfolgen des Verkehrssystems und der
Verstädterung u.v.a.m. mit Hilfe mehrerer Qua-
dratmeter großer Modelle spielerisch erschließt.
Das kann viel Spaß machen, z.B. wenn man in
der Tiersinnesstation aus der Perspektive verschiedener Tiere die Umgebung »schmeckt«
oder »erfühlt«. Nicht minder interessant ist es,
sich die Stimmen von Vögeln und Amphibien
anzuhören, darunter allerlei seltene Arten, die
man in der Natur fast nie zu sehen bekommt.
Viele Kinder sind mit großer Begeisterung damit
beschäftigt, mit einer Spezialmaschine des Biosphärenhauses Strom zu erzeugen; das stark stra-
pazierte Gerät musste schon einmal gründlich
repariert werden.

Baumwipfelpfad des Biossphärenhauses

▶ In der Nähe des Biosphärenhauses Fischbach
windet sich in 15 – 30 m Höhe ein über 150 m
langer Holzsteg auf freitragenden Stahlstämmen
durch die Kronenzone des Waldes. Der Baum-
wipfelpfad ermöglicht so Einblicke in einen Le-
bensbereich, der vom Boden kaum einzusehen
ist: die Welt der Fledermäuse, Baumläufer,
Spechte, Borkenkäfer, Nachtfalter, Baummoose
und Misteln.

Neben dem sicheren Hauptsteg wurden für diejenigen, die den Nervenkitzel suchen, Erlebnis-
bereiche entwickelt, an denen ihr austesten
könnt, wie viel Höhe ihr vertragt, ohne in
Angstschweiß auszubrechen. So habt ihr die
Möglichkeit vom Steg aus auf schwankende
Hängebrücken und wacklige Taubrücken zu

wechseln, oder über Glasböden in 15 m Höhe zu laufen. Unter sich das tiefe »Nichts« zu sehen, ist ganz schön verunsichernd! Wer am Ende des Parcours nicht den normalen Ausgang benutzen will, der kann den Pfad per Baumrutsche verlassen und sich von 20 Metern Höhe damit einen spektakulären Abgang verschaffen.

Biosphären-Erlebnisweg Fischbach

Fischbach bei Dahn. **Länge:** 2,5 km, ganz leicht und flach, kinderwagentauglich. **Infos:** Skizze des Biospären-Erlebnisweges mit Charakterisierung der Stationen im Biosphärenhaus.

▶ Eine schöne Ergänzung zur Ausstellung des Biosphärenhauses bietet dieser Naturlehrpfad, der direkt am Biosphärenhaus beginnt und nach einer 2,5 km langen Runde durch das Spießwoogtal wieder zum Ausgangspunkt zurückführt: eine gut markierte Route, die gerade auch Familien viel Spaß bereiten kann. Sie ist so gut ausgebaut, dass sie auch mit Kinderwagen und Rollstuhl zu machen ist. An 12 Stationen erfahrt ihr allerhand Erstaunliches aus der Natur. Es wird auch zu verschiedenen Aktivitäten animiert. An der Station 9 habe ich beim Schaukeln die Aussicht auf das beschauliche Bachtal genossen und beim Ruhen in der Liege entspannt in die Baumkronen geschaut.

NaturErlebnisZentrum Wappenschmiede

Gesellschaft für Naturschutz und Ornithologie Rheinland-Pfalz e.V. (GNOR), Am Königsbruch 2, 66996 Fischbach bei Dahn. ✆ 06393/993406, Fax 993706. www.wappenschmiede.de. info@wappenschmiede.de. **Zeiten:** Ganzjährig geöffnet. **Infos:** Veranstaltungsprogramm über die GNOR Landesgeschäftsstelle, Osteinstraße 7 – 9, 55118 Mainz, ✆ 06131/671480, Fax 671481.

Die Stationen:
1 Karte des Rundwanderweges. **2** Klima, Wetterstation im Bau. **3** Anschnitt von Buntsandsteinfelsen. **4** Korngrößen/Bodenbeschaffenheit. **5** Bodenprofile, Hang, Talaue. **6** Wassertretanlage, Rastplatz. **7** Beobachtungsplattform, Rastplatz, Schutzhütte. Vogelarten, Schnabelformen, Nahrung. **8** Holzsteg, Lebensraum Wasser, Fischmodelle. **9** Faszination Natur, Ruheliegen mit Blick in Baumkronen, Schaukelbank. **10** Wald, Holzarten, Lebensraum Baum, Totholz, Pilze. **11** Leistungen von Tieren, Laufgeschwindigkeiten. **12** Erlebnisplatz, wie verschiedene Tiere die Welt sehen.

SÜDWESTPFALZ

▶ Neben dem Biosphärenhaus Fischbach befindet sich das NaturErlebnisZentrum Wappenschmiede. Schwerpunkt seiner Arbeit ist die erlebnisorientierte und praxisnahe Umweltbildung sowie die ökologische Forschung. Diese ist ein sehr breites Feld, das von wissenschaftlichen Fachtagungen, regelmäßigen Seminaren für Pädagogen und Workshops für Schulklassen bis zu einem breiten naturkundlichen Exkursions- und -erlebnisprogramm für Kinder- und Jugendgruppen, Schulklassen und Familien reicht: Familienspaziergänge, Bastelnachmittage, Nachtexkursionen, Kinderferiencamps, Kräuterwanderungen, Gewässeruntersuchungen usw.

Die Wappenschmiede besitzt ein Labor, einen Seminar- und einen Werkraum sowie eine Herberge mit 40 Betten in 2- bis 6-Bett-Zimmern, alle mit Dusche und WC. Die Zugänge sowie ein Zimmer sind behindertengerecht. Halbpension und Vollpension sind möglich. Gemeinsam mit dem Biosphärenhaus wurde ein Programm für Schulklassen und andere Jugendgruppen entwickelt, aus dessen Bausteinen übernachtende Gruppen sich mehrtägige Programme zusammenstellen können.

Tipp: Themen von **Familienspaziergängen** von jeweils 2 – 3 Stunden:
Natur im Winterschlaf
Frühlingserwachen
Leben in der Wiese
Auf den Spuren einer Kräuterhexe
Wasser
Waldgeheimnisse
Herbstfarben
Tierspuren

Ökologische Waldstation bei Wilgartswiesen

Revierförster B. Klein, Riederplatz 6, 76848 Wilgartswiesen. ✆ 06392/1525, Fax 7756. **Anfahrt:** Bahnstation an der Strecke Landau – Pirmasens, dann 2 Minuten zu Fuß.

▶ Die ökologische Waldstation Wilgartwiesen betätigt sich in der Lehrerfortbildung und geht mit Kindergärten, Schulklassen und Jugendgruppen in die Natur: da werden Wald, Wiesen, Bäche und Tümpel erforscht. Durch aktives Erleben sollen das Umweltverständnis und ein naturfreundliches Verhalten gefördert werden. Es werden jeweils thematische Schwerpunkte gesetzt und versucht, die Phänomene ganzheitlich zu erfahren. So schaut ihr euch einen Bach zuerst an der Quelle an, verfolgt dann seinen Lauf, fühlt, seht und riecht, was sich im Bach befindet, und bestimmt mit einfachen Methoden die Güte des Wassers. Gemeinsam baut ihr Flöße oder spielt im Wald.

Die ökologische Waldstation Wilgartswiesen hat einen Seminarraum mit Labor und einen eigenen Schulwald, sie würde auch gern ein Waldklassenzimmer und einen Walderlebnispfad anlegen. Dafür fehlen aber noch die Mittel.

Klettern oder Reiten?

Kletterfelsen im Dahner Land/Wasgau

Wasgau Kletterschule, Bahnhofstraße 22, 76846 Hauenstein. ✆ 06392/2390, Fax 7106.

▶ Der Wasgau gilt weithin als Kletterparadies, in dem es im Übermaß Kletterfelsen aller Schwierigkeitsgrade gibt. Entsprechend stark ist der Andrang. Kletterschulen, -veranstalter und Individualkletterer sind aktiv.

Klettern im Bereich der natürlichen Felsen ist freilich ökologisch nicht unproblematisch, denn die Felsen sind die Lebenswelt von Vögeln (Wanderfalken), Insekten und Pflanzen, deren Alltag durch die Kletterer gestört wird. Auch für die Felsen selbst führen die Aktivitäten zu Abnutzung und Zerstörung. Ferner wird die Erosion gefördert. Das hat man mittlerweile auch von offizieller Seite in gewissem Umfang registriert und daher einige Felsen für Kletterer gesperrt. Ich schlage vor, die Kletteraktivitäten

SÜDWESTPFALZ

Die Felsenprimel ist zwar eine Überlebenskünstlerin, doch wenn ihr dauernd jemand aufs Haupt tritt, dann verschwindet sie auf Nimmerwiedersehen.

auf Indoorkletteranlagen zu beschränken, beispielsweise bei der Wasgau Kletterschule.

Gödelsteinhof bei Contwig

Gertrud Rendgen, 66497 Contwig. ✆ 06332/996063 und 996065, www.goedelsteinhof.de. gertrud.rendgen@goedelsteinhof.de. **Preise:** Einzelstunde 35 €, Ausritt bis 2 Stunden 35 €, Tagestouren oder mehrtägige Wanderritte 55 € pro Tag, Abonnement wöchentlich einmal ausreiten 85 €; Kutsche bis 6 Personen Tagestour 250 €; Mehrbettzimmer 10 €, DZ/Etagendusche 15 €, Ferienwohnung pro Tag 35 €, ab der 3. Person 15 €, Frühstück 7 €, HP 15 €, VP 25 €. **Infos:** Umfangreicher Veranstaltungskalender auf der Homepage.

▶ Der Reiterhof ist von Weiden und Wald umgeben. Neben Pferden werden Schafe, Kühe, Esel und Hunde gehalten. Es gibt eine kleine Turnhalle, ein Volleyballfeld und einen Spielplatz mit von Kindern selbst gebauten Geräten. Reitstunden, Reiterpass und Rendgen-Abzeichen, Kurzritte bis mehrtägige Wanderritte zu jeder Jahreszeit. Rindertreiben wie die Cowboys, Kutschfahrten, Schlittenfahrten, Ski-Jöring (das Pferd als Ski- und Schlittenlift), Lagerfeuer mit Grillen, Ferienwohnungen, Doppelzimmer, Matratzenlager, Zelten.

»Mit Ruhe, Toleranz und Gelassenheit kommt man sehr weit.« Gemäß ihrer Maxime gewähren die Gödelshofer den Pferden eine artgerechte Lebensweise, d.h. sie leben in der Herde, gehen alle barhuf und wählen selbst zwischen Stall und Wiese. Geritten wird artgerecht in einer pferdefreundlichen Haltung und Ausrüstung, d.h. ohne Gebiss mit Sidepull im bequemen Westernsattel. Es dominiert die Aktivität im Gelände. Das gilt sogar für Anfänger und Anfängerinnen.

Hunger & Durst

Hahnberghütte bei Contwig, ✆ 06332/50135, vom Bahnhof Contwig zu Fuß 1,5 km. Mi 10 – 19 Uhr, Sa 14 – 19 Uhr, So 10 – 19 Uhr; Weihnachten und Neujahr zu. Die zünftige Wanderhütte liegt mitten im Wald und bietet Hüttenkost, Tische und Bänke im Freien, Kinderspielplatz. Übernachtung möglich.

Tierparks & Gärten

Rosengärten in Zweibrücken

Büro für Fremdenverkehr Zweibrücken, Poststraße 40, 66482 Zweibrücken. ☎ 06332/871-123, www.zwei-brücken.de. **Anfahrt:** Vom Bhf Zweibrücken Bus 6 bis Festhalle oder 15 Minuten Fußweg. **Zeiten:** April, Mai, September, Oktober täglich 8 – 19 Uhr, Juni – August 8 – 20 Uhr, Führungen durch das Büro für Fremdenver-kehr. **Preise:** 3 €; Kinder und Jugendliche 1 €; Erwach-senen-Gruppen ab 20 Personen 2,40 €, ab 50 Perso-nen 2,20 €.

▶ Zweibrücken ist bekannt für zwei Rosengär-ten, die sich allerdings grundlegend unterschei-den:

Im ausgedehnten Kulturpark **Europas Rosen-garten**, am Schwarzbach unweit der Innenstadt, mit seinen Teichen und und gepflegten Parkwe-gen sind Züchtungen zu sehen. 60.000 Rosen-stöcke, die über 2000 Rosenarten angehören, er-geben ein prächtiges Blütenmeer. Es gibt eine Konzertbühne im Park, und auf Kinder wartet ein Spielplatz. Man kann den Garten auf einem 1,5 km langen Rundgang durchwandern und sich an der Ostseite in einem Restaurant-Café zum Kaffee einfinden. Dort ist auch das Freibad benachbart.

Im **Wildrosengarten** an der Fasanariestraße im Südosten hoch über der Stadt sind dagegen wild wachsende Arten von Wild-, Park- und Strauch-rosen zu Hause, etwa 1000 sollen es sein. Viele alte Rosensorten aus aller Welt sind hier versam-melt, die heute nicht mehr erworben werden können. Beste Zeit zum Besuch des originellen Rosengartens sind die Monate Mai und Juni, Wildrosen blühen recht früh. Ihr starker Duft wird euch betören. Kein Wunder, dass Rosen-blätter eine wichtige Zutat für Parfüm sind!

Tipp: Orientierung bietet der kleine Stadtplan der Tourist-Information.

Hunger & Durst

Das **Naturfreundehaus Harzbornhaus** (Pfälzer Küche, Spielplatz) liegt am Waldrand oberhalb von Zweibrücken in 320 Höhe 3 km nordöstlich der Stadt. Der Wander-weg durch das enge, dicht bewaldete Heil-bachtal ist ab Zwei-brücken gut markiert. Auf dem Hinweg geht es stetig bergauf – am Ende stärker. Da muss auch ein wenig Schweiß fließen. Gersbergerhof-straße 299, ☎ 06337/ 1449. Mi, Sa 12 – 21 Uhr, warme Küche bis 17 Uhr, So 9 – 21 Uhr, Warmes bis 18 Uhr.

SÜDWESTPFALZ

Freizeitparks & Abenteuerspielplätze

Freizeitpark Strecktal Pirmasens

An der Streckbrücke am Westrand.

▶ Ausgedehnter Erholungspark in einem breiten Tal mit Teich, naturnahem Spielplatz, Skating-Platz und Grillstelle. An den breiten Spazierwegen stehen Ruhebänke.

Freizeitzentrum Eisweiher Pirmasens

Am Kiesweg am Südostrand.

▶ Wenn der Weiher zufriert, wird darauf Schlittschuh gelaufen. Im Sommer dient er Spaziergängern als Erholungsgebiet. Ganz in der Nähe ist das populäre Freizeitbad PLUB.

Auf einer kurzen Waldwanderung (Markierung grünes Dreieck) ist das *Ausflugslokal Beckenhof* 2,5 km östlich erreichbar. Das **Forsthaus Beckenhof** ist eine viel besuchte Waldgaststätte mit großem Biergarten, Pfälzer Spezialitäten, Pizza, Flammkuchen, eigener Speisekarte für Kinder, Kinderspielplatz und sogar Übernachtungsmöglichkeit. 1 km südlich vom Forsthaus liegt das *Waldhaus Starkenbrunnen*.

Neufferpark Pirmasens

An der Zeppelinstraße am Ostrand.

▶ Erholungspark mit Restaurant, Biergarten und Spielplatz.

Alter Friedhof Pirmasens

An der Friedhofsstraße, 1 km südöstlich vom Exerzierplatz.

▶ Der ehemalige Friedhof ist heute ein schattiger Park, der zu Spaziergängen einlädt – auch mit dem Kinderwagen.

Hunger & Durst

Forsthaus Beckenhof, Familie Memmer, ✆ 06331/47239, Fax 48931. www.beckenhof.de. Täglich 10 – 22 Uhr durchgehend warme Küche.

Waldhaus Starkenbrunnen der PWV Ortsgruppe Pirmasens-Starkenbrunn, Hüttenwart Fleck, ✆ 06331/285809, Di 11 – 22.30, Sa 11 – 19, So 9 – 19 Uhr. Waldhaus mit Tischen im Freien und Spielplatz, zwischen Großem Arius und Sengelsberg unterhalb des eigentümlichen Kanzelfelsens und gegenüber der Starkenbrunnen-Quelle. Einfache Gerichte.

Freizeitpark Eppenbrunn

Am nordwestlichen Ortsrand.

▶ Park mit Bach und großem Kinderspielplatz, Minigolfanlage und Kiosk – ein prima Ort zum Spielen und Spazieren gehen.

Abenteuerspielplatz am Teufelstisch

Hinterweidenthal. **Anfahrt:** Hinterweidenthal ist Bahnstation an der Strecke Landau – Pirmasens. B 10 Landau – Pirmasens, 18 km von Annweiler, 14 km bis Pirmasens. Rad: Hinterweidenthal liegt am populären Radweg Dahn – Hauenstein.

▶ Unterhalb des markanten Naturdenkmals Teufelstisch liegt dieser hervorragend ausgestattete Abenteuerspielplatz. Er ist Ziel von Scharen von radelnden und wandernden Eltern und Kindern. Es erwarten euch eine kleine Seilbahn, eine Riesenrutsche, allerlei Spiel- und Klettergeräte, dazwischen Schatten spendende Bäume. Direkt daneben befinden sich Minigolfanlage, Kiosk, Grillplatz, Tischtennisplatte und Bolzplatz.

Hunger & Durst

Am Eingang zum Spielpark und Abenteuerspielplatz befinden sich zwei Restaurants, die beide ausreichend Auswahl bieten.

Bahnen & Bergwerke

HuschHusch: Mit der Wasgau-Bahn von der Weinstraße in den Wasgau

Eisenbahnfreunde Dahn/Pf. e.V., Am Glockenhorn 15, 66999 Hinterweidenthal. ✆ 06396/Fax 1748.

▶ Dank des Engagements der Eisenbahnfreunde Dahn ist es gelungen, wieder Leben auf die 1976 stillgelegte Wasgau-Bahnstrecke zu bringen. Jetzt fährt wieder viermal an allen Sonn- und Feiertagen ein Regionalbähnchen von Hinterweidenthal Ost (Abfahrt 10.21, 11.41, 13.41, 16.21) via Hinterweidenthal Ort, Dahn Bhf, Dahn Süd, Busenberg-Schindhard, Bruchweiler nach Bundenthal-Rumbach (Rückfahrt 11, 13,

HANDWERK UND GESCHICHTE

15, 17.40 Uhr). In Hinterweidenthal Ost besteht Anschluss nach Landau, Pirmasens und Zweibrücken. Ferner finden Sonderfahrten mit der Dampflok statt.

Besucherbergwerk Eisenerzgrube Nothweiler

Wiesenstraße 2, 76891 Nothweiler. ✆ 06394/1202 (Ortsbürgermeister), 5354 (Betriebsführer), **Anfahrt:** B 427 Kandel – Hinterweidenthal bei Erlenbach verlassen, dann via Erlenbach, Niederschlettbach nach Nothweiler. **Zeiten:** April – Oktober Di – So, Fei 10 – 18 Uhr, November – März nach Vereinbarung. **Preise:** 2,50 €; Kinder bis 5 Jahre 0,50 €, bis 14 Jahre 1,25 €; Gruppen ab 12 Personen 2,25 €.

Hunger & Durst
Bergmannsmahl ab 10 Personen, mindestens 5 Tage im Voraus zu bestellen, ✆ 06394/5354

▶ Im St.-Anna-Stollen, dem heutigen Besucherbergwerk wurde von 1582 bis 1883 Eisenerz abgebaut. Von den einst 10 km Stollen sind seit 1977 rund 420 m für Besucher zugänglich.

In schwarzen Kitteln und mit einem gelben Schutzelm auf dem Kopf, geht ihr durch schmale Stollen im roten Buntsandstein hinein in den Berg. Von Zeit zu Zeit weiten sich die engen Gänge zu kleinen Hallen. Es ist zu allen Jahreszeiten 9 Grad kühl und feucht (Luftfeuchte 80 %). Die Arbeit der Bergleute, z.T. noch im Kindesalter, war sehr hart; mit Hammer und Meißel musste das Erz aus dem Gestein geschlagen werden. Wer hier arbeitete, blieb arm und starb früh.

Die Führung von gut einer halben Stunde ist informativ und spannend. Für Kindergruppen werden spezielle Märchenführungen veranstaltet (Voranmeldung erforderlich). Wenn im Spätherbst die letzten Touristen gegangen sind, schlagen Fledermäuse in der Grube ihr Winterquartier auf.

Burgen & Museen

Burgruinen Altdahn

2 km südöstlich von Dahn. ✆ 06391/5811, Fax 1362.
Zeiten: Burgruine ganzjährig frei zugänglich, Burg-
museum Ostern – November geöffnet Di – So 11 – 17
Uhr. **Preise:** Burgmuseum 1 €; Kinder 0,75 €.

▶ Die Ruinen von drei mittelalterlichen Burgen
aus dem 12. und 13. Jahrhundert liegen in geringem Abstand hintereinander auf lang gezogenen
Sandsteinfelsen. Heute sind die Burgreste kaum
noch von den Felsformationen zu unterschei-
den. Das Ganze wirkt wild und chaotisch. In einem restaurierten Burghaus sind Gegenstände
ausgestellt, die in den Ruinen gefunden wurden:
Töpfe, Schlüssel, Silbermünzen und vieles andere. Es gibt ein kleines Ausflugslokal.

Raubritterburg Berwartstein

Erlenbach. **Anfahrt:** Bus bis Erlenbach, danach noch 1
km zu Fuß. B 427 von Bad Bergzabern Richtung Pirmasens 10 km bis zum Abzweig Erlenbach. **Zeiten:** März
– Oktober täglich 9 – 18 Uhr. **Preise:** 2,50 €; Kinder
bis 10 Jahre 1 €, älter 1,50 €.

▶ Die eindrucksvolle Raubritterburg wurde in
den eigenartig gewachsenen Fels hoch über dem
Tal des Erlenbachs gehauen. Sie konnte einst nur
über Strickleitern betreten werden, die bei Gefahr hoch gezogen wurden. Sie besitzt einen
102 m tiefen Brunnen, der bei Belagerungen die
Wasserversorgung der Ritter sicherstellte. Fels-
kammern und geheime Gänge nahmen Vorräte
– oder Raubgut auf. Denn auf der Burg waren
zeitweise Raubritter zu Hause, die im großen
Stil auf Beutezug gingen.
Die Burganlage wurde nie erobert und blieb un-
versehrt, bis sie 1591 wegen eines Blitzein-
schlags Feuer fing und völlig ausbrannte. 1893

Hans von Drodt, auch Trotha geschrieben, wurde 1447 in Thüringen geboren. Als junger Kerl trat er in die Dienste der pfälzischen Kurfürs-ten. Der Kurprinz Philipp wurde sein Freund und belohnte Hans, den Draufgän-ger, 1480 mit der Burg Berwartstein, die vorher dem Klos-ter Weißenburg ge-hört hatte. Mit den Klosterbrüdern lag Hans fortan in Fehde, die darin gipfelte, dass er oberhalb des Klosters die Wieslau-ter aufstauen ließ, bis alle Mühlen im Tal still standen. Dann plötzlich ließ er den Damm einreißen und überschwemmte so das ganze Tal! Seither haben alle Wasgauer Kinder Angst vor »Hans Trapp«.

wurde sie aus romantischen Gründen wieder aufgebaut. Im Rittersaal erwarten euch klobige Ritterrüstungen, Wappenschilder und anderer mittelalterlicher Kram. Der Ritter Hans von Drodt, der von hier aus im 15. Jahrhundert seine grausame Herrschaft ausübte, fungierte bis in die Gegenwart hinein im Wasgau als der Kinderschreck Hans Trapp.

Die Burgschänke bietet regionale Küche zu erträglichen Preisen.

Schuhmuseum Pirmasens

Altes Rathaus, 66953 Pirmasens. ℰ 06331/842223, Fax 842286. In der Fußgängerzone. **Zeiten:** Do 15 – 18, So 10 – 13 Uhr, Führungen nach telefonischer Vereinbarung. **Preise:** Erwachsene 1 €; Kinder frei. Der Eintrittspreis berechtigt zum Besuch aller Museen im Alten Rathaus.

▶ Das überschaubare Pirmasenser Schuhmuseum im Keller des Alten Rathauses sind Schuhe aus aller Welt ausgestellt, aus unterschiedlichen Kulturkreisen und Zeiten, zum Teil ausgesprochen exotische Exemplare. Eine nachgestellte Schusterei zeigt, wie Pirmasenser »Schlabbeflicker« früher arbeiteten.

Pirmasens war einmal die große Schuhmetropole: In der Blütezeit zwischen 1950 und 1960 wurden hier jährlich 5 bis 6 Millionen Schuhe hergestellt, die in alle Welt exportiert wurden.

Eine alte Schuhfabrik

Museum für Schuhproduktion und Industriegeschichte Hauenstein, Turnstraße 5, 76846 Hauenstein. ℰ 06392/915165, Fax 915172. www.hauenstein.de. deutsches-schuhmuseum@t-online.de. **Anfahrt:** Vom Bhf Hauenstein Busse 6836 oder 6854 bis Haltestelle Marktplatz, anschließend 5 Minuten Fußweg. **Zeiten:** Täglich 1.3. – 2. Advent 10 – 17 Uhr, 2. Advent – Ende

Tipp: Im Alten Rathaus befinden sich auch das **Heimatmuseum** und das **Scherenschnittkabinett** mit seinen zauberhaften Bildern.

Februar Mo – Fr 13 – 16, Sa, So 10 – 16 Uhr. Individuelle Führungen möglich. **Preise:** 3,20 €, Gruppen ab 15 Personen 2,70, Familienkarte für 2 Erwachsene und Kinder 7 €; Schüler 2,20 €, Schülergruppen 1,50 €; Studenten, Wehrpflichtige, Behinderte und Rentner 2 €. Führungen für Gruppen ab 10 Erwachsenen 4,80 €, Schülergruppe 2,70 €.

▶ Dieses Museum im Gebäude einer ehemaligen Schuhfabrik lässt kaum Fragen offen. Es ist praktisch alles zu sehen, was technisch, wirtschaftlich, sozial und kulturell mit der Schuhproduktion in Hauenstein zu tun hatte: die elenden Arbeitsbedingungen, Aufstieg und Niedergang und sogar, was oft in Museen verschwiegen wird, dass hier aus guten Gründen manchmal gestreikt wurde.

Im Erdgeschoss bekommt man vieles über die Zeit vor dem Beginn der Schuhmanufaktur sowie deren Anfänge vermittelt. Im 1. Obergeschoss geht es um die Zeit nach dem Zweiten Weltkrieg und die Blütezeit der Hauensteiner Schuhindustrie, die bis etwa 1965 andauerte. Das war die Zeit, in der das Modellieren, Zuschneiden, Vorrichten, Stanzen, Steppen, Zwicken, Montieren, Ausputzen und Fertigmachen am Fließband ablief. Rechts und links davon wurden die einzelnen Produktionsschritte durchgeführt und das Produkt für den folgenden Schritt weitergeleitet. Ein Genuss ist der Blick in das modische Schuhgeschäft aus den 50er Jahren auf der gleichen Etage.

Im 2. Obergeschoss dreht sich schließlich alles um die Ende der 60er Jahre einsetzende Strukturkrise, als die Schuhfabriken von Hauenstein und Pirmasens trotz aller Rationalisierung und Automatisierung nicht mehr mit der ausländischen Konkurrenz in dieser arbeitsintensiven Branche mithalten konnten. Denn im Aus-

📖 Im Museum zu kaufen gibt es **Hauenstein und die deutsche Schuhindustrie**. Ein historischer Überblick von Michael Wagner, 36 Seiten.

Museumsdidaktische Handreichungen für Schule und Jugenderziehung, Hauenstein 1997, auf 56 Seiten Tipps von Bernhard Rödig für Besuche des Schuhmuseums durch Schulklassen und Jugendgruppen.

land wurde nicht nur billiger, sondern, wie in Italien, auch schicker produziert. Heute gibt's in Hauenstein nur noch zwei kleine Produktionsstätten. Andererseits hat aber der Schuhhandel erheblich zugenommen.

BÜHNE, LEINWAND & AKTIONEN

Äktschen im Max 18

Jugendzentrum Max 18, Maxstraße 18, 66482 Zweibrücken. ℰ 06332/871570.

▶ Das Max 18 ist ein sehr aktives Jugendzentrum, das euch in den Ferien nicht im Stich lässt. Im Frühjahr gibt es die *Osterferienspiele*, bei denen eine Woche lang Spiele gespielt, Handwerkliches erprobt und Discofieber um sich greifen darf. In den Großen Ferien wird ein vielfältiges *Sommerprogramm* geboten und in den *Herbstferien* wird im Max 18 eine Theaterwoche für Kinder bis 14 Jahre veranstaltet. informiert euch rechtzeitig, was gerade so läuft!

Kindertheater im Rosengarten Zweibrücken

Tourist-Information, Maxstraße 18, 66482 Zweibrücken. **Preise:** 2,50 €; Kinder 6 – 17 Jahre 1 €.

▶ Von Mai bis September wird sonntags im Rosengarten von Zweibrücken Kindertheater und Musik für Kinder und Jugendliche geboten.

Ferienprogramm Pirmasens

Stadtjugendamt, Abteilung Jugendpflege, Maler-Bürkel-Straße 33, D 05, 66954 Pirmasens. ℰ 06331/877231, Fax 877232.

▶ Alljährlich wird von der Stadt ein breites Sommerferienprogramm für Kinder organisiert: Freizeiten, Tagesausflüge in die Umgebung, Sport und Spiele vor Ort, Kreatives sowie ein großes Spielefest.

Tipp: Eine detaillierte Übersicht enthält das jährlich erscheinende Heftchen des Stadtjugendamtes »Pirmasenser Ferienprogramm«.

Familienferienprogramm Dahn

Tourist-Information Dahner Felsenland, Schulstraße
29, 66994 Dahn. ℰ 06391/5811, Fax 406199.

▶ Die Fremdenverkehrsregion Dahner Felsenland wirbt nicht zuletzt auch stark um Familien
mit Kindern. Da kann es nicht überraschen, dass
in den Monaten Juli und August ein reichhaltiges Ferienprogramm für Kinder geboten wird.
Dazu gehören so tolle Aktivitäten wie Nachtwanderungen mit Lagerfeuer, Schnitzeljagden,
Libellen-Schmetterlinge-Exkursionen und
Kräuterwanderungen. Dabei sind die Leute von
der Ökologischen Station Wappenschmiede und
dem Biosphärenhaus sehr aktiv. Einen Überblick über alle Veranstaltungen bietet das Faltblatt »Familien-Ferienprogramm«.

Das »Wieslauter-Springen« von Dahn

Tourist-Information Dahner Felsenland, Schulstraße
29, 66994 Dahn. ℰ 06391/5811, Fax 406199.

▶ Ein populäres Ereignis im Dahner Festkalen-
der ist das Springen über die Wieslauter am letzten Augustwochenende. Dabei gilt es, mit Hilfe
einer Sprungstange den Bach unfallfrei zu überqueren. Wer zu kurz springt, landet nicht nur im
Wasser, sondern auch in einem Bad der Scha-
denfreude. Gleichzeitig findet ein großes Rahmenprogramm statt, zu dem auch ein Kinder-
spielfest gehört.

Das Heftchen **Südwestpfalz –
Feste und Veranstaltun-
gen** ist erhältlich bei
den Fremdenverkehrs-
ämtern der Region.

Die »Werkstatt« Erfweiler

Winterbergstraße 85a, 66996 Erfweiler. ℰ 06391/
1728.

▶ Die Werkstatt-Galerie ist in einem der ältesten Häuser des Dorfes eingerichtet, das mit Lie-
be und Engagement restauriert wurde. Der Verein fördert Kunsthandwerk und einheimische
Künstler. In der Galerie finden das ganze Jahr

über entsprechende Ausstellungen statt. Darüber hinaus bietet man durch Workshops und Aktionen einer breiteren Öffentlichkeit Gelegenheit zu eigenen künstlerischen Aktivitäten. Kinder ab 8 Jahre können z.B. an den Workshops »Töpfern für Kinder«, »Papier schöpfen und künstlerisch gestalten«, »Radierungen« und »Perspektivisch richtig zeichnen« teilnehmen.

Zu den populären Veranstaltungen der Werkstatt gehört vor allem das **Kunsthandwerker-Wochenende** Anfang September, bei dem die Gäste am breiten Spektrum kunsthandwerklichen Schaffens möglichst aktiv teilhaben sollen.

FESTE & MÄRKTE

Mai:	1. – 12.: Pirmasens, **Maimarkt**
	2. Wochenende Fr – Mo: Hauenstein, **Frühlingsfest**
	2. Wochenende: Clausen, **Hawefest**
Juni:	2. Wochenende: Schmalenbach, **Dorffest mit Quarkreiten**
	4. Wochenende: Zweibrücken, **Rosentage**
	4. Wochenende: Merzalben, **Brunnengässlfest**
	Letztes Wochenende: Bundenthal, **Johannismarkt**
	Letztes W'ende: Merzalben, **Brunnengässelfest**
	Letzte Woche: Zweibrücken, **Woche der Rose**
Juli:	Letztes Wochenende: Zweibrücken, **Stadtfest**
August:	1. Wochenende: Eppenbrunn, **Parkfest**
	3. Wochenende: Dahn, **Stadtfest**
	4. Wochenende: Merzalben, **Mittelalterliches Spectaculum**
	4. Wochenende: Dannenfels, **Historischer Dorfmarkt**
	4. Wochenende: Dahn, **Wieslauterspringen**
September:	4. Sonntag: Bruchweiler-Bärenbach, **Blesskerwe** mit Umzug
Oktober:	3. Woche: Hauenstein, **Keschdewoche**
November:	2. Sonntag: Dahn, **Martinimarkt**

Winterfreuden

Weihnachtsmarkt Zweibrücken
Zeiten: Samstag vor dem 1. Advent bis 3. Advent.
▶ Vor dem Schloss, begleitet von einem Rahmenprogramm. Am Nikolaustag Fackelzug – das ist aufregend und schön anzusehen!

Weihnachtsmarkt Pirmasens
Anfahrt: Busverbindung vom Bahnhof zum Exerzierplatz nahe Fußgängerzone. **Zeiten:** Etwa drei Wochen bis zum etwa 21.12. täglich 11 – 20 Uhr.
▶ Am unteren Schlossplatz in der Fußgängerzone.

Weihnachtsmarkt Rodalben
Zeiten: 1. Advent, Sa, So 11 – 18 Uhr.
▶ Rund um die Marienkirche, in der Konzerte stattfinden. Auch in Waldfischbach-Burgalben findet ein Weihnachtsmarkt statt.

Weihnachtsmarkt Hauenstein
Anfahrt: Bahnhof 2 km entfernt. **Zeiten:** Wochenenden zum 1. und 2. Advent, Sa 12 – 20, So ab 11 – 19 Uhr.
▶ Weihnachtsmarkt mit deutsch-französischem Handwerksmarkt, Kinderbackstube und allerlei kulinarischen Spezialitäten aus Frankreich.

Wintersport
▶ Beim **Hermersberger Hof** kann man rodeln und Ski fahren. Er liegt 9 km nordwestlich von Hauenstein, Mo – Fr Bus 529 Hauenstein – Hermersberger Hof, wenige Verbindungen; Sa und So Ruftaxi.
In **Hofstätten**, 12 km nordwestlich von Rinnthal, kann man rodeln. Mo – Fr Bus 526 Annweiler – Hofstätten, wenige Verbindungen; Sa und So Ruftaxi.

SÜDWESTPFALZ

Eisstadion Zweibrücken

Peter Cunningham Memorial Arena, 66482 Zweibrücken, ✆ 06332/487767. Direkt neben dem Designer-Outlet DOZ. **Anfahrt:** A 8, Abfahrt Zweibrücken.
Zeiten: September – Mai Mo 10 – 12, Di 14 – 17, Mi 14 – 17 und 19 – 21 Uhr, Do 14 – 17, Fr 14 – 17 und 20 – 22 Uhr, Sa 15 – 17 Uhr, Eisdisco 19 – 23 Uhr, So 10 – 12 und 14 – 17 Uhr. Im Eisstadion gibt es eine Cafeteria.

DONNERSBERG

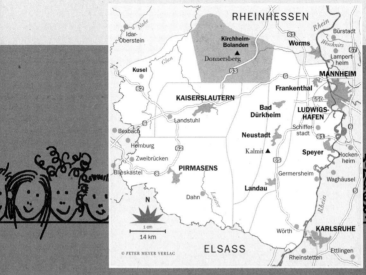

RHEINHESSEN

Idar-Oberstein · Nahe

Kirchheim-Bolanden ▲ Donnersberg

Rhein · Bürstadt

Worms

Weschnitz · Lampert-heim

Kusel

Glan

MANNHEIM

Frankenthal

KAISERSLAUTERN

LUDWIGS-HAFEN

Bexbach · Landstuhl

Bad Dürkheim

Homburg

Neustadt

Schiffer-stadt

Zweibrücken

Kalmit ▲

Speyer

Hocken-heim

Blieskastel

PIRMASENS

Germersheim

Waghäusel

Landau

N

Dahn · Lauter

Wörth

KARLSRUHE

1 cm
14 km

ELSASS

Rheinstetten · Ettlingen

© PETER MEYER VERLAG

Nördlich von Kaiserslautern beginnt das Nordpfälzer Bergland, das bis zur Nahe reicht. Die Einheimischen nennen es liebevoll die »bucklige Welt«. Der östliche Teil dieser lieblich-herben Mittelgebirgsregion bildet den Donnersbergkreis. Zwei Landschaften prägen diese Gegend: im Osten der gewaltige Bergklotz Donnersberg, mit 687 m der höchste Gipfel der Pfalz, und im Westen das idyllische Alsenztal mit seinen Seitentälern.

Der Donnersbergkreis ist ganz und gar ländlich. Die Hauptorte Kirchheimbolanden, Rockenhausen, Winnweiler und Eisenberg sind Kleinstädte, in denen – Eisenberg ausgenommen – Industrie praktisch nicht vorkommt. Die zahlreichen Dörfer sehen zum Teil ausgesprochen malerisch aus. Diese Region weit abseits der Trampelpfade des Massentourismus ist gut geeignet, gestressten Eltern der Ballungsräume Rhein-Main und Rhein-Neckar Ruhe zu gewähren und Stadtkinder mit ländlichem Leben in Berührung zu bringen. Es gibt genügend preiswerte Unterkünfte: Ferienwohnungen, Ferienbauernhöfe, Jugendherbergen, Campingplätze und Zeltplätze, ⚹ Info- & Ferienadressen. Und auch an Attraktionen fehlt es nicht: Herausragende Beispiele sind das Schaubergwerk Weiße Grube Imsbach, das Turmuhrenmuseum in Rockenhausen oder die Reste der Wallanlage einer Siedlung aus dem 2. vorchristlichen Jahrhundert – für die Einheimischen Beweis, dass sich bereits die alten Kelten auf ihrem Hausberg wohl gefühlt haben! Den Kelten folgten Römer, Franken und allerlei Burgleute – Letztere vor allem könnt ihr aufspüren und dabei auch mal die Seite wechseln und schauen, wie die einfachen Bauern lebten und arbeiteten, von deren Arbeit Früchte die Burgherren profitierten.

Ernst Gümbel: **Der Donnersberg. Ein Führer durch Natur und Geschichte**, Kirchheimbolanden 1993, GTS-Druck, erhältlich bei der Donnersberg-Touristik Kirchheimbolanden.

Donnersberg-Touristik, Uhlandstraße 2, 67292 Kirchheimbolanden. Postfach 1220, 67285 ✆ 06352/1712, Fax 710262. www.donnersberg-touristik.de. donnersberg-touristik@t-online.de.

DONNERSBERG

TIPPS FÜR WASSER-RATTEN

Schwimm- & Freizeitbäder

Hallen-Freizeitbad Kirchheimbolanden

✆ 06352/3130. **Zeiten:** Freibad Juni – August, Halle September – Mai Mo, Mi und Fr 14 – 21, Do 14 – 18, Sa 10 – 18, So 8 – 14 Uhr. **Preise:** Tageskarte 2,25 €, Freibad Saisonkarte 35, Familienkarte 60, Halle 12er-Karte 22,50 €; Kinder 6 – 14 Jahre 1,50 €, Freibad Saisonkarte 22,50, Halle 12er-Karte 15 €.

▶ Kinderspielbecken mit Wasserrutsche, Wasserpilz und Wasserkanone. Cafeteria im Hallenbad.

Waldschwimmbad Eisenberg

Friedrich-Ebert-Straße 60, 67304 Eisenberg. ✆ 06351/41133. **Zeiten:** Mai – Mitte September Mo – Fr 8 – 20, Sa, So und Fei 8 – 19 Uhr. **Preise:** Tageskarte 3 €, Saisonkarte 30, Familienkarte 60 €; Kinder Tageskarte 1,75 €, Saisonkarte 17,50 €.

▶ Freibad mitten im Wald, 10-m-Sprungturm, 83-m-Rutschbahn für die Großen und eine kurze breite Rutschbahn für die Kleinen, Strömungskanal, Wasserpilz, Wasserkanonen, große Liegewiese, Beachvolleyballfeld, Kiosk mit Sonnenterrasse. Benachbart Bolzplatz und Minigolfanlage.

Freibad Winnweiler

Potzbacher Straße, ✆ 06302/2716. **Zeiten:** Mitte Mai – Anfang September Mo, Mi – So 9 – 20, Di 13 – 20 Uhr. **Preise:** Tageskarte 2,30 €, 12er-Karte 23, Saisonkarte 34 €; Kinder 7 Jahre bis Ausbildungsende 1,30 €, 12er-Karte 13, Saisonkarte 23 €; Familien-Saisonkarte 56 €, verbilligte Abendkarte ab 18 Uhr.

▶ Schwimmerbecken mit Sprungturm (1, 3, 5 m), Nichtschwimmer- und Planschbecken, Spielgeräte für Kinder, Beachvolleyball, Volleyball, Tischtennis, Kiosk. Die große Liegewiese mit ihren Schatten spendenden Bäumen ist terrassenförmig angelegt.

Freibad Rockenhausen

Mühlackerweg, 67803 Rockenhausen. ☏ 06361/4510. **Zeiten:** Ende Mai – Mitte Sept. täglich 10 – 20 Uhr. **Preise:** Tageskarte 2 €, 12er-Karte 20, Abendkarte ab 18 Uhr 1 €; Kinder 6 – 16 Jahre Tageskarte 1,50 €, 12er-Karte 15, Abendkarte ab 18 Uhr 0,50 €; Geldwertkarten von 30 bzw. 50 € für 20 bzw. 30 €.

▶ Beheiztes Freibad mit Schwimmer- und Nichtschwimmerbecken, 60-m-Riesenrutsche und Planschbecken. Die große Liegewiese bietet viel Platz zum Spielen. Verköstigung bietet ein Kiosk mit Tischen im Freien.

Hallenbad Rockenhausen

Donnersberghalle, ☏ 06361/451-0, www.rockenhausen.de. **Zeiten:** Di, Anfang Oktober – Anfang April Mi, Fr 14 – 21, Sa 14 – 17.45, So 9 – 12.30 Uhr. **Preise:** Tageskarte 2 €, 12er-Karte 20, Abendkarte ab 19.30 Uhr 1 €; Kinder und Jugendliche 6 – 17 Jahre Tageskarte 1,50 €, 12er-Karte 15, Abendkarte 0,50 €.

▶ Schwimmerbecken 16 x 18 m, flaches Babybecken. Kinder- und Familienspielnachmittage, Schwimmkurse für Kinder ab 6 Jahre.

In & auf Seen

Pfrimmweiher bei Sippersfeld

Anfahrt: Bus 903 Eisenberg – Rockenhausen bis Sippersfeld Ortsmitte, dann 2,5 km zu Fuß.

▶ Die Pfrimm bildet im Wald südlich von Sippersfeld dicht hintereinander eine Reihe von Weihern. Auf demjenigen neben der Hetschmühle, der von einem Campingplatz umgeben ist, kann man auch Boot fahren.

Hunger & Durst

Der große Innenhof des Restaurants **Hetschmühle** lädt an Sommertagen zur Vesper ein. ☏ 06357/364 und 06352/1712.

Boot fahren auf dem Eiswoog bei Ramsen

Preise: Ruderboote ½ Stunde 6 €, 1 Stunde 9 €; nostalgische Tretboote ½ Stunde 8 €, 1 Stunde 13 €.

▶ Bootsverleih am Landgasthof Forelle, ↗ Projekt des Sanften Tourismus. Auf Tretbootfahrer warten die ältesten noch aktiven Tretboote Deutschlands aus dem Jahr 1954. Die Ruderboote sind neueren Datums. Im See könnt ihr natürlich auch einfach baden. Die DLRG überwacht in der Saison den Schwimmbetrieb, es gibt Umkleidekabinen und eine Liegewiese. Wenn ihr genug vom Baden habt, könnt ihr noch eine schöne Rundwanderung von etwa 2 km um den kleinen See herum unternehmen.

RAUS IN DIE NATUR

Wanderkarte des LVA Rheinland-Pfalz, Der Donnersberg und Umgebung. Mit Wanderwegen, 1:25.000.

Radeln im Radelparadies

In der Mittelgebirgslandschaft um den Donnersberg lässt es sich wunderbar radeln. Für Familien mit Kindern von 8 bis 11 Jahre besonders geeignet sind der Radweg im Alsenztal, die verkehrsarmen Täler an Appelbach und Moschel und das Waldgebiet um die Quelle der Pfrimm. Mit sportlichen 13- und 14-Jährigen können natürlich auch die steilen Aufstiege zum Donnersberg und die anschließenden spektakulären Abfahrten unternommen werden.

Der Alsenztal-Radweg

Von Münchweiler nach Alsenz. **Anfahrt:** Bahnstationen in Münchweiler, Langmeil, Winnweiler, Imsweiler, Rockenhausen und Alsenz. Im Stundentakt verkehren Regionalexpresse.

▶ Der Radweg Alsenztal verläuft via Münchweiler, Langmeil, Winnweiler, Schweisweiler, Imsweiler, Rockenhausen, Dielkirchen, Bayerfeld-Steckweiler, Mannweiler-Cölln und

Oberndorf nach Alsenz. Die Landschaft ist abwechslungsreich: hier das rauschende Flüsschen, dort mal Wald und Wiesen, mal Dörfer.

Man fährt das enge Tal der Alsenz am besten flussabwärts. Die gesamte 27 km lange Strecke ist eigentlich nur für sportliche Kinder ab 12 zu empfehlen, besonders, weil zwischen Imsweiler und Alsenz ein halbes Dutzend kurzer Steigungen zu bewältigen sind. Die Jüngeren sollten sich auf leichte kurze Abschnitte beschränken, z.B. von Winnweiler nach Seisweiler oder Imsweiler. Entsprechende Vorhaben lassen sich auch mit öffentlichen Verkehrsmitteln leicht realisieren, weil durch das Tal die Bahnlinie Kaiserslautern – Bad Kreuznach führt.

Der schottrige oder asphaltierte Radweg verläuft eher am Rand des Tals und die Orte werden zumeist lediglich gestreift. Wer Ortskerne sehen will, muss daher Abstecher unternehmen. Ab und an geht es auch mal auf der Straße weiter. Die Route ist durch das bunte Emblem »Donnersberger Radler im Sonnenschein« beschildert. Zumeist reicht das aus.

Tipp: In den **Freibädern** von Rockenhausen und Winnweiler könnt ihr die Tour durch einen Sprung ins kühle Nass »auffrischen«.

Museen gibt es in Schweisweiler, Imsweiler, Rockenhausen, Mannweiler-Cölln und Alsenz. Das **Schaubergwerk** Weiße Grube Imsbach ist nur 2 km entfernt.

Autofreies Appelbachtal – Straßenfest zwischen Würzweiler und Pfaffen-Schwabenheim

Verbandsgemeindeverwaltung, Bahnhofstraße 10, 55597 Wöllstein. ✆ 06703/30217, Fax 30214. **Anfahrt:** Pfaffen-Schwabenheim liegt 1 km westlich vom Bahnhof Sprendlingen, Würzweiler 5 km östlich vom Bahnhof Rockenhausen. **Zeiten:** 3. So im August.

▶ Die sanfte Hügellandschaft und die Dörfer des nordwestlichen Donnersberggebietes und der rheinhessischen Schweiz sind zweifellos eine wunderschöne Gegend für ein kleines Fahrradfest. Die gesamte Strecke führt von Würzweiler 26 km nordwärts durchs Appelbachtal nach

DONNERSBERG

Tipp: Man kann diese Touren auch an ganz normalen Tagen radeln, denn die Straße durch das Appelbachtal ist nicht allzu stark befahren.

Pfaffen-Schwabenheim. Familien mit sportlichen Fast-Jugendlichen können sie hin und zurück ohne weiteres zurücklegen. Familien mit kleineren Kindern fahren am besten nur die Teilstrecke von Würzweiler bis Gerbach oder St. Alban hinab und kehren nach einer Rast wieder nach Würzweiler zurück.

Treffpunkt Alsenztal – autofrei von Alsenz bis Rockenhausen

Donnersberg-Touristik, Uhlandstraße 2, 67292 Kirchheimbolanden. ☎ 06352/1712, Fax 710262. **Länge:** 15 km, leicht abzukürzen. **Anfahrt:** Durch das Tal führt die Bahnlinie Pirmasens – Kaiserslautern – Bad Kreuznach – Bingen. **Zeiten:** 1. So im Juni.

▶ Dieses kleine, sehr lokal geprägte Radelfest findet in dem beschaulichen Alsenztal zwischen Rockenhausen und Alsenz statt, zwischen Kleinstadt und Großdorf. Sportliche 12- bis 14-Jährige können diese Strecke leicht bewältigen – insbesondere, wenn sie in Rockenhausen los- und damit talabwärts fahren. Familien mit kleineren Kindern können darauf bauen, dass bei Ermüdung immer ein Bahnhof in der Nähe ist. Das idyllische Alsenztal zwischen Rockenhausen und Münster am Stein-Ebernburg ist auch an normalen Tagen ein wunderbares Betätigungsfeld für radelnde Familien, allerdings müsst ihr dann den Radweg nehmen, der am Rand des Tales verläuft und anstrengender zu fahren ist, weil er mehr und stärkere Steigungen aufweist als die Bundesstraße.

Autofreier Familientag im Eistal – autofrei von Ramsen bis Obrigheim

Verbandsgemeinde Eisenberg, Hauptstraße 84 – 86, 67304 Eisenberg. ☎ 06351/4070, Fax 407407. **Länge:** 20 km ohne schwere Steigung vom Eiswoog

über Ramsen, Eisenberg, Ebertsheim, Mertesheim, Asselheim, Albsheim, Mühlheim nach Obrigheim.

Anfahrt: RB von Frankenthal über Grünstadt zur Endstation Ramsen. **Zeiten:** 1. So im Oktober.

▶ Die Route dieses gemütlichen kleinen Radelfestes am Nordrand der »Deutschen Weinstraße« und am Südostrand des Donnersbergkreises führt am Eisbach entlang von Ramsen nach Obrigheim. Das angenehm leichte Streckenprofil ist ideal für ungeübte Radler. Familien mit Kindern starten am besten vom Bahnhof Ramsen und fahren je nach dem, ob sie mit kleineren oder größeren Kindern unterwegs sind, entweder die Teilstrecke Ramsen – Eisenberg (Bahnstation) oder die Gesamtstrecke Ramsen – Obrigheim.

Wandern & Spazieren

Im Donnersbergkreis wurden zahlreiche Routen durch die schöne Mittelgebirgslandschaft markiert. Leichte Routen für Familien mit Kindern von 8 bis 11 Jahre liegen im Alsenztal, im Quellgebiet der Pfrimm und in der Umgebung des Eiswoogs bei Ramsen. Man kann natürlich auch mit dem Bus auf den Donnersberg fahren und dort dem Keltenweg folgen oder nach Dannenfels, Marienthal, Falkenstein, Imsbach oder Steinbach absteigen.

Wanderung von Sippersfeld zum Pfrimmerhofweiher

Zumeist flach, keine schwere Steigung, leicht, für Kinder ab 7 Jahre.

▶ Ihr geht zunächst auf der Straße nach Neuhemsbach zum Wald hinauf und biegt am Parkplatz nach links in den Wald ein, kurz darauf wieder links. Wenig später seid ihr an der Retz-

📚 **Freizeitkarte Donnersbergkreis** mit Kreisinformationen, 1:75.000, erhältlich bei Donnersberg-Touristik.

📚 Karl-Heinz Himmler: »**Lust zu Wandern**. 35 Routen auf den Pfaden der Geschichte. Zeitreise. Donnersberger Land«, 232 Seiten, ISBN-3-926306-31-9. Erhältlich bei der Donnersberg-Touristik Kirchheimbolanden sowie im Buchhandel.

📚 **LVA RLP:** Der Donnersberg und Umgebung, topografische Karte 1:25.000 mit Wanderwegen.

Skizzen und Kurz-
beschreibungen
zu 3 leichten Rundwe-
gen im Quellgebiet der
Pfrimm findet ihr im Faltblatt **Pfrimmtal Wander-
wege**. Ihr könnt es bei
Donnersberg-Touristik
Kirchheimbolanden und
am Campingplatz
Pfrimmtal bekommen.

berghütte, wo es sonntags Essen und Getränke
gibt. Bei schönem Wetter kann man sich an Tischen im Freien niederlassen und den Blick auf
den gegenüberliegenden See genießen. Danach
wandert ihr stets auf dem markierten Radweg an
drei Weihern vorbei durch Wald zum Pfrimmerhof. Das Restaurant in der ehemaligen **Hütsch-
mühle** neben dem Campingplatz Pfrimmerhof
ist der ideale Platz für die Rast.

Vom Campingplatz, ↗ Info- & Ferienadressen,
kann man durch Felder und Wiesen nach Sip-
persfeld zurückwandern. Die Route mündet am
Südrand des Dorfes in die Straße Sippersfeld –
Neuhemsbach, wo die Rundwanderung ihren
Ausgang genommen hat.

Wanderung auf dem Keltenweg

Dannenfels. **Länge:** 4 km, leicht, für Kinder ab 7 Jahre.

▶ Auf dem Hochplateau des Donnersbergs befand sich seit der zweiten Hälfte des zweiten
vorchristlichen Jahrhunderts eine große kelti-
sche Siedlung, der Hauptort der damaligen
Nordpfalz. Sie wurde durch ein gewaltiges
Ringwallsystem gesichert, das 8,5 km lang war.
Die Befestigungsmauern dieses noch gut im
Gelände auszumachenden Walles ist im Bereich
des Südwalles für einen kurzen Abschnitt rekonstruiert worden. Auf einer Infotafel ist beschrieben, wie das System der Pfostenschlitz-
mauern mit rückwärtiger rampenförmiger Wall-
schüttung aussah. Ihr könnt euch auf diesen Teil
der Keltenmauer beschränken, der nicht weit
vom Waldhaus Donnersberg (300 m), der Keltenhütte und dem Ludwigsturm sowie dem
Donnersberg-Parkplatz (150 m) entfernt ist.
Natürlich kommt für ältere Kinder – so ab 10
Jahre – auch die Rundwanderung um den als
Keltenweg markierten Teil des Walls in Frage,

Knappe Erläute-
rungen enthält
das Faltblatt **Keltenweg**
des Fremdenverkehrs-
amtes Donnersberg-
kreis. Deutlich besser
ist allerdings die **Wan-
derkarte Keltenweg**
1:5.000 des Pietruska
Verlages, Rülzheim, die
für nur 1,80 € außer-
dem eine informative ar-
chäologische und histo-
rische Erläuterung ent-
hält.

der keine allzu schweren Steigungen aufweist und insgesamt knapp 4 km lang ist.

Waldhaus Donnersberg & Keltenhütte

Auf dem Donnersberg, 67814 Dannenfels.
℡ 06357/254, Fax 874.

▶ Auf dem fast ebenen, dicht bewaldeten Gipfel des 687 m hohen Donnersbergs erwarten euch ein 214 m hoher Fernsehturm, eine amerikanische Relaisstation und ein massiger Aussichtsturm, den man besteigen darf. Für Verpflegung sorgt das gemütliche **Ausflugslokal Waldhaus Donnersberg** mit Restaurant (Di – So 10 – 19 Uhr, durchgehend warme Küche, aber ab 14.30 Uhr nur noch kleine Gerichte), Biergarten und kleinem Spielplatz. Die zünftige **Keltenhütte** des Pfälzerwaldvereins ist nur So 9 – 18 Uhr und nach Vereinbarung bewirtschaftet (Emil Schmidt ℡ 06357/1424).

Wanderung vom Bastenhaus über den Donnersberg nach Dannenfels

Länge: 2 km Aufstieg, 2,5 km Abstieg. Wegen des steilen Aufstiegs nur für sportliche Kids ab 10 Jahre.
Anfahrt: Bus 901, 906 von Kirchheimbolanden/Dannenfels oder Rockenhausen bis zum Bastenhaus; Rückreise von Dannenfels Bus 901, 906 nach Kirchheimbolanden oder Rockenhausen.

▶ Vom Parkplatz gegenüber dem 460 m hoch gelegenen Bastenhaus an der Straße Dannenfels – Rockenhausen läuft man kurz auf der Straße zum Waldhaus Donnersberg, dann links ab durch den dichten Laubwald entlang der Markierung »Weißes Kreuz und roter Balken« 2 km hinauf zum 687 m hohen Gipfel. Vom Parkplatz dicht unter dem Gipfel des Donnersbergs folgt man der Markierung »Gelber Kasten« nach links 2,5 km steil hinunter ins 360 m hoch gele-

Hunger & Durst
Rasten kann man im gemütlichen **Waldhaus** neben dem Gipfelparkplatz auf dem Donnersberg. Di – So 10 – 19 Uhr, durchgehend warme Küche, aber ab 14.30 Uhr nur noch kleine Gerichte.

gene Dannenfels. Der Weg führt bis an den Ortsrand immer durch Wald.

Naturerfahrung & Lehrpfade

Haus Unikat. Das etwas andere kommUNIKATionszentrum

Kunst- und Kulturverein Unikat e.V., Glassiniring 5 – 7, 67304 Eisenberg. ✆ 06351/37327, Fax 37328. www.hausunikat.de. haus.unikat@t-online.de.

▶ Der Kunst- und Kulturverein gehört zu einem alternativen Zentrum, in dem auch Handwerksbetriebe und Dienstleistungsunternehmen zu Hause sind, die sich ökologischen Maßstäben verpflichtet fühlen, z.B. spielen die Zielsetzung »gesundes Wohnen« und umweltfreundliche nachhaltige Entwicklung eine zentrale Rolle. Der sehr rege Verein organisiert Ausstellungen, Workshops, Diskussionen, Konzerte, Theater und Kabarett. Auch für Kinder ist ab und an mal was dabei, z.B. das ein oder andere Theaterstück.

Agenda-Weg Göllheim

VG Göllheim, Freiher-vom-Stein-Straße 1 – 3, 67307 Göllheim. ✆ 06351/4909-0, Fax 4909-48. www.vg-goellheim.de. goellheim@vg-goellheim.de.

▶ In Göllheim gibt es seit dem Jahre 2000 einen Rundweg, der die Zielsetzungen der Agenda 21, d.h. die Forderung der nachhaltigen Entwicklung in Umwelt und Ökonomie, aufgreift und auf verschiedene Projekte bzw. Bereiche hinweist, die in diese Richtung gehen: Renaturierung und Rekultivierung der ortsnahen Kalkabbauflächen, Schaffung der innerörtlichen Grünachse Königsgraben, Revitalisierung und altengerechtes Wohnprojekt im Ortskern.

Agenda-Weg Göllheim. Global denken – lokal handeln, Göllheim 2000, 32 Seiten, ausführliche Beschreibung plus Plan; Göllheim – Fin kleiner Reiseführer«, Göllheim 1989, 48 Seiten; beides bei der Gemeinde.

Naturlehrpfad Schweisweiler

Länge: 1,5 km, Profil leicht, für Kinder ab 7 Jahre.

▶ Südlich des Ortes sind 26 Laub- und Nadelbäume zu sehen, viele Straucharten, eine Streuobstwiese mit Apfel, Birne, »Quetsche«, Süß- und Sauerkirsche, Mirabelle, Reineclaude, Speierling und Walnuss, ferner: Spechtbäume, Ameisenhaufen, Niströhren für Wildbienen, Disteln, Farne und Nistkästen sowie 4 Schautafeln mit den Themen Vögel in Wald und Flur, Laubbäume, Streuobstwiese und toter Baum.

Könnt ihr eine Lärche, eine Schwarzerle, eine Rosskastanie, eine Heckenrose, Wachholder und Schwarzen Holunder entdecken? Oder eine Lärche von einer Lerche unterscheiden?

Donnersberghaus in Dannenfels

Donnersbergverein e.V., Oberstraße 4, 67814 Dannenfels. ✆ 06357/989621, Fax 509714. www.donnersberg-touristik.de. **Anfahrt:** Busse 901, 906 von Kirchheimbolanden oder Rockenhausen bis Haltestelle Dannenfels Schule. **Zeiten:** nach Vereinbarung. **Infos:** Frau Schlich, ✆ 06357/989621, oder Herr Rieger, ✆ 7447.

▶ Das Donnersberghaus im ehemaligen Schulgebäude von 1824/25 ist in Ansätzen so etwas wie ein Informationszentrum für den Donnersberg. Der Schwerpunkt liegt auf der Geologie und der frühen und mittelalterlichen Geschichte. U.a. wird ein Modell des Donnersberges mit dem keltischen Ringwall gezeigt.

Bauernlehrpfad Donnersberg

▶ Zwischen **Münchweiler** und **Imsbach** wird auf dem 16 km langen Donnersberglehrpfad thematisch so gut wie alles präsentiert, was Landwirtschaft in dieser Region in Vergangenheit und Gegenwart ausmacht. Die Rundwanderung wird gewöhnlich in Münchweiler begonnen. Man kann natürlich auch in Winnweiler, Imsbach oder Langmeil beginnen. Sie führt von Münchweiler via Winnweiler, Wambacherhof, Imsbach, Wäschbacher Hof und Langmeil

Die **Faltblätter** »Donnersberger Bauernpfad«, »Urlaub auf Bauern- und Winzerhöfen« und »Pfälzer Bergland (mit Plan)« sind erhältlich bei der Donnersberg Touristik Kirchheimbolanden.

wieder nach Münchweiler zurück. Größenteils führt sie durch Flur, nur zwischen Winnweiler und Imsbach geht es auch durch Wald. Man erfährt allerlei über Hühner- und Schweinehaltung, Getreide, Ackerfrüchte, Streuobstwiesen, Mutterkuh- und Milchviehhaltung, Imkerei, Dorferneuerung und die Dörfer im Wandel.

Weitere Naturlehrpfade im Donnersbergkreis

Walderlebnispfad Neumühle, Münchweiler, Info Forstamt Winnweiler, ℰ 06302/92350. 3 km, Start am Sportplatz Münchweiler. Mit Tastkästen, Holz-Kriechröhren, Wurfnetzen und Infostationen zu Wald und Tieren.

Geo-Kulturpfad Obermoschel, kleine Tour von 1,5 und große von 2 km ab Freilichtbühne Obermoschel beim Burghotel. Infos zu Wald, Tiere, Geschichte, Geologie, aber auch zur Moschellandsburg. Erlebnisstationen für Kinder.

Waldlehrpfade gibt es außerdem in

Eisenberg, Info ℰ 06351/407-0;

Schiersfeld, Info Forstrevier Obermoschel, ℰ 06362/ 1213;

Sippersfeld, Info Forstrevier Sippersfeld, ℰ 06357/ 455;

Stahlberg, Info Forstamt Winnweiler, ℰ 06302/92350.

Reiten, Kutsch- & Planwagenfahrten

Lautersheimer Gutshof

Albert und Waltraut Bauer, Göllheimer Straße 8, 67308 Lautersheim. ℰ 06531/132860, Fax 132883. www.lautersheimergutshof.de.

▶ Reithalle mit Außenparcours. Reiten 30 Minuten 7 €, Stunde 10 €. Kutschfahrten für Fami-

lien 25 €/Stunde, wöchentlich eine Freifahrt für
Ferienkinder.

Klostermühle

Claudia Jennewein, Mühlstraße 19, 67728 Münchweiler (Alsenz). ✆ 06302/92200, Fax 92020. www.klos-
termuehle.com. info@klostermuehle.com.

▶ Planwagenfahrten Mi sowie Sa oder So ab 14
Uhr, Gruppen von 14 bis 16 Personen 4 Stunden
von Münchweiler zu den Retzbergweihern
250 €.

Naturnah spielen & einkehren

Naturnaher Spielplatz Dannenfels

▶ Am Ortsausgang Richtung Bastenhaus lo-
cken am Waldrand und im Wald eine 30 m lange
Seilbahn, eine Riesenrutsche, ein Spielhaus mit
Rutsche, mehrere Hütten, Schaukel und Wippe.
Aber natürlich kann auch der Wald selbst stär-
ker in die Aktivitäten einbezogen werden.

Projekt des sanften Tourismus Eiswoog

Landgasthof Forelle, 67305 Ramsen.

▶ Am Eiswoog ist man fleißig damit beschäftigt
die Prinzipien des sanften Tourismus und der
Agenda 21 umzusetzen. Im See und den benachbarten Fischteichen sind die Fischzucht und das
Fischen an ökologischen Gesichtspunkten aus-
gerichtet. Auf den Eistalwiesen weiden die vom
Aussterben bedrohten Glan-Donnersberger
Rinder. Im ufernahen **Landgasthof Forelle**
stammen Fleisch, Gemüse, Brot, Kuchen und
Weine aus dem ökologischen Anbau der Region.
In diese umweltfreundliche Praxis passt natürlich, dass rund um dieses stattliche Lokal jüngst
zahlreiche regionaltypische Sträucher gepflanzt

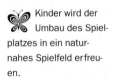 Kinder wird der Umbau des Spiel-
platzes in ein natur-
nahes Spielfeld erfreu-
en.

DONNERSBERG

Hunger & Durst

Restaurant-Café mit Seeterrasse, Biergarten, Kiosk sowie Gerichten aus der Pfälzer Küche: **Landgasthof Forelle,** Eiswoog, Ramsen. ✆ 06356/342. www.landgasthof-forelle.de. Di – So 10 – 23 Uhr.

wurden. Für die nächste Zukunft sind weitere ökologische Verbesserungen geplant wie die Verstärkung des Schutzes der Brutzonen der Wasservögel am See und die Anlage eines Feuchtbiotops an den Märzbachteichen.

Der *Landgasthof Forelle* trägt seinen Namen natürlich mit gutem Grund: Die Forellen, die man im Restaurant reinen Gewissens genießen kann, stammen aus den eigenen Fischteichen am Haus (Führung möglich), wo sie artgerecht gezüchtet werden.

Es bieten sich Wanderungen zum 5 km entfernten NFH Rahnenhof und zum 2,5 km entfernten Kleehof und zurück an.

HANDWERK UND GESCHICHTE

Bahnen & Bergwerkstouren

Stumpfwaldbahn Ramsen

Bahnhof Eiswoog, 67305 Ramsen. ✆ 06356/8035, www.stumpfwaldbahn.de. Stumpfwaldbahn@gmx.de. **Anfahrt:** Stündlich mit der Bahn Frankenthal – Grünstadt – Ramsen, dann noch 45 Minuten ausgeschilderten Wanderweg, am So Bahn bis Eiswoog. A 6 Wattenheim via Hettenleidelheim nach Ramsen, von dort 3 km Richtung Kaiserslautern. **Zeiten:** Pfingsten – Anfang Oktober So, Fei erste Abfahrt am Eiswoog um 10 Uhr, letzte Fahrt 18.24 Uhr. Sonderfahrten nach Vereinbarung. **Preise:** einfach 1,50, Rückfahrkarte 2 €; Kinder ab 3 Jahre einfach 1 €, Rückfahrkarte 1,50 €; Fahrräder und Hunde kostenlos; Beförderung von Rollstuhlfahrern und ihren Vehikeln möglich.

▶ Die Schmalspurbahn Ramsen befährt eine Strecke von 2 km, die landschaftlich recht schön ist. Gestartet wird am Bahnhof Eiswoog, 4 km südwestlich von Ramsen, Ziel ist der Bahnhof Bockbachtal beim Kleehof, 2 km südwestlich von Ramsen. Das Gleismaterial stammt überwiegend aus stillgelegten Ton- und Sandgruben der Umgebung. Der Stumpfwaldbahn-Verein, der das alles mit viel Engagement aufgebaut hat, verfügt über 15 Lokomotiven. Gefahren wird an allen Sonn- und Feiertagen von Pfingsten bis Anfang Oktober. Die erste Fahrt ist um 10 Uhr (Bahnhof Eiswoog). Das Bähnchen fährt alle 40 Minuten (Mittagspause 11.45 – 12.50 Uhr) bis gegen 18 Uhr. Man kann einen Fahrplan mit Informationen bekommen.

Mit der Zellertalbahn von Rheinhessen ins Donnersberggebiet

Verkehrsverein südlicher Wonnegau, Traminerstraße 1 – 3, 67590 Monsheim. ✆ 06243/5451, Fax 7738. www.suedl-wonnegau.de. info@suedl-wonnegau.de.
Zeiten: Betrieb der Zellerbahn Ende Mai – Ende September So, Fei Monsheim ab 10.04, 12.04, 14.04, 16.04, Langmeil ab 11.14, 13.14, 15.14, 17.14 Uhr.
Preise: VRN-Fahrkarten der Preisstufe 6.

▶ Mit dem 2001 wiederbelebten Zellertalbähnchen kann man an Sonn- und Feiertagen die schöne Strecke vom Rebenland des südlichen Rheinhessens vorbei am Südost-Hang des mächtigen Bergklotzes Donnersberg erleben. Es geht vom rheinhessischen Monsheim via Harxheim, Albisheim, Marnheim und Dreisen nach Langmeil in der Pfalz. Die historischen und modernen Dieseltriebwagen brauchen für die 10 km lange Strecke 34 Minuten. Monsheim hat Bahnverbindungen mit Alzey (19 Min.) und Worms (11 Min.), Langmeil ist mit Bad Kreuznach (38 Min.) und Kaiserslautern (19 Min.) verbunden. Die Strecke Monsheim – Langmeil ist in den Tarif des Verkehrsverbundes Rhein-Neckar (VRN) integriert. Man kann auch das Schöne-Wochenende-Ticket der DB benutzen.

Tipp: Beim Bahnhof Eiswoog befindet sich der gleichnamige Badesee, auf dem man Boot fahren kann. Am Ufer steht der **Landgasthof Forelle**.
In der Nähe des Endbahnhofes gibt es den **Landgasthof Kleehof** mit Terrasse und Biergarten, Pfälzer Küche, hausgemachten Kuchen und Torten.

🐌 **Faltblatt** »Mit der Zellertalbahn von Monsheim bis nach Langmeil«, erhältlich beim Verkehrsverein Südlicher Wonnegau und beim Donnersberg-Touristik-Verband, Uhlandstraße 2, 67292 Kirchheimbolanden, ✆ 06352/1712, Fax 1710262, www.donnersberg-touristik.de; donnersberg-touristik@t-online.de

Bergmanns-ABC

Abbau: An diser Stelle gewinnt der Bergmann das Erz.

Abteufen: Einen Schacht in die Tiefe bauen.

Aufschließen: Suche nach neuen erzhaltigen Gesteinsschichten.

Glück auf: Traditioneller Gruß der Bergleute, stammt aus dem Wunsch »Mögest du Glück haben beim Aufschließen des Berges«.

Hunt: Name für den unter Tage eingesetzten Förderwagen. **Auf den Hund kommen:** Hatte sich ein »Kumpel« unkollegial verhalten, musste er zur Strafe den Hunt schieben.

Kumpel: Kamerad, Bergmann; Verkleinerungsform von Kumpan.

Schacht: Senkrechte Verbindung der Grube.

Schrapper: Kastenartiges Gerät ohne Boden zum Bewegen von weg gesprengtem Erz.

Stollen: Eingang in ein Bergwerk.

Sohle: Untere Begrenzungsfläche einer Grube.

Börrstadter Gartenbahn

67725 Börrstadt. www.donnersberg-touristik.de. In der Sport- und Freizeitanlage am Südrand des Ortes. **Anfahrt:** Bus 903 Rockenhausen – Kirchheimbolanden – Eisenberg bis Börrstadt Ortsmitte. **Zeiten:** 2003 So 14 – 18 Uhr am 1.5., 11.5., 25.5., 1.6., 15.6., 29.6., 13.7., 27.7., 3.8., 17.8., 31.8., 14.9., 28.9., 5.10. und 19.10.

▶ Das Mini-Bähnchen, dessen Lok und offene Wagen so groß sind, dass auf ihnen mehrere Personen bequem Platz nehmen können, absolviert einen 300 m langen Rundkurs mit Bahnhof, Stellwerk, Tunnel, Brücke und Bahnübergang mit Schranken. Kindern macht das einen Riesenspaß.

Besucherbergwerk »Weiße Grube«

Langental 1, 67817 Imsbach. ✆ 06302/982944 (Grube), 710262 (Ortsbürgermeister), www.bergbaumuseum-pfalz.de. **Anfahrt:** Von Bhf Winnweiler Bus 910, von Bhf Kaiserslautern Bus 6507 bis Imsweiler Ortsmitte, dann 20 Minuten Fußweg zur Weißen Grube. Von der B 48 Kaiserslautern – Bingen in Winnweiler ab; von der B 40 Kaiserslautern – Mainz in Langmeil. **Zeiten:** Anfang April – Ende Oktober Sa, So, Fei 10 – 17 Uhr, Gruppen nach Vereinbarung auch Mo – Fr, letzte Besichtigung 16.15 Uhr. **Preise:** 2,70 € mit obligatorischer Führung; Kinder 1,50 €; Gruppen ab 20 Personen 2, Familienkarte 5,50 €. **Infos:** Gruppen- und Kindergeburtstagsführungen beim Ortsbürgermeister oder bei der Donnersberg-Touristik Kirchheimbolanden anmelden.

▶ In der Gemarkung Imsbach am Donnersberg wurde schon in frühchristlicher Zeit Eisen- und Kupfererz abgebaut. Im Laufe einer über 1000-jährigen Geschichte wechselten Phasen starken Abbaus mit solchen geringer Aktivität oder sogar des Stillstands. Die dritte und letzte Blütezeit dauerte von 1883 bis 1919. 1921 ging der

Bergbau im Raum Imsbach schließlich zu Ende. Die Stollen der Weißen Grube wurden 1979 Besuchern zugänglich gemacht. Die Exkursion unter die Erde, der Gang durch die alten Stollen und Abbauweitungen – mit einem Helm geschützt – ist natürlich eine spannende Sache. Im Scheinwerferlicht sind an den Wänden und Decken an vielen Stellen glitzernde Erzbrocken auszumachen. Der sachkundige Führer erklärt, wie die schwere und riskante Arbeit unter Tage ablief. Zum Schluss wird ein Bereich besichtigt, wo das Erz übertage abgebaut wurde. Danach geht es noch zum kleinen Pochwerk. Wer Lust hat, kann auf einer alten Halde Mineralien, wie Silber, rotes Kupfer oder eins der zig anderen hier nachgewiesenen Erze, suchen. Da wird die pure Goldgräbergier angestachelt! Vorsicht, dass ihr im Eifer nicht abrutscht.

 Ihr könnt den Besuch der Weißen Grube in eine Gruben-Rundwanderung mit Start und Ziel in Imsbach einbauen. Auf dieser Tour kommt ihr auch an den ehemaligen Gruben Katarina 1 und 2 und der Grube Grüner Löwe vorbei.

Tipp: Untertage ist es immer recht kühl, zieht euch also warm an!

Burgen & Museen

Burgruine Falkenstein

Donnersberg-Touristik, Uhlandstraße 2, 67292 Kirchheimbolanden. ℰ 06352/1712, Fax 710262. www.donnersberg.de. **Zeiten:** jederzeit zugänglich, Führungen auf Anfrage.

▶ Die Burgruine, gut 100 m über dem Dorf Falkenstein, ist ein beliebtes Ausflugsziel im Donnersbergkreis. An Wochenenden ist sie bewirtschaftet, es gibt aber auch im Dorf eine Gaststätte. Im Burghof ist im Sommer eine Freilichtbühne eingerichtet.

Heimatmuseum Kirchheimbolanden

Amtsstraße 14, 67292 Kirchheimbolanden. www.donnersberg-touristik.de. **Zeiten:** 2. So im Mai – 2. So im Oktober jeden So 14 – 18 Uhr sowie an lokalen Festen

DONNERSBERG

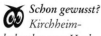
bis 18 Uhr und nach Vereinbarung. **Infos:** VG Kirch-
heimbolanden ℘ 06352/40040 oder 8446.

▶ 28 Abteilungen, Stadt- und Regionalgeschichte, darunter eine Sammlung von Dokumenten aus der 1848er Revolution. Für Kinder
besonders interessant: die Puppen- und Spiel-
zeugausstellung.

Frühindustriepark Gienanth bei Winnweiler

Info: Tourist Information VG Winnweiler, Jakobstraße
29, 67722 Winnweiler. ℘ 06302/60-225, Fax 602-34.
www.winnweiler-vg.de.

▶ Im 18. und frühen 19. Jahrhundert, der An-
fangsphase der Industrialisierung, waren in den
deutschen Mittelgebirgen kleine Eisenindustrie-
reviere verbreitet. Ein solches gab es auch im Alsenztal um Winnweiler. Es gehörte der Familie
Gienanth, ein Pfälzer Eisenimperium, das auch
bei Eisenberg, Trippstadt und Schönau im Wasgau Eisen produzierte und verarbeitete.

Das Erz kam aus den nahe gelegenen Gruben
um Imsbach, verarbeitet wurde es im Alsenztal
in Hochstein bei Winnweiler (ehemalige Kupferschmelz) und in Eisenschmelz bei Schweisweiler. Die Holzkohle kam aus den umliegenden Wäldern. Wie andernorts musste die Eisen-
verhüttung im Alsenztal später den überlegenen
Großrevieren an Ruhr und Saar nachgeben. Es
blieb aber eine Gießerei in Hochstein bestehen,
die heutige Gienanth Hochstein AG.

Durch das einstige Eisenindustrierevier führt
seit 2000 ein im Rahmen des EXPO-Themas
»Mensch-Natur-Technik« geschaffener 12 km
langer geografisch-historischer Lehrpfad. Man
wird sich freilich auf das 4 km lange Teilstück
Winnweiler – Schweisweiler beschränken, in
dem die Hauptstandorte Kupferschmelz (später

Ein **Faltblatt** mit
Plan »Frühindus-
triepark Gienanth« ist
bei der Donnersberg
Touristik Kirchheimbo-
landen und der Tourist-
information Winnweiler
erhältlich.

Gießerei), Eisenschmelz (mit dem früheren Gienanthischen Herrenhaus und den Arbeiterwohnungen) und das einstige Hammerwerk Schweisweiler liegen. An diesen Orten befinden sich informative Tafeln.

Tipp: Die Exkursion sollte nur mit an Technik interessierten Kindern und Jugendlichen unternommen werden.

Pfälzisches Turmuhrenmuseum

Am Schloss, 67806 Rockenhausen. ✆ 06361/3430, www.donnersberg-touristik.de. **Anfahrt:** Von Bhf Rockenhausen 5 Minuten zu Fuß. **Zeiten:** Ostern – Weihnachten Do und jeden 1. Sa im Monat 15 – 17 Uhr sowie nach Vereinbarung. **Preise:** Eintritt frei.

Tipp: Anmeldung für Führungen ✆ 06361/ 451214 oder 1571, Fax 451260, touristinfo@rockenhausen.de

▶ Über 30 gewaltige bis zu 3 m breite Turmuhren mit bis zu 4 m großen Pendeln, die rasseln, ticken, klappern und schlagen, machen den Besuch dieses Museums zu einem sehr eigenartigen Erlebnis. Es gibt noch mehr zu bestaunen, so etwa die kleine Reisesonnenuhr aus dem Jahre 1680 oder alte Sanduhren. Im Museum ist auch eine Kleinuhrmacherwerkstatt aus der Zeit um 1900 eingerichtet.

Dicke Brötchen: Erste Museumsbäckerei der Pfalz

Mühlweg 1, 67808 Imsweiler. ✆ 06361/993951, Fax 993951. www.donnersberg-touristik.de. **Anfahrt:** Bahnhof Imsweiler an der Strecke Bad Kreuznach – Kaiserslautern. **Zeiten:** Mai – Oktober nach Voranmeldung Sa 10.30 – 16.30 Uhr, in den übrigen Monaten an jedem 1. Sa im Monat. Gruppen ab 15 Personen auch nach Absprache. **Preise:** Der Museumsförderverein erwartet eine Spende von 2,10 € pro Person.

▶ In der Imsweiler Mühle aus dem 14. Jahrhundert wird zwar kein Getreide mehr gemahlen, es wird aber in historisch-orgineller Szene für Besuchergruppen und zu Gruppen zusammengefasste Einzelbesucher Brot gebacken. Dafür solltet ihr 3½ Stunden einplanen, denn zunächst

DONNERSBERG

wird das Bereiten des Brotteiges, dessen Weiterverarbeitung und das Einschießen der Brote in den Steinbackofen beobachtet. Während der Backzeit erhaltet ihr in der Mühlenstube fachliche Erläuterungen. Ebenso kann dort eine Vesper gereicht, Brot verkostet und erworben werden.

Leo's Tenne Schweisweiler

Ortsstraße 9, 67808 Schweisweiler. ☎ 06302/2147.
Anfahrt: Nicht weit vom Bhf Schweisweiler auf der Strecke Kaiserslautern – Bad Kreuznach. **Zeiten:** März – Okt. am 3. So im Monat sowie nach Vereinbarung.

▶ Der ehemalige Berufsschullehrer und Ingenieur *Leo Dörr* kennt den Raum Winnweiler wohl wie kein anderer. Seiner Sachkenntnis und seinem großen Engagement ist eine wunderbare Ausstellung zur handwerklichen Tradition des Dorfes Schweisweiler zu verdanken, in der Tenne seiner Scheune zweifellos standesgemäß untergebracht. Für die einzelnen Handwerke wie Steinmetz, Ziegler, Hufschmied, Wagner und Handformer werden kompakt und übersichtlich Einrichtungen, Werkzeuge und Produkte präsentiert. Beim Hufschmied seht ihr z.B. Feldschmiede, Amboss, Blasebalg, Zangen, Hämmer, Hufeisen für Pferde und Kühe etc. Selbstverständlich findet ihr in Leo's Museum auch allerlei alte Gerätschaften der Bauern, wie Häcksler, Ackerwalze, Holzegge, Wagenrad und Zubehör für Leiterwagen. Wer nach der informativen Führung noch wissenshungrig ist, hat Gelegenheit zur Diskussion. Dafür ist in der Scheune extra ein Bereich mit Sitzgelegenheit für bis zu 50 Personen vor einer großen Schultafel eingerichtet. Hier können übrigens auch Kindergeburtstage gefeiert werden, aber nur in der warmen Jahreszeit!

Leo Dörr: **Erlebtes Schweisweiler**, bietet noch mehr Information: 450 Seiten, 230 Fotos!

Dorfmuseum Dannenfels

Ernst Gümbel, Hohlstraße 1, 67814 Dannenfels.
℗ 06357/7451, **Anfahrt:** Bus 901 Kirchheimbolanden
– Rockenhausen bis Haltestelle Rathaus. **Zeiten:** Nach
Vereinbarung.

▶ Dieses Landwirtschaftsmuseum befindet sich
in einer Scheune 100 m unterhalb vom Donnersberghaus. Seine Existenz verdankt es der
Sammelleidenschaft und dem großen Engagement des fast 80-jährigen Landwirtes *Ernst
Gümbel.* Die 800 Geräte und Werkzeuge aus der
Landwirtschaft der Zeit vor der Modernisie-
rungswelle in den 1950er und 1960er Jahren sowie Haushaltsgeräte sind sehr übersichtlich
nach Funktionen geordnet. Mich hat die Variati-
onsbreite der Pflugsammlung beeindruckt – das
mag freilich mit meiner dörflichen Herkunft zu-
sammenhängen. Es ist schon interessant, sich
das alles zeigen und erklären zu lassen. Ganz nebenbei erfahrt ihr auch noch, wie Scheunen
früher ausgesehen haben und habt den Spaß auf
einer alten Holztreppe unters Dach hinaufzu-
steigen.

Tipp: Donnersberghaus und Dorfmuseum las-sen sich prima kombi-nieren.

Pfälzisches Bergbaumuseum Imsbach

Verein Pfälzisches Bergbaumuseum e.V., Alte Schule,
Ortsstraße 2, 67817 Imsbach. ℗ 06302/3722,
www.bergbaumuseum-pfalz.de. webmaster@bergbau-
museum-pfalz.de. **Zeiten:** Sa 14 – 17, So 11 – 17 Uhr,
für Gruppen ab 20 Personen nach Vereinbarung. **Preise:** 2 €, Gruppen ab 20 Personen 1,50 €; Kinder 1 €;
Familienkarte 5 €. **Infos:** Gruppenanmeldung bei Don-
nersberg-Tourisitk, ℗ 06352/1712, Fax 710262.

▶ Dauer- und Sonderausstellungen zur Geschichte des Pfälzer Bergbaus, z.B. Werkzeug
und Ausrüstung der Bergleute vom Mittelalter
bis zur neueren Zeit, wie etwa eine Sammlung
von Grubenlampen. Durch den Einsatz moder-

Kombikarte für
Weiße Grube und
Museum 4 €.

ner Medien ist es sogar möglich die Bergbau-
region virtuell zu besichtigen.

Pfälzisches Steinhauermuseum

Marktplatz 4, 67821 Alsenz. www.donnersberg-touri-
stik.de. info@alsenz-obermoschel.de. **Anfahrt:** Vom Bhf
Alsenz 10 Minuten Fußweg. **Zeiten:** April – Oktober Do
und an lokalen Festen 17 – 19 Uhr sowie nach Vereinbarung. **Preise:** Eintritt frei. **Infos:** Verbandsgemeinde
Alsenz-Obermoschel, ✆ 06362/303-0. Anmeldung
auch über Fax 2611 oder per eMail.

▶ In Alsenz war bis in die 1920er Jahre das
Buntsandstein-Steinhauerhandwerk von Bedeutung. Das in einem alten Fachwerkhaus unterge-
brachte Museum erinnert an jene Zeit. Zu sehen
sind der Werkplatz eines Steinhauers und natürlich Werkzeuge und zahlreiche Sandsteinexpo-
nate. Ihr könnt verschiedene Arbeitstechniken
kennen lernen oder durch ein Binokular die fei-
neren Strukturen des Sandsteins betrachten.

Das Gienanth'sche Puppenhaus im Landgasthof Forelle am Eiswoog

▶ Deutschlands größtes historisches Puppenhaus befindet sich im Landgasthof Forelle bei
Ramsen, ↗ Naturnah spielen und einkehren. Es
wurde 1886 von der Tochter des BASF-Grün-
ders Friedrich Engelhorn ihren Töchtern Ilma,
Martha und Hertha geschenkt. Dieses zehn
Zimmer große »Bauwerk« spiegelt die Wohn-
welt des Großbürgertums jener Zeit, ist also
nicht gerade repräsentativ, denn die Masse war
ja bettelarm. Schön ist's trotzdem, einfach ein
Kunstwerk. Im Puppenhaus befinden sich auch
Stücke aus kleinstem Kunstguss. Dafür wurde
die Gießerei Gienanth auf der Pariser Weltaus-
stellung sogar ausgezeichnet.

Kreismusikschule Donnersberg

Uhlandstraße 2, 67292 Kirchheimbolanden.
℡ 06352/710-215, Fax 710-232.

▶ Für einen Kreis, der nicht gerade mit Kulturereignissen gesegnet ist, hat eine solche Institution enorme Bedeutung. Sie führt die Kinder früh an die Musik und so gut wie alle Instrumente heran. 80 Lehrkräfte sind aktiv, 1400 Schüler mehr oder weniger bemüht. Es gibt 8 Ensembles, besonders rege ist die Musicalgruppe.

Theater Blaues Haus e.V.

Parkallee 7, 67295 Weierhof. ℡ 06355/989413, www.blaues-haus-ev.de. karten@blaues-haus-ev.de.

▶ Unter dem Motto »Kultur aus der Region für die Region« werden Theaterabende, Konzerte und Diskussionen veranstaltet. Auch für Kinder ist das ein oder andere dabei, vielleicht sogar ein Theaterworkshop! Am besten, ihr schaut immer mal auf die Internetseiten des Blauen Hauses.

Weihnachtsmarkt Kirchheimbolanden

Zeiten: Freitag bis 2. Advent, Fr 17 – 21, Sa ab 14 – 21, So 11 – 21 Uhr.

▶ Weihnachtsmarkt mit etwa 30 Ständen auf dem Römerplatz, entlang der Stadtmauer.

Weihnachtsmarkt Eisenberg

Zeiten: Freitag bis zum 1. Advent, Fr ab 17, Sa ab 14, So ab 11 Uhr.

▶ Auf dem Marktplatz und in der Fußgängerzone stehen etwa 25 Stände.

Weihnachtsmarkt Rockenhausen

℡ 06361/9110, **Zeiten:** Freitag bis 1. Advent, Fr ab 17, Sa und So ab 13 Uhr.

▶ Kleiner Weihnachtsmarkt mit 31 Ständen auf dem Marktplatz und in der Luitpoltstraße.

BÜHNE, LEINWAND & AKTIONEN

@ Ganz detailliert der Veranstaltungskalender für den Donnersbergkreis im Internet unter www.donnersberg-touristik.de

Tipp: Weitere Weihnachtsmärkte gibt es in Obermoschel und Winnweiler.

DONNERSBERG

Wintersport im Donnersbergkreis

Skiclub Donnersberg. ✆ 06361/1760, www.sc-don-nersberg.de. info@sc-donnersberg.de.

Infos zum Donnersberg auch beim Waldhaus, ✆ 06357/254, und bei Donnersberg-Touristik, ✆ 06352/1712.

Der **Donnersberg** hat wegen seiner Höhe die größte Schneewahrscheinlichkeit in großem Umkreis. Droben kann man Rodeln und auf gespurten und ausgeschilderten, 4 und 8 km langen Loipen langlaufen. Der Start ist unterhalb der Keltenhütte.

Am **Hintersteiner Hof,** 2,5 km südöstlich von Rockenhausen, kann man rodeln und Ski fahren, Langlauf und alpin. Wenn genügend Schnee liegt, ist ein Lift in Betrieb, Mi und am Wochenende bietet eine Skischule ihre Dienste an.

Der **Pfrimmerhof** bei Sippersfeld bietet Möglichkeiten zum Rodeln, Langlauf und Eishockey, Informationen: *Landgasthof Hetschmühle,* ✆ 06357/364 und 06352/1712.

FESTE & MÄRKTE

Mai:	2. Wochenende: Kirchheimbolanden, **Maimarkt**
	Letztes W'ende: Zellertal, **Donnersb. Bauernmarkt**
Juni:	2. W'ende: Obermoschel, **Mittelalterlicher Markt**
	3. W'ende: Winnweiler, **Johannismarkt**
Juli:	1. W'ende, Obermoschel: **Fischerfest**
	1. W'ende, Alsenz: **Brunnen- und Weinfest**
August:	2. W'ende: Kirchheimbolanden, **Residenzfest**
	4. W'ende: Dannenfels, **Historischer Dorfmarkt**
	Letztes W'ende: Obermoschel, **Hist. Dorfmarkt**
September:	1. W'ende: Obermoschel, **Weinfest**
Oktober:	2. W'ende: **Kirchheimbolanden**
	4. W'ende: Rockenhausen, **Kunsthandwerkermarkt**
	Letztes W'ende: Obermoschel, **Kastanienkerwe**

KUSELER LAND

© PETER MEYER VERLAG

Der westliche Teil des Nordpfälzer Berglandes gehört zum Kreis Kusel. Die Berge reichen hier bis in 608 m Höhe, das ist schon fast so hoch wie der Donnersberg. Im Gegensatz zum Osten gibt es hier aber weniger Wald. Die Landschaft wird stärker von Äckern und Wiesen geprägt. Ausgesprochen reizvoll ist das Tal des Glan, ein Flüsschen, das mit der Alsenz vergleichbar ist.

Auch hier befindet man sich in ausgesprochen ländlicher Szene. Die wenigen Kleinstädte heißen Kusel, Altenglan, Lauterecken und Wolfstein. Hier finden Familien mit Kindern allerlei Möglichkeiten für einen entspannten Urlaub oder eine naturnahe Freizeit. Die Übernachtungsmöglichkeiten sind im Durchschnitt eher bescheiden, reichen aber aus. Es existieren Ferienwohnungen und Ferienbauernhöfe sowie mehrere Jugendherbergen, Campingplätze und Zeltplätze, ✐ Info- & Ferienadressen. Hauptattraktionen der Region sind die Burg Lichtenberg mit ihren interessanten Museen, das Besucherbergwerk Wolfstein, der idyllische Ohmbachsee, der Tierpark auf dem Potzberg und die Fahrrad-Draisine von Altenglan.

ÜBER UND UNTER TAGE IM MUSIKANTENLAND

Tourist-Information
Kuseler Musikantenland, Trierer Straße 41, 66869 Kusel.
✆ 06381/424-270, Fax -280. www.kuselermusikantenland.de. touristinformation@kv-kus.de.

Schwimm- & Freizeitbäder

Bade- und Freizeitpark Kusel

Trierer Straße 194, 66869 Kusel. ✆ 06381/918222.
Zeiten: Freibad Mai – September täglich 8 – 20.30 Uhr, Hallenbad Mo 14 – 21.30, Di 6.30 – 9, 11 – 21.30, Mi – Fr 6.30 – 9, 14 – 21.30 Uhr, Sa, So, Fei 8 – 18 Uhr, in den Ferien Di – Fr sogar 6.30 – 21.30 Uhr, Kassenschluss 1 Stunde vor Ende der Öffnungszeit.
Preise: Tageskarte 2,50 €; Kinder 1,50 €.

▶ In der Halle gibt es Schwimmer- und Nichtschwimmerbecken, Sprungturm, Spiel- und

TIPPS FÜR WASSERRATTEN

KUSELER LAND

249

Hunger & Durst

Hallen-Restaurant mit
Bikini-Bar, Imbiss im
Freibadbereich.

Direkt neben
dem Bad lockt
eine **Minigolfanlage**.

Spaßbecken, Planschbecken mit Mutter-Kind-Bereich, 3-m-Turm und 1-m-Brett. Im Freien liegen Schwimm-, Nichtschwimmerbecken, Spiel- und Spaßbecken mit Wildwasserkanal, Wasserfallwand, Schwallwasserbrausen, Boden- und Wandsprudler, Massagedüsen, Wasserpilz, Kinderrutsche und Sitzinseln und das Planschbecken inmitten einer ausgedehnten Liegewiese. Einen Heidenspaß bereitet Kindern die 64 m lange kurvenreiche Rutsche von der Halle in das Außenbecken, das im Winter beheizt ist.

Im Freibadbereich gibt es reichlich Platz zum Spielen und Herumtollen.

Sport- und Freizeitbad Godersbach Altenglan

In der Godersbach, 66885 Altenglan. ☎ 06381/2606, www.altenglan.de. **Zeiten:** Mitte Mai – Mitte September täglich 9 – 20 Uhr. **Preise:** Erwachsene Tageskarte 2,50, Zehnerkarte 20, Saisonkarte 35 €; Kinder 6 – 15 Jahre Tageskarte 1,25 €, Zehnerkarte 10, Saisonkarte 17,50 €.

▶ Mehrzweck- und Sprungbecken, Spiel- und Spaßbecken mit 70 m langer Riesenrutsche und Wasserfall, großer Whirlpool, Planschbecken mit Rutsche und Wasserkanone, Massagedüsen, Bodensprudler, Wasserspieler, Wasserpilze. Weiträumige Liege- und Spielwiese am Waldrand mit Kiosk.

Freibad Bosenbach

☎ 06385/925226, **Zeiten:** Mitte Mai – Anfang Sept. 10 – 20 Uhr. **Preise:** Tageskarte 2 €, Saisonkarte 20 €; Kinder und Jugendliche 6 – 16 Jahre Tageskarte 1,30 €, Saisonkarte 11 €; Familienkarte 36 €.

▶ Im Wald stehen Schwimmer- und Nichtschwimmerbecken mit Planschbereich und Kinderrutsche, Liegewiese und Kiosk bereit.

Solar-Freibad Gimsbach

Matzenbach-Gimsbach. ✆ 06383/7620, www.vg-glm.de. **Zeiten:** Ende Mai – Ende August täglich 13 – 19 Uhr, in den Sommerferien ab 10 Uhr. Mi Frühschwimmen 10 – 11.30 Uhr. **Preise:** Tageskarte 1,50 €, Zehnerkarte 13 €; Kinder 6 – 14 Jahre Tageskarte 1 €, Zehnerkarte 8 €.

▶ Ein Becken, das in Schwimmer und Nichtschwimmer unterteilt ist, wird mit Sonnenenergie auf maximal 27 Grad geheizt. Daneben gibt es in dem umweltfreundlichen Bad eine ausgedehnte Liegewiese und die Möglichkeit Basketball, Volleyball oder Tischtennis zu spielen. Ein Kiosk versorgt mit Kleinigkeiten.

Warmfreibad Waldmohr

✆ 06373/2686. Mitten im Ort. **Zeiten:** Mitte Mai – Mitte September täglich 9 – 19 Uhr. **Preise:** Tageskarte 1,50 €, Saisonkarte 25 €; Kinder 7 – 18 Jahre Tageskarte 1 €, Saisonkarte 15 €.

▶ Beheiztes Freibad, Schwimmbecken mit 50-m-Bahn und 5-m-Turm, Nichtschwimmerbecken mit 50-m-Rutsche, Planschbecken. Liegewiese mit Spielplatz und Kiosk.

Freibad Wolfstein

Am Schwimmbad, 67752 Wolfstein. ✆ 06304/7808. 200 m südlich vom Ort. **Zeiten:** Mitte Mai – Mitte September 9 – 20 Uhr. **Preise:** Tageskarte 2,60 €, 12er-Karte 25,50, Saisonkarte 41 €; Kinder und Jugendliche 3 – 18 Jahre Tageskarte 1,30 €, 12er-Karte 12,50, Saisonkarte 20,50 €; Familienkarte für Erwachsene mit allen Kindern bis 18 Jahre Saisonkarte 56 €; Gruppen ab 10 Personen 1 €.

▶ Im landschaftlich schönen Lautertal. Das Vario-Becken besteht aus Schwimmer- und Nichtschwimmerbereich, beheiztem Sprungbecken mit 1-, 3- und 5-m-Brettern. Auch das Plansch-

Um zu wissen, wie das Wetter wird, müsst ihr nicht unbedingt den Wetterbericht hören, sondern könnt die Natur beobachten: Anzeichen für schönes Wetter: Grillen zirpen, Frösche quaken abends, Abendrot, Mücken tanzen, Rauch steigt steil in den Himmel auf, Vögel fliegen sehr hoch. Anzeichen für schlechtes Wetter: Krähen krächzen pausenlos, Frösche quaken tagsüber, Regenwürmer und Schnecken sind zu sehen, Morgenrot und tief blauer Morgenhimmel, Schmerzen an Narben und Knochenbruchstellen, Gestank aus Rohrleitungen und Gullys.

becken ist beheizt. Die Liegewiese umfasst einen Spielplatz, eine Spielwiese mit Tischtennis, Restaurant und Kiosk.

In, an & auf dem Ohmbachsee

Schönenberg-Kübelberg, 28 km westlich von K'lautern, südlich von Gries. www.ferienamohmbachsee.de.
Anfahrt: RSW-Bus 6523 Homburg – Landstuhl, Bus 6568 Kusel – Homburg. A 6 Kaiserslautern – Saarbrücken, Ausfahrt Miesau-Bruchmühlbach, Richtung Schönenberg-Kübelberg.

Tipp: Am 3. Wochenende im Juli wird ein großes **Seefest** gefeiert: zahlreiche Essbuden, Konzerte, Feuerwerk, Drachenbootrennen. Programm auf der Internetseite.

▶ Dieser 15 ha große See, wenige hundert Meter nordöstlich von Schönenberg-Kübelberg inmitten einer beschaulich wirkenden Hügellandschaft, ist eines der populärsten Ausflugsziele der Nordwestpfalz. Ihr könnt auf dem ruhigen Gewässer Tretboot fahren, am Ufer befinden sich mehrere Kioske und auf der Südseite ein großer gut ausgestatteter Campingplatz. Auch ein Wasserspielplatz (Nordseite), Grillplätze und mehrere Hütten stehen fürs Picknick bereit. Auf einem 3,5 km langen Wanderweg könnt ihr den ganzen See zu Fuß umrunden. Die Route ist vollkommen flach, der Weg gut ausgebaut, so dass die Tour auch mit Kinderwagen unternommen werden kann.

Boot fahren auf dem Ohmbachsee

Bootsverleih, 66901 Schönenberg-Kübelberg. www.ferienamohmbachsee.de. Kiosk nahe dem Parkplatz am Südwestufer des Ohmbachsees. **Anfahrt:** ↗ Ohmbachsee. **Zeiten:** Mai – Oktober 10 oder 11 – 18 oder 20 Uhr – im Sommer länger. **Preise:** 30 Minuten 3,50 €.

▶ An der Anlegestelle kann man Tretboote ausleihen. Wer Surfen, Kanu, Kajak oder Schlauchboot fahren will, kann das tun, muss aber die Wasserfahrzeuge selbst mitbringen. Baden ist zwar offiziell verboten, wird aber de facto toleriert.

Radeln per 2rad und Draisine

In der Mittelgebirgslandschaft des Kuseler Landes bieten sich radelnden 8- bis 11-Jährigen Touren in den Tälern des Glan und der Lauter an. Während jüngst im Tal des Glan im Abschnitt Waldmohr – Glan-Münchweiler ein gut ausgebauter Radweg (Glan-Blies-Weg von Sarrguemines/Frankreich nach Glan-Münchweiler) eröffnet wurde, muss man sich im Tal der Lauter noch mit der Straße begnügen. Einmal im Jahr kann man aber auch in diesem Tal gemütlich einherradeln, denn hier gibt es seit ein paar Jahren das Radelfest Lautertal.

Sportliche 14-Jährige könnten sich mal an den langen steilen Aufstieg von Gimsbach (Glan) auf den *Potzberg* ranwagen. Anschließend wartet eine rauschende Abfahrt nach Mühlbach (Glan) oder wieder zurück nach Gimsbach.

In den drei Bändchen »Gute Laune Tour für Radler« der Tourist-Information Kuseler Musikantenland werden zahlreiche Touren beschrieben, samt Karten und Höhenprofilen. Sie sind allerdings kaum noch erhältlich.

RAUS IN DIE NATUR

Mit der Fahrrad-Draisine das Tal des Glan hinab zur Nahe

Tourist-Information Kusel, Trierer Straße 41, 66869 Kusel. ℭ 06381/424-270, Fax 424-280. www.draisinentour.de. touristinformation@kv-kus.de. **Anfahrt:** Bahn der DB aus Richtung Mainz und Saarbrücken bis Staudernheim, aus Richtung Kaiserslautern bis Altenglan oder Lauterecken. **Zeiten:** Mitte März – Ende Oktober 9 – 18 Uhr, April – September bis 19 Uhr. Reservierung oft lange im Voraus erforderlich. Mit Kindern

Tipp: Es ist ratsam, sich vorher Infomaterial zu besorgen. Nicht nur, um einen genauen Überblick über die Gesamtstrecke zu bekommen, sondern auch um sich spannende Unterbrechungen und Abstecher auszusuchen.

unbedingt ein ungerades Datum mit Verkehr das Tal abwärts wählen. **Preise:** Pro Draisine mit maximal 5 Personen Mo – Fr pro Tag 35 €, am Wochenende und an Feiertagen 39 €.

▶ Eine Tour mit der Fahrrad-Draisine auf den Gleisen der ehemaligen Bahnlinie durch das idyllische Glantal ist ein Erlebnis ganz besonderer Art: Auf den 40 km von Altenglan nach Staudernheim an der Nahe werden 18 Dörfer und Kleinstädte sowie 25 Haltestellen passiert. Die Draisine wird von zwei Personen durch Pedale bewegt und von den Gleisen geführt. Ihr könnt also – relativ – entspannt die Landschaft genießen. Die beiden Pedaleure sitzen am rechten und linken Rand einer Bank, auf der in der Mitte zusätzlich zwei Erwachsene oder drei Kinder Platz finden. Hinter der Sitzbank ist darüber hinaus noch genug Platz für Gepäck und Fahrräder. Um Gegenverkehr zu vermeiden, wird täglich wechselnd immer nur in eine Richtung gefahren. Alle 2 km sind Haltestellen eingerichtet, wo ihr für Picknick, Einkehr, Wanderungen oder Besichtigung ausscheren könnt. Statt die gesamte Strecke zu fahren, könnt ihr die Tour auch auf halber Strecke am Bahnhof Lauterecken beenden. Zwischen Altenglan und Staudernheim verkehrt ein Bus, so dass ihr ohne Komplikationen wieder an den Ausgangspunkt zurückkehren könnt. Für die Nutzer der Draisinen gibt es bei Vorlage des Mietscheines preiswerte Busfahrkarten für bis zu 5 Personen.

Von Glan-Münchweiler zum Ohmbachsee und zurück

Länge: 19 km Radweg, keine schweren Steigungen, leicht, auf Grund der Länge aber erst für Kinder ab 10 Jahre. **Anfahrt:** In Glan-Münchweiler halten die Regionalbahnen auf der Strecke Kaiserslautern – Landstuhl

– Ramstein-Miesenbach – Kusel tagsüber im Stundentakt.

▶ Die Radtour von Glan-Münchweiler zum
Ohmbachsee ist zugleich Schlussabschnitt des
erst 2002 eröffneten **Glan-Blies-Weges**, eine
leichte Strecke durch das beschauliche wiesen-
reiche Tal des Flüsschens Glan. Etwa auf halber
Strecke geht es durch Dietschweiler. Der Glan-
Blies-Radweg erreicht den Ohmbachsee im
Nordosten in Gries. Es geht auf derselben Route nach Glan-Münchweiler zurück.

Das Wandern ist des Meyers Lust

In der beschaulichen Mittelgebirgsregion des
Kuseler Landes kann man wunderbar wandern.
Familien mit Kindern von 7 bis 10 Jahre können
gemütliche Kurzwanderungen im Tal des Glan
unternehmen – z.B. von Erdesbach nach Ulmet
oder von Eisenbach nach Theisbergstegen. Ihnen kann ich auch die Rundwanderung um den
Ohmbachsee empfehlen.

Wanderung von Matzenbach-Eisenbach nach Godelhausen

Länge: 4 km, flach und ganz leicht durch ein idylli-
sches Bachtal, auch mit Kinderwagen machbar. **Anfahrt:** Eisenbach und Theisbergstegen sind Stationen
an der Bahnlinie Kues – Landstuhl – Kaiserslautern.

▶ Vom Bahnhof Eisenbach geht es hinüber nach
Eisenbach und danach auf einem schmalen
Sträßchen auf der linken Seite des schönen wie-
senreichen Glantales abwärts. Kurz vor Godels-
bach kommt ihr an einem Lokal vorbei. Danach
geht es gemütlichen Weges durch dörfliche Szene zum Bahnhof Theisbergstegen. Ihr könnt
natürlich auch wieder nach Eisenbach zurückkehren.

Eine Reihe von
Wandertipps,
darunter auch leichte
Kurztouren für Kinder,
enthält die Broschüre
»**Gute Laune Tour für
Wanderer**« der Tourist-
Information Kusel Musi-
kantenland. Da aller-
dings nur ganz grobe
Skizzen geboten wer-
den, müssen auf jeden
Fall die topografischen
Karten 1:25.000 des
LVA RLP zu Kusel, Glan-
Münchweiler, Waldmohr,
Schönenberg-Kübelberg
und Lauterecken sowie
Wolfstein besorgt wer-
den.

KUSELER LAND

Pollichia-Kreis-
gruppe Kusel:
»**Geschützte Natur im
Kreis Kusel**«, erhältlich
im Naturkundlichen Mu-
seum auf der Burg Lich-
tenberg.

Wanderung von Henschtal via Haselrech nach Steinbach (Glan)

Länge: 5 km, steiler Auf- und Abstieg, für wanderfreudi-ge Kinder ab 11 oder 12 Jahre. **Anfahrt:** Anfahrt Mo – Fr mit Bus 565 Kusel – Homburg (Saar) bis Henschtal, Rückweg ebenfalls mit Bus 565 ab Steinbach. Straße von Glan-Münchweiler nach Brücken/Homburg.

▶ In Henschtal biegt ihr in 240 m Höhe von der Hauptstraße nach Süden in die Hohlstraße ein. Es geht nun durch Felder kräftig bergauf. Auf der Höhe biegt ihr nach 1,8 km rechts in die alte Römerstraße (381 m) ein. Dann ist es noch knapp 1 km leicht ansteigend bis zum Natur-freundehaus am Haselrech auf 401 m hinauf, wo ihr euch von den Strapazen des Aufstieges erho-len könnt. Anschließend geht es steil in das 280 m hoch gelegene Steinbach hinunter, zuerst durch Wald, dann über Felder. Wie beim Auf-stieg schweift der Blick weit über das Nordpfäl-zer Bergland.

Naturerfahrung & Lehrpfade

NABU-Naturschutzzentrum »Auf dem Stegwiesbach«

Stegwieserweg 1 a, 66869 Dennweiler-Frohnbach. www.nabu-kusel.de. info@nabu-kusel.de. **Infos:** NABU, Hollstraße 22, 66885 Altenglan, ✆ 06381/2081, Fax 429720.

Tipp: In der 3.
Juniwoche wird
im Naturschutzzentrum
Dennweiler-Frohnbach
ein großes **Johannisfest**
gefeiert, an dem auch
Kinder durch Spiele und
Bastelarbeiten beteiligt
werden.

▶ Die NABU-Ortsgruppe Kusel und Altenglan hat mit großem Engagement die stark herunter-gekommene frühere Milchsammelstelle der Ge-meinde Frohnbach renoviert und zum Natur-schutzzentrum für die Westpfalz ausgebaut. Zu den zahlreichen Aktivitäten gehören neben Se-minaren und Exkursionen (u.a. Natur-Rallye für Kids) die Anlage eines 6500 qm großen Umweltgartens, die Biotoppflege eines Streifens der Bachaue der Glan und eine Patenschaft für den Stegebach.

In Bosenbach werden gemeinsam mit der großen NABU-Pflegestation für Eulen und Greifvögel in Haßloch verletzte oder kranke Vögel gepflegt. Für den Naturschutzgarten sind – auch für Kinder – Führungen möglich. Ansprechpartnerin dafür ist Hanni Golz beim NABU Altenglan.

Ganz hilfreich für Wald-Streifzüge ist die **Walderlebnistasche** der Naturfreundejugend. Sie enthält außer der Broschüre »Natur im Spiel« eine Becherlupe, einen Wachsmalstift, einen Spitzer, einen Radiergummi, einen Malblock und ein paar Buntstifte.

Broschüre zum Umweltgarten. Ausführliche Information zu allen Stationen, 65 Seiten, 2,50 €.

Gewässerlehrpfad Glan

Ulmet. **Anfahrt:** Bahn Kaiserslautern – Altenglan, dann RSW-Bus 6539 Kusel – Bad Sobernheim bis Erdesbach oder Ulmet, Wartehalle.

▶ Der Gewässerlehrpfad Glan ist ungefähr 8 km lang. Er besteht aus 2 Rundwegen: einem zwischen Ulmet und Erdesbach (beide Ufer) und einem nordöstlich von Ulmet. Ich favorisiere den ersten, gestartet wird in diesem Fall von Ulmet oder Erdesbach.

Das Flüsschen Glan ist wie fast alle Gewässer durch Begradigung, Vereinheitlichung und Befestigung der Ufer ökologisch deformiert worden. Außerdem haben ihm Dünger und Pestizide zugesetzt. Diesen ökologischen Problemen sowie den Fischen und der Flora und Fauna der Flussaue widmen sich allerlei Infotafeln, aber es ist auch einfach eine abwechslungsreiche Wanderung entlang einem munteren Gewässer.

Das Heftchen **Gewässerlehrpfad Glan** enthält eine detaillierte Skizze des Lehrpfades: Tourist-Information Kuseler Musikantenland, Trierer Straße 41, 66869 Kusel, ✆ 06381/424-270, Fax 424-280, touristinformation@kv-kus.de

KUSELER LAND

Waldlehrpfad Heidchen Schönenberg-Kübelberg

▶ 2,5 km langer Rundweg mit Infotafeln und mehreren Ruheplätzen. Vom Ohmbachsee über Brücken erreichbar.

Bienenlehrpfad Horbach in Matzenbach

Erich Horbach, An der Wart 6, 66909 Matzenbach. ✆ 06383/363, Fax 363. www.matzenbach.de. Bienenlehrpfad@matzenbach.de. **Zeiten:** Anfang Mai – Anfang September.

Auf dem **Faltblatt** »Biologie hautnah erleben« befindet sich eine Skizze des Bienenlehrpfades.

▶ Der Hobbyimker *Erich Horbach* hat in Matzenbach bei Altenglan einen spannenden Bienenlehrpfad aufgebaut, in dem ihr nicht nur vieles aus dem Leben der domestizierten Honigbienen zu sehen bekommt (Bienenstand mit Bienenkörben, Begattungsstände, Bienenschaukasten, Schleuder und Schulungsraum), sondern auch Wildbienen vertreten sind (Wildbienenbehausung, Wildbienenstand mit verschiedenen Materialien).

Zum Bienenlehrpfad gehören ein Kinderspielplatz und ein Grillplatz. Ferner kann man Honig aus Horbachs Imkerei sowie Bienenwachsfiguren und -kerzen, Honigschnaps und Honigwein erwerben.

Reiten, Kutsch- & Planwagenfahrten

Rund um den Ohmbachsee

Bernhard Mayer, Miesauer Straße 46, 66901 Schönenberg-Kübelberg. ✆ 06373/7148.

▶ Kleine 4-Personen-Kutsche für 2 ½ bis 4 Stunden 120 – 150 €, Planwagen für 14 Personen 3 – 4 Stunden für denselben Preis. Die Touren können auch länger dauern und führen von

Sand durch das schöne Hügelland beim Ohmbachsee, bevorzugt am Wochenende.

Gestüt Römertalhof

Antje und Henrik Rasmussen, 66909 Steinbach (Glan). ✆ 06383/5517, Fax 998518. **Anfahrt:** Bushaltestelle im 1 km entfernten Steinbach, Abholung vom 5 km entfernten Bahnhof Glan-Münchweiler auf der Linie Kaiserslautern – Kusel möglich.

▶ Pferde, Rinder, Ziegen, Kühe und Hasen als Streichelzoo. Reitstunde ab 10 €, Reiterferien, Reiterabzeichen, Ponyreiten möglich. Planwagenfahrten mit Traktor für 15 bis 20 Personen 75 € pro Stunde, Dauer und Ziel nach Vereinbarung. 1 MBZ mit Du/WC, Schlafplätze im Heu und Zeltplätze im Hof, Reiterstübchen.

Happy Birthday!
Auch Kindergeburtstag könnt ihr im Gestüt feiern, Programm nach Absprache.

Die Pfalzkutsche

Wolfgang Jäger, Kirchenstraße 16, 66916 Dunzweiler. ✆ 06373/6234, Fax 892559. Handy 0173/6513433. www.pfalzkutsche.de. pfalzkutsche@web.de.

▶ Stunden-, Halbtages-, Tages- und Mondscheinfahrten. Kutsche für maximal 10 Personen. Stundenfahrten 13 € pro Person, Halbtages- und Mondscheinfahrten 75 € pro Stunde, Tagesfahrten nach Vereinbarung.

CJD-Gestüt Wolfstein

Am Ring 24, 67752 Wolfstein. ✆ 06304/911-0, 4160190 www.cjd-wolfstein.de. **Zeiten:** Mai – Oktober.

▶ Ganztagstouren ab Königsbacher Hof mit Kutsche bis 6 Personen und Planwagen bis 18 Personen von 9 oder 9.30 bis 16.30 oder 17 Uhr, Planwagen pauschal 300 €. Ihr könnt an den Standardtouren teilnehmen oder eigene Wünsche äußern. Auf jeden Fall wird es eine tolle Tour durch die schöne Mittelgebirgslandschaft des Kuseler Landes.

Zu Besuch bei Auerochs und Adler

Wildpark Potzberg Föckelberg

℃ 06385/6228 (Kasse), 6249 (Falknerei), 720 (Turm-restaurant), Fax 999125. www.wildpark-potzberg.de. wildpark@potzberg.de. **Anfahrt:** Vom Bahnhof Theis-bergerstegen oder Kusel Bus 6557 bis Haltestelle Föckelberg-Wildpark. A 62 Glan-Münchweiler, B 423 Richtung Altenglan, Wildpark ausgeschildert. **Zeiten:** Sommer 10 – 18, Winter 10 – 17 Uhr. **Preise:** Erwachsene 5 €, mit Flugschau; Kinder 6 – 16 Jahre 3 €, Kindergartengruppen 2 €/Kind; Gruppen ab 25 Personen Erwachsene 4,50 €, Kinder 2,50, Jahreskarte 16, Familienjahreskarte 32 €.

Tipp: Der Wildpark liegt auf dem 562 m hohen Potzberg, auf dem ein Turm steht, von dem ein großartiger Rundblick über das Nordpfälzer Bergland besteht.

▶ In dem ausgedehnten Parkgelände sind mitteleuropäische Tiere versammelt, darunter Wildpferde, Auerochsen und Wildschweine. Die Gehege sind weitläufig, der mehrere Kilometer lange große Rundgang hat den Charakter einer Bergwanderung. Für die kleineren Kinder ist dieses Unternehmen sicherlich nicht nötig, denn der Spielplatz und der Streichelzoo mit Ziegen befinden sich nahe dem Eingang.

Warum kehren die Raubvögel zu ihrem »Herrchen«, dem Falkner, immer wieder von allein zurück? Ganz einfach: Weil sie faul sind. denn beim Falkner gibt's das Futter bequem aus der Hand.

Zum Wildpark gehört eine **Falknerei**, die ebenfalls nicht weit vom Eingang entfernt ist. Von März bis Oktober werden täglich um 15 Uhr Flugschauen veranstaltet (nach Anmeldung auch um 11 Uhr). An Wochenenden und Feiertagen kommen Extravorstellungen um 11, 15 und 17 Uhr hinzu. Gruppen können darüber hinaus noch andere Zeiten vereinbaren. Es ist nicht nur für Kinder ein beeindruckendes Schauspiel, wenn die Falken, Adler und Bussarde im schnellen Flug verwegen ihre Schleifen ziehen, um anschließend treffsicher wieder auf dem Arm des Falkners zu landen.

Bergwerksbesichtigung

Kalkbergwerk am Königsberg Wolfstein

67752 Wolfstein. ✆ 06304/1739 (Kalkbergwerk), www.wolfstein.de. **Anfahrt:** Ab Bhf Wolfstein (RB Kaiserslautern – Lauterecken) 10 Minuten ausgeschilderter Fußweg. B 270 von Kaiserslautern nach Wolfstein, am Ortseingang. **Zeiten:** Ende März – Anfang November So, Fei 13 – 18 Uhr, Führung mit Videovortrag 90 Minuten, letzte Einfahrt 17 Uhr. Gruppen auch nach Vereinbarung mit dem Fremdenverkehrsamt VG Wolfstein, ✆ 06304/913-0, Fax -199. **Preise:** Erwachsene 3,10 €; Kinder und Jugendliche bis 18 Jahre 2,60 €; Gruppen ab 20 Personen Erwachsene 2,60, Kinder 2 €.

▶ Weiß bekittelt und behelmt fahrt ihr mit einem Elektrobähnchen durch einen langen Stollen tief in den Berg hinein – ins geheimnisvolle Innere des ehemaligen Kalkbergwerkes am Königsberg. Ausgemauerte Abschnitte wechseln mit grob aus dem Berg gehauenen. Dic Fahrt endet in einem Bereich mit großen Höhlen, die durch den Bergbau entstanden sind. Anschließend erfahrt ihr auf einem 300 m langen Rundweg, wie das Bergwerk eingerichtet war und wie die Bergleute gearbeitet haben, sogar welche gesundheitlichen Probleme es gab. Bis 1967 wurden hier noch Kalksteine gebrochen und seit 1980 ist die ehemalige Grube als Schaubergwerk für die Öffentlichkeit konserviert – samt allen Einrichtungen.

Zum Schluss könnt ihr übertage noch einen kurzen Tonfilm über die Arbeit des ehemaligen Kalkbergwerks sehen: den Gesteinsabbau unter der Erde; die Beschickung der Brennöfen, das Löschen und Mahlen des Kalks. Auch über die zahlreichen Verwendungsmöglichkeiten von Kalk wird berichtet.

Denk mal!
Welche Gesteine sind im Bergwerk zu sehen? Könnt ihr Tropfsteine, Sinterablagerungen und funkelnde Kristalle entdecken?

KUSELER LAND

Burgen & Museen

Burg und Museum Lichtenberg

Burgstraße 12, 66871 Thallichtenberg. **Anfahrt:** Vom Bahnhof Kusel mit Bus 6539 oder 6542 bis Haltestelle Thallichtenberg/Burg Lichtenberg. **Zeiten:** Burg ganzjährig, Führungen April – Oktober So, Fei 15 Uhr sowie nach Vereinbarung. Museen täglich April – Oktober 10 – 17, November – März 10 – 12, 14 – 17 Uhr. **Preise:** Kombikarte Erwachsene für Geoskop, Musikantenland- und Naturkundemuseum 3,60 €, Gruppen ab 10 Personen 3 €, Familienkarte 9,20 €; Kombikarte Kinder 2,80 €, Gruppen ab 10 Kindern 2,30 €; Führungen Burg 26 €, 1 Museum 26 € + Eintritt, Kombi-Führung aller Museen oder 1 Museum und Burg 46 € + Kombi-Eintritt, Burg und alle Museen 62 €.

▶ Deutschlands größte Burgruine, allein das weckt die Neugier. Die Burg-Anfänge liegen um 1200. Sie wurde im Laufe der Zeit mehrfach erweitert. Die späteren Zerstörungen sind nicht das Ergebnis feindlicher Belagerungen, sondern die Folge von Bränden in den Jahren 1799, 1871 und 1874. Anschließend musste sie noch reichlich Material für den Hausbau in die umliegenden Orte liefern, bevor sie 1895 unter Denkmalschutz kam. Was jetzt noch steht, ist dennoch recht eindrucksvoll: z.B. der 35 m hohe Bergfried oder der massive Batterieturm (am Parkplatz) sowie die Burgkirche.

In der ehemaligen Zehntscheuer der Burg sind zwei interessante Museen untergebracht: das ⤳ *Naturkundemuseum* (unten), das ⤳ *Musikantenlandmuseum* (oben). Vor wenigen Jahren ist ein nicht in den mittelalterlichen Gebäudekomplex passender moderner Bau mit dem ⤳ *Geoskop Urweltmuseum* hinzugekommen. Auf der Burg, von der ein fantastischer Rundblick besteht, sind ansonsten noch eine Jugendherberge,

Hunger & Durst

Burg-Restaurant, ℡ 06381/2633, Fax 993182, Di – So ab 10 Uhr, regionale Küche, Wildspezialitäten, Fischgerichte, auch Organisation von Kindergeburtstagen.

ein Spielplatz, ein Restaurant sowie ein Kiosk zu Hause. Alles Dinge, die einen abwechslungsreichen Ausflugstag garantieren.

Pfalzmuseum für Naturkunde

↗ Burg Lichtenberg, Zweigstelle des Pfalzmuseums für Naturkunde Bad Dürkheim, ✆ 06381/8429, Fax 40429. **Preise:** 2,10 €; Kinder und Jugendliche 1,50 €; in Gruppen ab 10 Personen 1,80 €, Kinder und Jugendliche 1,30, Familienkarte 5,10 €. Kombi-Ticket für beide Museen und Geoskop ↗ Burg Lichtenberg. **Infos:** Pollichia, Saarlandstraße 13, 76855 Annweiler; www.pollichia.de.

 Die Tickets gelten für beide Museen der Burg.

▶ Im ersten Obergeschoss der Zehntscheune der Burg Lichtenberg hat das Pfalzmuseum für Naturkunde Bad Dürkheim eine Ausstellung der einheimischen Pflanzen- und Tierwelt eingerichtet. Die verschiedenen Schwerpunkte wollen Lebenszusammenhänge in der Natur verdeutlichen. Attraktion des kleinen Museums ist ohne Frage das gewaltige Wurzelwerk einer über 100-jährigen Fichte – ein erstaunliches Kunstwerk der Natur.

Das Museum sucht durch verschiedene museumspädagogische Aktivitäten Kinder spielerisch an Naturzusammenhänge und die Umweltproblematik heranzuführen. In den Osterferien gibt es die Forschungswerkstatt für Kinder von 5 bis 12 Jahre. Zwischen den Oster- und Sommerferien läuft das Forschungswerkstatt-Schulprogramm für Vorschulgruppen, Schulen und Jugendgruppen zu den Themen »Leben im Boden« mit Kompostuntersuchungen, »Leben in alten Gemäuern« und »Leben rund um das Burggelände«. Das Thema »Wasser & Naturgarten« ist mit einer 45-minütigen Erlebniswanderung nach Dennweiler-Frohnbach zum Naturgarten des NABU verbunden.

Das Pfalzkundemuseum wird von der Pollichia betreut. Dieser traditionsreiche Verein für Naturforschung und Landespflege engagiert sich heute auch im Natur- und Umweltschutz und für die Umweltbildung. Der aktive Natur- und Umweltschutz schließt z.B. ein, dass gefährdete Biotope erworben und gepflegt werden. Unter den 3000 Mitgliedern sind viele Naturwissenschaftler. Neben Vorträgen und Seminaren werden zahlreiche naturkundliche Exkursionen durchgeführt.

KUSELER LAND

Musikantenlandmuseum

↗ Burg Lichtenberg, ✆ 06381/8429, Fax 40429.

Preise: 2,10 €; Kinder und Jugendliche 1,50 €; Gruppen ab 10 Personen Erwachsene 1,80 €, Kinder und Jugendliche 1,30, Familienkarte 5,10 €.

▶ Im zweiten Obergeschoss der Zehntscheune der Burg Lichtenberg befindet sich das Musikantenlandmuseum. Zur Geschichte des Musikantenlands ↗ Mackenbach, Griffmarke Kaiserslautern, Museen.

Geoskop Urweltmuseum

↗ Burg Lichtenberg, Zweigstelle des Pfalzmuseums für Naturkunde Bad Dürkheim, ✆ 06381/993450, Fax 993452. www.urweltmuseum.geoskop.de. urweltmuseum-geoskop@t-online.de. **Preise:** Erwachsene 2,60 €; Kinder und Jugendliche 2,10 €; Gruppen ab 10 Personen 2,30 €, Kinder und Jugendliche 1,80, Familienkarte 6,10 €; Familienkombikarte 9,20 €.

Kombikarte für Geoskop, Musikantenland-Museum und Naturkundeabteilung ↗ Burg Lichtenberg. Es gibt Führungen für Kinder im Geoskop.

▶ Dieses faszinierende moderne Museum führt euch 290 Millionen Jahre in das »Zeitalter der Rotliegenden« zurück. Das kann man sich eigentlich gar nicht vorstellen – es sei denn, man ist Paläontologe. Damals befand sich auf dem Gebiet der Pfalz eine riesige Senke, die von Flüssen und Seen durchzogen war. Das Gebiet befand sich dicht am Äquator, entsprechend herrschte hier warmfeuchtes Tropenklima. Die Landschaft war stark durch Vulkane geformt. In den Seen der Urpfalz tummelten sich bis zu drei Meter lange Süßwasserhaie und wie Krokodile aussehende Amphibien. Am Ufer standen hohe Schachtelhalm- und Farnlaubbäume sowie Vorläufer heutiger Nadelbäume. Gut erhaltene Fossilien und großformatige Lebensraumbilder vermitteln einen faszinierenden Eindruck von der uns sehr fremden Tier- und Pflanzenwelt jener fernen Zeit.

Damit nicht genug, gibt es noch viele andere Dinge zu sehen, z.B. Gesteine, Mineralien und Erze aus dem historischen Bergbau der Nordpfalz – auch das ist recht interessant.

Museum Alte Schmiede Bedesbach

Ringstraße 14 a, 66885 Bedesbach. ✆ 06381/5663. **Zeiten:** Ganzjährig So 14 – 17 Uhr, für Gruppen auch nach Vereinbarung. **Preise:** Eintritt frei.

▶ Ohne den Schmied war früher die Landwirtschaft nicht denkbar. Er stellte alles, was aus Eisen war, her und reparierte kaputte Geräte. Außerdem wurden von ihm die Zugtiere beschlagen, eine ungeheuer wichtige Aufgabe in der Zeit bevor der Traktor kam. Diese Epoche ging in den 1950er Jahren zu Ende. Die einstige Bedesheimer Schmiede ist noch vollständig erhalten. Schaut mal genau hin: Welche landwirtschaftlichen Geräte wurden in der Schmiede hergestellt? Und woher hatte der Schmied seine eigenen Werkzeuge, hat er für sich selbst auch geschmiedet?

Diamantenschleifermuseum Brücken

Hauptstraße 47, 66904 Brücken. ✆ 06386/993168, 5880, 5087, Fax 5040. www.diamantschleifermuseum.de. **Anfahrt:** Von Bhf Homburg/Saar mit Bus R 8 (6537) bis Brücken Ortsmitte. **Zeiten:** Di 9 – 13, Do und So 13 – 18 Uhr, andere Termine und Führungen nach Vereinbarung. **Preise:** 2,50 €, Eltern mit Kindern 3,75 €; Kinder und Jugendliche 1,25 €; Gruppen ab 10 Personen 1,25 €, Führung zusätzlich 15 €.

▶ Brücken und Umgebung war einmal neben Idar-Oberstein an der Nahe und Hanau am Main das wichtigste Zentrum der deutschen Diamantenschleiferei. In der Blütezeit gab es hier 200 Betriebe mit über 3500 Beschäftigten. Ein einziger ist übrig geblieben. An 10 komplett

Tipp: Nach Vereinbarung könnt ihr an den kenntnisreichen Führungen durch ehemalige Diamantenschleifer teilnehmen.

eingerichteten Arbeitsplätzen (technisch und zeitlich verschiedene Entwicklungsstufen) könnt ihr viel über die Geschichte dieses komplizierten Handwerkes erfahren, für das der Schleifer ein gutes Auge und eine ruhige Hand haben musste, um den »rechten« Schliff hinzukriegen. Die Technik wird durch die ausgestellten Werkzeuge und Geräte veranschaulicht. Schön anzuschauen sind natürlich die originalgetreuen Nachschliffe der 35 berühmtesten Diamanten der Welt.

Dietschweiler Mühle

Nanzdietschweiler. **Zeiten:** Für Gruppen ganzjährig nach Vereinbarung.

▶ Die Ursprünge der Dietschweiler Mühle reichen ins Mittelalter zurück, ihre Existenz ist urkundlich für das Jahr 1437 belegt. Das heutige Bauwerk geht auf das Jahr 1884 zurück. Zu ihr gehörte auch eine Ölmühle, die aber bereits Anfang des 20. Jahrhunderts abgerissen wurde. Die Getreidemühle war dagegen noch bis 1989 in Aktion. Das wassergetriebene Mühlrad war zu der Zeit allerdings längst durch eine Turbine ersetzt. Ausstattung und Maschinen dieser altgedienten Getreidemühle sind noch vollständig erhalten und können besichtigt werden.

Museum für jüdisches Landleben

Steinbach (Glan). ✆ 06383/7602. **Zeiten:** So 14 – 20 Uhr, für Gruppen auch nach Vereinbarung. Vorträge und Sonderausstellungen zum jüdischen Leben.

▶ Im Dorf Steinbach am Glan war vor der Schoàh ein Drittel der Bevölkerung jüdischen Glaubens. Das Museum erinnert nicht nur daran, sondern zeigt ganz konkret, wie die Juden auf dem Land als zumeist Händler, Makler und kleine Kaufleute damals lebten. Alltag, Kultur und Religion werden eingehend beleuchtet. Am Beispiel der Geschichte der Familie Roos und mit Hilfe von Bildern und Dokumenten wird erzählt, wie die allmähliche Emanzipation der Juden im Kaiserreich und der Weimarer Republik voranschritt und sie nicht mehr in Ghettos leben mussten, von ihrer Etablierung bis hin zur Unterdrückung und Ermordung während der Nazidiktatur. Manchen Familien gelang zwar die Emigration nach Nordamerika, aber auch das hatte natürlich seinen Preis. Viele Kinder wurden dabei von ihren Freunden oder gar Familien getrennt.

 Ein **Rundgang durch Steinbach** zeigt, dass noch weitere steinerne Zeugen von der jüdischen Gemeinde berichten: ehemalige jüdische Wohnhäuser, die alte Judenschule, ein großer über 200 Jahre alter jüdischer Friedhof.

Bergmannsbauernmuseum Breitenbach

Alte Schule, Waldmohrstraße 32, 66916 Breitenbach. ℰ 06386/999416, www.waldmohr.de. bbm@waldmohr.de. **Zeiten:** Mi 20 – 22 und jeden 1. So im Monat 14 – 18 Uhr, für Gruppen auch nach Vereinbarung unter ℰ 06386/1237 oder 5030. **Preise:** Erwachsene 1,50 € Familie 2,50 €, Gruppen ab 10 Personen 1 €.

▶ Im 19. und der ersten Hälfte des 20. Jahrhunderts arbeiteten viele Männer in Breitenbach im Kohlenbergbau, zuerst in kleinen Gruben der Umgebung, später in den großen Gruben des Saarreviers. Die erbärmlichen Löhne reichten nicht zum Leben. Deshalb mussten die Frauen und Kinder mit Ziegen, Schweinen und häufig ein oder zwei Milchkühen den Lebensunterhalt aufbessern. Ein nachgebautes Bauernhäuschen mit Küche, Schlafzimmer und Stall zeigt anschaulich, wie das Leben der allein wirtschaftenden Frauen aussah. Daneben bietet das materialreiche Museum einen Überblick über landwirtschaftliche Tätigkeiten, den Nachbau des Stolleneingangs der *Grube Labach* und vollständige Werkstätten von Schuster, Wagner, Sattler und Schneider und eine Bäckerei.

KUSELER LAND

BÜHNE, LEINWAND & AKTIONEN

Tipp: Alle Festtermine findet ihr im alljährlich erscheinenden Westrichkalender Kusel.

Kreismusikschule Kusel e.V.

Luitpoldstraße 14, 66869 Kusel. ✆ 06381/2980, 424222 (Verwaltung).

▶ Die 30 Musikpädagogen bemühen sich intensiv auch um noch ganz kleine Kinder. Da gilt es zunächst einmal, eine gewisse Freude am Musizieren zu wecken. Ausgebildet wird u.a. an Blasinstrumenten, Klavier, Gitarre, Streichinstrumenten, Keyboard und Schlagzeug.

Kindertheater Kusel

Kreisverwaltung Kusel, Servicebüro Kultur, 66869 Kusel. ✆ 06381/424-271, Buergerbuero@KV-KUS.de. **Infos:** Kartenvorverkauf, ✆ 06381/424-0, Fax 424-440.

▶ In der Theatersaison wird in der Fritz-Wunderlich-Halle monatlich ein Kinderstück aufgeführt, wie z.B. »Pippi in Taka-Tuka-Land«.

FESTE & MÄRKTE

März/April:	Ostern: Schönenberg-Kübelberg, **Ostermarkt**
	Ostern, Do & Fr: Etschberg, **Ostereierschießen**
	Karsamstag: Altenkirchen, **Ostereierschießen**
April:	30.4.: Schönenberg-Kübelberg, Krottelbach, Körborn, Steinbach (Glan), Konken (auch 1.5.), Etschberg, Herschweiler-Pettersheim (auch 1.5.), Blaubach, Matzenbach: **Maifeier**
Juni:	2. Wochenende ab Fr: Kusel, **Hutmacherfest**
August:	3. Wochenende: Ulmet, **Hammelfest**
	4. Sonntag: Bedesbach, **Schmiedetag**
	Letztes Wochenende: Kusel, **Herbstmesse**
September:	3. Wochenende: Theisbergstegen, **Kirchweih**
Dezember:	**Weihnachtsmärkte** in: Altenglan, Altenkirchen, Breitenbach, Ginsweiler, Grumbach, Kusel, Lauterecken, Odenbach, Offenbach-Hundheim, Schönenberg, St. Julian, Waldmohr, Wiesweiler.

INFO- & FERIENADRESSEN

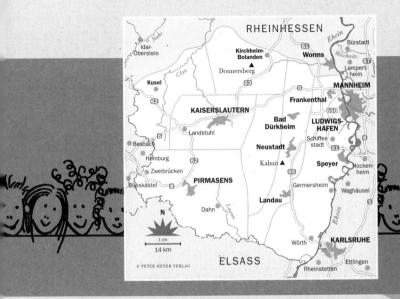

Wer eine Unterkunft sucht oder sich aktuell über örtliche Veranstaltungen informieren will, schaut am besten beim Verkehrsbüro des betreffenden Ortes vorbei – oder auf dessen Internetseite.

Info-Stellen

Tourist-Information Ludwigshafen Info-Center am Berliner Platz, Ludwigstraße 6, 67059 Ludwigshafen. ✆ 0621/512035, Fax 624295. www.lubege.de. Mo – Fr 8.30 – 17, Sa 9 – 13 Uhr.

Referat für Naherholung und Fremdenverkehr Landkreis Ludwigshafen, Europaplatz 5, 67063 Ludwigshafen. ✆ 0621/5909412, Fax 5909638.

Stadtinformation Frankenthal, Rathausplatz 2 – 7, 67227 Frankenthal. ✆ 06233/89-0, -395, Fax -400. www.frankenthal.de. Mo – Mi 8 – 16.30, Do 8 – 18, Fr 8 – 13 Uhr.

Verkehrsamt der Stadt Speyer, Maximilianstraße 13, 67346 Speyer. ✆ 06232/142392, Fax 142332. www.speyer.de. Mo – Fr 9 – 17, Sa 10 – 12 Uhr.

Kreisverwaltung Germersheim Fremdenverkehrsreferat, Luitpoldpl. 1, 76726 Germersheim. ✆ 07274/532-32, Fax -29.

Verbandsgemeinde Herxheim, Büro für Tourismus, Rathaus, 76863 Herxheim. ✆ 07276/501-115, Fax -201. www.herxheim.de. verein-suew@herxheim.de. Mo – Do 8 – 12, 14 – 16, Fr 8 – 12 Uhr.

Tourist-Information Bad Dürkheim, Kurbrunnenstraße 14, 67098 Bad Dürkheim. ✆ 06322/9566-250, Fax 9566-259. www.bad-duerkheim.de. verkehrsamt@bad-duerkheim.de. Mo – Fr 9 – 20, Sa, So 9 – 16, im Kurcenter.

Tourist-Information Wachenheim, Weinstraße 16, 67157 Wachenheim. ✆ 06322/9580-32, Fax 9580-59. www.wachenheim.de. touristinfo@wachenheim.de.

Tourist-Information Stadtverwaltung Grünstadt, Weinstraßen-Center, Turnstraße 7, 67269 Grünstadt. ✆ 06359/937320, Fax 937325. www.stadt-gruenstadt.de. touristinformation.gruenstadt@t-online.de. Mo – Fr 9 – 12, Do auch 14 – 17 Uhr, im Sommer auch Sa.

Tourist-Information Neustadt a.d.W., Hetzelplatz 1, 67409 Neustadt a.d.W.. ✆ 06321/9268-92, Fax -91. www.neustadt.pfalz.com. touristinfo@neustadt.pfalz.com. Mo – Fr 9.30 – 18 (Winter nur 17), im Sommer auch Sa 10 – 12 Uhr.

Büro für Tourismus Edenkoben, Poststraße 23, 67480 Edenkoben. ✆ 06323/959222, Fax 959288. www.garten-edenpfalz.de, www.edenkoben.de. touristinfo@vg-edenkoben.de. November – März Mo – Mi 9 – 12 und 14 – 16, Do 9 – 12

FERIEN-ADRESSEN

Wichtige Internetportale zur Pfalz

In diesen Portalen findet ihr Informationen zu Freizeit, Sport, Kultur und Sehenswürdigkeiten der jeweiligen Städte, Kreise und Regionen:

www.deutsche-wein-
  strasse.de
www.diepfalz.de
www.donnersberg.de
www.donnersberg-
  touristik.de
www.kaiserslautern-
  kreis.de
www.kreis-bad-duerk-
  heim.de
www.kreis-germers-
  heim.de
www.kreis-kusel.de
www.kreis-ludwigsha-
  fen.de
www.pfalz-touristik.de
www.rheintal.de
www.rlp-info.de
www.suedpfalz-touris-
  mus.de
www.suedwest-
  pfalz.de
www.swr-online.de/
  rp/landesschau
www.suedliche-wein-
  strasse.de
www.zentrum-pfael-
  zerwald.de

und 14 – 18, Fr 9 – 12 Uhr, April – Oktober Mo – Fr 9 – 12.30 und 14 – 17, Sa 10 – 12 Uhr.

Büro für Tourismus Landau, Marktstraße 50, 76829 Landau. ℡ 06341/13-180, 13-181, 13-182, Fax 13-195. www.landau.de. BftLandau@aol.com.

Büro für Tourismus Bad Bergzabern, Kurverwaltung, Kurtalstraße 27, 76887 Bad Bergzabern. ℡ 06343/9340-0, Fax 934022. bad-bergzabern.de. info@bad-bergzabern.de. Mo – Fr 8.30 – 17.30, Sa 8.30 – 11.30 Uhr.

Büro für Tourismus Annweiler am Trifels, Rathaus, Hauptstraße 20, 76855 Annweiler. ℡ 06346/2200, Fax 7917. www.trifelsland.de. info@trifelsland.de. November – April Mo – Do 9 – 12, 14 – 16, Mai – Okt. Mo – Fr 9 – 18, Sa 10 – 12 Uhr.

Verkehrs- und Informationsamt der Stadt Kaiserslautern, Rathaus, Willy-Brandt-Platz 1, 67653 Kaiserslautern. ℡ 0631/ 365-2316, 365-2317, Fax 365-2723. www.kaiserslautern.de Touristinformation@Kaiserslautern.de. Mo – Fr 9 – 17 Uhr, Mai – September auch Sa 9 – 12 Uhr.

Touristinformation Hauptbahnhof Kaiserslautern, Richard-Wagner-Straße 107, 67655 Kaiserslautern. ℡ 0631/41452-39, 19433, Fax 41452-41. www.kaiserslautern.de. Touristinfo-KL@gmx.de. Mo – Fr 9 – 17 Uhr.

Tourist-Information Trippstadt, Hauptstraße 26, 67705 Trippstadt. ℡ 06306/341, Fax 1529. tourist-info-trippstadt@gmx.de. Mo – Fr 8 – 12, 14 – 16, April – Okt. auch Sa 10 – 12 Uhr.

Büro für Fremdenverkehr und Kultur, Stadtverwaltung, Herzogstraße 1, 66482 Zweibrücken. ℡ 06332/ 871-121, -122, -123, Fax 871100. www.zweibruecken.de. tourist@zweibruecken.de. **Zeiten:** Mo – Do 8 – 12, 14 – 16, Fr 8 – 12 Uhr.

Touristinformation Stadt Pirmasens, Rathaus am Exerzierplatz, 66953 Pirmasens. ℡ 06331/842355, Fax 842351. www.pirmasens.de. info@pirmasens.de.

Tourist-Information Dahner Felsenland, Schulstraße 29, 66994 Dahn. ℡ 06391/5811, Fax 406199. Dahner-Felsenland.de. info@Dahner-Felsenland.de. **Zeiten:** Mai – Oktober Mo – Fr 9 – 12, 14 – 18, Sa 9 – 12 Uhr, November – April Mo – Do 9 – 12, 14 – 16, Fr 9 – 12 Uhr.

Tourist-Information im Schuhmuseum, Turnstraße 5, 76846 Hauenstein. ℡ 06392/915165, Fax 915172. www.hauenstein.de. deutsches-schuhmuseum@t-online.de.

Donnersberg-Touristik Verband, Uhlandstraße 2, 67292 Kirchheimbolanden. ℡ 06352/1712, Fax 710262. www.donnersberg-touristik.de. donnersberg-touristik@t-online.de. Mo – Fr 9 – 12.30, 14 – 17 Uhr, Do bis 18 Uhr.

Tourist Information Pfälzer Bergland – Kuseler Musikanten-land, Trierer Straße 41, 66869 Kusel. ℰ 06381/424270, Fax 424280. www.kuseler-musikantenland.de. musikanten-land@t-online.de. Mo – Mi 9 – 16, Do 9 – 18, Fr 9 – 12 Uhr.

Verbandsgemeinde Wolfstein, Fremdenverkehrsamt, Berg-straße 2, 67752 Wolfstein. ℰ 06304/913-0, Fax 913-199. www.wolfstein.de. info@vg-wolfstein.de. Mo – Mi 8 – 12, 13.30 – 16, Do 8 – 12, 13.30 – 18, Fr 8 – 12 Uhr.

Öffentliche Verkehrsmittel in der Pfalz

Der Westpfalz Verkehrsverbund WVV ist zuständig für die Kreise Donnersberg, Kusel, Kaiserslautern und Südwestpfalz sowie die Städte Kaiserslautern, Zwei-brücken und Pirmasens. Der Rhein-Neckar-Verkehrsver-bund VRN bedient die Kreise Bad Dürkheim, Ludwigsha-fen, Südliche Weinstraße und die Städte Ludwigshafen, Neustadt und Landau. Der südliche Kreis Germersheim gehört zum Karlsruher Verkehrsverbund KVV.

Der **Verbundfahrplan Pfalz** des VRN enthält auch den Kreis Ger-mersheim. Zu den Fahrplänen gehören überaus nützliche Li-niennetzpläne. Alle diese Auskünfte bieten auch die Websei-ten der beiden Verkehrsverbünde.

Mit dem **Rheinland-Pfalz-Ticket** kann man Mo – Fr ganz Rhein-land-Pfalz preiswert erkunden. Es gilt für maximal 5 Pers. von 9 bis 02 Uhr am folgenden Tag in allen Verkehrsmitteln (Bahn nur Nahverkehrszüge) und kostet 21 €.

Die VRN-Tageskarte **Ticket 24 PLUS** gilt von Mo – Fr bis zu 24 Std., bei Entwertung am Sa sogar bis So Betriebsschluss. Mo – Fr ab 9 Uhr und Sa, So, Fei ganztägig können bis zu 4 Personen zusätzlich mitgenommen werden. Es gibt die Preis-stufen 0 – 3, 4 – 5 und ganzes Verbundgebiet zu 6, 10 bzw. 14 €. Noch preiswerter ist die 3-Tageskarte.

Die **WVV-Tageskarte** hat ebenfalls eine Staffelung nach Göße des Gebietes. Es gibt sie für 3 und 5 Waben sowie das ganze Verbundgebiet zu 5,20, 8,50 bzw. 12 €. Auch sie gilt für den ganzen Tag. Mo – Fr ab 9 Uhr und Sa, So, Fei ganztägig kön-nen noch 4 weitere Personen kostenlos mitfahren.

WVV, Westpfalz Verkehrs-verbund, Bahnhofstraße 1, 67655 Kaiserslautern, ℰ 0631/31675-0, Fax 31675-25, www.wvv-info.de, kontakt@wvv-info.de.

VRN, Verkehrsverbund Rhein-Neckar, B 1, 3 – 5, 68159 Mannheim, ℰ 0621/10770-0, Fax -70.

KVV, Karlsruher Verkehrs-verbund: der Kreis Ger-mersheim ist im Fahrplan des VRN enthalten.

Ludwigshafen:

Bahn: Von Ludwigshafen bestehen im regionalen Bereich häu-fige Verbindungen mit den Hauptorten der Rheinebene (Worms, Frankenthal, Speyer, Germersheim) und der Wein-straße (Bad Dürkheim), Neustadt und Landau sowie nach

Mannheim und Heidelberg. Schnelle Fernverbindungen bestehen nur vom benachbarten Mannheimer Hauptbahnhof.

Bus & Straßenbahn: Im Stadtverkehr von Ludwigshafen spielt in der City die Straßenbahn noch eine große Rolle. In den Randbereichen im Norden, Westen und Süden dominiert der Bus. Es besteht eine sehr enge Verbindung mit Mannheim.

Rheinebene:

Bahn: Man kann die ganze Rheinebene auf der Nord-Süd-Achse Worms – Frankenthal – Ludwigshafen – Schifferstadt – Speyer – Germersheim – Wörth – Lauterbourg mit Regionalbahnen (RB) und Regionalexpressen (RE) durchfahren. Ferner bestehen zur Weinstraße die drei Querverbindungen Frankenthal – Grünstadt (weiter nach Ramsen), Ludwigshafen – Schifferstadt – Neustadt a.W. (weiter nach Kaiserslautern, Saarbrücken, Paris) und Wörth – Winden – Bad Bergzabern.

Bus: Das Eisenbahnnetz lässt große Lücken. Diese, und nicht nur diese, schließt das Busnetz, das sehr engmaschig ist.

Auto- und Personenfähre Altrip – Mannheim-Neckarau, Mo – Sa ab 5.30 Uhr alle 15 Minuten, letzte Fähre 22.30 Uhr. So und Fei ab 8 Uhr, ab 8.20 alle 15 Minuten, letzte 22.20 Uhr.

Auto- und Personenfähre Kollerinsel – Brühl/Schwetzingen, ✆ 06221/59-2375. **Zeiten:** 1.4. – 30.9. Mi – Fr 10.35 – 19.35, Sa, So, Fei 10.05 – 19.35 Uhr, 1.10. – 31.10. Mi – So 10.35 – 15.05 Uhr.

Personen- und Fahrradfähre Speyer – Rheinhausen, Karfreitag – Mitte Okt. Fr 11 – 20, Sa, So und Fei 10 – 20 Uhr. **Preise:** 1,30, Kinder 6 – 16 Jahre 0,50 €; Rad 0,50, Anhänger 1 €.

Auto- und Personenfähre Leimersheim – St. Nikolaus Leopoldshafen, ✆ 07273/3592. **Zeiten:** Nov. – März 6 – 18.45 Uhr, April und Okt. 6 – 19.30 Uhr, Mai – Sept. 6 – 20 Uhr, So, Fei April – September ab 9, Oktober – März ab 10 Uhr.

Personen- und Fahrradfähre Neuburg – Neuburgweiher, Karfreitag – Allerheiligen Fr 13 – 20 Uhr, Sa, So und Fei 10 – 20 Uhr jeweils alle 30 Minuten; letzte Fahrt richtet sich nach dem Tageslicht. **Preise:** 1,50 €; Kinder 6 – 16 Jahre die Hälfte. **Infos:** Fahrplan in den Sommerferien in BW und RLP: www.rheinstetten.de, VG Rheinstetten, ✆ 07242/9514-0.

Weinstraße:

Bahn: Die Bahn durchquert die Weinstraße in Nord-Süd-Richtung auf der Strecke Bockenheim – Grünstadt – Bad Dürkheim – Neustadt a.W. – Landau – Wissembourg/Elsass und weiter nach Straßburg. Anschlüsse bestehen von Bocken-

Tipp: Auf Autofähren werden immer auch Personen und Fahrräder befördert! Die Fahrausweise des VRN gelten aber nicht!

🦉 *Schon gewusst? Im Pfälzer Rheinabschnitt gibt es viele Brücken (Ludwigshafen 3, Speyer 2, Germersheim, Wörth) entsprechend ist die Zahl der Fähren recht gering.*

heim nach Mainz, von Freinsheim nach Frankenthal und den
Osten, von Grünstadt nach Ramsen, von Neustadt nach Kaiserslautern und Ludwigshafen, von Landau nach Pirmasens
und von Winden nach Bad Bergzabern und Wörth.

Bus: Das Busnetz ist mit zahlreichen Verbindungen in die
Rheinebene und den Pfälzerwald dichter. Zu den Zielen zählen an Wochenenden oder zumindest an Sonntagen auch eine Reihe bekannter Ausflugslokale.

Pfälzerwald:

Bahn: Die Bahn durchquert den Pfälzerwald nur je einmal im
Norden und Süden, im Norden auf der Strecke Neustadt –
Lambrecht – Neidenfels – Weidenthal – Frankenstein – Hochspeyer, im Süden auf der Strecke Landau – Siebeldingen – Albersweiler – Annweiler – Rinnthal – Wilgartswiesen – Hauenstein – Hinterweidenthal – Pirmasens.

Bus: Dazwischen klaffen große Lücken, die von Bussen bedient werden. Im dünn besiedelten Norden ist das Netz weit-
maschig, im dichter besiedelten Süden recht engmaschig.

Kaiserslautern:

Bahn: Von Kaiserslautern gehen sternförmig Bahnverbindungen in alle Himmelsrichtungen: nach Neustadt/Ludwigsha-
fen, nach Enkenbach-Alsenborn/Rockenhausen/Bingen,
nach Otterbach/Wolfstein/Lauterecken, nach Landstuhl/
Kusel, nach Landstuhl/Homburg/Saarbrücken und nach
Schopp/Waldfischbach-Burgalben/Pirmasens.

Bus: Die großen Lücken dazwischen werden von Buslinien nur
ungenügend ausgefüllt, weil sie nur selten fahren.

Südwestpfalz:

Bahn: Es existieren lediglich die Bahnstrecken Pirmasens –
Zweibrücken, Pirmasens – Kaiserslauten und Pirmasens –
Hauenstein – Landau, alles Nahverkehrsmittel-Linien.

Donnersberggebiet & Kuseler Land:

Bahn: Im Donnersbergkreis gibt es nur die Strecken Kaiserslautern – Rockenhausen – Bingen, Ramsen – Grünstadt und
Kirchheimbolanden – Alzey. Im Landkreis Kusel gibt es die
zwei Bahnstrecken Kusel – Landstuhl – Kaiserslautern und
Lauterecken – Wolfstein – Kaiserslautern.

Bus: Der große Rest wird durch Buslinien bedient, was am Wochenende aber zappenduster aussieht. Kein Wunder, das die
Einheimischen auf den Pkw angewiesen sind.

Ferien auf dem Bauernhof

Mal auf einem richtigen Bauernhof zu wohnen, ist für viele Kinder das Größte. Mit Tieren spielen, beim Füttern zuschauen oder sogar ein wenig bei der Feldarbeit helfen, bereichert ihren Erfahrungsschatz ungemein.

Weingut Becker, Hans-Jürgen und Sonja Becker, Insheimer Straße 18, 76865 Rohrbach. ✆ 06349/5033, Fax 3037. **Infos:** 1 FeWo von 60 qm für 2 – 4 Pers., 36 €/2 Pers., jede weitere 4 €. K, Hof, Garten, Gaststube, Reitplatz, Pensionspferde, Kutschfahrten, Fahrradverleih, Grünland-, Weinbau- und Ackerbaubetrieb. Freibad 4 km.

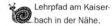

🍎 Ökologischer Weinbau: Weinprobierstube, Verkauf von Obst, Wein und Saft.

Weingut Marzolph, Inge und Wolfgang Marzolph, Dörstelstraße 20, 76829 Landau-Wollmesheim. ✆ 06341/939140, Fax 939141. w.marzolph@t-online.de. **Infos:** Nach baubiologischen Prinzipien gebauter Aussiedlerhof 3 km südwestlich von Landau, 500 m außerhalb von Wollmesheim. 1 FeWo zu 42,50 €/2 Pers., 47,50 €/4 – 5 Pers., keine Hunde.

Ferienbauernhof Altschuh, Christel und Heinz Altschuh, Hauptstraße 66, 76831 Göcklingen. ✆ 06349/6903. **Infos:** AFM, 1 FeWo für 2 – 3 Pers., 38 €/2 Pers., jede weitere 5 €. 3 DZ Du/WC, ÜF 36 – 38 €, Apartment für 2 Pers. 28 €, K, Aufenthaltsraum. Schlafen im Heu und in Zelten im Garten für Kinder möglich. Spielplatz, Liegewiese, Gartengrill, Tischtennis, Kutschfahrt, Fahrräder. Wein und Ackerbau, Kühe, Ponys, Schweine, Hasen, Hühner, Hund, Katzen. Freibad 5 km.

🐌 Lehrpfad am Kaiserbach in der Nähe.

🐢 Umweltschonender Wein- und Obstbau, Mitarbeit möglich.

Ferienweingut Bacchushof, Rainer Kuntz, Am Münsterweg, 76831 Heuchelheim-Klingen. ✆ 06349/8734, Fax 1794. bacchushof@t-online.de. **Infos:** AFM, 2 FeWo zu 70 – 75 qm für 2 – 6 Pers., 39 €/2 Pers., jede weitere 6 €, K. Hof, Terrasse, Spielplatz, Wiesental, Hund, Katze. Freibad 2 km, Thermalbad 5 km; 5 km zum Stadtbummel in Landau.

Randecker Hof, Eckhard Schielmann, 67680 Neuhemsbach. ✆ 06303/2221, Fax 87581. **Anfahrt:** Abholung von Bahnreisenden ab Bhf Enkenbach möglich. **Infos:** Einzelhof-Gestüt mit Pension, 2 FeWo von 40 – 60 qm für 36 – 52 €. Reiten 11 €/Std., Reithalle, Reitplatz, Ausritte, Grillen. Freibad 2,5 km; 15 km zum Stadtbummel in Kaiserslautern.

Geiersberger Hof, Wolfgang Labenski, 67691 Hochspeyer. ✆ 06305/5192, Fax 5192. **Anfahrt:** Bhf Hochspeyer 1 km, Abholung möglich. **Infos:** Einzelhof, AFM, 2 DZ Du/WC/Küche, 1 MBZ Du/WC/Küche, ÜF ab 20 €, Kinderermäßigung, Küchenbenutzung, K, Fahrradverleih, Hofbäckerei, Ackerbau, Pferde, Schweine, Hühner. Gaststätte und Einkaufen 300 m.

Wilensteiner Hof, Barbara und Hartwig Horwedel, 67705 Trippstadt. ✆ 06306/7159. **Infos:** 2 FeWo zu 32,50 €, Endreinigung 15 €, 1 DZ Du/WC 35 €, Übernachten im Heu 4 €. Voll-
wert- und vegetarisches Frühstück möglich. Viele Spielmöglichkeiten für Kinder, Grünland- und Ackerbaubetrieb,
Mitarbeit möglich. Kühe, Kälber, Esel, Ziegen, Kaninchen,
Hühner, Gänse, Enten, Hund, Katzen.

🍎 Ökologische Land-
wirtschaft, Demeter:
Verkauf eigener Produkte
wie Dinkel, Eier, Wurst,
Fleisch, Milchprodukte von
Ziegen und Kühen.

Alter Hof, Frank Willig, Flörsheimer Str. 4, 67294 Bischheim.
✆ 06352/3575, Fax 67350. Alter.Hof@t-online.de. **Infos:** Al-
ter Bauernhof, DLG, 6 DZ Du/WC zu 23 €/Pers., MBZ mit
Du/WC 21 €/Pers. Aufenthaltsraum, Terrasse, Tischtennis,
Spielplatz, Wiese, Grillplatz/-abende. Reitplatz/-halle, Reit-
stunden, Ausritte, Reiterferien für Mädchen, Kinderferienhof,
Kutschfahrten. Mitarbeit möglich. Pferde, Ponys, Hühner.
Speisegaststätte 100 m, Kirchheimbolanden 3 km.

Lautersheimer Gutshof, Albert und Waltraut Bauer, Göllheimer
Straße 8, 67308 Lautersheim. ✆ 06351/132860, Fax
132883. www.lautersheimergutshof.de. **Infos:** AFM, Bauernhof mit Grünland- und Ackerbau und großem Innenhof, 8 Fe-
Wo und App. für 2 – 7 Pers., 40 – 67 €, K, Bf. Spiel- und Liegewiese, Tischtennis, Grillplatz, Reiten für Kinder und Erwachsene, Pferde, Ponys, Gastbox für Pferde, Streicheltiere,
Hund, Kutschfahrten, Fahrräder, Frei- und Hallenbad 4 km.

Johanneshof, Klaus und Rita Kaufhold, Hauptstraße 51,
67308 Rüssingen. ✆ 06355/742, Fax 427. AFM, 2 FeWo, 2
– 4 Pers., 31 – 41 €, K, Grillplatz, Pizzabacken im Steinofen,
Reiten, Kutsch-/Schlittenfahrten. Grünland- und Ackerbaubetrieb, Pferde, Kühe, Schweine, Hühner, Enten, Hund, Katze,
Hofladen. Kräuterwanderungen. Mitten im ausgesprochen
bäuerlichen Dorf Rüssingen.

Klostermühle, Claudia Jennewein, Mühlstraße 19, 67728
Münchweiler. ✆ 06302/92200, Fax 922020. www.kloster-
muehle.com. **Infos:** Mischung aus Bauernhof und Hotel. DLG,
AFM, 2 FeWo für 2 – 4 Pers. 90 €, 12 DZ Du/ WC, ÜF 74 –
78 € für 2 Pers., K, Spielplatz, Grill, Planwagenfahrten, Fahrräder, Restaurant mit Terrasse, Spielplatz, Gehege mit Strei-
cheltieren, Ackerbaubetrieb, Rinder, Schweine. Freibad 1 km.

Bio-Hof Doll, Sonja Doll, Brunnenweg 13, 66871 Dennweiler-
Frohnbach. ✆ 06381/994220, Fax 994221. www.biohof-
doll.de. **Infos:** AFM, Grünlandbetrieb, Kühe, Rinder. 2 FeWo,
1 bf. App., K, 31 – 49 €. Spielwiese, Grillplatz, Getreidemahl-
und Backkurs für Kinder, Handmelkdiplom, Tonbrandsemina-
re, Rastplatz für Wanderreiter, Fahrradverleih. Bade- und Frei-
zeitpark in Kusel 5 km, zur Burg Lichtenberg 3 km.

 Neubau nach öko-
baulichen Prinzipi-
en, ökologische Landwirt-
schaft. Im Landschafts-
schutzgebiet »Preußische
Berge« gelegen

FERIEN-ADRESSEN

Heuhotel Rundwieserhof, Walter Schanz, 66871 Konken. ✆ 06384/5140415, 993013, Fax 993110. www.heuhotel-schanz.de. **Infos:** Bauernhof: Rinder, Schweine, Hund, Katzen, Hühner, Übernachten im Heu, ÜF 16 €, Schulklassen, Gruppen, Familien willkommen. Eigenes Restaurant.

Ferienhof Scheck, Elisabeth und Horst Scheck, Schlossbergstraße 13, 66903 Gries. ✆ 06373/9801, Fax 20095. Handy 0171/543629. ferienhof-scheck.de. **Infos:** Am Ohmbachsee, AFM, 7 FeWo à 30 – 65 qm für 2 – 6 Pers., 30 €/2 Pers., weitere Pers. 5 €, Strom nach Verbrauch, K, Übernachtung im Heu möglich. Ponyreiten kostenlos. Grillplatz, Heurutsche, Baumhaus, Haus für Kinder zum Spielen, Liegewiese, Planwagenfahrten, Radverleih, Reitplatz. Grünlandbetrieb, Rinder, Ziegen, Kaninchen, Hühner, Enten, Hausschlachtung. Speisegaststätte 50 m, Laden 1 km, Ohmbachsee 600 m.

Ferienbauernhof Frank, Hartmut und Sonja Frank, Brunnenweg 7, 67744 Wiesweiler. ✆ 06382/6505, Fax 403368. bauernhofurlaub.com/hoefe/frank.htm. **Infos:** Bauernhof am Ortsrand, AFM, 2 FH à 60 qm, 2 – 4 Pers., 36 €/2 Pers., 46 €/4 Pers., jede weitere 5 €, KB, Spiel- und Liegewiese, Spielplatz, überdachter Grillplatz, Grillhütte, Tischtennis, Grünland und Ackerbau, Rinder, Schweine, Ponys, Hund, Katze, Hühner, Ponyreiten, Planwagenfahrt, Lagerfeuer, Erlebnisangebot: Apfelernte und Keltern, Kartoffel lesen, Melkerdiplom. Einkaufsmöglichkeit im Ort.

Windhof, Albrecht Altes, Windhof 5, 67745 Grumbach. ✆ 06382/1763, Fax 1763. **Infos:** Der Windhof liegt 350 m hoch recht ruhig. 2 FeWo à 60 qm für 2 – 5 Pers., 2 Blockhäuser à 40 qm, 2 – 4 Pers., 26 – 31 €/2 Pers., jede weitere Pers. 5 €, Bettwäsche bei Kurzurlaub 5 €/Bett, Bf, K, Spiel- und Liegewiese, Grillplatz, Ackerbau- und Grünlandbetrieb, Rinder, Ponys, Hasen, Enten, Katzen. Ponyreiten kostenlos, Freibad 4 km.

Tipp: Einmal wöchentlich Betreuung der Kinder durch Wandern, Schnitzeljagd und Grillen, damit die Eltern mal etwas allein unternehmen können!

Reiterhöfe und Reiterferien

Reiten, Kutsch- & Planwagenfahrten in den Regionen.

Z u Ferien auf dem Reiterhof kommen Kinder primär zum Reiten. Sie verbringen eine Woche ohne die Eltern und leben in der Regel in Vollpension. Die Anbieter brauchen dazu die Erlaubnis des Jugendamtes. Ohne diese muss zumindest ein verantwortlicher Erwachsener mitkommen. Das Ganze wird dann als Familienferien mit zumindest einer Reitstunde täglich organisiert.

Die Reitlehrer sollten pädagogisches Geschick und wirklich Zeit für die Kinder haben. Die Gruppen sollten klein, die Pferde frisch sein. Die Kinder sollten vormittags und nachmittags je eine Stunde theoretischen und praktischen Unterricht bekommen. Zu den Reiterferien können Kinder ab 8 Jahre kommen. Viele Betriebe setzen als Obergrenze 13 – 14 Jahre, manche akzeptieren aber auch noch 16-Jährige.

Achtung! Die meisten Kurse sind reine Mädchenkurse, da unter Jungs nur geringes Interesse besteht.

Rexhof – Ausbildungsstall für Reiter und Pferd, Carola Falke, In den Jägerwiesen, 67122 Altrip. ✆ 06236/2404, Fax 39614. www.rexhof.de. **Anfahrt:** Vom Gewerbegebiet Altrip Ausschilderung zum Rexhof. **Infos:** 90 Pferde in artgerechter Haltung. Reitplatz, Reithalle, Anfängerkurse und Reiterferien für Kinder 8 – 17 Jahre Mo – Fr, Theorie und 11 Reitstunden 222,50 € mit VP. Mindestens ein Erwachsener muss mitkommen und es muss außerhalb übernachtet werden.

Tipp: Ferienreitangebote auch für Erwachsene auf dem Rexhof.

Islandpferdehof Zur Sommerweide, Familie Schmitt-Wiedemann, Forstgasse 52, 67454 Haßloch. ✆ 06324/3631, Fax 925935. M.Schmitt-Wiedemann@t-online.de. **Infos:** Islandpferde, Reitstunden und Theorieunterricht, auch allerlei andere Aktivitäten, Unterkunft in der noch ganz neuen Kinderpension, Reiterferien für Kinder, im Frühjahr, Sommer und Herbst Mo – Sa VP 275 €, als Tagesgast 205 €.

Ponyfarm & Gestüt »Die Pfalz«, Helga Frank, Ulrich Tettenborn, 67454 Haßloch. ✆ & Fax 06324/3614, www.ponyfarm.de. **Infos:** Ponyparadies mit 65 Ponys und Pferden: Reitponys, Haflinger, Norweger, Conemara, New-Forest, Dartmoor und Exmoor. Reiterferien für Kinder und Jugendliche mit täglich 2 Stunden Reiten in Halle, Bahn und Gelände und 1 Stunde Theorie 250 – 280 €/Woche (So 15 – Sa 13.30 Uhr). Kinder bis 8 Jahre 26 € Aufpreis, 9-Jährige 20 € Aufpreis pro Woche. Beim 2. Ferienbesuch 10, beim 3. Besuch 12,50 € weniger,

Ermäßigung für Geschwister und Geburtstagskinder auf der Ponyfarm. Außerdem Show-Abende, Kinderfeste, Kutschfahrten und andere Aktivitäten.

Gestüt Meiserhof, Gabriele Reiser, 67705 Trippstadt. ✆ 06306/1415, Fax 993106. **Anfahrt:** für Bahnreisende Abholservice. **Infos:** Wunderbare Lage, von Wiesen und Wald umgeben, Reitstunden, Reiterferien 270 €/Woche für Kinder ab 8 Jahre, auch Wochenendangebote, Gaststube mit pfälzischen, französischen und marokkanischen Gerichten. Reit- und Longierplatz, Reiterladen,

Tipp: Pferdespaziergänge für Kindergartenkinder, Projektwochen für Schulklassen »Rund ums Pferd«.

Bonanza-Ranch, Reiterhof Hach, Otto und Petra Hach, Alte Brücke 4, 67734 Katzweiler. ✆ 06301/8164, www.bonanza-ranch.de. **Zeiten:** Ferien von Sa – Fr. **Infos:** Pony-/Bauernhof mit Reithalle, Reitplätzen, Wanderreitstation, Reiterstube, Biergarten, Tischtennis, Kutschfahrten, Grillplatz, Inline Skating. Reiterferien für Kids 8 – 18 Jahren 245 €/pro Woche. Unterkunft in 3- bis 4-Bett-Zimmern mit Du/WC. Täglich 2

Tipp: Auf der Bonanza-Ranch wird Theater mit Pferden eingeübt!

Reitstunden, je nach Wetterlage in der Halle oder im Freien. Mitarbeit bei der Fütterung und Pflege von Pferden möglich.

Gödelsteinhof, Gertrud Rendgen, 66497 Contwig. ✆ 06332/996063, Fax 996065. www.goedelsteinhof.de. **Infos:** Großer Reiterhof außerhalb von Contwig, von Wiesen und Wald umgeben, 30 Pferde, darunter Kalt- und Vollblüter, Knappstrubber, Tinkers, Haflinger, Norweger, Camargue- und Quaterpferde, Reiterferien für Jungen und Mädchen 6 – 18 Jahre, 6 Tage, 265 €, bei Zahlung 3 Monate im voraus 15% Rabatt.

Alter Hof, Frank Willig, Flörsheimer Straße 4, 67294 Bischheim. ✆ 06352/3575, Fax 67350. Alter.Hof@t-online.de. **Infos:** Alter Hof mitten im Dorf mit Ackerbaubetrieb. Pferde, 20 Ponys, Reithalle und -platz, Reiterferien für Mädchen 8 – 14 Jahre 302 €/Woche. Spielplatz, Kutschfahrten, Wandern, Grillabende, 4 Mahlzeiten pro Tag.

Islandpferdegestüt Stiftsmühle, Familie Zinser, 67308 Bubenheim. ✆ 06355/989034, Fax 989122. **Infos:** Reiterferien für Kids bis 16 Jahre 275 €/Woche, Reitwochenende VP Fr – So 210, Sa und So 140 €.

Reit- und Fahrverein Kusel und Umgebung e.V., Am Rechenhäuschen, 66869 Kusel; Postfach 1210. **Infos:** Michaela Oltmanns, ✆ 06381/6697, oder Mi und Fr 15 – 18 Uhr auf der Reitanlage in Kusel. **Infos:** In den Sommerferien mehrmals Reiterferien für Kinder 6 – 14 Jahre, jeweils 6 Tage 140 € mit VP, aber ohne Ü. Nichtmitglieder zahlen 18 € mehr. Täglich Reitstunden, Grundwissen, Voltigieren, Spiele mit und ohne Pferd, Picknick, Nachtwanderung am Freitagabend und Ü auf der Reitanlage, Betreuung und Pflege von Pferden und Sattelzeug, Basteln, Stallquiz und allerlei Überraschungen.

Islandpferde Sangerhof, Kurt Welsch, Sangerhof 4, 66909 Henschtal. ✆ 06383/993-122, Fax -124. **Infos:** Reiterferien für 8 – 16-jährige Mädchen, 6 Tage 265 €, täglich 2 Reitstunden und Theorie, Unterbringung in MBZ mit Du/WC.

CJD Jugenddorf Wolfstein, Ilona Berker, Am Ring 24, 67752 Wolfstein. ✆ 06304/911-146, Fax 911-102. www.cjd-wolfstein.de. **Infos:** Reiterferien auf dem Lammelbacher Hof mit Haflingern des CJD-Gestüts. Für Kinder 8 – 14 Jahre und Reitanfänger täglich Unterricht an der Longe oder in der Abteilung. Für Fortgeschrittene täglich Unterricht in der Abteilung bzw. Ausritte in die Umgebung. Zahlreiche andere Aktivitäten wie Grillen, Lagerfeuer, Schwimmen oder Ausflug in den Tierpark auf dem Potzberg. 1 Woche 230 €, 2 Wochen 435 €.

In Jugendherbergen ist man in der Regel mit anderen zusammen, schläft in 4- bis 6-Bettzimmern, isst in Speisesälen und spielt mit vielen anderen Kindern. Das Publikum ist durchweg sehr jung. In jüngster Zeit sind viele JH renoviert und modernisiert worden. Fast alle bieten im Haus und dessen Umfeld gute Möglichkeiten zu Sport und Spiel. Viele organisieren Ausflugsprogramme mit dem Bus, dem Rad oder zu Fuß, manche engagieren sich in Umweltschutz und Naturerkundung.

Um in JH übernachten zu können, braucht man einen Herbergsausweis, der für »Junioren« bis 27 Jahre 10,50 € im Jahr kostet. Ab 28 Jahre gibt es die »Senioren«- oder Familienkarte für 18 €. Eine Familienkarte berechtigt einen Erwachsenen, eigene und befreundete Kinder mitzubringen, diese brauchen keinen eigenen Ausweis. Nicht alle Jugendherbergen entsprechen dem Klischee von der Billigunterkunft, manche ähneln eher einem Hotel, aber im Großen und Ganzen sind die Preise erträglich niedrig. Familien mit mindestens einem minderjährigen Kind zahlen nur den Juniorpreis, Kinder bis 2 Jahre sind frei, bis 5 Jahre meist ermäßigt. HP kostet etwa 5 € pro Tag.

Kurpfalz-JH Speyer, Jugendgästehaus Speyer, Geibstraße 5, 67346 Speyer. ℰ 06232/61597, Fax 61596. jh-speyer@djh-info.de. **Anfahrt:** Vom Bhf Speyer mit dem City-Shuttle-Bus zur JH. A 61 Abfahrt Speyer, über B 9 und B 39 Richtung Dom; am Technik-Museum rechts abbiegen. **Infos:** 160 Betten, 1-, 2- und 4-Bettzimmer, alle mit Du/WC, bf, 5 Zi. für Rollstuhlfahrer, 6 Aufenthalts- und Seminarräume, Speisesaal, Cafeteria. Im Haus Flipper, Kicker, Kinderspielecke, darüßen Spielplatz, Tischtennis, Ballspielfeld, Grillplatz. ÜF 16,60 – 21,80, HP 22,30 – 27,50, VP 25,40 – 30,60 €.

Pfalz-Jugendherberge Neustadt, Jugendgästehaus, Hans-Geiger-Straße 27, 67434 Neustadt a.d.W. ℰ 06321/2289, Fax 82947. jh-neustadt@djh-info.de. **Anfahrt:** Vom Bhf Neustadt (Ludwigshafen – Kaiserslautern – Saarbrücken) 15 Min. Fußweg. A 65 bis Neustadt-Süd. **Infos:** Vollständig modernisiert, 122 Betten, 1-, 2- und 4-Bettzimmer, alle mit Du/WC, bf, 6 Zi. für Rollstuhlfahrer, 5 Aufenthalts- uns Seminarräume, 1 Speisesaal, Cafeteria, Kicker, Kinderspielecke, Spielfläche für Ballspiele, Spielplatz, Tischtennis, Grillhütte. ÜF 16,60 – 21,80, HP 22,30 – 27,50, VP 25,40 – 30,60 €.

JH Bad Bergzabern, Altenbergweg, 76887 Bad Bergzabern. ℰ 06343/8383, Fax 5184. ju-bad-bergzabern@djh-info.de. **Anfahrt:** Von Winden an der Bahnlinie Neustadt – Wissem-

Jugend- herbergen

Tipp: In Jugendherbergen können in Deutschland mit Ausnahme von Bayern auch Senioren, also auch ältere Familienmitglieder (sogar Opa und Oma) übernachten.
Achtung! Jugendherbergen haben in aller Regel 24. – 26.12. geschlossen.

 www.djh-info.de

Tipp: Direkt am Rhein, Freibad nebenan; Dom, Museum, Altstadt und Anlegestelle der Schiffe ganz nahe.

Tipp: Innerhalb der Burg gibt es ein öffentliches Schwimmbad, Spielplatz, Tischtennis und das Restaurant Burgschänke mit Café und Terrasse.

Das Wald- und Naturerlebnisprogramm:
1 Eine Region lebt vom Wald. **2** Tierisches – Jäger und Gejagte im Bioreservat. **3** Klares Wasser voller Leben. **4** Mit Füßen getreten. Der Boden. **5** Als Kräuterhexen unterwegs. **6** Vom Baum zum Holz – ein nachhaltig-faszinierender Rohstoff. **7** Vergangenheit (er)kennen, Gegenwart verstehen, Zukunft gestalten. **8** Roter Fels und grüner Wald. **9** Herausforderungen – Mensch und Wald – Erlebnisse im Beziehungsraum Natur.

bourg. **Infos:** Über dem nordwestlichen Teil von Bad Bergzabern am Wald mit Aussicht auf die Stadt. 141 Betten, 2-, 4- und 6-Bettzimmer, 4 Aufenthalts- und Seminarräume. Kicker, Flipper, Billard, Tischtennis, Kinderspiele; draußen Tischtennis, Spielwiese, Grillplatz. ÜF 12,60, HP 17,40, VP 19,80 €.

Burg-Jugendherberge Altleiningen, Burgberg, 67317 Altleiningen. ✆ 06356/1580, Fax 6364. jh-altleiningen@djh-info.de. **Anfahrt:** Vom Bhf Grünstadt Bus nach Altleiningen. Λ 6, Abfahrt Wattenheim, Beschilderung folgen, 7 km bis zur JH. Rad: 3 km südlich vom Radweg Grünstadt – Alsenborn-Enkenbach, Abzweigung Wattenheim, durch das Amseltal zur Burg. **Infos:** In der mächtigen Burg oberhalb des Ortes mit tollem Blick auf das Leininger Tal, in hervorragendem Zustand. 160 Betten, 1-, 2- und 4-Bettzimmer, alle mit Du/WC, spezielle Familienapartments, bf, 2 Zi. für Rollstuhlfahrer, 5 Tages- und Seminarräume, Kongress-Saal, Speiseraum im Rittersaal, Cafeteria, Kinderspielecke. ÜF 16,10 – 21,20 €, HP 21,70 – 26.80 €, VP 24,70 – 29,80 €, Gruppen ab 10 Pers. und 4 Übernachtungen 22,70 – 27,80 €.

Naturpark- und Waldjugendherberge Hochspeyer, Trippstadter Straße 150, 67691 Hochspeyer. ✆ 06305/336, Fax 5152. jh-hochspeyer@djh-info.de. **Anfahrt:** Bahnstation an den Strecken Ludwigshafen – Kaiserslautern und Bingen – Kaiserslautern, vom Bhf halbe Stunde Fußweg, Abholung des Gepäcks möglich. A 6 Mannheim – Saarbrücken, Abfahrt Enkenbach-Alsenborn, in Hochspeyer Richtung Johanniskreuz. **Infos:** Broschüre Naturpark- und Waldjugendherberge Hochspeyer. Am Südrand von Hochspeyer überm Ort. Herbergsteil mit 85 Betten, meist 6-Bett-Zimmer, Lehrgangsteil 64 Betten, 2- und 4-Bettzimmer mit Du/WC; ÜF 12,60, HP 17,40, VP 19,80 €, 2 Speiseräume, 1 Cafeteria, 4 Aufenthalts- und Seminarräume, Kinderspielecke, Flipper, Kicker, Tischtennis. Spielplatz, Tischtennis, Minigolf, Basketball, Bolzplatz, 2 Grillplätze, Freibad 500 m entfernt. Umfangreiches Wald- und Naturerlebnisprogramm, das durch ein Team des Forstamtes Hochspeyer betreut wird.

JH Merzalben, Tannenstraße 20, 66978 Merzalben. ✆ 06395/6271, Fax 7089. jh-merzalben@djh-info.de. **Anfahrt:** Bhf Münchweiler, Pirmasens oder Rodalben, von dort Busverbindung nach Merzalben. B 270 von Kaiserslautern oder Hochspeyer über Johanniskreuz nach Merzalben. **Infos:** In ruhiger Ortsrandlage mit Aussicht auf die Berge des Pfälzerwaldes. Haupthaus mit 15 Betten in 1-, 2- und 4-Bettzimmern sowie 2 Blockhäuser mit je 44 Betten in 4-Bettzimmern mit Du/WC. 4 Aufenthalts- und Seminarräume, Flipper, Dart, Kicker, diverse Spielesammlungen, Spielecke. Draußen Tischtennis, Basketball, Spielfeld für Ballspiele, Grillstelle, großes Waldgelände. ÜF 12,10, HP 16,80, VP 19,30 €.

JH Dahn, Am Wachtfelsen 1, 66994 Dahn. ℰ 06391/1769, Fax 5122. jh-dahn@djh-info.de. **Anfahrt:** Von Bhf Pirmasens und Hinterweidenthal (Ludwigshafen – Saarbrücken) Busverbindung nach Dahn. B 10 von Pirmasens bis Hinterweidenthal, B 427 bis Dahn. **Infos:** Oberhalb von Dahn, Blick auf das Städtchen, ruhige Lage, 108 Betten, 2-, 4- und 6-Bettzimmer, 4 Aufenthalts- und Seminarräume, Cafeteria, Flipper, Kicker, Spielplatz, Liegewiese, Bolzplatz, Tischtennis, Grillhütte. ÜF 13,50, HP 18,20, VP 20,60 €.

> **Tipp:** Das Felsenland Badeparadies Dahn mit Frei- und Hallenbad ist nur 500 m entfernt.

JH Steinbach, Brühlstraße, 67808 Steinbach (Donnersberg). ℰ 06357/360, Fax 1583. jh-steinbach@djh-info.de. **Anfahrt:** Nächster Bhf ist Winnweiler an der Strecke Kaiserslautern – Bad Kreuznach. **Infos:** Am Rand des Dorfes südlich des Donnersberg. 104 Betten, 2-, 4- und 6-Bettzimmer, 4 Aufenthalts- und Seminarräume, Cafeteria, Flipper, Kicker, verschiedene Tischspiele, Spielwiese, Spielplatz, Tischtennis, Volleyball, Basketball, Grillhütte. ÜF 13,50, HP 18,20, VP 20,60 €.

JH Burg Lichtenberg, Burgstraße 12, 66871 Thallichtenberg. ℰ 06381/2632, Fax 80933. jh-thallichtenberg@djh-info.de. **Anfahrt:** Vom Bhf Kusel Busse nach Thallichtenberg. A 62, Abfahrt Kusel oder Reichweiler. **Infos:** 106 Betten, 1-, 2-, 4- und 6-Bettzimmer, alle mit Du/WC, Bf, 4 Zi. für Rollstuhlfahrer, 4 Aufenthalts- und Seminarräume, Speiseraum, Cafeteria, Spielplatz, Spielwiese, Tischtennis, Grillen. ÜF 16,60 – 21,80 €, HP 22,30 – 27,50 €, VP 25,40 – 30,60 €.

> **Tipp:** Auf der Burg sind auch drei Museen und ein Restaurant. Es werden Wanderungen zum 4 km entfernten Ökobauernhof angeboten.

JH Wolfstein, Rötherweg 24, 67752 Wolfstein. ℰ 06304/1408, Fax 683. jh-wolfstein@djh-info.de. **Anfahrt:** Bhf an der Strecke Kaiserslautern – Lauterecken. A 6-Abfahrt Kaiserslautern-West, B 270 Richtung Lauterecken/Idar-Oberstein nach Wolfstein. **Infos:** In einer Wiese am Hang des bewaldeten Königsberges über der Stadt Wolfstein mit Blick auf die Lauter. 160 Betten, 4- bis 6-Bettzimmer mit Waschbecken, Du/WC auf den Etagen, 18 Zi. für Rollstuhlfahrer, 6 Aufenthalts- und Seminarräume, Cafeteria, Kicker, Flipper, Kinderspielecke, Spiele zum Ausleihen, Tischtennis, Billard, Kegelbahn. Spielplatz, kleines Sportfeld, Lagerfeuerplatz, Grillhütte, ÜF 13,50, HP 18,20, VP 20,60 €.

Naturfreundehäuser

Naturfreundehäuser sind in ausstattung und Art Jugendherbergen nicht unähnlich. Auch hier wird in eher einfachen Häusern in Gemeinschaftszimmern übernachtet und drum herum gibt es Spiel- und Bolzplätze mit viel Leben. Aber drinnen herrscht doch ein anderer Geist, werden die NFH doch mit deutlich naturverbundenen Ansprüchen geführt; einige Häuser sogar ehrenamtlich in Selbstverwaltung.

Tipp: NFH stehen allen offen, allerdings zahlen Nichtmitglieder ein wenig mehr. In diesem Buch sind nur die Preise für Nichtmitglieder genannt.

Die NFH befinden sich oft in sehr schöner Lage und recht weit vom nächsten Ort und Bushaltestellen entfernt. Manche Häuser ähneln Hotels oder Pensionen mit einem hohen Anteil an Einzel- und Doppelzimmern, manche einfachen Wanderhütten. Das erklärt die erheblichen Unterschiede bei den Übernachtungspreisen. Die meisten Häuser haben Lokale und Biergärten, in denen man preiswert essen und trinken kann. NFH sind sehr kinder- und familienfreundlich und bieten zumeist große Spielflächen und -plätze im Umfeld der Häuser.

 Es gibt ganz in der Nähe einen Spielweg und einen Waldlehrpfad. Das dichte Netz von Waldwegen reizt zum Wandern im umgebenden Haßlocher Stadtwald.

NFH Haßloch, An der Fohlenweide 55, 67454 Haßloch. ℘ 06324/5733, katarina_mutapcic@web.de. **Anfahrt:** Vom Bhf Haßloch 45 Min. Fußweg. A 61 oder A 65, Ausfahrt Haßloch. **Zeiten:** ganzjährig Fr – Mi. **Infos:** Südlich von Haßloch herrlich ruhig am Waldrand. 23 Betten, EZ, DZ und MBZ, Schlafsaal mit 11 Betten, Ü im DZ 11, im Schlafsaal 10, Kinder bis 14 Jahre 8 €. F 4,50 €, Bettwäsche einmalig 5 €. Bewirtschaftet 9 – 22 Uhr, großer Biergarten, Spielplatz.

 Guter Standort für Wanderungen im Auwald.

NFH Rheinfrieden, Insel Nauas, 76744 Wörth (Pfalz)-Maximiliansau. ℘ 07271/41155. Auf der Rheininsel Nauas im Naturschutzgebiet gelegen. **Anfahrt:** Bhf Wörth-Maximiliansau, dann noch 4 km. B 10 bis Ausfahrt Maximiliansau, NFH im Ort Richtung Rhein ausgeschildert. **Zeiten:** Mo – Fr ab 14 Uhr, Sa, So ab 11 Uhr. 20 Betten in 4- und 6-Bettzimmern, ÜF 14 €, Kinder bis 12 Jahre 9 €. Lokal mit Pfälzer und andere Küche, im Sommer mit Biergarten (Mo – Fr ab 14 Uhr, Sa, So ab 11 Uhr bis zum Abend). Spielplatz, Liegewiese.

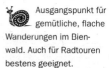 Ausgangspunkt für gemütliche, flache Wanderungen im Bienwald. Auch für Radtouren bestens geeignet.

NFH Bienwald, Am Oberkandeler Teich, 76870 Kandel. ℘ 07275/2632, Fax 914172. www.naturfreundehaus-bienwald.de. **Anfahrt:** 3 km vom Bhf Kandel an der Strecke Karlsruhe – Landau, 100 m westlich links abbiegen und fortan der Markierung N folgen. A 65, Ausfahrt Kandel-Süd, B 9 Richtung Lauterbourg ca. 1 km, an der Kreuzung rechts Richtung Schaidt, nach weiteren 1,5 km rechts NFH-Schild. **Zeiten:** Mi – Mo 10 – 22 Uhr. Im Bienwald, von hohen Bäumen umgeben, hohes Haus, 20 Betten, DZ und MBZ mit Du/WC, ÜF Erw. 14,50 €, Kinder 3 – 11 Jahre 9 €, 12 – 18 Jahre 11 €, Bettwäsche einmalig 3,60 €. Lokal und Biergarten, Pfälzer Küche, Spielplatz, Freibad Kandel 1,6 km.

NFH Oppauer Haus, Im Pferchtal, 67157 Wachenheim. ℡ 06322/1288, Fax 1288. www.oppauer-haus.de. **Anfahrt:** Bhf Wachenheim, dann noch 6 km zu Fuß oder per Taxi; schön die Wanderung durch das dicht bewaldete Wachenheimer Tal, am besten mit Abstecher über die Wachtenburg. B 38 bis Wachenheim, Abzweigung Lindenberg, Hinweisschild folgen. **Zeiten:** ganzjährig Di – So 10 – 20 Uhr, durchgehend warme Küche. **Infos:** Im Pferchtal am Fuß des 500 m hohen Plankenberges ruhig im Wald. 31 Betten in EZ, DZ und MBZ, fl.W., ÜF Erwachsene 1. Nacht 24 €, ab der 2. Nacht 21 €, Kinder 3 – 12 Jahre 15 €, 12- 14 Jahre 19 €. Lokal mit Gartenwirtschaft, große und kleine Gerichte, gute und preiswerte Küche; großer Spielplatz, am Naturerlebnispfad.

NFH Elmstein, Esthaler Straße 63 – 65, 67471 Elmstein. ℡ 06328/229, Fax 569. www.naturfreundehaus-elmstein. de. **Anfahrt:** Vom Bhf Neustadt oder Lambrecht mit Bus 6761 Richtung Iggelbach bis Elmstein-Appenthal, dann vom Turm rechts 2 km zu Fuß Richtung Harzofen. A 65 Ausfahrt Neustadt/Lambrecht, B 39 Richtung Kaiserslautern bis Frankeneck, L 499 bis Elmstein-Appenthal. **Zeiten:** ganzjährig täglich 9 – 21 Uhr, warme Küche 9 – 18 Uhr. **Infos:** Im engen Seitental am Wald in herrlich ruhiger Hanglage 3 unterschiedlich eingerichtete Häuser, AFM. 96 Betten in EZ, DZ und MBZ mit fl.W. oder Du/WC. HP je nach Haustyp 19,20 – 27,60 €, Kinder 3 – 11 Jahre 14,30 – 18,70 €, 12 – 17 Jahre 16,50 – 22,90 €. VP je nach Haustyp 24,30 – 32,70 €, Kinder 3 – 11 Jahre 16,70 – 21,10 €, 12 – 17 Jahre 20 – 26,40 €. Bei weniger als 3 Ü einmalig 3,80 € Zuschlag, ab 7 Tage Ermäßigung, EZ-Zuschlag 5 €, K möglich, Tiere bitte anmelden. Für alle Ferien gibt es ab 5 Ü Sonderangebote für Familien. Frühstücksbüffet, Restaurant, Pfälzer u.a. Gerichte, Spielzimmer, Billard, Kicker, Dart. Wiese, Spiel- & Bolzplatz, Tischtennis, Freischach – für Kinder ein wunderbarer Aufenthaltsort.

NFH Rahnenhof, 67316 Hertlingshausen. ℡ 06356/962500, Fax 9625025. www.naturfreundehaus-rahnenhof.de. **Anfahrt:** Vom Bhf Grünstadt Bus 454 oder 456 bis Hertlingshausen, dann 1 km zu Fuß; Abholung vom Bhf möglich. A 6 Mannheim – Saarbrücken bis Wattenheim, dort ausgeschildert. **Infos:** Großes Haus im engen Tal, von Wald umgeben in 320 m Höhe. AFM, 85 Betten in EZ, DZ und MBZ, Kinderbet-

Schon gewusst? Die Naturfreunde sind als Spross der Arbeiterbewegung seit ihrer Gründung um Emanzipation und soziale Solidarität bemüht. Politische Diskussionen mit gesellschaftskritischer oder ökologischer Zielsetzung sind selbstverständlich. Viele NaturfreundInnen engagieren sich gegen Krieg, Rüstung, Umweltzerstörung, Arbeitslosigkeit, Ausbeutung und Diskriminierung jeder Art.

Tipp: Abwechslungsreiches Ferienprogramm für Familien mit Kindern mit Nachtwanderungen, Lagerfeuer mit Stockbrot, Minigolf in Elmstein, Fahrt mit der Dampfeisenbahn durch das Elmsteiner Tal, Ausflug zum Badeweiher – und natürlich viele Spiele im und am Haus selbst.

Tipp: Hier gibt es auch 2 Jugendzeltplätze für 60 bzw. 200 Personen.

FERIEN-ADRESSEN

ten, Hochstühle, Babyfon, VP 33 €, Kinder 3 – 11 Jahre 22,60 €, 12 – 17 Jahre 28,90 €, Abschlag für nicht eingenommene Mahlzeiten. Lokal mit Pfälzer und vegetarische Küche, Fischgerichte, ganzjährig täglich 9 – 22 Uhr, warm bis 19.30 Uhr. Spielzimmer, große Wiese, Spiel-, Bolz- und Grillplatz, Volleyballfeld, Tischtennis, Minigolf, Fahrradverleih.

NFH Heidenbrunnental, Heidenbrunnenweg 100, 67434 Neustadt a.d.W. ✆ 06321/88169, Fax 880169. 3 km westlich von Neustadt. **Anfahrt:** Vom Bhf Neustadt Bus Richtung Lambrecht bis Schöntal, danach 15 Min. zu Fuß, Mo – Fr mehrmals täglich auch Bus direkt bis zur Hütte. A 65 bis Neustadt, B 39 Richtung Kaiserslautern bis Schöntal, links in die Wilhelm-Gisbert-Straße hinauf und dem Hinweis NFH folgen. **Zeiten:** März – Okt. Di – So 10 – 18 Uhr, Nov. – Feb. Mi – So 10 – 18 Uhr. **Infos:** Im Heidenbrunnertal in 221 m Höhe mitten im Wald gelegen. AFM, 50 Betten in DZ und MBZ, ÜF 15,45 €, Kinder 3 – 6 Jahre 8,30 €, 7 – 10 Jahre 10,80 €, 11 – 17 Jahre 14,95 €, ab der 3. Nacht 1,50 € Ermäßigung. Voll bewirtschaftetes Lokal, Spielplatz.

NFH Lambrecht im Kohlbachtal, Im Kohlbachtal, 67466 Lambrecht. ✆ 06328/666, franziska.goeller@web.de. **Anfahrt:** Bhf Neustadt oder Lambrecht, Bus 517 nach Elmstein bis Helmbach, dann 1 Std. zu Fuß. A 65, Ausfahrt Neustadt/Lambrecht, B 39 Richtung Kaiserslautern bis Frankeneck, L 499 Richtung Elmstein bis Helmbach, dort ausgeschildert. **Zeiten:** Juni – August täglich, sonst Sa, So, Fei und nach Vereinbarung. **Infos:** Fernab von Straßen im dichten Wald. 24 Betten, 6 Lager, DZ und MBZ, fl.W., Ü 5,50 €, Kinder bis 14 Jahre 4,60 €, Bettwäsche einmalig 3,60 €, F 3,10 €, Kinder 2,10 €. Lokal 10 Uhr bis abends, warme Küche 11.30 – 18 Uhr, Selbstversorgerküche 1 € pro Pers. und Tag, Spielplatz.

NFH Edenkoben am Steigerkopf, Postf. 54, Schänzelstraße, 67480 Edenkoben, ✆ 06323/1851, wenzel.matthias@nexgo.de. 7 km westlich von Edenkoben. **Anfahrt:** Vom Bhf Edenkoben Mai – Ende Oktober So, Fei vormittags stündlich Bus 506 bis Hüttenbrunnen, zurück nachmittags bis früher Abend stündlich. A 65 Ausfahrt Edenkoben, dort Hinweis »Edenkober Tal« folgen, nach dem Wanderheim des PWV »Hüttenbrunnen« links ab zum NFH. **Zeiten:** ganzjährig Di – So, Anreise vor 18 Uhr. **Infos:** Im Sauermilchtälchen am Fuß des Steigerkopfes ruhig im tiefen Wald. 53 Betten, 5x 2-, 4x 4- und 1x 6-Bettzimmer sowie 2 Schlafsäle für 8 bzw. 9 Pers. In einer Blockhütte 2 DZ. Ü im DZ 12,50 €, MBZ 11,50, Saal 10,50, Blockhütte 12,50, Frühstück 4 €; Kinder bis 6 Jahre

LVA RLP: Neustadt, Maikammer, Edenkoben, Landau, topografische Karte 1:25.000 mit Wanderwegen.

Ein Wald- und Wasserlehrpfad ist nur 1 km entfernt.
Markierte Wanderwege:
Rietburg, 4 km
Hüttenbrunnen – Hilschweiher – Edenkoben, 1, 3 bzw. 7 km
Lolosruhe, 2 km
Forsthaus Heldenstein, 4 km

DZ 10,50 €, MBZ 8, Saal 7,50, Hütte 10,50, F 3 €, Kinder 6 – 14 Jahre DZ 11 €, MBZ 10, Saal 9,50, Blockhütte 11, F 3,50 €; ab 3 Ü Ermäßigung. Lokal mit Biergarten Di – So 10 – 18 oder 19 Uhr, warme Küche 11.30 – 18 Uhr. Spielplatz.

NFH Annweiler am Trifels, Victor-von-Scheffel-Straße 18, 76855 Annweiler. ✆ 06346/8198, Fax 302945. www.naturfreunde-annweiler.de. **Anfahrt:** Bhf Annweiler, danach ca. 2 km zu Fuß, zuletzt bergauf zum Fuße des Trifels. B 10 bis Annweiler, dort Burgenring, NFH ausgeschildert. **Zeiten:** ganzjährig Mi – Mo. **Infos:** 22 Betten, 2-, 3- u. 4-Bettzi., ÜF 1. Nacht 13,90 €, dann 10,15 €. Lokal bewirtschaftet, Wiese, Spielplatz, Ferienheim mit JZP, Campingplatz nebenan.

Tipp: Das Freibad ist nur 1,5 km entfernt.

NFH Kiesbuckel, Am Südhang des Orensberges, 76857 Albersweiler-St. Johann. ✆ 06341/52508, naturfreunde-landau.de. Anmeldung: Inge Raff, Im Ring 15, 76877 Offenbach, ✆ 06348/8962, Fax 940792. **Anfahrt:** Bhf Albersweiler, Hauptstraße Richtung Frankweiler bis St. Johann, von dort steiler Aufstieg zum NFH, Markierung weißer Kreis. Mit Auto von Albersweiler bis Waldparkplatz St. Johann, dann 45 Min. zu Fuß grünem N mit rotem Pfeil folgen. **Zeiten:** ganzjährig Sa, So und Fei. **Infos:** 22 Betten, 5 Lager, 2-, 4- und MBZ, ÜF 11, Kinder bis 15 Jahre 8 €, für Bettwäsche 1x 4 €. Küche 2 €/Pers./Tag. Spielplatz. Lokal Sa, So, Fei 9 oder 10 – 17 oder 18 Uhr, So eine Stunde kürzer, warme Küche ab ca. 11 Uhr; sonst nur Getränke.

NFH Finsterbrunnertal, 67705 Finsterbrunnertal bei Trippstadt. ✆ 06306/2882, Fax 6639. www.naturfreundehaus-finsterbrunnertal.de. **Anfahrt:** 3 km markierter Wanderweg vom Bhf Schopp zum NFH. A 6 Mannheim – Saarbrücken, Kaiserslautern-West, B 270 Richtung Pirmasens, hinter dem Walzweiher links Richtung Trippstadt. **Zeiten:** Ganzjährig. Wirtschaft täglich 9 – 21 Uhr, warme Küche 10 – 18 Uhr. **Infos:** Mehrstöckiges Haus am Wald, AFM. 56 Betten, EZ, DZ und MBZ mit fl.W. oder Du/WC, ÜF 14,80 €, Kinder 3 – 5 Jahre 11,30 €, 6 – 11 Jahre 12,40 €, ab 12 Jahre 13,70 €, HP 21 €, Kinder 3 – 5 Jahre 15,40 €, 6 – 11 Jahre 17 €, ab 12 Jahre 18,80 €, VP Erwachsene 23 €, Kinder 3 – 5 Jahre 17,20 €, 6 – 11 Jahre 18,80 €, ab 12 Jahre 21 €, Kinder bis 2 Jahre bei eigenem Bett 5,40 €, bei weniger als 3 Ü 1,80 € Zuschlag auf alle Preise. Voll bewirtschaftetes Lokal mit Tischen im Freien. Spielplatz, Liegewiese, Bolzplatz, JZP.

Tipp: Ausgangspunkt von Wanderungen zur Burg Wildenstein und nach Trippstadt, nach Heltersberg, Schopp, zum Gelterswoog und nach Stelzenberg. Besonders beliebt ist die Route zur und durch die Karlsschlucht.

NFH Harzbornhaus, Gersbergerhofstraße 299, 66482 Zweibrücken. ✆ 06337/1449, 3 km von Zweibrücken-Niederauerbach. **Anfahrt:** Bhf Zweibrücken, ab Schlossplatz Bus Rich-

FERIEN-ADRESSEN

Ausgangspunkt verschiedener Wanderungen. Schön ist auch der 1 km lange Spaziergang zum wilden Teufelsfelsen.

tung Niederauerbach bis Hasengarten, dann noch 3 km zu Fuß. A 8, Ausfahrt Zweibrücken-Niederauerbach, Richtung Landstuhl-Mörsbach, vor Mörsbach rechts. **Zeiten:** Mi, Sa, So. **Infos:** In 310 m Höhe am Wald. 26 Betten in 2-, 4- und MBZ, ÜF 10,75 €, Kinder bis 17 Jahre pro Bett 10,75 €, Bettwäsche einmalig 3,75 €. Lokal Mi, Sa 12 – 21 Uhr bewirtschaftet, warme Küche bis 17 Uhr, So 9 – 21 Uhr, warme Küche bis 18 Uhr, Spielplatz. Bolzplatz in der Nähe.

NFH Niedersimten, 66955 Pirmasens-Niedersimten. Lokal ✆ 06331/46288, Fax 45700. Ü-Reservierung bei Marx, ✆ 46317, Fritz.Marx@t-online.de. **Anfahrt:** Hbf Pirmasens, Bus 5 nach Eppenbrunn oder 877 bis Niedersimten Ortsmitte, danach 2 km zu Fuß. B 270 Kaiserslautern – Pirmasens, dann Richtung Bitsch, in Niedersimten vor der Kirche links zum 1,5 km entfernten NFH. **Zeiten:** Ganzjährig. Wirtschaft täglich 9.30 – 20 oder 21 Uhr, durchgehend warme Küche. **Infos:** In 320 m Höhe im Gersbachtal wunderbar ruhig im Wald gelegen, 46 Betten in 2-, 4- und 6-Bettzimmern mit fl.W. oder Du/WC, Ü Kategorie 1: Zimmer fl.W., WC auf der Etage, Duschen im Parterre, Erw. 8 €, Kinder 3 – 10 Jahre 6 €, 11 – 18 Jahre 8 €; Kategorie 2: Du/WC im Zimmer, Erw. 14 €, Kinder 6 bzw. 14 €, Bettwäsche 1 x 4 €, Frühstück 4,50 €. Lokal mit hervorragender regionaler Küche und Fischgerichten, Terrasse, Spielplatz, Bolzplatz, Tischtennis.

NFH Galgenberghaus, Heinz Krob, Schlossstraße 28a, 67714 Waldfischbach-Burgalben. ✆ 06333/1268, 1 km vom Ortszentrum. **Anfahrt:** Bhf Waldfischbach (K'lautern – Pirmasens), dann 1 km zu Fuß. A 6 Mannheim – Saarbrücken, Ausfahrt Kaiserslautern-West, B 270 Richtung Pirmasens, Ausfahrt Waldfischbach. **Zeiten:** Sa und So ab 9, Mi ab 14 Uhr. **Infos:** In 396 m Höhe im Wald gelegen. 26 Betten in 2-, 4- und MBZ, 1. Nacht ÜF 13,25 €, jede weitere Nacht 10 €. Voll bewirtschaftetes Lokal und Küche für Selbstversorger, Liegewiese, Spielplatz, Bolzplatz.

NFH Heltersberg, In der Lettenkaut, 67716 Heltersberg. ✆ 06333/64483. **Anfahrt:** Bhf Waldfischbach 6 km, Bus Heltersberg, aber auch Transfer möglich. A 6 Ausfahrt Kaiserslautern-West, B 270 Richtung Pirmasens ca. 20 km, Ausfahrt Heltersberg, im Ort Beschilderung für das NFH. **Zeiten:** Sa 14 – 22, warme Küche ab 17 Uhr, So und Fei, 9 – 19, warme Küche ab 12 Uhr, Ü mit Selbstverpflegung möglich. **Infos:** Maria Bölts, Kurpfalzstraße 11, Heltersberg, ✆ 06333/ 64483, Anmeldung von Gruppen erwünscht. **Infos:** Das kleine Haus liegt herrlich ruhig am Orts- und Waldrand. 20 Betten, EZ, DZ mit fl.W. ÜF 14 €, Kinder bis 12 Jahre ÜF 9,50 €, Bettwäsche 1 x 4 €. Lokal, Küche, Liegewiese, Spielplatz.

NFH Bethof, Am Bethof 1, 76889 Vorderweidenthal. ☎ 06398/993010, Fax 993012. **Anfahrt:** Von Bhf Bad Bergzabern mit Bus nach Dahn bis Lauterschwan, dann der Wandermarkierung NFH und »Roter Punkt« 25 Min. folgen. A 65 Landau-Süd, B 38 bis Bad Bergzabern, B 427 bis Birkenhördt, schließlich K 11, Schild »Campingplatz Bethof«. **Zeiten:** 3.1. – 14.2. geschlossen; Übernachtung täglich, Lokal Mi – So 11 – 23 Uhr (Küche 20 Uhr), ab März auch Mo geöffnet. **Infos:** In 300 m Höhe, 48 Betten in EZ, DZ und MBZ mit fl.W. oder Du/WC, ÜF 17,25 €. Voll bewirtschaftetes Lokal mit Biergarten, Küche für Selbstkocher, Liegewiese, Spielplatz, Campingplatz (siehe dort).

NFH Am Haselrech, Am Haselrech im Wald, 66909 Steinbach (Glan). ☎ 06383/1888, 7503, **Anfahrt:** Regionalbahn von Landstuhl bis Glan-Münchweiler, dann noch 6,5 km zu Fuß oder Taxi. A 62 Landstuhl – Trier, Ausfahrt Glan-Münchweiler, A 6 Kaiserslautern – Saarbrücken, Ausfahrt Miesau. **Zeiten:** Di, Do und Sa 13.30 – 20, So 9 – 20 Uhr, warme Küche bis 18 Uhr. **Infos:** In 396 m Höhe im Wald. 19 Betten, EZ, DZ mit Du/WC, ÜF 20 €, Kinder bis 17 Jahre 16 €. Im Lokal gibt's nur Getränke. Liegewiese, Spielplatz, Bolzplatz.

Der Pfälzerwald Verein ist mit 30.000 Mitgliedern und 240 Ortsgruppen einer der größten und rührigsten Wandervereine Deutschlands; jährlich werden über 10.000 Wander- und Freizeitaktivitäten unternommen, 12.000 km Wanderwege sind bislang markiert worden und über 100 Wanderhütten werden gepflegt. Ehrenamtliche Hüttendienste sorgen dafür, dass man zu niedrigen Preisen Essen und Getränke bekommt.

Hütten des Pfälzerwald Vereins

Edenkobener Hütte am Hüttenbrunnen, Ortsgruppe Edenkoben, Schänzelstr. 2, 67480 Edenkoben. ☎ 06323/2827. **Zeiten:** Mo 11 – 19 Uhr, Mi – So 9 – 19 Uhr, Weihnachten zu. **Infos:** 28 Betten in MBZ, 22 Matratzenlagerplätze, ÜF 15 €, Bettwäsche inkl., Ermäßigung ab der 4. Nacht.

Lichtenstein-Hütte, Ortsgruppe Neidenfels, Hintertalstraße 50, 67468 Neidenfels. ☎ 06325/7605. **Zeiten:** September – Juli Mi, Sa 13 – 19, So, Fei 9 – 20 Uhr. **Infos:** Anton Dennerle, Vordertalstraße 26, 67468 Neidenfels, ☎ 7691. **Infos:** 10 Betten, 1 DZ, 2 MBZ, Kinder 7,70, Erw. 9,20, Bettw.

Pfälzerwald Verein, Fröbelstraße 24, 67433 Neustadt a.W.. ☎ 06321/2200, Fax 33879. www.pwv.de. info@pwv.de.

Der Pfälzerwald-Verein bekennt sich zu den Prinzipien des »Sanften Tourismus«, so dass er sich im Umweltschutz engagiert und umweltpädagogisch aktiv ist.

Die genannten **Preise** für die Hütten des PWV sind diejenigen für Nichtmitglieder. Mitglieder zahlen weniger.

Einstieg in den Felsenwanderweg.

1x 4,10 €, kleine Selbstversorgerküche, Aufenthaltsraum, zu den Öffnungszeiten der Hütte gibt es Pfälzer Küche.

Wanderheim Faselstall, Ortsgruppe Trippstadt, ✆ 06306/457, Fax 6000. **Zeiten:** nach Anmeldung beim Verkehrsamt, Hauptstraße 141, 67705 Trippstadt, ✆ 341, Fax 1529. **Infos:** Ein 3-Bett-, vier 4-Bett- und ein 6-Bett-Zimmer, Ü 10 €, Selbstversorgerhaus mit Küche und Aufenthaltsraum.

Hahnberghütte, Ortsgruppe Zweibrücken, 66482 Contwig. ✆ 06332/50135 (Hütte). **Anfahrt:** Vom Bhf Contwig 1,5 km markierter Wanderweg. **Zeiten:** Mi und So 10 – 19 Uhr, Sa 14 – 19 Uhr, außer Weihnachten und Neujahr. **Infos:** Zünftiges Lokal und Biergarten im Wald. 17 Betten in 3 Räumen, Selbstversorgerküche, Ü für Mitglieder 6 €, sonst 7,50 €, Kinder bis 12 Jahre weniger, Bettwäsche 1x 5,50 €, Reinigung 10 €, Küche pro Gruppe 12 €; Anmeldung erforderlich.

Waldhaus Starkenbrunnen, PWV Ortsgruppe Pirmasens-Starkenbrunnen, ✆ 06331/46597, Fax 92458. **Zeiten:** Di 10 – 22, Sa 10 – 19, So 9 – 19 Uhr, während der Sommerferien auch Mi; Küche bis 18 Uhr. Weihnachten und Neujahr zu. **Infos:** Willi Fleck, Spitalstraße 25, 66953 Pirmasens, ✆ 06331/285809. **Infos:** Hütte mit Gaststube und Biergarten, einfache Gerichte. 25 Betten, 2 DZ, 2 MBZ 7,30 €. Selbstversorgerküche, Aufenthaltsraum, Spielplatz unter Bäumen.

Hilschberghaus, PWV Ortsgruppe 66976 Rodalben. ✆ 06331/18020. **Anfahrt:** Richtung Clausen rechts ausgeschildert. **Zeiten:** Mi 14 – 20, Sa 13 – 20, So, Fei 10 – 19; in den Sommerferien Mo – Fr ab 14 Uhr, Weihnachten und Neujahr zu. **Infos:** Sieglinde und Albert Frank, Hauptstraße 196, 66976 Rodalben, ✆ 10669. **Infos:** Fachwerkbau oberhalb von Rodalben am Waldrand mit tollem Blick. 40 Betten, 20 Lager, 1 EZ, 5 DZ, 7 MBZ. 1. Nacht 7,50 – 16,50, ab 3. Nacht 5 – 13 €. 2 Küchen, Aufenthaltsräume, Terrasse, Spielplatz, Gaststätte mit durchgehend warmer Küche, Kaffee und Kuchen.

Dahner PWV-Hütte, PWV Ortsgruppe Dahn, 66994 Dahn. **Zeiten:** April – Oktober Di – So. 1.11. – 3. Adventsonntag und 2. Sa im Januar – März Mi, Sa, So und Fei, jeweils 10 – 18 Uhr. **Infos:** B. und K. Guttenbacher, Schillerstraße 12 b, 66994 Dahn, ✆ 06391/1437, Fax 5539. **Infos:** 15 Betten, 7 Pers. Matratzenlager, an Wochenenden Ü 10 €; Wickelraum, Spielplatz, Lokal mit Pfälzer Spezialitäten.

Waltari-Klause, PWV Ortsgruppe Petersbächel-Gebüg e.V., Vogesenstr. 81, 66996 Fischbach-Petersbächel. ✆ 06393/9932-88, Fax -89. www.walthari-klause.de PwvPeGe@gmx.de **Zeiten:** Gaststätte Mo – Fr ab 16 Uhr, Sa ab 14 Uhr, So und

Fei ab 9 Uhr. 24. und 25.12. zu. **Infos:** Zwei Häuser am Petersbächel und am Waldrand, Ferienheim mit 20 Betten in 3 Schlafräumen. Kinder bis 18 Jahre 5 €, Erwachsene 7 €, komplettes Haus 120 €, Bettwäsche 4,50 €, Aufenthaltsraum, Selbstversorgerküche, gut ausgestatteter Spielplatz.

Ferien- und Wanderheim Hohe List, PWV Ortsgruppe Ludwigswinkel. ✆ 06335/5724. **Anfahrt:** Eppenbrunn – Fischbach 3 km bis Wanderparkplatz Hohe List, danach 30 – 45 Min. zu Fuß. **Zeiten:** Sa ab 10.30 – 19 Uhr, So, Fei 9 – 19 Uhr, Mitte Juni – Mitte September auch Mi ab 12 Uhr, 27. – 31.12. ab 12 Uhr, Weihnachten zu. **Infos:** Herbert Klar, Petersbächler Straße 20, 66996 Ludwigswinkel, ✆ 06393/342, Hütte 5724. **Infos:** Unterkunft und Lokal mit Biergarten im ehemaligen Forsthaus tief im Wald auf 430 m Höhe. Kalte und warme Speisen (während der Öffnungszeiten der Hütte durchgehend), Kaffee, Kuchen. Spielplatz. 20 Betten, 4 Lager, Ü 10 €, Kinder 7 €, Selbstversorgerküche.

Wanderheim Dicke Eiche, PWV Ortsgruppe, 76846 Hauenstein. ✆ 06392/3596 (Reservierung), Fax 3596. **Zeiten:** Sa, So und Fei 9 – 18 Uhr, Mai – Oktober auch Mi 10 – 18 Uhr, Heiligabend und Silvester 12 – 16 Uhr, Weihnachten und Neujahr zu. **Infos:** schriftlich bei Franz Rohner, Am Weimersberg 17 a, 76846 Hauenstein, ✆ 3957. **Infos:** Großes Haus mit Speiselokal mit Biergarten und Spielplatz im Wald. 40 Betten, 8 Zimmer, Waschräume, Du/WC, Küche für Wanderer, Aufenthaltsraum für Übernachtungsgäste, Ü Mitglieder und Jugendliche 9 €, Nichtmitglieder 10 €, Frühstück 4 €.

Wanderung von der Hohen List zum Reitersprung/Zigeunerfelsen, 2 km
Christkindelfels, 1 km

Jugendfreizeit- und Gästehäuser sowie Schullandheime ähneln in ihrer Einrichtung Jugendherbergen und Naturfreundehäusern. Oft ist ihr Standard aber niedriger. Dafür sind sie billig, denn sie sind für große Kinder- und Jugendgruppen für Klassenfahrten und Sommerfreizeiten gedacht.

Jugendfreizeit- und Gästehäuser

Jugendgästehaus des Pfälzer Turnerbundes Annweiler, Turnerweg 60, 76855 Annweiler. ✆ 06346/92910-0, Fax -1. www.tjh.de. **Infos:** 5 Min. vom Ort in ruhiger Lage im Wald. Turnhalle, Sportplatz, Spielgelände, Grillplätze. Nicht nur Trainings- und Lehrstätte für Sportler und Schullandheim. sondern auch Kurzurlaube, Familien- und Seniorenfreizeiten. 75 Betten mit Du/WC in 4 EZ, 8 DZ, 14 MBZ, EZ zu 15,20 – 20,65 €, DZ 42 €. 1 EZ, 3 DZ, 9 MBZ mit Du/WC auf der Etage

Familienlandheim Aschbacherhof, 67661 Aschbacher Hof. ✆ 06360/322. Männerarbeit der ev. Kirche, ✆ 0631/ 3642133. **Infos:** 28 Betten in 3er und 4er Zimmern, bf, Gruppen bis 20 Pers. 165 €/Nacht bei einer, 137,50 € bei meheren Übernachtungen, jede weitere Pers. 8,50 €, Bettwäsche 4,50 pro Pers., 65 € Reinigung. Grillplatz.

Jugendheim Burg Wilenstein, 67705 Trippstadt. ✆ 06306/ 440. **Infos:** 2-, 4-, 5- und 6-Bett-Zimmer, fl.W, ÜF 5 €, 2,50 € für Bettwäsche, nur für Gruppen ab 25 Pers.

Schullandheim Ludwigswinkel, Landgrafenstraße 44, 66996 Ludwigswinkel. ✆ 06393/1694. Marina Weippert, ✆ 889, Prospekt, Vorbereitungsmappe. **Infos:** 38 Betten in 4 Schlafräumen, für Schulklassen u.a. Gruppen. 1 Tagesraum, 1 Speiseraum, auch Selbstverpflegung möglich, Grillmöglichkeit am Haus, Tischtennis, Federball, Basketball, in der Umgebung Spielwiese und Bolzplatz.

Jugend-
zeltplätze

Jugendzeltplätze sind zweifellos die einfachste, wildeste und auch preiswerteste Variante des Campens. Wie die Campingplätze liegen die »JZP« meist in schöner Landschaft am Bach, Fluss, See oder Waldrand. Sie gehören Gemeinden oder Forstämtern, bei denen man sich anmelden muss. In der Regel gibt es nur ganz einfache Waschgelegenheiten und Toiletten, keine Lokale und nur in Ausnahmefällen Aufenthaltsräume. Dafür können sich Kinder und Jugendlichen so richtig austoben und vielleicht ein Lagerfeuer machen.

Waldzeltplatz Geiswiese Elmstein, Forstamt Elmstein, Schankstraße 2, 67471 Elmstein. ✆ 06328/9821-0, Fax -20. **Infos:** In einer von Wald umgebenen Talwiese. Seitlich offener Pavillon mit Feuerstelle, Trockentoilette, offene Waschanlage, Trinkwasserbrunnen am nahen Gasthaus *Stilles Tal,* kein Strom. Naturbadeweiher. In der Hauptsaison 11 €/Pers. je angebrochene Woche, außerhalb der Saison 8 €. Bei Tagesbuchungen inkl. Übernachtung 6 €. Eine Buchungsgebühr von 50 € wird später mit der Benutzungsgebühr verrechnet.

JZP im Rinnthal, Familie Fickenscher, Rieslingweg 22, 67487 Maikammer. ✆ 06321/57332, Fax 57332. **Infos:** Zelte mit Holzfußboden für 30 Pers.

Zeltplätze beim Turnerjugendheim Annweiler, Turnerweg 60, 76855 Annweiler. ✆ 06346/929-100, Fax -101. www.tjh.de.

Infos: Oberhalb von Annweiler auf einer Anhöhe neben dem Turnerjugendheim im Wald. 3 große Zeltplätze mit Feuerstelle für bis zu 180 Pers. Kiosk, sanitäre Anlagen und Verpflegung im und Strom, Wasser durch das Turnerjugendheim. Turnhallenbenutzung gegen Bezahlung möglich, Benutzung des Rasenplatzes nach Absprache.

Zeltplatz Langenthal Waldleiningen, Forstamt Hochspeyer, Lerchenstraße 14, 67691 Hochspeyer. ☎ 06305/6441. **Infos:** Waldwiese 600 m von Waldleiningen für max. 50 Pers., fl.W., Strom, Feuerstelle für Lagerfeuer. 400 m entfernt Grillplatz der Gemeinde Waldleiningen mit offener Hütte und Toilette. Pro Pers./Woche 0,50 €.

JZP Brecherswald Schmitshausen, Rosen- und Verschönerungsverein, H. E. Henkes, 66484 Schmitshausen. ☎ 06375/447. **Infos:** Am Wald, Wasch- und Duschanlagen, Toiletten, Strom, Grillplatz, Basketballplatz, Bolzplatz, Kletterwand. Ab Sommer 2003 wieder geöffnet.

JZP Hilst, FVA Tor zum Wasgau, 66953 Pirmasens. ☎ 06331/872-0, Info -125, Fax 872-100. www.pirmasens-land.de. **Infos:** Kapazität 120 Pers. Waschanlagen, Toiletten, Stromanschluss, Spielwiese, feste Stelle für Lagerfeuer. 1 € pro Pers. und Nacht.

Zeltplatz Nesselthaler Hof, Stadtverwaltung Pirmasens, Wirtschaftsförderung und Liegenschaften, 66953 Pirmasens. ☎ 06331/1426204, Fax 1426210. **Anfahrt:** 3 km von Pirmasens von der B 10 Abfahrt Waldfriedhof ausgeschildert. **Infos:** Gebäude mit Küche, Betreuerzimmer, Schlafraum, Wasch- und Duschräume, Toiletten, überdachter Grillplatz, Bolzplatz, Spielwiese mit Rutsche. 3 € pro Pers./Tag, Gas-, Strom-, Wasser- und Müllgebühr nach Verbrauch, Kaution je nach Gruppengröße min. 150 €, Endreinigung durch Mieter.

Zeltplatz Im Wolfsägertal bei Fischbach, Forstamt Eppenbrunn, Talstraße 43, 66957 Eppenbrunn. ☎ 06335/8596-0, Fax 8596-21. **Infos:** Herrlich ruhige Waldwiese am Bach 5 km nördlich von Fischbach für höchstens 150 Pers., Wirtschaftsgebäude mit Küche und kleinem Zimmer mit 3 Betten, Wasch- und Toilettenhaus mit Duschen, Trinkwasserleitung, Strom, feste Stelle für Lagerfeuer, Bolzplatz und Badeweiher. 12,50 € pro Pers./Woche, min. aber 300 €/Woche plus 2,50 € NK für Strom und Wasser pro Kopf. Im Allgemeinen wochenweise ab Freitag.

JZP Bruchweiler-Bärenbach, VG Dahner Felsenland, Schulstraße 29, 66994 Dahn. ☎ 06391/406-0, Info ☎ 5811, Fax 406-199. www.dahner-felsenland.de. **Infos:** Zeltplatz bei der

Felslandschule, Kapazität 200 Pers., sanitäre Einrichtungen, Wasser und Strom, Halle, Grillplatz.

Zeltplatz Pfaffendölle, VG Dahner Felsenland, ⭧ Zeltplatz Bruchweiler-Bärenbach. **Infos:** Kapazität 150 Pers., Sanitärbau, Du/WC, Grillhalle, große Feuerstelle, Sportplatz.

Zeltplatz im Neufeld, Fischbach, VG Dahner Felsenland, ⭧ Zeltplatz Bruchweiler-Bärenbach. **Infos:** Kapazität 150 Pers., Übernachtung auch im Gebäude, sanitäre Anlagen, Wasser, Strom, Spielplatz, Grillplatz.

Zeltplatz Hirtenwiese bei Ludwigswinkel, Forstamt Schönau, Hauptstraße 24, 66996 Schönau. ✆ 06393/215, 5269, Fax 5280. ✆ 06393/9216-0, Fax -20. **Infos:** Nordwestlich von Ludwigswinkel auf einer Lichtung, Kapazität 100 Pers., kaltes und warmes (Trink-)Wasser, Strom, Wirtschaftsgebäude, Du/WC, Küche, feste Lagerfeuerstellen. Badeweiher nah. 6 € pro Pers./Woche, min. 200 €/Woche plus NK 8 € pro Pers./Woche. Vermietung nur Pfingsten und Sommerferien.

Zeltplatz In der Eulenbach Bobenthal, Forstamt Schönau, ⭧ Zeltplatz Hirtenwiese. **Infos:** Mitten im Wald, 3 km von Bobenthal entfernt, für bis zu 50 Pers., 700 qm, Trinkwasser, Feuerstelle, 1 € pro Pers./Tag plus NK für WC und Müll.

Zeltplatz In der Schwobbach Schönau, Forstamt Schönau, ⭧ Zeltplatz Hirtenwiese. **Infos:** Am Waldrand 600 m von Schönau für max. 100 Pers., 4000 qm, Trinkwasser, Feuerstelle, viel Platz für Spiele, Baden im nahe gelegenen Königsweiher. 1,50 € pro Pers./Tag, ab 50 Pers. 1 € plus Kosten für WC-Kabinen und Müllcontainer.

JZP Schwarzbachtal, 67714 Waldfischbach-Burgalben. ✆ 06333/925-122, Info ✆ 925-0, Fax -190. **Infos:** Kapazität 200 Pers., sanitäre Einrichtungen, Duschen und Toiletten, Stromanschluss, Kochgelegenheit.

JZP Imsbach, GV Imsbach. ✆ 06352/710201. **Infos:** Waldwiese im Langenthal bei Imsbach, 100 m vom Besucherbergwerk Weiße Grube. Toiletten und Waschmöglichkeiten.

Zeltplatz Am Theilberg, GV Niederschlettenbach, Hauptstraße 36, 76891 Niederschlettenbach. ✆ 06394/1298, Fax 1298. **Infos:** Kapazität 80 Pers., Wiese, Quelle in der Nähe.

JZP Hauenstein Im Stopper, Tourist-Information, Turmstraße 5, 78646 Hauenstein. ✆ 06392/9151-65, Fax -72. www.jugendzeltplatz-hauenstein.de. **Infos:** Wiese am Waldrand für 400 Pers., Großzelte möglich, Strom, Wasser, große offene Holzblockhütte mit Grill, 2 Sanitärgebäude, Aufenthaltsraum und Kühlschränke/-truhen. Zeltplatzgebühr pro Pers. pro Nacht 1 – 25 Pers. 4,50 €, 26 – 40 Pers. 4 € (min. 112,50

€), 41 – 50 Pers. 3,50 € (min. 160 €), ab 51 Pers. 3 € (min. 160 €), Holz und Müll extra. In der Hauptsaison min. 3 Tage Aufenthalt, Gruppen min. 30 Pers., sonst bei 1 – 2 Ü bis 99 Pers. plus 1 €, ab 100 Pers. 0,50 € Zuschlag.

JZP Lämmerfeld, 67806 Rockenhausen-Dörnbach. VG Rockenhausen, ✆ 06361/451214. **Infos:** Waldwiese, Waschbecken und WC für bis zu 70 Pers.

JZP Dannenfels, 67814 Dannenfels. Ernst Gümbel, ✆ 06357/7451. **Infos:** Von Wald umgebene Wiese mit Bach zwischen Dannenfels und dem Bastenhaus an der Straße. Keine sanitären Anlagen, Wasser-Reservoir in der Nähe, Kühlmöglichkeit in einer nicht weit entfernten Scheune, Restaurants im Bastenhaus und in Dannenfels, dort auch Laden.

JZP Bambergerhof in Breitenbach, Kreisverwaltung, Trierer Straße 41, 66869 Kusel. ✆ 06381/424174, Fax 424250. **Infos:** Seminarhaus mit 20 Betten, 2 Gruppenräume, Küche, Du, WC sowie Holzhäuser mit 44 Betten und ein Zeltplatz für 25 Pers. Ferner Außenküche, Lagerfeuerstelle, Grillplatz, Grillhütte, Tischtennis, Stromanschluss.

JZP Zur Schlicht 60 in Rammelsbach, AWO-Kreisverband, Trierer Straße 60, 66869 Kusel. ✆ 06381/922-12, Fax -14. **Infos:** Zeltraum für 100 Pers., Aufenthaltsraum, kleine Küche mit Kühlschränken, Waschraum, Duschen, Toiletten, Strom.

JZP Sportanlage in Odernheim, Sportjugend Pfalz, Postfach 1508, 67604 Kaiserslautern. ✆ 0631/3411-250, Fax 3411-268. **Infos:** Platz für 40 bis 50 Pers., Blockhaus mit Aufenthaltsraum, Küche mit Herd, WC, Waschanlagen, Lagerfeuerstelle, Grillplatz, Möglichkeit zum Duschen im Sportheim.

Campingplätze

Auf Campingplätze gehen kleine Gruppen, Familien oder auch einzelne Reisende. Für Kinder, vor allem wenn sie aus der Stadt kommen, hat es etwas Abenteuerliches und einen Hauch von Freiheit, in einem Zelt auf einer Wiese in der Nähe von Bach, Fluss oder Wald zu leben, den Regen auf das Zelt prasseln zu hören und dem Rauschen des Windes und Zwitschern der Vögel zu folgen. Man braucht nur aufzuspringen und ist bereits mitten in der Wiese und auf frischem Gras.

Auf den ganz einfachen Plätzen gibt es außer sehr einfachen sanitären Anlagen und Toiletten gar nichts, auf Komfortplätzen dagegen nicht nur hervorragende sanitäre Einrichtungen, sondern sogar Schwimmbad, Restaurant, Lebensmittelladen, Küche, Aufenthaltsraum, Babywickelraum, Spielplatz, Minigolfplatz, Grillplatz oder Grillhütte. Entsprechend unterschiedlich sind die Übernachtungspreise. Wichtig ist auch, mit welchem Fahrzeug man kommt: Wohnmobilisten (WoMo) zahlen deutlich mehr als Radler und Fußgänger, die gerade mal eines kleinen Zeltplatzes bedürfen.

Der Steinhäuser Wühlsee (auch Bonnetweiher) ist ein Bagger- und Badesee mit Kanadagänsen, Enten und allerlei anderen Wasservögeln, im Winter auch Zugvögeln.

CP Speyer, Freizeitgelände am Bonnetweiher, Am Rübsamenwühl 31, 67346 Speyer. ✆ 06232/42228, Fax 635334. www.wolfshuette.de. **Infos:** Kleiner Strand mit Liegewiese benachbart, einfache Sani.-Anlagen und Spielplatz. Ü 4 €, Kinder bis 14 Jahre 2 €, Hund 2 €, kleines Zelt 3 €, mittleres Zelt 6 €, WoMo 6 €, Strom pauschal 2,10 €.

CP Blaue Adria bei Altrip, Verein »Erholungsgebiet in den Rheinauen«, 67122 Altrip. ✆ 06236/3831. **Zeiten:** 1. April – Ende Oktober. **Infos:** Großes Gelände am See Blaue Adria. Toll gelegen. An Sommerwochenenden stark belegt, sonst mit Ausnahme der Ferien fast leer. Keine Dauercamper, einfache, aber ausreichende Sani.-Anlagen, Strand mit Spielplatz. Kiosk und Restaurant Darstein in der Nähe. Erwachsene 3,60 €, Kinder 4 – 10 Jahre 1 €, Jugendliche bis 18 Jahre 1,80 €, Pkw 2,10 €, Motorrad 1 €, WoMo 3,60 €, kleines Zelt 1,30 €, großes 2,60 €, übergroßes Zelt 4,60 €, Strom 2,10 € pro Nacht, Duschmarken 1,50 €, Besucher 0,50 €.

Tipp: See und Freizeitbad Moby Dick in der Nachbarschaft, dort freier Eintritt.

Freizeitzentrum »Moby Dick«, Am Deutschordensplatz 1, 76761 Rülzheim. ✆ 07272/92840, Fax 928422. **Zeiten:** ganzjährig. **Infos:** Ruhige Lage in der Auenlandschaft des Klingbaches. 480 Stellplätze, davon 150 für Touristen. Erwachsene 7,50 €, Kinder 6 – 16 Jahre 4,50 €, Stellplatz 3, Hund 2 €. Babywickelraum, Spielplatz, kleiner Laden. Restaurant ca. 500 m.

Gemeindecampingplatz Klingbachtal, Klingenstraße 52, 76831 Billigheim-Ingenheim. ✆ 06349/6278, www.Klingbachtal.de. **Zeiten:** April – Oktober. **Infos:** Ebenes Gelände am Ortsrand mit 150 Stellplätzen, davon 30 für Touristen, ferner 20 Zeltplätze. Erw. 3,50 €, Kinder bis 16 Jahre 2,50 €, WoMo 6 €, Zeltplatz 3/4 €, Pkw 2 €, Motorrad 1 €, Hund 1 €, WW inkl. Strom 2,10 €/Nacht. Stromanschluss, Duschen, Toiletten, Geschirrspülbecken, Waschmaschine, Spielplatz, Schwimmbad benachbart, Lebensmittelläden und Gaststätten im 500 m entfernten Ortszentrum.

Knaus Campingpark Bad Dürkheim, In den Almen 3, 67098 Bad Dürkheim. ✆ 06322/61356, Fax 8161. www.knauscamp.de. 1,5 km vom Stadtzentrum. **Zeiten:** 1.12. – 31.10.

Infos: Am kleinen Almensee 550 Stellplätze, davon 250 für Touristen, separater Jugendplatz. Erwachsene 5 €, Kinder 4 – 14 Jahre 2,50 €, Stellplatz 5,50/8,50 €, bf. Lebensmittelverkauf, Restaurant, Kochgelegenheit, Aufenthaltsraum, Wickelraum, Spielplatz, Badesee, Liegewiese, Bootsverleih. Fahrradverleih durch anderes Büro am Eingang.

CP Burgtal Wachenheim, Waldstraße 105, 67157 Wachenheim. ✆ 06322/2689, Fax 791710. www.wachenheim.de. 500 m von Wachenheim an der Straße zum Kurpfalz-Park. **Zeiten:** ganzjährig, Touristenplätze Dezember – Februar geschlossen. **Infos:** Im engen Burgtal am Waldrand, 100 Stellplätze (40 für Touristen), ferner 2 größere Zeltplätze, Zeltplätze für 9 €, Stellplätze für 12 €, 14 €, 16 €, Pauschalbeträge gelten für bis zu 3 Pers., 1 Auto mit Wohnwagen bzw. 1 Motorcaravan. Zelt- bzw. Stellplatz inkl. Benutzung bf Duschen. Jede weitere Belegung extra, ferner NK, Hund 0,50 €. Kochgelegenheit, Waschmaschine, Trockner, Aufenthaltsraum, Restaurant benachbart, Spielplatz, Kiosk.

Tipp: Beheiztes Freibad in 1,2 km, Hallenbad in 3,5 km Entfernung, Wanderwege in der Umgebung.

CP Wappenschmiede, 67487 St. Martin. ✆ 06323/6435, 5384, 1 km vom Ortszentrum. **Zeiten:** 1.4. – 11.11. **Infos:** Am Waldrand des schönen Winzerortes 75 Stellplätze, davon 35 für Touristen. Erwachsene 4,50 €, Kinder bis 10 Jahre 2,50 €, Kinder 11 – 18 Jahre 3,50 €, Stellplatz 6 €, kleines Zelt 3,50 €, Nk, Restaurant, Spielplatz.

CP am Naturfreundehaus Annweiler. ✆ 06346/3870, www.naturfreunde-annweiler.de. **Zeiten:** April – Oktober. **Infos:** Hoch über Annweiler am Fuße des Sonnenberges 55 Stellplätze, davon 35 für Touristen. Erwachsene 3,30 €, Kinder bis 15 Jahre 1,65 €, Auto 2,25, Motorrad 2,25, WoMo 5,50 €, Hund 1,50 €. Speiselokal im benachbarten NFH.

CP Gelterswoog, 67661 Kaiserslautern-Hohenecken. ✆ 0631/58870, Fax 3505399. 8 km südwestlich vom Stadtzentrum. **Zeiten:** ganzjährig. **Infos:** Von Wald umgeben am See Gelterswoog 40 Stellplätze, davon 10 für Touristen. Erwachsene 3,60 €, Kinder 1,80 €, WoMo 4,40 €, Zeltplatz 3,10 €, Hund 1,30 €. Lebensmittel, Imbiss, Spielplatz. Restaurant 500 entfernt, Baden im See.

CP & Freizeitzentrum Sägmühle, 67705 Trippstadt. ✆ 06306/ 1215, Fax 2000. www.saegmuehle.de. **Zeiten:** ganzjährig. **Infos:** Im engen Neuhöfertal von Wald umgeben an einem kleinen See 400 Stellpätze, davon 200 für Touristen. Erw. 5/6 €, Kinder 1,90/2 €, Stellplatz 5,70/7, 20 €, Hund 1,80/1,90 €. Restaurant, Supermarkt, Wickelraum, Spielplatz, Badesee, Grillhütte, Minigolf, Tischtennis, Pferdekut-schenfahrten, Radtouren, Fahrrad- und Bootsverleih.

CP Oase Zweibrücken, ✆ 06332/ 46844, 1 km vom Zentrum zwischen Schwimmbad und Schwarzbach. **Infos:** Wiese nahe Rosengarten mit 110 Stellplätzen, davon 50 für Touristen. Erwachsene 4,10 €, Kinder ab 3 Jahre 3,60 €, Caravan 4,60, Motorcaravan 6,15, Zelt 3,60, Motorrad 1 € + Nk.

CP Büttelwoog, 66994 Dahn. ✆ 06391/5622, Fax 5326. camping-buettelwoog-dahn.de. **Zeiten:** Ganzjährig. **Infos:** Unter bizarren Buntsandsteinfelsen, 200 Stellplätze, davon 120 für Touristen. Erw. 5 €, Kinder bis 12 Jahre 3,50, bis 16 Jahre 4 €, Stellplatz 6 €, Hund 3 €, bf. Lebensmittel, Restaurant, Kiosk, Aufenthalts- und Babywickelraum, Waschmaschine und Trockner. Spielplatz, Tischtennis, Minigolf, Fahrräder. Bolzplatz benachbart, Erlebnisbad nur 300 m entfernt.

CP Neudahner Weiher, 66994 Dahn. ✆ 06391/1326, Fax 409591. www.camping-neudahner-weiher.de. **Zeiten:** ganzjährig. **Infos:** Am See in Waldlage 140 Stellplätze, darunter 70 für Touristen. WoMo 10 €, Zelt 5 – 8 €, Erw. 2,50, Kinder bis 14 Jahre 1,50, Hund 2, Strom/Nacht 1,50 €. WC, Duschen, Waschmaschine, Trockner, Strom, Bademöglichkeit.

CP Clausensee, 67714 Waldfischbach-Burgalben. ✆ 06333/ 57-44, Fax -47. www.campingclausensee.de. **Zeiten:** ganzjährig. **Infos:** Im Schwarzbachtal am Clausensee, ein toller, teils bf Platz. 360 Stellplätze (160 für Touristen), Erw. 5,50 €, Kinder bis 13 Jahre 3,70 €, WoMo 7 €, Zelt 3,50 – 5,50 €, Motorrad, Boot 1,60, Hund 3,70 €. HS ab 7 Nächte 10 % auf Stellplatz, NS Ermäßigung. Restaurant, Imbiss, Aufenthaltsräume, Kochgelegenheit, Laden, Wickelraum, Kinderbetreuung, Spielplatz, Minigolf, Badesee, Liegewiese, Boote.

CP am Naturfreundehaus Bethof, 76889 Vorderweidenthal. ✆ 06398/993011, Fax 993012. **Zeiten:** April – Oktober. **Infos:** 100 Stellplätze, davon 50 für Touristen. Erwachsene 4,50 €, Kinder 6 – 16 Jahre 2,50, Stellplatz 5,50, Hund 1,50 €, Nk, Spielplatz am NFH, dort auch Lokal.

CP Pfrimmtal, Pfrimmerhof 3, 67729 Sippersfeld. ✆ 06357/ 364, 878, Fax 5760. campingplatz-pfrimmtal.de. **Zeiten:** ganzjährig. **Infos:** Am See von Wald umgeben, 240 Stellplätze (60 für Touristen), Erw. 4 €, Kinder 1 – 6 Jahre 3 €, bis 17 Jahre 3,50 €, WoMo 6,50 €, Wohnwagen/Pkw oder Zelt 4,50, Zelt bis 5 Pers. 4,50 €, Strom/Tag 1,50 €, Mietcaravan mit Vorzelt (günstiger Tarif für Familien), Haustiere nicht erwünscht, bf. Kiosk, Aufenthaltsraum, Babywickelraum, Spielplatz, Badesee, Bootfahren, Spielwiese/Bolzplatz.

Radweg nach Fischbach bzw. Teufelstisch ganz in der Nähe, wenige Min. zur Burgruine Neudahn. Restaurant und Biergarten Waldhaus.

In der Umgebung des CP Pfrimmtals können Familien mit Kindern wunderbar wandern und radeln. Im Winter 3 Langlauf-Loipen, Rodeln, Eishockey. Ein schönes Restaurant ist der benachbarte Landgasthof Hetschmühle,

Azur Camping Pfalz Gerbach, Kahlenbergweiher 1, 67813 Gerbach. ✆ 06361/8287, Fax 22523. www.azur-camping.de. 1 km östlich von Gerbach. **Zeiten:** Ganzjährig. **Infos:** Ruhige Lage in Waldnähe in einem schönen Tal 300 Plätze, davon 110 für Touristen. Erwachsene 5 €, kleines Zelt 4 €. Kleines Schwimmbad, Spielplatz, Restaurant, SB-Laden.

CP Ohmbachsee, 66901 Schönenberg-Kübelberg. ✆ 06373/4001, Fax 4002. campingpark-ohmbachsee.de. **Infos:** Am Ohmbachsee auf einer Terrasse im Osten zwischen Wald und Wiesen 300 Stellplätze, 150 für Touristen. Erw. 4,50 €, Kinder bis 16 Jahre 2 €, Stellplatz 100 qm für WoMo oder Zelt, Warmwasser, Schwimmbadnutzung 8 €. JZP ca. 30 qm 6 €, Jugendgruppen von min. 10 Pers. in Gemeinschaftszelten pro Pers. und Nacht 4,50, Strom/Tag 2,50 €; Hund 2,50, Müll/Tag 1,20 €. Preiswerte bf Familienferienplätze (min. 1 Woche). Laden, Restaurant, Biergarten, Grillplatz, Kochgelegenheit, Aufenthalts-, Babywickelraum, Spielplatz und Betreuung, Tischtennis, Bolzplatz, beheiztes Freibad, Liegewiese.

Tipp: Auf und rund um den Ohmbachsee ist schwer was los: Segeln, Surfen, Paddeln, Boots- und Fahrradverleih, (Beach-)Volleyball, Minigolf …

Azur-Camping Am Königsberg, Am Schwimmbad 1, 67752 Wolfstein. ✆ 06304/4143, Fax 7543. www.azur-camping.de. 200 m südlich des Ortes. **Zeiten:** ganzjährig. **Infos:** Im schönen, engen Lautertal am Fuß des Königsberges 60 Stellplätze. Erw. 4,50/5/6 €, Kinder 2 – 12 Jahre 3,50/4/4,30 €, Stellplatz 5,50/6,50/7,50 €, Zelt 3,50/4/4,50 €, Hund 2,10 €, bf. Restaurant. Zeltwiese und Ferienhäuser, Minigolf. Im 200 entfernten Freibad haben Camper freien Eintritt.

Tipp: Spielplatz, Spielhaus mit Spielsachen, Bastel- und Lesematerial, verschiedene Aktivitäten für Kinder wie Bingo, Pfannkuchenbacken etc.

W as gibt's Schöneres als in freier Natur eine Räubermahlzeit zu braten?

Helmbachweiher, Franz-Josef Jung, Kirchgasse 6, 67471 Elmstein, ✆ 06325/6385, 1422.

Waldleiningen: Grillplatz Elmsteiner Straße, Herr Pfeifer, ✆ 06305/8111, Gebühr 25 €/Tag.

Fockenberg-Limbach: Grillplatz am Radrundweg, Manfred Kennel, ✆ 06385/5890.

Hochspeyer: Springtal, Weiherstraße. OG Hochspeyer, ✆ 06305/71126. Große Grillhalle 50 (Ortsfremde 125), kleine Halle 37,50 € (Ortsfremde 75), Strom/Wasser nach Verbrauch; Geschirr, Spülmaschine.

Kaiserslautern-Hohenecken: Kellereiwaldhütte, OV Hohenecken, ✆ 0631/58873, Fr 17 – 18 Uhr. 0,75 €/Pers., jedoch mind. 15 €, Kaution 50 €.

Grillhütten

Tipp: Die Anmeldung für die Grillhütten erfolgt direkt beim Vermieter, was oft die Gemeinden selbst sind. Wundert euch also nicht, wenn ihr plötzlich mit dem Ortsbürgermeister verbunden seid …

K'lautern-Mölschbach: Grillhütte an der Turnhalle, SV Mölschbach, Norbert Stork, ✆ 06306/2373. 30 €/Tag.

K'lautern-Siegelbach: Tierpark, OV Siegelbach, ✆ 06301/9313, Mi 16 – 18, Do 10 – 12. 1,25 €/Pers., min. 25 €.

Linden: Am Hundheim, je eine Grillstelle in der Hütte und im Freien, Backofen, Küche, Toilette. Klaus Bennewart, ✆ 06307/36. Gebühr 1,25 €, 75 € Kaution.

Mackenbach: Grillmöglichkeit am Haus der Begegnung, Am Dansenberg. Ortsbürgermeister, ✆ 06374/6114 oder 6065.

Otterberg: Drehentaler Hütte, VG Otterberg, ✆ 06301/603211. Grillplatz 1,50 €/Pers., inkl. Hütte 2 €/Pers., Hütte pauschal 150 €.

Queidersbach: am Sport- und Freizeitzentrum Falkenstein, Hütte, Abstellraum, 4 Grillstellen. Anton Schneider, ✆ 06371/62896, ab 17 Uhr. Gebühr 25 €/Tag, Kaution 25 €.

Schopp: Hütte Lehmkaut, Grillstellen innerhalb und außerhalb. OV ✆ 06307/7433, Gebühr 25 €/Tag.

Schwedelbach: Grillhütte am Sportplatz Kiefernkopf, Walter Lindner ✆ 06374/6973.

Weilerbach: Grillplatz am Sportgelände des FV Weilerbach, VG Weilerbach, ✆ 06374/922-112.

Bruchweiler-Bärenbach: Grillanlage für Schwenk- und Spießbraten beim Festplatz, sowie:

Dahn: Grillplatz in der Pfaffendölle, Tourist-Information Dahner Felsenland, ✆ 06391/5811.

Fischbach (Wasgau): am Sportplatz, 120 überdachte Sitzplätze, Ortsbürgermeister, ✆ 06393/301

Bolanden: Stauffer-Becher-Hütte, VG Kirchheimbolanden, ✆ 06352/4004-0.

Dielkirchen-Steingruben: Ortsbürgermeister Herrmann Bernhard, ✆ 06361/1205.

Eisenberg: Freizeitplatz Steinborn, Ortsvorsteher Jörn Vahlenbreder, ✆ 06351/2881;

Göllheim: VG Göllheim, ✆ 06351/4909-0.

Imsbach: Grillhütte am »Eisernen Tor«, Ortsbürgermeister Gerhard Theobald, ✆ 06302/2304.

Kerzenheim: Vermieter Ortsbürgermeister Alfred Wöllner, ✆ 06351/41010.

Oberwiesen: Grillhütte an der Gemeindehalle, VG Kirchheimbolanden, ✆ 06352/4004-0.

Ramsen: Ortsbürgermeister Otto Frambach, ✆ 06351/7297.

Rockenhausen: Grillhütte im Degenbachtal, Vermieter VG Rockenhausen, ✆ 06361/4510.

Schiersfeld: Ortsbürgermeister Günter Rahn, ✆ 06362/8324.

FREIZEIT-KARTEN

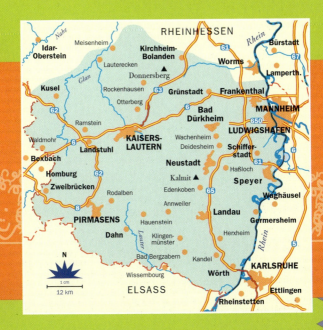

RHEINHESSEN

Idar-Oberstein · Meisenheim · Kirchheim-Bolanden · Worms · Bürstadt · Lamperth. · Lautereken · Donnersberg · Kusel · Rockenhausen · Grünstadt · Frankenthal · MANNHEIM · Otterberg · Bad Dürkheim · Ramstein · LUDWIGSHAFEN · Waldmohr · Wachenheim · Schiffer-stadt · Landstuhl · KAISERS-LAUTERN · Deidesheim · Bexbach · Neustadt · Haßloch · Homburg · Kalmit · Speyer · Zweibrücken · Rodalben · Edenkoben · Waghäusel · Annweiler · Landau · Germersheim · PIRMASENS · Hauenstein · Herxheim · Dahn · Klingen-münster · Bad Bergzabern · Kandel · KARLSRUHE · Wissembourg · Wörth · Ettlingen · ELSASS · Rheinstetten

Nahe · *Rhein* · *Glan* · *Lauter* · *Rhein*

N
1 cm
12 km

ZEICHENERKLÄRUNG

Badestelle	Sehenswerte Altstadt	Aussichtssturm	
Schwimmbad	Museum	Grillplatz	
Ruderboote	Sternwarte	Ausflugslokal	
Schiffsfahrten	Betriebsbesichtigung	Erlebnispark, Spielplatz	
Wintersport	Burg, Schloss	Kindertheater	
Reiten, Kutschfahrten	Kapelle	Autobahn-Nr.	65
Radeln & Skaten	Gruppenuterkunft	Autobahn-Ausfahrt	61
Wanderung	Hotel, Pension	Bundesstraße	39
Lehrpfad, Umweltinfo	Treffpunkt		
Tierpark, Garten	Einkaufen		
Camping	Buch & Medien		
Natursehenswürdigkeit	Bahnhof		
Aussicht	Museumsbahn		

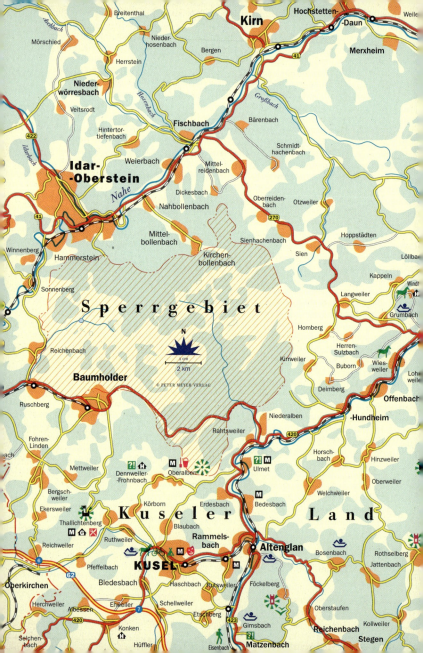

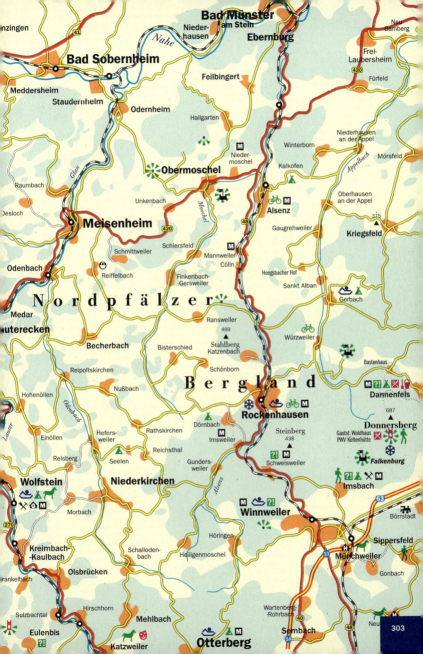

Place names and labels visible on the map:

Bad Münster am Stein
Ebernburg
Neu-Bamberg
Niederhausen
Nahe
zingen
41
Bad Sobernheim
Feilbingert
Frei-Laubersheim
Fürfeld
420
Meddersheim
Staudernheim
Odernheim
Hallgarten
Niederhausen an der Appel
Mörsfeld
Niedermoschel
Winterborn
Obermoschel
Kalkofen
Appelbach
Glan
Raumbach
Unkenbach
Oberhausen an der Appel
Moschel
Desloch
Alsenz
375
Kriegsfeld
Meisenheim
420
Gaugrehweiler
Schmittweiler
Schiersfeld
Mannweiler-Cölln
Odenbach
Reiffelbach
Finkenbach-Gersweiler
Hengsbacher Hof
Sankt Alban
Medar
N o r d p f ä l z e r
Gerbach
uterecken
Ransweiler
Becherbach
489
Würzweiler
Bisterschied
Stahlberg
Katzenbach
Bastenhaus
Reipoltskirchen
Nußbach
Schönborn
Dannenfels
Hohenöllen
B e r g l a n d
Donnersberg
Odenbach
Rockenhausen
687
Einöllen
Hefersweiler
Dörnbach
Steinberg
438
Gastst. Waldhaus PWV Keltenhütte
Relsberg
Seelen
Imsweiler
Lauter
Rathskirchen
Reichsthal
Schweisweiler
Falkenburg
Wolfstein
Niederkirchen
Gundersweiler
Imsbach
270
Morbach
Alsenz
Winnweiler
63
Börrstadt
Kreimbach-Kaulbach
Höringen
Münchweiler
Sippersfeld
15
Olsbrücken
Schallodenbach
Heiligenmoschel
Gonbach
rankelbach
Hirschhorn
Sulzbachtal
Wartenberg-Rohrbach
40
48
Neu
Eulenbis
Mehlbach
Sembach
44
303
Katzweiler
Otterberg

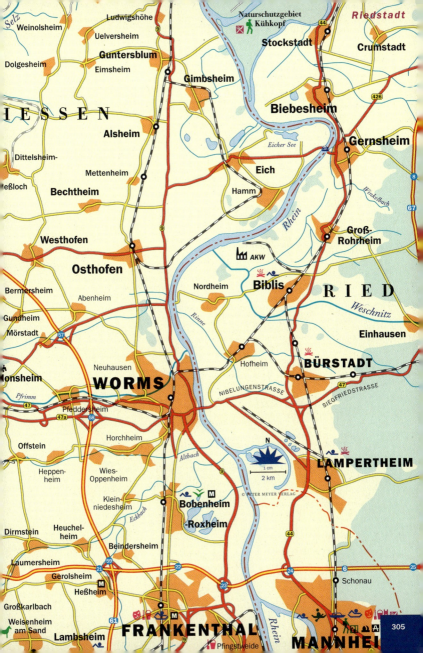

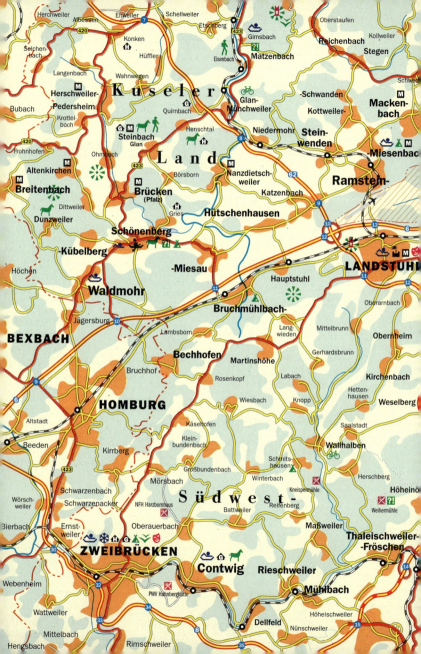

Sulzbachtal Hirschhorn
Eulenbis
Mehlbach
Wartenberg
-Rohrbach
Sembach
Neuhemsbach

Katzweiler
Otterberg

-nhausen
Weilerbach
Otterbach
Mehlingen
Alsenborn

Erfen-
bach
Erlenbach
Enkenbach

Rodenbach
Siegelbach
Morlautern
Hochspeyer

Wiesenthalerhof
Hohenspeyerbach

Erzhütten

KAISERSLAUTERN

Kindsbach
Waldhaus Bremerhof

Hohenecken
Waldleiningen

Dansenberg
Aschbacher Hof

Gelterswoog
PW Schwarzsohl

-ann
Queidersbach
Stelzenberg
Mölschbach
NFH Elmstein-Harzhofen

Appenthal
Stüterhof
Gasthaus Jung

-krickenbach
NFH Finsterbrunnental

Linden
Schopp
Klug'sche Mühle
Trippstadt
Elmstein

Schmalenberg
Johanniskreuz

Geiselberg
Iggelbach

-hermersberg
Geiswiese

Heltersberg
Helmbach

N

Waldfischbach-
pfalz
1 cm
2 km
© PETER MEYER VERLAG

Taubensuhl

-Burgalben
Hofstätten

Donsieders
Schwarzbach
Leimen
PWV Siebeldinger
Hütte

Clausen
Merzalbe

Merzalben

Hermersbergerhof
Welbach

307

Rodalben
Münchweiler
Queich

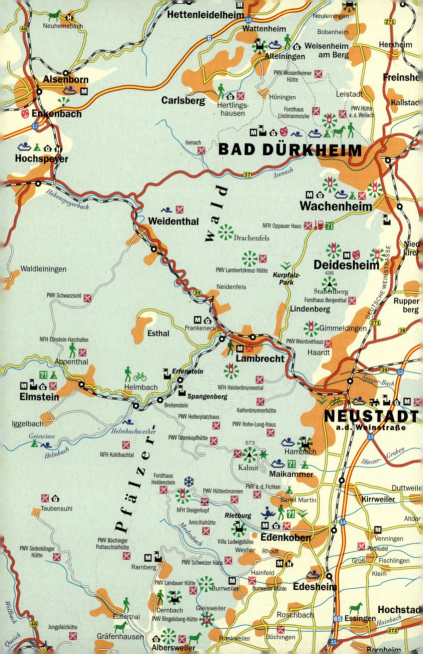

roßkarlbach
Weisenheim
am Sand
Lambsheim
FRANKENTHAL
Pfingstweide
Friesenheim
Oggersheim
MANNHEIM
MA Hauptbahnhof

rpolzheim
Maxdorf
Birkenheide

ellerstadt
Ruch-
heim
LUDWIGSHAFEN
Fußgönheim
Mundheim
Rheingön-
heim
Pfingstberg

Gönnheim
Schauernheim
Mutterstadt
Waldmühle
Hotel Darstein
Altrip

delsheim
ödersheim-
Gronau
Dannstadt
Hochdorf
Limburgerhof
Neuhofen
Waldsee
Rheinblick
Rheinau

Meckenheim
Zur Fischerhütte
Brühl

Böhl-
SCHIFFERSTADT
Otterstadt
Ketsch

Iggelheim
Haßloch
Rehbach
DEUTSCH-FRANZÖSISCHE
TOURISTIKROUTE
NFH Iggelheim
Angelwald
N
1 cm
2 km
© PETER MEYER VERLAG

Ranschgraben
SPEYER
HOCKENHEIM

Speyer-Bach
Hanhofen
Dudenhofen
Altlußheim
Neulußheim

Gommersheim
Harthausen
Römer-
Mühlbachgraben
Woogbach
Heiligenstein
Rheinhausen
berg

Böbingen
Freisbach
Schwegenheim
Oberhausen-
reimers-
heim
Bruchbach
Mechtersheim
AKW

Weingarten
Lustadt
Westheim
Lingenfeld
Rheinsheim
Philippsburg
Zeisgarten
Druslach
Rheinsheim
WAGHÄ

309

Hermersbergerhof

Jungpfalzhütte

Rodalben

Münchweiler

Rinnthal

Wilgartswiesen

Wernersberg

RMASENS

H Beckenhof

Rüppertsweiler

Hinter-
weidenthal

Hauenstein

Lug

Völkers-
weiler

PW Waldhaus
Starkenbrunnen

Schwanheim

Gosserweiler-
-Stein

Waldhaus am
Neudahner Weiler

Dahn

Erfweiler

Silz

emberg

Neudahn

Bärenbrunnerhof

Darstein

PW Dahner Hütte

Altdahn

Schindhard

estpfalz

Wildpark Silz

(Wasgau)

Busenberg

514

Vorder-
weidenthal

Lauterschwan

Birkenhördt

er Kopf

PW Hütte
am Schmalstein

Großer Eyberg

Bruchweiler-
Bärenbach

PW Drachenfelshütte.

Erlenbach

453

Berwartstein

PW Drei
Eichen

Biesenberg

Fischbach
bei Dahn

Rumbach

Bundenthal

561

Hohe Derst

Nieder
schlettenbach

udwigswinkel

Nothweiler

Rechtenbach

Petersbächel

Schönau

Schweigen

Hirschthal

REICH

Obersteinbach

Wissembourg

Lembach

Riedseltz

Drachenbronn

D 263

Langensoultz-
bach

-Birlenbach

Memmels-
hoffen

Lampertsloch

Niederbronn-

Goersdorf

Schoen
bour

-Reichshoffen

Woerth

Preuschdorf

Merkwiller-
-Pechelbronn

Soultz-
sous-Forêts

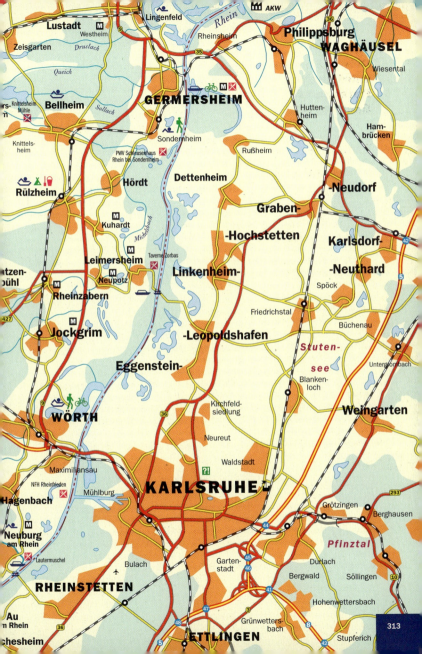

REGISTER
Orte & Sehenswürdigkeiten, Personen & Sachbegriffe

Impressum
Unsere Inhalte werden ständig gepflegt, aktualisiert und erweitert.
Für die Richtigkeit der Angaben kann der Verlag jedoch keine Haftung übernehmen.
© 1. Auflage 2003. Peter Meyer Verlag, Schopenhauerstraße 11,
60316 Frankfurt am Main, info@PeterMeyerVerlag.de, www.PeterMeyerVerlag.de
Umschlag- und Reihenkonzept, insbesondere die Kombination von Griffmarken und
Schlagwort-System auf dem Umschlag, sowie Text, Gliederung und Layout, Karten,
Tabellen und Illustrationen sind urheberrechtlich geschützt.
Druck & Bindung: Kösel, Kempten; www.KoeselBuch.de
Umschlagdesign: Agentur 42, Mainz
Zeichnungen: Silke Schmidt, Offenbach
Fotos: Pfalzmuseum für Naturkunde/Pollichia Bad Dürkheim, Donnersberg-Touristik,
Touristische AG KL-Süd, Tourist Information Bad Dürkheim, Tourist Service GmbH Deidesheim, Richard Haimann
Karten: Peter Meyer Verlag. Lizenzvergabe gegen Gebühr möglich.
ISBN: 3-89859-404-1
Bezug: über GeoCenter, Stuttgart, oder über den Verlag, ✆ 069/49 44 49, Fax 44 51 35

REGISTER